novum premium

Leonille Gottschick

Selbst im Traum werde ich reicher

novum premium

Bibliografische Information
der Deutschen Nationalbibliothek:

Die Deutsche Nationalbibliothek
verzeichnet diese Publikation in
der Deutschen Nationalbibliografie.
Detaillierte bibliografische Daten
sind im Internet über
http://www.d-nb.de abrufbar.

ISBN 978-3-903271-52-4
Lektorat: Tobias Keil
Umschlagfotos: Leonille Gottschick,
GoranJakus, Tenrook,
Jan Kranendonk | Dreamstime.com
Umschlaggestaltung, Layout & Satz:
novum Verlag

Gedruckt in der Europäischen Union
auf umweltfreundlichem, chlor- und
säurefrei gebleichtem Papier.

www.novumverlag.com

Inhalt

VORWORT

Deutschland habe ich es zu verdanken, dass ich entdeckt habe, was man mit Geld machen kann und was Geld mit den Menschen machen kann. Deutschland habe ich es zu verdanken, dass ich die Welt kennenlernen durfte. Auf meinen Reisen habe ich unglaublichen Reichtum und auch unerträglich großes Leid gesehen. Ich zeige meinen deutschen Reisepass mit Stolz, wenn danach verlangt wird. Ich kann Bekannte auf sechs Kontinenten organisieren. Dieses Land hat mir Freiheit und Demokratie gezeigt. Eine Gesellschaftsform, von der ich vor meiner Ankunft nur träumen konnte. Deutschland gab mir den vorher nicht gekannten Schatz, außerhalb der vier Wände das Gleiche sagen zu dürfen wie drinnen.

Mein Buch ist eine wertvolle Sammlung und ein Weckruf über den Reichtum und die Wirtschaft, zur Entdeckung eines Themas, das in Wahrheit auf eine mehr als dreihundert Jahre alte Geschichte zurückblickt. Lehrreiche Zusammenfassungen geben für alle eine Anleitung und Ermutigung zur Verinnerlichung der Denkweise von Millionären. Damit man vermögend wird. Damit man weise Investitionsentscheidungen treffen kann.

Leonille Gottschick

„... wenn ‚jemand' nicht reich werden möchte, muss er/sie das Buch trotzdem lesen, weil die Ratschläge aus dem Buch in jedem Lebensbereich, jederzeit nützlich sein können.

Das Wunderbarste am Buch sind Leonilles Liebe und Respekt zu Nürnberg.

Unglaublich, was sie alles über die Stadt und ihre Geschichte weiß. Ich denke, dass nach dem Lesen dieses Buches jeder nach Nürnberg möchte, wenn man schon da war, dann nochmal und nochmal. Ich muss erwähnen, wie wunderbar sie über ihre Mutter und den Ort, wo sie aufgewachsen ist, Kereki, schreibt. Dieser einfache Ort muss so zauberhaft gewesen sein, dass wir uns alle dorthin sehnen, während wir lesen."

Dóra Szikora, Budapest

„... was ich bereits am Telefon sagte: ‚Dein Manuskript hat mich an den Sessel gefesselt.'

Ich fühlte mich so, als ob du neben mir sitzen und mir erzählen würdest. Du schreibst so realistisch, dass die Buchstaben förmlich zum Leben erweckt werden und der Leser sich in Kereki, Nürnberg, bei Laura, im Taxi oder was er gerade liest, wiederfindet. Ich habe mich überhaupt nicht gewundert, als du gesagt hast, dass du ein Buch schreibst. Ich habe dich als ein außerordentlich fröhliches, geschicktes, offenes und schlagfertiges Mädchen kennengelernt, bei dem es durchaus vorkommen kann, dass sie mal ein Buch schreibt."

Szabó Tamásné, Mária Litvai, Wien

„... Dein Buch ist ein Wunder, das Lesen war ein Erlebnis. Im Gymnasium hätte ich nicht gedacht, dass du mal schreiben und so eine erfolgreiche Unternehmerin wirst. Ich versuche mich daran zu erinnern, wie du damals warst. Du warst klug, das ist sicher, und du hattest eine große Klappe – die für ihr Recht gekämpft hat. Der wirtschaftliche, finanzielle Teil ist auch sehr interessant. Nach dem Abitur hast du dies und das ausprobiert, aber du warst nie zufrieden, du wolltest ein anderes Leben, Freiheit und Geld, damit du deinen Traum verwirklichen kannst. Es gibt eine ‚sehr wahre' Stelle in deinem Manuskript: wie ein Reicher, ein Armer und einer aus der Mittelschicht sich z. B. in einem Unternehmen oder bei einer Investition verhalten? Der Reiche entscheidet schnell, weil wenn es nicht gelingt, hat er ja noch immer genug Kapital – er wird reicher. Der Arme überlegt fünfzig Mal, was passiert, wenn ... Bis dahin ist das Geschäft gelaufen. Die Armut bleibt. Wenn er sehr fleißig ist, kann er vielleicht aus diesem Kreis ausbrechen. Die Mittelschicht? Zögert auch, das Wissen über Finanzen ist gering oder nicht vorhanden, investiert vorsichtig, wovon man nicht reich wird, nur ein bisschen besser lebt. Wenn man Reichtum erreicht hat, wie du, dann kann man den Hobbys nachgehen, die Welt bereisen, fotografieren und mit schönen Autos fahren.

Leonille: Du sollst nur träumen und das Geld soll arbeiten!"

Nagyné Irén Szőke, Mezőtúr

„... du hast sehr ehrlich über das Geld geschrieben. Die Tanya in Kereki hast du so schön beschrieben, dass ich mir gedacht habe, ich wäre dort. Ich habe sogar den Duft vom Gras gerochen. Obwohl ich noch nie dort war, hat mich irgendetwas daran verzaubert, ich habe es gespürt, und das ist das Wichtigste bei einem Buch. Ich freue mich sehr, dass du dich bei einigen Leuten, die auf dich herabgesehen haben, revanchiert hast. Kann sein, dass sie jetzt dahinvegetieren. Über Laura hättest du vielleicht noch mehr schreiben können, ich kann mich erinnern, als du sie mir vorgestellt hast, als kleines blondes Mädchen."

Kati Somogyiné, Mezőberény

„... Unsere Tochter Livike hat uns so empfangen: ‚Mutti, wenn du mit diesem Buch anfängst, kannst du es nicht mehr weglegen.' Ich habe gearbeitet und erst vor kurzem mit dem Lesen begonnen und ich kann es wirklich nicht weglegen. Nach einer Seite wird man so neugierig auf die Fortsetzung.

Du hast deine Gedanken sehr gut zusammengetragen und geordnet auf Papier gebracht. Meine wirkliche Feststellung auf Grundlage unserer Bekanntschaft ist – 40 Jahre –, dass du von Gott auf diese Erde gesandt wurdest. Er hat dir eine ernsthafte Aufgabe erteilt, dass du der Menschheit mit deinen Taten helfen sollst – wie auch in unserem Fall – sie führen und ihre Augen zum Glänzen bringen sollst!!!"

Familie Janiga; Ági, Pityus, Blanka, Livia, Mezőkovácsháza

WIDMUNG

Ich widme dieses Buch meiner Familie.

Meinem Mann Ádám Schäfer. Nürnberg.
Laura Dzsenifer Kasza, Nürnberg, die wir 43 Tage vor ihrem achten Geburtstag das erste Mal sahen. 2011 hat sie uns lieben gelernt und sich uns angeschlossen. Seitdem ist sie Teil unserer Familie.
Meiner Schwester Marika Wágner Péterné, Budapest.
Marikas Tochter: Nagyné Mariann Wágner, Budapest.
Marianns Mann: György Nagy, Budapest.
Marianns Sohn: Péter Nagy, Budapest.
Péters Frau Nóra Nagy-Bohács,
Marianns Tochter: Eszter Nagy, Budapest.
Meinem Bruder János Gottschick/Mezőberény 1943 Budapest 2010/seiner Witwe, Gottschickné Mária Szokola
Beiden Töchtern meines Bruders:
Ildikó Gottschick/Babi. Szigethalom,
Babis Mann: Péter Liptay, Szigethalom.
Babis Tochter: Dóra Emma Liptay Gottschick, Szigethalom.
Hollósiné Krisztina Gottschick, Fót.
Krisztinas Mann, László Hollósi, Fót.
Krisztinas Tochter: Enikő Henriette Hollósi, Fót.
Meiner Schwester Icuka Gottschick. Mezőberény.
Meiner Schwester Litvainé Magdolna Gottschick/Csurika. Mezőberény.
Csurikas Sohn Andris Litvai, Budapest.
Meinem Bruder Mihály Gottschick/Mezőberény 1955–Békéscsaba 2016/seiner Witwe: Gottschickné Julianna Hoffmann.
Den fünf Kindern meines Bruders
Gottschick Julianna, Dévaványa.

Juliannas Lebensgefährten: Tibor Bogya, Dévaványa.
Juliannás Baby Csenge Tiana Bogya Dévaványa.
Meinem Patenkind Benyóné Annamária Gottschick.
Schnaittach, Deutschland.
Annamárias Mann, Péter Benyó, Schnaittach, Deutschland.
Annamárias Sohn; Lénárd Benyó, Schnaittach, Deutschland.
Mihály Gottschick Mezőberény.
Mihálys Frau, Gottschick Mihályné, Éva Nánási Mezőberény.
Mihálys Sohn, Misó Gottschick, Mezőberény.
Magdolna Gottschick/Lencsi/Nürnberg.
Lencsis Lebensgefährten: Armin Tietze, Nürnberg.
Lencsis Baby Noah, Armin, Mihály Gottschick, Nürnberg.
Erzsébet Gottschick/Böbi/Mezőberény.
Böbis Freund; László Petneházi, Mezőberény.
Meinem Patenkind: Lóránt Kátay, Budapest.
Lóránts zwei Söhnen: Kornél Kátay, Szeged.
Lóránt Kátay, Baja.

EINLEITUNG

Die Freude war groß, als eines schönen Nachmittags unser Festnetztelefon in Nürnberg klingelte. Ein Büromitarbeiter aus dem Einwohneramt in Nürnberg rief an als Reaktion auf meine Frage, die ich per E-Mail gestellt habe: „Wie komme ich zu einem Künstlernamen?“ Er hat mich genau unterrichtet, dass ich mir einen Namen aussuchen kann, der mir gefällt. Wenn ich glaube, dass ich mit diesem bestimmten Namen leben könne und erfolgreich werde, dann solle ich mich umbenennen. Wenn ich beweisen könne, dass ich etwas zustande gebracht habe, werden sie ihn in meinen Personalausweis eintragen.

Der Name „Leonille“ ist mir eingefallen, als ich ein Foto von einem Gemälde mit dem Namen „Leonilla“ gesehen habe. Es zeigt die wunderschöne Dame, Fürstin Leonilla von Sayn-Wittgenstein-Sayn, lebensgroß, 212 x 142 cm. Das Bild hat Franz Xaver Winterhalter 1843 gemalt, der auch die österreichische Kaiserin und Königin von Ungarn, Sissi, porträtierte. Das Bild „Mammarazzi“ – Fürstin Marianne Sayn-Wittgenstein-Sayn, Salzburg 1919, ein österreichischer Fotograf – befindet sich in Privatbesitz. Nach einer kurzen Recherche erschloss sich mir ihre Laufbahn. Sie hat ihre Heimat genau wie ich getauscht. Ich habe den Namen von Leonilla auf Leonille geändert. Gottschick ist mein Familienname von Geburt an. Seine Bedeutung ist „Gott schickt“.

Ich gebe mir nicht einen Künstlernamen, weil meine alten Namen mir nicht gefallen oder sie nicht wissen sollten, wer ich bin. Im Gegenteil, ich habe wohlklingende, markante Namen – sowohl mein Geburtsname als auch mein Ehename – ich war einfach neugierig, wie das alles vonstattengeht. Es erschien für mich irgendwie weit entfernt und unerreichbar. Und siehe jetzt. Es hat nur eine E-Mail und einen Telefonanruf gebraucht. Die richtige Arbeit fängt erst jetzt an, als ich mein fertiges Werk in meinen Händen halte.

Ich weiß, dass die „Mezőberényer“ zu diesem Thema und mit dem Inhalt wenig Bücher gelesen haben. Nicht einmal die Bewohner von „Kereki“.

Der Titel meines Buches: „Selbst im Traum werde ich reicher“ spiegelt die Wahrheit wider. Wenn ich meine Nachtschicht beende und bei Tagesanbruch oder am Morgen oder Vormittag zur Ruhe komme – der Zeitpunkt hängt davon ab, wie weit ich von Nürnberg fahren musste –, fängt man in der Bäckerei von Mezőberény an für mich und meine Geschäftspartner zu arbeiten. Das Geld arbeitet für uns und sie arbeiten für Geld. Das heißt, wenn ich träume, werde ich reicher.

Zum Untertitel „Geld ist ein großer Herr, aber ein schlechter Diener“, bin ich durch die Lektüre von vielen Büchern über Geld, dessen Entstehung, über Wirtschaft und Armut gestoßen. Was muss man alles für Geld machen, und was nicht.

Ich wollte unbedingt erfolgreich sein. Ich weiß nicht, was mich angetrieben hat. Da war dieses Geld, die Freiheit mit so einem Gefühl zu leben und den Gedanken nicht loszuwerden, bis ich Wohlstand erreicht habe. Ich war nie arm, aber ich wollte ein anderes Leben.

In meinem Buch können sie darüber lesen, wie jeder nicht zu ausreichend, sondern zu viel Geld und Reichtum kommen kann. Wieso sind die Reichen reich und die Armen arm? Entweder übernimmt der liebe Leser die Kontrolle über seine/ihre finanzielle Situation oder andere werden ihm das ganze Leben lang sagen, was er/sie tun soll. Man kann entscheiden, ob man Herr oder Sklave des Geldes sein möchte. Über Geld spricht jeder. Die Armen haben weniger, die Reichen mehr Nullen hinter der ersten Ziffer. Die Armen wissen etwas nicht, was die Reichen schon wissen. Was denken die Armen und was die Reichen über Geld? Man muss die Grundauffassung vom ganzen Leben ändern. Für die Armen war Robin Hood ein Held. Ich denke, dass er ein Dieb war. Er hat von den Reichen genommen, die dafür gearbeitet oder es geerbt haben, und es unter den Armen verteilt, die es nur verbraucht und nicht vermehrt haben.

Jeder hat die Chance dazu, genug Geld zu haben. Wie ist es eigentlich, wenn man sich sein Geld nicht einteilen muss.

Wenn man finanziell unabhängig ist. Dort Urlaub auf der Welt macht, wo man möchte. Wenn ich mich vergangenes Jahr auf den Kanarischen Inseln gebräunt habe, dann fliege ich dieses Jahr in die Karibik. Oder ich durchquere mit dem Schiff die „Internationale Datumsgrenze" im Pazifik. Mindestens. Wo das Christkind wegen der unterschiedlichen Zeitzonen nicht zu mir kommt. Wenn man nämlich von Süd-Amerika aus nach Osten Richtung Australien in den Westen fährt, dann bekommt man den übernächsten Tag. Die Zeitzone überspringt 24 Stunden. Also ist das Christkind schon fort. Wenn ich von Australien, aus nach Osten mit dem Schiff Richtung Hawaii fahre, erlebe ich den gestrigen Tag nochmal, aber dann ist es bereits Ende Januar. Sie können es ahnen, ich habe schon Urlaub gemacht. Dann brauche ich kein Weihnachtsgeschenk mehr. Glauben Sie auch, dass das Christkind am nächsten Tag nicht gekommen ist?

Bereiten Sie sich darauf vor, dass Sie beim Lesen meines Buches auch lachen werden. Kichern. Schmunzeln. Aber auch Tränen lachen. So von Emotionen überwältigt werden Sie aber nicht sein, dass Sie heulen müssten.

Ich mag es eingenommen zu sein, aber wenn es um Geld geht, wird dieses Buch das wichtigste sein, das Sie überhaupt gelesen haben. Ich weiß, dass dies eine gewagte Behauptung ist. Die Wahrheit ist, dass mein eine Verbindung zwischen meinem Baby-Alter und meinem Lebensabschnitt, dem „ich weiß, dass ich bis zum Ende meines Lebens gut leben werde-Abschnitt". Ihr Wunsch ist ein Verlangen nach Erfolg und Ihr Ziel ist das viele Geld – Das wird in der Schule nicht gelehrt, obwohl man jeden Tag Geld braucht. Wen wer 100 %-ig bei der Sache ist – kein anderer sein Geld einteilt –, der kommt um das Thema Geld nicht herum. Ich hoffe sehr, dass mein Buch eines Tages Schulstoff wird. Wenn sich der geschätzte Leser zurückerinnert, haben wir in der Grundschule in Ungarn über Byzanz, die Punischen Kriege, über Alexander den Großen, Karthago, die Sowjetunion, über Mykene, die Deutschen waren die Feinde – und noch unzählige überflüssige Sachen aus der Geschichte gelernt. Weil ich diese Sachen in meinem Alltag nutzen werde.

Lüge. Gesundheit und Geld sind die wichtigsten Sachen im Leben. Wenn wir Geld haben, können wir uns vieles leisten. Einige behaupten, dass Liebe und Verständnis wichtiger sind. Die sollen dann mal versuchen mit Liebe oder Verständnis im Krankenhaus zu bezahlen. Die werden einen sicheren Platz im Irrenhaus bekommen, das kann ich mit Sicherheit sagen. Ich hoffe, dass es einige Kinder geben wird, welche die Lehrer darum bitten werden, dass sie ihnen das Geldverdienen beibringen sollen. Die fragen werden, wieso das Geld nicht bei ihnen wohnt. Ich sage nicht, dass talentierte Kinder, die nach Wissen lechzen, nicht lernen sollen. Wer sonst soll das „summa cum laude" oder das „magna cum laude" erhalten? Es gibt ja so vieles noch, dass entdeckt werden und die Jugend wissenschaftlich erklären muss. Viele Gegenmittel für Krankheiten müssen noch gefunden werden. Die Welt benötigt neue Firmenchefs, kluge Köpfe, Politiker und Genies. Wissen alleine treibt die Entwicklung voran. Ich erwähne nur zwei der vielen Hundert Forschungen, die erfolgreich waren. 1. Ich freue mich, dass man für die Morning Glory Cloud eine angemessene Erklärung gefunden hat.

2. Juli 2018. Meine ganze Anerkennung gilt denen, die so schnell und erfolgreich den Plan für die Kinder ausgearbeitet haben, die in Thailand in einer Höhle gefangen waren und durch vier km in Tauchanzügen gerettet werden mussten, obwohl einige nicht einmal schwimmen konnten.

Kühlschränke für Eskimos, Regenschirme in der Sahara und Kamm für Leute mit einer Glatze.

Diejenigen, die mit 19 oder 24 nicht wissen, wie sie Geld verdienen sollen, empfehle ich, dass sie lernen sollen, wie sie aus einem Euro – 333 Forint, Stand Juni 2019, eine Million Euro – 333 Millionen Forint machen. Wie sie Kühlschränke an Eskimos, Regenschirme in der Sahara und Kämme an Glatzenträger verkaufen können. Sie sollten sich nur über Geld, Geld und Geld Gedanken machen ... und sie sollten immer ein Zuhause und immer genug Geld in der Tasche haben. Ich kann nicht schreiben, dass sie als Kinder nichts kritisieren sollen, weil Kinder immer ehrlich sind. Kaufen Sie keine Verbindungen oder Einflüsse. Sie sollen in ein wirtschaftlich entwickeltes Land zum Arbeiten gehen. Die könnten Ihnen deshalb eine Verdienstmöglichkeit geben, weil Ihnen niemand die Familien-Immobilie, Burgen, Schlösser, Vermögen, Land, Unternehmen, die seit 1000 Jahren weitervererbt werden, weggenommen hat, weil dort Marktwirtschaft herrscht und weil der Privatbesitz respektiert wird. Dort kann man mit wenig Wissen so viel Geld verdienen, dass es für mehr reicht als das einfache Überleben. Man darf nicht zurückblicken. Damit will ich nicht sagen, dass man nie wieder einen Fuß nach Ungarn setzen soll. Auch im Ausland kann man ein großer Ungar sein. Ungarn leben überall auf der Welt. Wir haben Ungarn auf der Welt getroffen, wo wir gedacht haben, dass außer uns dieses Fleckchen Erde niemanden interessiert. Wenn wir Ungarisch redeten, hat der neben uns vorbeigehende Ungar den Satz beendet.

Hier möchte ich eine wahre Geschichte erzählen. Ein Sohn unserer Heimat, der nach Bolivien geflüchtet ist, hat von einem Freund, der ihn aus Ungarn besucht hat, Mohn verlangt. Auf dem Flughafen in La Paz haben die Zollbeamten den Mohn ausleeren lassen, weil sie sich nicht vorstellen konnte, was das ist. Beim Ausleeren hat ein Sicherheitsbeamter ihm auf Ungarisch gesagt: „Die glauben, dass es Schießpulver ist."

Wenn Sie spüren, dass Sie genug im Ausland gearbeitet haben, gehen Sie zurück nach Ungarn. Hier habe ich Zweifel, wie viele das machen würden. Ein 25-jähriger junger Fahrgast hat sich bei mir beschwert, dass er die Universität absolviert hat, aber nicht weiß, was er gerne machen würde. Er möchte gut leben und viel Geld verdienen. Damals 2008 war abzusehen, dass es in Georgien Krieg geben würde. Es hat zwar nur fünf Tage, aber die Unruhen Jahre gedauert. Ich habe ihm gesagt, er solle in ein Nachbarland von Georgien reisen, dort Kontakt zu einem Deutschen oder zu Deutsch sprechenden Jugendlichen herstellen und eine Strategie ausarbeiten. Er soll seine Zelte nahe der Grenze aufschlagen und nur Lebensmittel nach Georgien liefern. Die Idee habe ich von meinem guten Bekannten

Ljuba geklaut. Darüber später. Nach drei Jahren hat mich der junge Mann mit seiner Frau und seinem Baby besucht. Seinen Namen weiß ich bis heute nicht, aber das ist auch nicht wichtig. Mit strahlendem Gesicht und glücklich. Ich hatte bereits ein neues Taxi, meine Konzessionsnummer hatte sich geändert, aber er hat mich gefunden und ich habe mich an ihn erinnert. Er sagte, dass er alles mir zu verdanken hat.

Es gibt viele Wege, um Geld zu verdienen. Einer davon ist arbeiten. Am Anfang gab es Sklaverei – mit Ketten. Danach hat man es Dienerschaft genannt – Abhängigkeit von den Grafen, Baronen, Grundherren, von den Brötchengebern. Heute ist es der Schuldendienst, das mehrfach geplünderte Bankkonto – mit dem fehlenden Wissen über Geld.

Platz auf der Spitze.

Unter andern hat das Geld auch eine verschönernde Wirkung. Es kann auch neidisch machen. Die nicht so viel haben, um gut zu leben, werden auf diejenigen neidisch, die genug haben. Mit Geld wird man an der Spitze Platz nehmen können. Es lässt einen auch tief fallen. Es öffnet uns Tore und Türen, aber manchmal schließen sich auch welche hinter uns. Immer weniger werden viel Geld und immer mehr werden wenig Geld haben.

Nach meiner Erfahrung kann man auf sechs Arten sicher und auf ehrlichem Wege reich werden. 1. Man lernt das Geldverdienen mit der Muttermilch. Eltern bringen es dem Kind bei. 2. Erben. 3. Man kommt selber drauf, wie man Geld verdient, und macht selber ein Vermögen. Wie ich, recherchieren, lesen, sich weiterbilden. Gut investieren. Läuft dem Geld nicht hinterher, sondern ist vor ihm, ihm gegenüber. 4. Man lernt über Geld. Von seiner Geburt bis zum heutigen Tage, aus wirtschaftlicher Sicht. 5. Man bekommt vom Staat kostenlos einen Palast, Häuser, eine zugrunde gerichtete Fabrik, Firmen, Wälder, Ländereien und geht mit dem Glück aus heiterem Himmel gut um. Es wird zum Erfolg. Beispiel dafür ist Ungarn. 1990 – in den Jahren nach der „Wende“. Ich nenne dieses Jahr „Die plötzliche Freiheit“. 6. Heiratet in eine reiche Familie. Nicht Sie, sondern Ihre Frau oder Ihr Ehemann ist reich. Hier muss man beweisen, dass man zum Vermögenmachen fähig ist. Nach einer gewissen Zeit wird man besser als der Geschäftspartner, der Partner, der Ehepartner. Dadurch erhält man einen Platz in der neuen Familie.

Ich erinnere mich sehr mit viel Liebe an die Kost meiner Mutter und an unsere Tanya.

Wenn man eine Autobiographie schreibt, muss man in die „Ich-Rolle“ schlüpfen, obwohl allseits bekannt ist, dass es um „uns“ geht.

Jeder hat ein Leben – es kann kurz, genug oder lang sein. Mit jedem passiert etwas, auch wenn man es nicht in einer Autobiographie zusammenfasst oder niemand darüber einen Roman schreibt. Meine Autobiographie begann mit dem Leben auf dem ungarischen Bauernhof, Tanya genannt – in Mezőberény, Kereki war mein Weg zum Wohlstand sehr beschwerlich. Das Leben auf der Tanya war hart, aber ich erinnere mich gerne daran. An die heißen Sommer. Für mich waren die Kis Sózug und die Nagy Sózug die Riviera. Das waren jeweils Sandbänke am Treffpunkt der zwei Körös-Flüsse – Fehér (Weiße) Körös und Fekete (Schwarze) Körös –, wo wir jeden Sommer badeten, schwammen, ohne Eintritt zu bezahlen. In Kereki erinnere ich mich nur an Düfte, der Gestank hat uns verschont. Der Wind hat den Gestank vom Misthaufen nicht in unsere Richtung geweht und den Duft des Grases in der Morgendämmerung, im Frühling und im Sommer nicht übertroffen. Ich liebte es zu der Zeit in die Puszta auszureiten. Ich war neugierig, was sich hinter dem Horizont verbirgt. Ein weiterer Horizont. Auf den Duft des grünen Weizens und des Heus. Auf die gelben Weizenfelder mit blauen Kornblumen. Auf den Duft der weißen Blüten der Akazie. Auf die Maikäfer. Auf die Flieder bei unserem Zaun. Auf die Schneeballbüsche. Auf den abendlichen Duft unseres Blumengartens. Auf den blauen Sternenhimmel. Auf die reine Luft. Auf das Wasser unseres Schaduffs mit dem Geschmack und der Reinheit eines Quellwassers. Ich habe aus mehreren Quellen in der Welt getrunken und einige haben mich an das Wasser aus dem Ziehbrunnen in Kereki erinnert. Auf unsere Petroleumlampen. Auf den großen Schnee. Auf die Pferdeschlitten. Vor allem an die Gerichte, die Braten und Kuchen meiner Mutter; „Na ja, diese Speise ist wohl nichts geworden", kam nie auf unseren Tisch. Sie hat es auch nicht den Katzen oder den Hunden gegeben, weil sie einfach kein Gericht verdorben hatte. Sie hat genau gewusst, wie viel Garbe, Getreide, Sonnenblumenstängel, Körbe geriebene Maiskolben, Stunk Maisstroh und Holz sie benötigt, um die richtige Hitze im Ofen zu erzeugen, damit alles gar wird, was sie in den Ofen gelegt hat. Oder der „kateszter" Quark-, Apfel-, Weichsel- und Pflaumenfladen. Es gab so viel, dass wir ihre Größe so ausdrückten. Wir haben das ganze Jahr Apfel- und Quarkfladen gegessen, die Weisel- und Pflaumenfladen waren saisonal. – Die kataster Yugada ist eine geographische Maßeinheit, 0,57 Hektar. – Die Kürbiskernstrudel. Maultasche mit Marmelade. Geröstete Lebbensuppe, geröstete Eiergraupensuppe. Opekance. Dampfknödel. Enten- und Gänsegrammelpüree. Raderkuchen. Vanilleschnecken. Kaiserschmarrn. Kleine Buchteln aus Brotteig mit Wurst gefüllt, die gerade dann fertig gebacken wurden, bis wir in die Schule gingen. Unsere Mutter hat den Brotteig am Abend mit Sauerteig eingemacht. In den Morgenstunden ist er aufgegangen, im Weidenkorb bearbeitet, noch ein wenig gehen lassen und dann in den Ofen gelegt.

Ich habe nicht auf beiden Seiten meines Brotes Butter gehabt. Zum Kochen und für Kuchen haben wir immer reichlich gehabt. Abends haben wir gebuttert. Wir haben den Sauerrahm in Fünf-Liter-Gläser gefüllt, abgeschlossen und so lange geschüttelt, bis Butter daraus wurde. Wir saßen im Kreis und haben das Glas immer weitergegeben, wenn unsere Hände müde wurden. Wir haben meistens Butterbrot gegessen, wenn die Mezőberényer sie nicht gekauft haben und Mutter sie vom Markt zurückbrachte. Aber umso dicker war Sauerrahm auf unseren Broten. Die Brotscheiben waren 35 cm lang und 25 cm breit. Das musste man in zwei oder drei Teile schneiden, weil wir sie wegen des Belags sonst nicht halten konnten. Mein Mann erzählt noch heute davon, wie er uns auf der Tanya besucht hatte – damals hat er noch um mich geworben –, es gab Brot mit Sauerrahm zum Abendessen. Sauerrahm war genauso hoch wie die Brotscheibe, 2 cm.

Die Krüge wurden auf dem Krugbaum gelagert. Das war ein künstlicher Baum mit vielen Ästen, neben der Sommerküche unter freiem Himmel. In diesen Krügen haben wir die Pflaumenmarmelade gehalten und die Milch gären lassen. Man musste sie mit kleinen Tontellern abdecken, damit die Katzen nicht die Sahne oder den Rahm ablecken. Auf der einen Tag alten Sauermilch befindet sich die Sahne. Wenn wir das nicht entfernen, wird es in den nächsten Tagen sauer und zu Sauerrahm. Aus Sauerrahm wird die Butter. Die Sauermilch muss aufgewärmt, in ein großes Tuch gelegt, die vier Ecken müssen zusammengebunden und im Anschluss aufgehängt werden, damit die Molke abtropfen kann. Daraus wird dann Quark. Wenn der Quark, stellen Sie sich einen halben Fußball vor, ins Freie an die Sonne gestellt wird, dann wird daraus Handkäse. Wenn wir ihn noch weiter reifen lassen, dann wird daraus Käse. Heute hat sich die Technologie schon verändert, ich habe nur skizziert, wie wir es gemacht haben. Wir hatten Milch, Sahne, Sauerrahm, Butter, Quark, Handkäse, Käse – ohne dass wir die Farm verlassen hätten. Einer der Nachbarfamilien liebte die Molke, die von dem Quark abtropfte. Sie nannten sie „Ziger“. Wir haben es den Schweinen gegeben.

Die Tanya-Schule war sehr weit.

Wir mussten über eine Wildblumenwiese gehen. Es war weniger eine Wiese, sondern eher eine Weide, weil sie nicht gemäht wurde. Im Frühling blühte die gelbe Schlüsselblume, danach der gelbe Löwenzahn, dann die rote Mohnblume. Es gab Nelkensträuße, die der Leser als Kamille kennt. Die nickende Distel blühte lila und wenn sie verwelkt war, hat der Wind sie als Ball gerollt. In heißen Sommern trocknet auch das Gras aus. Die grüne Wiese wird hellbraun. Der Gesang der Lerche fehlte in Kereki auch nicht. Danach kamen die regnerischen Jahreszeiten. Zu dieser Zeit durchquerten wir die Wiese in Gummistiefeln.

Wenn das Wasser zu groß war, sind wir ausgewichen und danach haben wir die schlammige Straße geknetet. Bis wir in der Schule ankamen, waren wir bereits müde. Ich sah auch Fata Morganen. Wie ein Spiegel, nur verkehrt zeigte sie die Kirche von Köröstarcsa. In meiner Kindheit war ich nie in Köröstarcsa. Meine Eltern sagten mir, dass es in diese Richtung sei. Auf der Straße konnte man das beobachten in der Weite. Im Winter ist meine Wildblumenwiese gefroren. Dann sind wir bis zur Schule rutschend über sie gelaufen. 100 Meter von unserer Tanya hat die Eislaufstrecke begonnen und ca. 100 Meter vor der Schule hat sie aufgehört. Sie war mehrere Kilometer lang. Wir hatten einen größeren Eislaufplatz als die Eisarena von Nürnberg. Nicht selten fiel so viel Schnee, dass er höher war als ich, oder die Schneeverwehungen hatten ihn auftürmen lassen, sodass wir nicht weiterkamen. Dann spannten meine Brüder die Pferde und wir wurden mit dem Schlitten in die Schule und wieder nach Hause gebracht. Mehrmals wurden Jani und Mari Bojti von ihrem Bruder mit dem Pferdeschlitten in die Schule gebracht, dann fuhren wir mit ihnen mit. Sie wohnten weiter nördlich von uns und wir lagen auf dem Weg zur Schule. War das nicht eine wunderschöne Kindheit?

Jedes Jahr bin ich mehr als 400-mal über die Brücke bei den zwei Körös-Flüssen – Fehér Körös und Fekete Körös – gegangen, trotzdem wurde mir dafür kein Denkmal errichtet. Sándor Petőfi ist einmal über die – damalige Holzbrücke – gegangen und die Gedenksäule steht bei der Brücke am Deich. Er hat sich diese Gedenksäule nicht dadurch verdient, dass er über die Brücke bei Kereki gegangen ist, sondern weil er ein großer Dichter war. Kennen Sie ihn? Auf der Tanya hatte ich nicht immer ein Fahrrad. Einer meiner Lieblingssportarten ist heute durch Kereki zu rasen – natürlich mit deutschen Automarken – mit einer Geschwindigkeit – wenn es die Straßenverhältnisse zulassen –, dass diejenigen, die ich überhole, aus ihren Autos steigen, weil sie glauben, dass sie stehen oder träumen. Weil ich vor ein paar Sekunden

noch dort war. Und jetzt bereits nicht mal am Horizont zu sehen bin. In diesen Momenten finde ich es schade, dass die Verwandten – die Familie vom Bruder meiner Mutter, Jancsi Sáli und Bözsika Sáli – nur 16 km von Mezőberény in Bélmegyer wohnen und nicht weiter weg.

Ich lebte bereits in Nürnberg, aber meinen Urlaub verbrachte ich in Mezőberény. Ich habe öfter Spritztouren in Kereki gemacht. Bis die Straßen nicht umgelenkt wurden, habe ich den Platz unserer Tanya und meine einstige Schule angeschaut. Einmal träumte ich, dass UFOs in Kereki gelandet sind. Und ich war nicht weit von ihnen mit dem Auto unterwegs. Diese Wesen waren mit erhobenen Händen in meine Richtung unterwegs. „Wenn ihr schon gelandet seid, mache ich ein paar Fotos von euch", dachte ich. **Meine Kamera hatte ich immer bei mir, mit einer Ausnahme. Ich zückte sie auch in meinem Traum, knipste einige Male und drehte mich wieder ab, weil die als Feinde vermuteten Wesen bereits in der Nähe waren. In Nürnberg habe ich den Film entwickeln lassen. Stellen Sie sich vor, diese paar Bilder waren leer. Es gab keine Zeichen dafür, dass ich die Landung der UFOs in Kereki verewigt hätte.**

Das eine Mal, als ich keine Kamera bei mir hatte, war in Nürnberg. Ich wollte schon immer radfahrende Nonnen fotografieren. Einmal kamen mir sogar drei entgegen, aber ich konnte sie nicht abknipsen.

Im Kapitel „Mein Nürnberg" berichte ich von meiner hollywoodreifen Flucht aus Ungarn nach Nürnberg in Deutschland. Es hat lange gedauert, bis ich verstanden habe, wieso die Menschen Ungarn verlassen und sich der Gefahr einer Flucht aussetzen. Bis zur Mitte der 1980er Jahren war es riskant. Von der Frau, die in Mezőberény im deutschen Pfarrhaus wohnte, besorgte ich die Adresse des 1981 von dort geflüchteten deutschen Pfarrers Zoltán Ferenczy in Lauterhofen in der Oberpfalz. Ca. 50 km von Nürnberg. Aber ich durfte nicht dort schlafen, weil ich auch eine Spionin sein konnte, nahmen sie an. Ich habe in Nürnberg im Lager übernachtet. Am fünften Tag konnte ich das Lager verlassen, weil Zoltán Ferenczy mir eine 1-Zimmer-Wohnung besorgt hatte. Es ist immer gut, wie es ist. Eines Nachts habe ich noch in Mezőberény geträumt, dass ich hier in Deutschland ein zuverlässiges Auto habe – weil unser russischer Mercedes öfter ausgeliehen war und immer kaputt zurückgebracht wurde – und ein ruhigeres Leben führen könnte als in Mezőberény. Ich kann mit Begeisterung und nicht lustlos arbeiten. Mein Traum ist in Erfüllung gegangen.

Ich war auf meinen Mann sauer und habe ihn verlassen.

Ich werde nicht niederschreiben warum, aber ich erzähle es mündlich. Er hat im Winter, Frühling, Sommer, Herbst gegen Abend nach rechts und nach links geschaut und auf Leonille gewartet, aber jahrelang ist die blonde Frau nicht gekommen. Das hat eine alte Nachbarin Frau Marika Scherrer jedes Mal erzählt, als ich sie besuchte. Danach folgte mir Ádám. Einmal läutete er an meiner Wohnung in Nürnberg. Ich öffnete die Tür. Ádám steht da. Er hat die blonde Frau gefunden. Seitdem ist er deutscher Staatsbürger und wohnt in Nürnberg. Bis heute hat er 80 unterschiedliche Obstbäume, Obststräucher und Weintrauben in unserem Garten in Mezőberény gepflanzt. Er produziert fünf verschiedene Weinsorten; aus Weintrauben rot, weiß und rosé, aus Feige, aus Sauerkirsche, kocht vier verschiedene Marmeladensorten, legt Obst und Gemüse ein und kocht besser als ein TV-Koch. Was für ein Koch! Ein Vierteljahrhundert arbeitete er bei einer Firma in Nürnberg. Die Firma wurde viermal verkauft, aber Ádám blieb jedes Mal. Und er fühlt sich auch nicht gut, wenn Laura nicht in der Nähe ist.

Meine Damen! Die Ehemänner muss man nicht beseitigen, wenn man ihnen überdrüssig geworden ist, sondern verlassen. Das ist die beste Medizin für einen Charakterwechsel.

Im Kapitel „Mein Nürnberg“ erwähne ich, dass hinter mir zwei Mal die Gefängnistore zugefallen sind. Nicht die Zellentür, sondern glücklicherweise nur das Gefängnistor, so war ich bereits nach 10 Minuten wieder draußen. Sie werden lesen, dass ich nichts Kriminelles verbrochen habe.

Laura

Als ich sie das erste Mal sah, verzauberten mich ihr Lachen, ihre Güte und ihr langes, lockiges, blondes Haar. Ich half ihr sich in der Bismarck-Schule und danach in die Oberstufe in der Veit Stoß Schule zu integrieren. Wir fliegen gemeinsam um die Welt. Sie findet sich überall zurecht und wird schnell zum Liebling des Hotelpersonals. Laura hat eine Mutter und einen Vater, sogar zwei ältere Schwestern und sie ist zweifache Tante. An den Wochenenden ist sie bei uns und wir verbringen den Großteil der Schulferien gemeinsam. Sie ist meine persönliche Assistentin und kann alles erledigen. Von Bankangelegenheiten über Einkaufen bis hin zur Abrechnung bei meinem Chef. Die Skiausflüge, Sommerurlaube, unsere Aufenthalte in Schlössern oder Burgen reserviert sie über das Internet. Sie passt besser auf mein Geld auf als ich. Sie kümmert sich um Geschenke für Namenstage und Geburtstage. Sie sucht immer das Neueste, die Alternative. „Geht nicht, gibt es nicht", ist Lauras Credo. Mit meinem Mann waren wir dagegen, aber wir haben es doch zugelassen, dass sie vier unterschiedliche Glätteisen kauft – natürlich nicht auf einmal –, womit sie ihre Haare glätten kann. Ich habe sie auch in die ungarische Schule von Nürnberg am Wochenende eingeschrieben. Laura hat auch bereits ihre erste Liebe kennengelernt. Krisztián heißt der junge Mann, der bereits in jungen Jahren die richtige Reihenfolge der Werte kennt: 1. Gesundheit; 2. Geld. Ich muss die Wirkung nicht erneut wiedergeben, aber die Haare von Laura sind wieder lockig. Laut Laura und Krisztián habe ich sehr viel Glück mit ihnen, weil sie viel helfen und weil sie sämtliche Dinge erledigen können, die ich ihnen anvertraue. Meiner Meinung nach ist das Glück bei uns dreigleisig, weil sie auch riesiges Glück mit mir haben.

Albrecht Dürer

Albrecht Dürers Vater kam als Goldschmied 1455 auch nach Nürnberg, 533 Jahre vor meiner Ankunft 1988, aus einem heutigen Viertel von Gyula – eine Grenzstadt an der rumänisch-ungarischen Grenze – aus Ajtós.

Damals war Ajtós ein eigenständiges Dorf und bedeutete auf Deutsch Türer – Türenmacher. Später hat sein Sohn, der berühmte Maler, den Namen in Dürer geändert. Zum „A"-Buchstaben hat „D" besser gepasst.

Friedrich der V., Kaiser des Heiligen Römischen Reiches, benötigte Goldschmiede. Der alte Türer war einer von denen. Nürnberg ist eine wunderschöne bayrische Stadt und war im 15. Jahrhundert die reichste Stadt des Heiligen Römischen Reiches. Die zweitreichste Stadt war Lüneburg. Ich bin hier zu Hause. Viele denken nicht einmal daran einen Fuß hierhin zu setzen. Der Name von Albrecht Dürer ist für mich ein sehr guter Trinkgeldlieferant. Darüber können Sie später lesen. In Nürnberg gibt es eine Burg mit Fachwerkhäusern und engen Gassen. Hier fand der „Nürnberger Prozess" statt. Im 600-er Saal kann man sehen, was die Nazis mit den Juden gemacht haben. Es gibt ein Kolosseum nach römischem Vorbild. Hier hat man das „Nürnberger Ei" erfunden, den ersten Globus auf der Welt, und die erste Weltkarte wurde ebenfalls hier gefertigt. Nürnberg hat sogar einen Trichter. Und noch vieles mehr ... Ich bin nur auf einen Juden sauer, weil er sehr schlecht und ohne Rücksicht auf Verluste mit mir umgegangen ist. Ich bin nicht sauer auf ihn, weil er Jude ist, sondern wegen dem, was er getan hat. Darüber können Sie im Kapitel über die Bäckerei lesen.

Ich habe mit unterschiedlichen Berufen Geld verdient. Ich arbeite, seitdem ich fünf bin. Damals noch nicht jeden Tag. Ich habe Futterreste von den Kühen, Schafen und den Pferden aussortiert. Im Winter musste ich um 5 Uhr aufstehen. Im Sommer habe ich sie ab 4 Uhr weiden lassen, gemeinsam mit meinem Bruder und meinen Schwestern. Dazu kamen noch die

Gänse und die Schweine. Ich war Büroangestellte. Sekretärin. Arbeiterin in der Porzellanfabrik. Privathändler. Hotel Portier. Konditorin. Als Hobby habe ich geschneidert. Ich habe mehrere Arbeitsplätze nicht im Wohlwollen verlassen. Als ich gegangen bin, wurde ich traurig. Irgendwie überkam mich ein Gefühl wie nach einer Beerdigung bei den Hinterbliebenen. Nichtsdestotrotz: „Non, je ne regrette rien", „Ich bereue nichts". Danach fand ich immer eine bessere Stelle. Beziehungsweise bereue ich zwei Dinge: 1. Dass ich nicht Englisch, Französisch, Spanisch und Italienisch gelernt habe. 2. Dass ich Ungarn nicht nach dem Abitur verlassen habe. Ich bereue, dass ich diese Dinge nicht machen konnte, aber es hing nicht von mir ab. Das Lernen und Sprechen in mehreren Sprachen sind nicht unmöglich. Ágostai Kati, die Tochter meiner Cousine Kati Vértes, hat bis zu ihrem 18. Geburtstag Sprachprüfungen in drei Sprachen abgelegt: Deutsch, Englisch und Japanisch.

Einer meiner Hobbys ist Autofahren. Das zweite Hobby ist Fotografieren. Das dritte ist Burgen und Schlösser besichtigen und fotografieren. Ich müsste nicht arbeiten, aber ich liebe es, mich auf den Straßen von Nürnberg zu bewegen. Dort, wo Kaiser, Könige, Fürsten, Grafen, Baronen, Aristokraten, Knechte, Mägde zu Fuß oder mit Kutschen in die Burg hinauf- oder hinuntergingen und fuhren, kann ich mit 136 Pferdestärken Spritztouren machen. Ich liebe es, wenn ich jemanden in die Burg hinauffahren oder von dort abholen kann.

Im Kapitel „Ich fahre mit galoppierenden Pferden durch das Leben" schreibe ich über meinen Traumberuf, das Taxifahren. Es ist der beste Beruf auf der Welt. Wieso? In zwei Monaten hatte ich einen neuen Beruf in der Hand. Man kann nicht zu spät kommen. Mein aktuelles Taxi habe ich in Februar 2017 mit 2.000 Kilometern bekommen. Es trägt die Konzessionsnummer 163. Die Tagesschicht parkt es in der Schafhofstraße, weil es dort am ehesten Parkplätze, auch für meinen Tiguan, gibt. Der Schlüssel ist seitdem bei mir, auch wenn ich Deutschland verlasse. Morgens werfe ich das Kuvert mit Geld und Quittungen, wenn jemand mit EC oder Kredit-Karte gezahlt hat oder wenn ich Menschen mit Behinderung transportiert habe, in den Briefkasten vom Chef. Mein Anteil ist 45 % plus das Trinkgeld. Ich kann so gegen 18 Uhr die Arbeit aufnehmen und bis 6 Uhr morgens arbeiten und darf aufhören, wann ich will. Ich nehme mir so viel Urlaub, wie ich will, und dann, wann ich mich ausruhen möchte. Ich habe bereits mehrere Hundert Bücher bei der Arbeit gelesen, während ich gewartet habe. Es gibt nicht viele ähnliche Möglichkeiten, um Geld zu verdienen. Meinen Chef – Gerhard Kronburger – sehe ich so oft wie die Mitte meines Rückens, also nie. Es gibt Leute, die es wegen der täglichen Diskussionen, Intrigen, Schelten und täglich neuen unlösbaren Aufgaben ins Grab gebracht haben. Ist es nicht viel besser, dass ich den Boss nicht sehe? Mit dem Taxi – natürlich mit Fahrgästen – habe ich den Großteil sowohl von Deutschland als auch die Nachbarländer bereist. Ich habe in der Nacht nicht viel von diesen Ländern und Städten gesehen, aber ich kann sagen – dass ich da war. Der Chef hat mir eine wunderschöne Mercedes E Klasse gegeben. 100 KW, 4,70 Meter lang, Kombi, 1,80 Meter breit und 1,30 Meter hoch. Ein „Traumwagen“. Ich muss damit nur Geld verdienen und es sauber halten. Ich reinige die Alufelgen gerne, die sind die Visitenkarte des Taxis. Sie werden noch darüber lesen können. Ich weiß, dass es auf der Erde viele, noch schönere, noch größere Autos gibt, in denen ich noch nie gesessen bin, aber wahrscheinlich auch nie sitzen werde. Wenn ich die Automarke Mercedes lobe, setzte ich meiner Zufriedenheit eine Grenze. Mein Chef hat eine eigene Diesel-Tankstelle in seinem Hof und er bezahlt die Reparaturen und den TÜV. Ich sitze in meinem Taxi, warte in der Schlange am Taxistand und das Geld steigt ein. Ist das nicht ein Traum? Mit einer minimalen Ausnahme zahlen alle.

„Der Fahrgast ist der König“ ist das ungeschriebene Gesetz. Von den Königinnen und Königen fallen mir die gekrönten Leute ein. Ich beschreibe Ihnen wahrheitsgetreu, welche Königinnen und Könige meine Fahrgäste waren. Dreimal habe ich gedacht, dass die Fahrgäste mir die Kehle durchschneiden. Aber sie dachten nicht einmal daran. Beim vierten Mal war ich mir nicht sicher, ob er mich mit meinem Schal erwürgen will oder auf was er auf dem Hintersitz wartet und dabei an meinem Schal herumzieht. Sie werden später lesen, was passiert ist.

Einmal habe ich den Fahrgast nicht dorthin gebracht, wo er hinwollte. Jugendliche haben für einen Freund, der seinen 18. Geburtstag gefeiert hat, Geld zusammengeworfen, damit er zu den schönen Frauen an der Mauer fahren soll. – Später werde ich noch erklären, was „Die Mauer" in Nürnberg genau bedeutet. „Du denkst nicht richtig", sagte ich ihm. „Wenn ich dich bei den schönen Frauen absetze, zahlst du das Taxi, was 10,– Euro ausmachen wird, und den Gewinn streifen die schönen Frauen ein. Du bist genau in einem Zustand, dass Leonille mit dir fertig wird." Er konnte überredet werden. Ich habe ihn in einen Klub mitgenommen, in dem ebenfalls schöne Mädchen sind, aber reich habe ich auch welche bekommen. Sie werden die Details dann noch lesen können.

Es gibt auch „Fahrgäste in Tauchanzügen". Ich nenne sie wegen ihres geringen IQ so. Sie werden über sie noch lesen können.

Ein anderer Fahrgast behauptete, dass er das beste Gulasch in Nürnberg kocht, und sogar 26 unterschiedliche Sorten. „Du irrst dich gewaltig", habe ich ihm gesagt, „weil das beste Gulasch ich, Leonille, koche. Was du kochst, heißt Pörkölt, bei den anderen fügt man hinzu, welches Gulasch es ist. Zum Beispiel Hühnergulasch, Bohnengulasch oder Székelygulasch. Du kannst nicht das beste Gulasch kochen, weil um Gulasch oder Pörkölt kochen zu können, muss man gleichzeitig mit der Muttermilch den Kochlöffel in der Hand halten – also bereits in der Kindheit erlernen." „Säure ich das Kraut auch selber an?", fragt König Kunde. Nach seinen 26 Gulaschsorten und nach meinem Gulasch habe ich ihm mitgeteilt, dass er besser leise sei, weil bei noch so einer Aussage er seine Haustür nicht von meinem Taxi aus erreichen werde. Er folgte meiner Anweisung und gab sogar Trinkgeld.

Die besten Fahrgäste sind betrunken. Nein, nicht was sie jetzt denken. Nein, auch nicht deshalb. Die verdächtigen

Analphabeten würde ich auch auf Platz eins setzen. Zweimal wussten sie nicht, wo sie wohnen, so betrunken waren sie. De Frau konnte sich an die Hausnummer, der Mann konnte sich an den Straßennamen erinnern. Das waren zwei unterschiedliche Kunden, ich habe sie nicht gleichzeitig befördert. Ich wurde zur Detektivin und habe beide nach Hause gebracht.

Ich habe auch 2. und 3. platzierte Fahrgäste.

Die schlimmsten sind die Damen, die denken, dass sie so wichtig sind, dass niemand ihren Chefsessel wärmen wird, wenn sie mal nicht da sind. Wieso halte ich sie für so schlimm? Weil sie nicht zahlen wollen, sie denken, das sei ein Vermögen, was das Taxameter anzeigt. Sie bezweifeln sogar, dass ich sie befördert hätte.

Die Damen, die frühmorgens nach Hause wollen und von niemandem begleitet werden.

Ich meide sie wie die Pest, ein Bienenstich ist gegen sie wie eine sanfte Frühlingsbrise. Bei diesen Damen ist irgendwas schiefgelaufen, sie haben etwas nicht bekommen, etwas nicht geschafft, weshalb sie dahin gegangen sind und ihre Wut jetzt an mir ablassen. Wenn ich merke, dass so eine Frau auf mich wartet, schließe ich die Türen im Taxi, lasse die Fensterscheibe vorne rechts runter und sage, dass ich sie nicht mitnehmen kann, weil ich eine andere Adresse anfahren muss. Dann fahre ich weiter und bestelle ein anderes Taxi an diese Adresse. So kann ich einer Drachenkönigin als Fahrgast entkommen. Wer von einem Mann hinausbegleitet und geküsst wird, so zusammenklebend, dass ich nicht weiß, ob sie eine oder doch zwei Personen sind. Da schalte ich das Licht aus Feingefühl nicht an. Sie sind nette Kunden. Diese Damen sagen mir, ohne danach zu fragen, was ich bereits lange weiß. Wenn die Fahrt lang genug ist, kommt sie sogar auf ihre erste Liebe zu sprechen. Natürlich spare ich auch nicht mit Geschichten.

Den besserwisserischen Teenagern kann ich auch Paroli bieten. Sie sind auch keine guten Kunden.

Das meiste Trinkgeld, 500 Euro, habe ich von einem 20-jährigen jungen Mann erhalten. Ich habe dafür nur Ratschläge gegeben. Einige geben nichts, dabei beteuern sie, dass ich sie gerettet hätte. Es gab auch Kunden, die am Ziel aus dem Auto gesprungen sind, ohne zu zahlen. Dabei gibt es in Deutschland ein Gesetz – wie für alles –, dass man sich strafbar macht, wenn man sich als Fahrgast ohne Geld in ein Taxi setzt.

Es gab auch Fahrgäste, die nicht aussteigen wollten. Ich musste mit ihnen in Nürnberg Runden drehen, weil herzzerreißende ungarische Lieder in meinem Taxi liefen und sie in Erinnerungen schwelgten. Die französischen Kunden lieben Jo Dassin: Champs Elysees. Die Russen mögen Nikolai Baskow Dorogoj dlinnoju. Ungarn aus Siebenbürgen und der Slowakei mögen Geigenmusik. Für die Harley Davidson Fahrer lege ich von John Fogerthy „Bad moon rising" auf.

Ich behaupte, dass Kunden mit jedem erdenklichen Beruf neben mir oder hinter mir gesessen sind. Ich habe Fürsten, Fürstinnen, Prinzen, Prinzessinnen, Grafen, Gräfinnen, aus der Faber-Castell Bleistiftfabrik in Stein, die im Besitz des Grafen ist, Ministerin und Minister befördert. Oberbürgermeister. Botschafter. Die Mittelschicht und auch Obdachlose. Harz IV-Empfänger. Einfache Arbeiter. Geschäftsleute. Leiter von Weltkonzernen, Manager. Viele haben nicht mitgeteilt, was ihr Beruf ist. Und, und, und ...

König Kunde bereist alle acht Kontinente, Europa, Asien, Afrika, Australien, Inseln im Pazifik, Nordamerika, Mittelamerika, Südamerika, aber den Kofferraum eines Mercedes können sie nicht zumachen. Eigentlich ist es auch nicht ihre Aufgabe, sondern meine. Aber oft wollen sie es machen. Da der Knopf zum Verschließen des Kofferraumes auf der rechten Seite ist, strecke ich mich nicht, sondern sage ihnen, dass sie bitte einsteigen sollen, ich kann von innen den Kofferraum zumachen. Das kann ich in vier Sprachen sagen. Viele wollen nicht einsteigen, weil der Kofferraum offen ist. Dann wird mir klar, dass die Kunden dumm sind. Sie können sich nicht einmal vorstellen, dass sich im 21. Jahrhundert Kofferräume automatisch schließen. Ich sage ihnen dann, dass ich so dumm sei, mit offenem Kofferraum zu fahren. Entsprechend sitzen alle mit offenem Mund im Taxi, blicken nach hinten, ihre Augen, ihr Hals und ihr Kopf komplett verdreht, damit sie sehen können, wie sich der Kofferraum automatisch schließt. „Wieeee? So etwas haben wir noch nie gesehen."

Ich liebe es, wenn Kunden sich um mein Taxi streiten. Am Flughafen, am Hauptbahnhof, beim Eingang der internationalen Messe warten oft mehrere Hundert Fahrgäste. In dem Moment komme ich an einem der drei Plätze an, und ich kann maximal vier Personen mitnehmen. Welche vier Personen soll ich bloß mitnehmen? Ist es nicht ein beneidenswerter Beruf?

Sie kleben am Stuhl, am Sessel, am Bett, wo sie auch immer bequem sitzen oder liegen, während sie lesen – genauso wie ich bei der Lektüre vom Lebenslauf einer meiner Lieblingsschauspieler gesessen bin.

Gerard Xavier Marcel Depardieu – Châteauroux; 27. Dezember 1948, französischer Schauspieler – hat, als er Teenager war, Gräber mit seinen Freunden geplündert. Tagsüber haben sie hinter den Grabsteinen beobachtet, mit welchem Schmuck die Toten beerdigt werden. Am Abend haben sie die Gräber dann ausgegraben, den Schmuck herausgenommen, das Grab wieder geschlossen und die Beute später verkauft.

Conrad Hilton, der Hotelkönig, hatte die Idee zum Bau von Hotels, als er in einer Stadt in Texas unter den Ölsuchenden zum richtigen Zeitpunkt und als richtige Person sah, dass die Zimmer in den Motels in drei Schichten vermietet wurden. In einem Bett schliefen innerhalb von 24 Stunden drei Personen. Wahrscheinlich haben alle Decke und Bettwäsche selber mitgenommen.

Charles Lindbergh – Detroit 1902–Hawaii 1974. Am 20. Mai 1927 startete er vom Roosevelt Flughafen in New York, mit seinem Flugzeug namens Spirit of St. Louis – amerikanische Stadt – und überquerte den Atlantik – 5.808 km – in 33 Stunden und landete am Flughafen in Paris Le Bourget. Vor ihm haben bereits 66 Personen den Atlantik überflogen, aber er war der Erste ohne Zwischenlandung.

1929 nahm er Anne Spencer Morrow zur Frau, sie bekamen sechs Kinder. Das erste wurde gekidnappt.

Mit Brigitte Hesshaimer, Hutmacherin, Tochter eines Schokoladenfabrikanten, der aus Rumänien nach München ausgewandert ist, hatte er drei Kinder. Mit ihrer jüngeren Schwester, die in der Schweiz lebte, hatte er zwei Kinder. Von seiner Sekretärin Valeska hatte er ebenfalls zwei Kinder. Die vier Frauen wussten nichts voneinander und von den Kindern. Ausgenommen die Hesshaimer Geschwister, sie wussten nur nicht, dass die Kinder einen gemeinsamen Vater hatten. Diese sieben Kinder wussten den echten Namen ihres Vaters auch nicht. 2003 wurde die Wahrheit publik, als die Tochter von Brigitte, Astrid Bouteuil auf einem Foto ihren Vater erkannte, „Das ist mein Vater“, sagte sie und konnte dies mit Hilfe eines DNA-Tests nachweisen. Solange Charles Lindbergh lebte, wusste es niemand, weder die drei Frauen noch die sieben Kinder.

Also, verstehen Sie?
Die Heiligen waren auch nicht immer heilig.

Aus einem See im Vatikan wurden mehrere Tausend Babyschädel geborgen. Die Antwort darauf, was mit den Babys der Mönche, Pfarrer und Nonnen geschehen ist. Im 21. Jahrhundert ist es unvorstellbar, dass Mönche, Pfarrer und Nonnen nicht geliebt und keinen Sex in ihrem Leben gehabt haben.

Roderic Llancol I de Borgia – Xátiva 1431–Valencia 1503 – wurde als Alexander der VI. in die Liste der Päpste eingetragen. Er liebte Frauen, obwohl er Papst war, und hatte acht Kinder.

Der Lebenslauf von Ludwig Erhard – Fürth 1897–Bonn 1977 – hat mich auch an den Autositz gefesselt. Er ist für das „Deutsche Wirtschaftswunder“ verantwortlich. Meinen Wirtschaftsnobelpreis würde ich ihm verleihen.

Unter ihnen gibt es auch einige, die gerne die Zeitung lesen oder einen Film anschauen, wenn es dabei um die Fürsten und Fürstinnen von Monaco geht. Ihr skandalöses Leben ist ein gefundenes Fressen für die Klatschspalten weltweit.

Nur wenige wissen, dass der Ahne der Fürsten von Monaco ein Mörder war. Francesco Grimaldi gelang es am 8. Januar 1297 mit einem Schwerthieb in die Festung von Monaco einzudringen. Als Mönch gekleidet hat er die Wachen getötet und die massiven Mauern unter seine Kontrolle gebracht. Seit dem Tag glänzt ihr Stern.

In meinem Buch zitiere ich mehrere Milliardäre, wie sie reich wurden. Einige Sprüche und Redewendungen werde ich ebenfalls erwähnen. Nicht nur über Geld. Nicht nur von mir. Wo ich den Autor kenne, schreibe ich ihn dazu.

Ich bin mir sicher, dass sie bereits sehr gespannt auf die Dinge sind, die ich eingangs erwähnt habe, über was sie genau in diesem Roman, Lebenslauf und Buch über Geld lesen können.

Ca. vor 25 Jahren habe ich bereits angefangen ein Buch über die Kastanie zu schreiben. Ich bin schnell zur Erkenntnis gelangt, dass das niemanden interessiert. Das zweite Buch habe ich 2001, mein Manuskript über Fürst Rákóczy Ferenc den II., beendet. Ich wollte dieses Manuskript 2003, am 300. Jahrestag des Freiheitskampfes von Rákóczy, publizieren. Dieses Manuskript wurde in Budapest, gemeinsam mit meinem nigelnagelneuen Volkswagen Golf gestohlen. Obwohl ich fast genauso lange daran gearbeitet habe wie Jókai Mór am „Löcsei Fehér asszony". Der Legende nach hat er fünf Jahre daran gearbeitet. Ich habe nur vier Jahre lang meinen zweimonatigen Urlaub geopfert. Von den 54 Rákóczy-Burgen und Burgruinen habe ich 36 aufgesucht und fotografiert. Ich wollte, genauso wie Rákóczy von Marseille, nach Rodostó mit dem Schiff fahren. Ich hatte keine Kopie von meinem Manuskript, von den Fotos habe ich noch die Negative. Heute bin ich klüger. Dieses Buch drucke ich häufig. Mein viertes Buch wird von den deutschen Fachwerkhäuser, Burgen und Schlösser handeln, und was in diesem Buch aus Zeitgründen nicht Platz fand. „Fachwerkhäuser" nennt man Häuser, die sowohl innen als auch außen mit Holzbalken versehen sind. Ich habe Laura und Krisztián mit der ungarischen Titelfindung des Buches beauftragt.

Einige der Rákóczy-Burgen und Schlösser, die durch Erbschaft oder Eroberung, Kampf in den Besitz der Rákóczys gelangten.

Die Burgen von Sárospatak, Tokaji, Tolcsva, Eperjes, Regéc, Szerencs, Boldogkö, Schloss von Bors, hier wurde er geboren, Burgruine von Gyulafehérvár, hier wurde er zum Fürst von Ungarn und Siebenbürgen gekrönt, die Burg von Zboro und Munkács. Késmárk, Gyimesbükk, Gyalu ...

1 Geld, Geld, Geld

Der erste Tag, als ich mit Geld in Berührung kam, war ca. mit neun. Es war September und die Schule hatte begonnen. Meine Mutter wollte Gemüse einlegen, aber sie hatte keinen Essig. Mein Bruder war gerade bei ihr, ca. fünf Jahre, ging noch nicht zur Schule und es gab auch keinen Kindergarten in Kereki. Meine Mutter schickte ihn zur Brücke, wo sich auf der Seite von Kereki das Geschäft von Mancás befand. Mancás war eine dicke Verkäuferin mit einem großen Kopf und einem Gugelhupf-Gesicht. Sie gab ihm den damals größten Geldschein, 100 Forint, weil sie nichts Kleineres auf der Tanya hatte. Miska kam mit 48 Forint und einem Liter Essig zurück. Ich kam zur gleichen Zeit von der anderen Richtung aus der Schule zurück. Ich wurde von meiner Mutter beauftragt die 50 Forint zurückzuholen. Wahrscheinlich deshalb, weil sie wusste, dass ich die größte Klappe hatte. Mein Bruder und ich sind dann zum Geschäft. Unterwegs hatte ich einen Weidenzweig in der Hand. Ich dachte, wenn Mancás uns das Geld nicht zurückgibt, werde ich sie mit dem Weidenast bearbeiten. Sie gab die 50 Forint zurück. Ich musste sie nicht mit dem Ast schlagen. Sie sagte, dass beim nächsten Mal nur mein Bruder kommen solle.

Das war wahrscheinlich die erste Lektion, die sie über Geld lernen können, dass es Macht über Menschen besitzt. Was muss man wissen, bevor man das erste Mal Geld in der Hand oder auf dem Konto hat.

Man muss weniger ausgeben, als man besitzt.

Tragen Sie keine größeren „Spendierhosen" als János Arany.

Ihr Beruf, womit Sie Ihr Brot verdienen, muss Ihr Hobby sein, damit Sie mit Lust und Laune ein Leben lang das machen können oder zumindest solange Sie es machen wollen.

Lernen Sie Ihren Körper kennen, erhalten Sie Ihre Gesundheit, denn das ist sehr wichtig, um Geld zu verdienen. Enteignen

Sie nichts von anderen, denn es wird Sie Ihr ganzes Leben begleiten. Sie können auch leicht aus der Schule suspendiert werden.

Geben Sie nur Ihren Eltern und Kindern Geld, wenn sie darum bitten. Geben Sie Geschwistern oder Freunden kein Geld, weil Sie es nie wiederbekommen, zudem werden sie es leugnen, wenn Sie es nicht schriftlich festhalten, und sie werden keiner anständigen Arbeit nachgehen oder in Deutschland Harz IV-Empfänger sein. Danach muss man keine Familienfeste oder Zusammenkünfte mit Freunden feiern, weil Sie diese Personen im großen Bogen meiden werden. Diese Schuldner werden noch auf Sie sauer sein. Wenn Sie mit Geld in der Hand losgegangen sind, drehen Sie um, geben Sie kein Geld her. Haben Sie verstanden? Das ist zu 100 % wahr. Woher ich das so genau weiß? Weil dies auch uns passiert ist. Wir haben gar nicht gemerkt, dass wir immense Summen gezahlt haben, aber die Person hat das Geld nicht dafür verwendet, wofür wir es gegeben haben, nämlich zur Renovierung unseres Hauses in Mezöberény, sondern um seine Schuldenlöcher damit zu stopfen. Als wir darauf gekommen sind, konnten wir das Schuldenmachen stoppen, aber den Großteil mussten wir in der Sparkasse in Mezöberény zahlen. Als wir ihn zur Rechenschaft ziehen wollten, sagte er, dass nicht er schuld sei, sondern der Staat. Obwohl unser „Abschöpfer" bis dahin so ehrlich war, dass ich getrost sagen konnte, dass in Bezug Ehrlichkeit zuerst Gott kam, dann er.

Sie dürfen in zwei Fällen Geld geben: 1. Wenn Sie sehr viel davon haben und Sie denken, dass Ihr Urenkel und Ur-Urenkel noch im Vermögen schwimmen werden. 2. Wenn Sie nicht wollen, dass auf dem Familienfoto alle drauf sind. Weil Ihr Schuldner nicht mehr aus einem Topf mit Ihnen Kirsche essen wird.

Die Német Finompékárú Gyártó és Forgalmazó cég (Produzent und Vertriebsfirma für deutsche Backwaren) in Mezöberény ist eine Ausnahme.

Gründen Sie nicht mit jemandem gemeinsam eine Firma. Nach meiner Erfahrung trennen sich in 99 % der Fälle die Gründer. Unsere Firma ist hier eine Ausnahme, weil sie seit 29 Jahren besteht. Wenn es keinen anderen Weg gibt, dann sollten Sie nur für eine begrenzte Zeit einen Finanzpartner haben. Zahlen Sie ihn aus und seien Sie alleiniger Eigentümer der Firma. Seien Sie auch kein stiller Finanzpartner für lange Zeit, damit Sie jemandem Geld geben, um eine gemeinsame Firma zu haben. Weil dieser Partner Sie ausnehmen wird, wie Sie es sich nicht erträumen können. Wenn es der Firma besser geht, will der Partner expandieren. Fünf gute Bekannte haben sich bei so etwas bereits die Finger verbrannt. Er gründet eine Firma in Rumänien, Slowenien, Kroatien, in der Slowakei und beauftragt einen Fremden in Ungarn, den er aus Nürnberg leitet. Er gründet nicht, sondern schöpft so Ihren Gewinn ab. Er gründet sicher nicht. Wenn er doch gründet, dann wird diese Firma mit Lichtgeschwindigkeit Bankrott gehen. Auf diese Dinge kann man sehr viel Geld überschreiben oder von der Steuer absetzen. Der Partner wächst und Sie schauen nur zu und verstehen nicht, wieso Sie keine vollen Taschen als Partner dieser riesigen Firma haben? Bei einer normalen Firma müsste das Geld aus der Tasche Ihres Partners auch in Ihre Tasche wandern. Hier wandert das Geld nur von der linken Hosentasche Ihres Partners in die rechte. Wenn Sie sich von Ihrem Partner lösen und selbst eine Firma gründen, geben Sie Ihr Geld aus der einen Tasche nur für Dinge aus, die Sie brauchen oder die Sie haben wollen oder damit das Vermögen in Ihre andere Tasche wandert. Zu dieser Erkenntnis gelangen Sie, wenn Sie anfangen nachzudenken. Oder Sie wären so dahin gekommen, wenn Sie angefangen hätten nachzudenken.

Die erste Stunde über Finanzen.

Wenn Sie ein Haus bauen wollen, fangen Sie mit der Planung an. Danach folgen die Erdarbeiten, der Keller, die Tiefgarage, die Ebenen und das Dach.

Die Holländer sind mit der Tulpenzwiebel – Semper Augustus – zu immensem Reichtum gekommen. Unten war sie blau, in der Mitte weiß und oben feuerrot, wie die holländische Fahne. Mit der Veredelung haben sie nicht bei der Blüte, nicht beim

Blatt, sondern bei der Wurzel in der Erde, die sich ganz unten befindet, angefangen.

Das Verhältnis der Menschen zu Geld geht auf die Kindheit zurück. Der Gedanke an Geld, das Gefühl zu Geld, wie man mit Geld umgeht, führen zu einem gewissen Ergebnis.

Bei uns in Kereki haben wir nicht viel über Geld gesprochen, nicht weil wir kein Geld hatten, sondern wofür unsere Eltern Geld ausgegeben haben, wurde uns nicht mitgeteilt. Später fing ich an Sprüche über Geld zu hören: Diese Liste besteht aus Nachbarn, Klassenkameraden, Freunden, Bekannten, Tanten und Onkel. Wieso denkt ein Kind etwas anderes über Geld als das andere Kind? Weil ihre Eltern ihnen etwas Unterschiedliches erzählt oder sie eine andere erste Erfahrung mit Geld gemacht haben.

Was haben Sie gehört, gesehen oder erfahren über Geld, Wohlstand und Reichtum von den Menschen, als Sie klein waren?

So etwas:
Geld ist die Wurzel von allem.
Sparen Sie, damit Sie für schlechte Zeiten vorgesorgt haben.
Reiche sind gierig.
Reiche sind kriminell.
Geld wächst nicht auf dem Baum.
Sie stinken vor Geld.
Um Geld zu besitzen, muss man hart arbeiten.
Der Mensch kann nicht gleichzeitig reich und gebildet sein.
Woher haben die ihren Mercedes?
Glück kann man nicht kaufen. Mit Geld geht alles.
Die Reichen werden reicher, die Armen ärmer.
Reichtum ist nichts für Leute wie uns.
Nicht jeder kann reich werden.
Geld ist nie genug.
Das können wir uns nicht leisten.
Wieso ist das Geld nicht bei uns vergraben?
Sie haben sogar unter der Haut Geld.
Das Geld fließt förmlich zu ihnen.
Bei ihnen fließt das Geld sogar aus dem Wasserhahn.

Reiche kommen zu Geld, weil Arme schwitzen.
Es wäre gut auf die Seite zu legen, damit auch etwas für morgen da ist.
Die leben ja zu allen vier Jahreszeiten auf Hawaii.
Reiche sind finanziell von jedem unabhängig.
Groß verdient.
Sie haben ihr Ziel erreicht, sie sind an der Spitze.
Bei ihnen lief es gut.
Wir werden vom Geld gemieden.

Der Mensch muss, für eine neue Vorstellung von Geld, sein Gehirn umprogrammieren. Das erste Element ist die Bewusstseinsänderung. Sie können sich erst dann ändern, wenn Sie über die Existenz Bescheid wissen. Das zweite Element ist die Auffassung. Sie begreifen, woher ihre Gedanken kommen. Sie kommen drauf, dass diese Quelle außerhalb von Ihnen plätschert. Wenn diese Auffassungen nicht gut sind, die nicht Ihre sind, können Sie sich davon lösen oder sich dafür entscheiden. Die Grundsituation ist: Wollen Sie der Alte bleiben oder wollen Sie der sein, der Sie morgen sein werden. Sie müssen verstehen, dass Sie wählen müssen?

Die Kindheit besteht aus Vorbildern. Welche Beziehung hatten Ihre Eltern zu Geld? Konnten sie gut damit wirtschaften oder haben sie es verprasst? Waren Ihre Vorbilder sparsam? Hatten sie immer Geld oder nur manchmal? Kamen sie leicht zu Geld oder schwer? War das Geld ein Freund oder wurde immer nur über das Geld gestritten? Mussten sie für das Geld schuften oder kamen sie leicht zu Geld?

Diese Informationen sind wichtig, weil wir eher dazu neigen Dinge gleichzutun, wenn wir Erwachsen werden, wie wir es zu Hause gesehen haben. Das muss nicht immer zwingend gut sein. Wenn Sie in Armut aufgewachsen sind und wohlhabend sein möchten, dann ist die Kindheit kein gutes Vorbild. Gewohnheiten aus dem Elternhaus können auch Vorbilder sein. Ich zum Beispiel mache den Nusskuchen bis heute genau so, wie ihn meine Mutter gemacht hat. Linzer Teig, Aprikosenmarmelade, Nüsse mit Zucker und Eiklar, zum Schluss der Gitterteig und das Ganze mit Eigelb bepinseln. Hinein in den Ofen. Fertig.

Ich habe dreimal die Möglichkeit wahrgenommen, dass ich mich in der Denkweise, in der Auffassung und im Verhalten verändert habe.

Das finanzielle Verhaltensmuster und die Denkweise müssen zu einem Erfolg verändert werden, sonst winkt der finanzielle Bankrott.

Wie bei Kleinkindern oder Jugendlichen können wir auch unseren Eltern nicht sagen: „Hört mal zu Mama, Papa, ich möchte mit euch etwas besprechen: Mir gefällt es überhaupt nicht, wie ihr mit Geld wirtschaftet oder wie ihr euer Leben führt.

Aus diesem Grund werde ich alles anders machen, wenn ich endlich groß bin. Ich glaube, ihr könnt verstehen, was ich damit meine. Gute Nacht, träumt was Schönes."

Oder das andere Kind bricht folgendermaßen aus: „Ich hasse euch, weil ihr mir kein Geld dafür gibt, was ich brauche. Wenn ich groß bin, werde ich sehr reich sein. Dann bekomme ich alles, was ich will, egal ob ihr es wollt oder nicht." Und dabei rennt er im Kinderzimmer herum, zerfetzt das Kissen, damit er die Wut und die Enttäuschung ableiten kann. Viele Kinder, die aus ärmeren Familien stammen, tragen diese Rebellion in sich. Wenn sie erwachsen sind, hauen sie von zu Hause ab, bereisen die Welt, werden tatsächlich reich oder haben zumindest die Absicht. Jedoch gibt es ein kleines Problem, das in Wirklichkeit ein sehr großes Problem ist. Diese Jugendlichen arbeiten wie Tiere, nur um reich zu werden. Die Behauptung kann bestätigt werden, dass sie nicht zufrieden und nicht glücklich sind sowie ihren Platz in der Welt nicht gefunden haben. Wieso? Denn die Wurzel ihres Wohlstandes oder ihres Jagens nach Geld eigentlich die Rebellion und die Wut aus dem Kinderzimmer ist. Nicht das Geld.

Das viele Geld wird mit Wut aus der Kindheit in Verbindung gesetzt. Mehr Geld, mehr Wut. Wenn sie diesen Zustand loswerden wollen, wird sie auch ihr Geld verlassen.

Unbewusst verlieren sie ihr Geld, indem sie es für Investitionen ausgeben, die nichts bringen. Sind sie jetzt glücklich und zufrieden? Jetzt ist die Situation noch schlimmer. Sie sind wütend und auch noch pleite. Die haben auf das falsche Pferd gesetzt, statt ihre Wut und ihren Frust loszuwerden, haben sie ihr Vermögen verloren. Sie haben die Frucht weggeschmissen, obwohl sie die Wut samt Wurzel entfernt hätten sollen. Die Frage ist, ob die Wut noch immer dieselbe Wut ist, die sie von ihren Eltern mitgenommen haben? Solange er diese Wut nicht loswird, kann er kein ruhiges Leben führen, egal ob er viel Geld hat oder gar keines.

Es gibt Familien, in denen ein Elternteil das Geld verwaltet. Sagen wir der Vater. Wenn die Tochter dann heiratet, was erwartet sie vom Ehemann? Geld. Weil sie seit der Kindheit sieht, dass Männer das Geld haben. Schlimmer ist es, wenn der Sohn heiratet und die Mutter in seiner Kindheit das Geld hatte. Er wird von seiner Frau ebenfalls verlangen, dass sie Geld verdienen soll. Danach gibt er es so schnell aus, dass man nicht einmal eine Kugel Eis so schnell essen kann.

Er gibt nicht nur das Geld aus, sondern auch ihre gemeinsame finanzielle Zukunft.

Aus diesem Grund muss man herausfinden, wie die finanzielle Herangehensweise des Partners ist. Seine/ihre Beziehung zu Geld. Der Streit ums Geld entfacht eigentlich nicht wegen des Geldes, sondern wegen der unterschiedlichen Vorstellung, dem unterschiedlichen Verhalten und der unterschiedlichen Auffassung. Wenn bei der Eheschließung kein Vertrag erstellt wurde, indem geregelt ist, was dir und was mir gehören wird und der Umgang, die Auffassung mit Geld nicht auf einen gemeinsamen Nenner gebracht wird, haben sie ein großes Problem, und daraus folgen die Scheidung und Trennung. Die Ehefrau, der Ehemann, die Verlobten, die Lebensgefährten, Geschäftspartner kommen drauf, als das Feuer nicht mehr neu entfacht werden kann.

Wenn Sie eine Frau sind, deren finanzielle Vorstellungen eher gering sind, werden Sie wahrscheinlich einen Mann anziehen, der ähnliche Summen verdient.

Wenn Sie ein Mann sind, der wenig verdient, dann werden Sie wahrscheinlich eine Frau finden, die das Wenige auch noch gerne ausgibt. Sie sehnen sich nur nach einem kleinen Nest, sonst benötigen Sie nichts. Aber mit der Zeit steigen die Ansprüche. Die Damen würden gerne mehr ausgeben, wenn es ginge.

Wenn Sie etwas anderes über Geld denken wollen, dann lesen Sie weiter, damit Sie Dinge erfahren, die Sie noch nie gehört haben.

Sie müssen die folgenden Hindernisse – welche die Menschen auf dem Weg zum Erfolg antreibt, damit sie große Mengen an Geld verdienen – überwinden oder anders auffassen, sie verstehen und zu ihrem eigenen Ding machen.

Denkweise

Die Denkweise ist etwas, was der Mensch selber gestaltet. Man kann es nicht kaufen, man muss es vielmehr gestalten.

Wenn Sie Reichtum wollen, müssen Sie bestimmen, in welcher Form und wie viel Sie befriedigen würde. Sie können die Karte für den Weg dazu erhalten, die – wenn sie befolgt wird – Sie auf dem Weg halten wird. Wenn Sie nicht losgehen oder stehen bleiben, bevor Sie ins Ziel kommen, können Sie nur sich selbst die Schuld geben, niemand anderem. Das ist Ihre Verantwortung. Kein Alibi hilft, Sie müssen die Verantwortung tragen, wenn Sie die Reichtümer des Lebens zurückweisen oder nicht erreichen. Damit man Verantwortung übernehmen kann, ist nämlich eine einzige Sache nötig – genau die eine Sache ist notwendig, die uns vollkommen unter Kontrolle halten kann –, und das ist der Gemütszustand, die Denkweise.

Der Mensch kann nichts erschaffen, was er vorher nicht in Form eines Gedankens einmal formuliert hätte. Dem folgt eine noch wichtigere Erkenntnis. Nämlich: Die mentale Steuerung des Menschen beginnt sofort mit der Transformation in das physische Gegenstück, sobald es geboren ist, unabhängig davon, ob der Gedanke ein Ergebnis einer bewussten Anstrengung ist oder nicht. Mentale Steuerungen, die versehentlich entstehen oder in das Bewusstsein gelangen, Gedanken, die von anderen Gehirnen stammen, können den finanziellen, geschäftlichen und beruflichen Erfolg oder gesellschaftliche Situation genauso bestimmen wie die mentale Steuerung, die wir bewusst gestalten.

Im Folgenden werde ich die Erklärung und die Grundlagen einer recht wichtigen Tatsache aufzeigen. Viele verstehen nämlich nicht, wie es sein kann, dass einige Glück haben und andere, die mindestens über gleiche Veranlagung, Bildung, Erfahrung und mentale Kompetenzen verfügen, ständig Pech haben.

Diese Tatsache kann dadurch erklärt werden, dass jeder Mensch die Gabe hat, seinen Geist vollkommen unter Kontrolle zu halten. Das bedeutet, dass jedes Individuum selbst die Wahl trifft und die „Tore" für fremde, streunende Gedanken der mentalen Steuerung aufmachen oder diese Tore auch schließen kann, und nur die Gedanken hereinlässt, die er/sie wählt.

Das Einzige, über das die Natur dem Menschen vollkommene Macht verleiht und vollständig kontrollieren lässt, ist der Gedanke. Diese Tatsache, ergänzt durch eine andere Tatsache, dass alles, was der Mensch erschafft, mit einem Gedanken beginnt, führt uns zu der Theorie, mit deren Anwendung wir die Angst besiegen können. Das ist das wichtigste und begeisternde von allen Dingen, die der Mensch kann. Das widerspiegelt die menschliche Natur. Dieses Privileg ist das einzige Mittel, womit Sie Ihr eigenes Schicksal lenken können. Wenn Sie Ihre Gedanken nicht kontrollieren können, können Sie sicher sein, dass Sie nichts kontrollieren können.

Ihr Geist, Ihre Denkweise ist Ihr mentales Vermögen. Schützen Sie es und nutzen Sie es so bedacht, dass es diesem Phänomen gerecht wird. Diesem Zweck dient Ihre Willenskraft.

Es gibt kein Gesetz zum Schutz vor Unglück bei denen, die entweder unbewusst oder bewusst andere mit ihren negativen Impulsen mental vergiften.

Die Zerstörung dieser Form müsste hart bestraft werden, weil sie die Menschen häufig vor der Möglichkeit, materielle Werte zu erschaffen, hindert, die von Gesetzes wegen geschützt sind.

Unsere Gefühle beeinflussen unsere Gedanken. Ihre Gefühle gehören Ihnen, aber Sie müssen denken lernen. Einige Male kann man Freunde oder den Partner bitten, beim Nachdenken zu helfen, weil man sich ja zu zweit vielleicht etwas Besseres ausdenken kann.

Zum Beispiel sagen die Leute „ich sollte Arbeit finden". Das ist wahrscheinlich ein Gefühl, das vom Gedanken gesteuert wird. Die Angst davor, dass er keinen Pfennig haben wird, spielt ihm diesen Gedanken zu.

Was Sie brauchen, ist ein guter Gedanke. Alles, was in der Welt existiert, hat jemand zunächst einmal ausgedacht.

Die Antwort auf Ihre Fragen, die in Ihnen auftauchen, können in Ihrem Kopf beim Lesen entstehen: in Form eines plötzlichen Gedankens, eines Plans oder eines Ziels.

Es bedarf lediglich eines guten Gedankens, dass der Mensch erfolgreich wird und gut sowie ohne Sorgen leben kann. Vorher muss er jedoch auf nutzbare Gedanken kommen.

Bevor Sie weitergehen, müssen Sie unbedingt diesen wichtigen Gedanken kennenlernen.

Sobald der Wohlstand, mehr Geld schnell und reichlich zu Ihnen strömen, wundern sich die Menschen, wo das alles bisher versteckt war, wo war das alles in den vorangegangenen mageren Jahren.

Das ist eine erstaunliche Feststellung, vor allem, wenn wir die weit verbreitete falsche Ansicht betrachten, dass nur diejenigen Reichtum erreichen können, die hart und viel arbeiten. Meiner Meinung nach können auch diejenigen zu Reichtum gelangen, die keine physische Arbeit verrichten, sondern ihren Verstand benutzen. Wenn sie anfangen nachzudenken und reicher zu werden, kommen sie drauf, dass der Reichtum mit der Denkweise der klaren und eindeutigen Formulierung von Zielen beginnt, und überhaupt nicht mit viel und harter Arbeit. Es liegt in Ihrem Interesse und auch im Interesse aller, zu erfahren, wie die Denkweise verändert werden kann, damit der Wohlstand angezogen wird. Ich habe auch viel Zeit mit Recherchieren und Lesen verbracht, weil ich auch wissen wollte, wie man sorglos leben kann.

Sie werden sehen, wenn Sie die Prinzipien dieser Philosophie verinnerlicht haben und den Anweisungen für die Anwendung der Prinzipien folgen, wird sich Ihre finanzielle Situation verbessern, was Sie angreifen, wird zu etwas, was Ihnen Vorteile bringt.

Einer der größten Fehler der Menschheit ist, dass für den Durchschnittsmenschen das Wort „unmöglich" zur Gewohnheit geworden ist. Er kennt jede Regel, die nicht funktioniert, jede Sache, die man nicht machen darf, und jedes Hindernis, das er nicht überwinden kann.

Erfolgreich werden nur die Leute, für die erfolgreiches Denken charakteristisch ist.

Enttäuschung erfahren diejenigen, die unbedacht zulassen, dass sie Gefangene der Denkweise der Enttäuschung werden.

Das Ziel meines Buches ist, denjenigen zu helfen, die lernen wollen, wie sie die Denkweise der Enttäuschung in eine Denkweise des Erfolgs umwandeln können.

Ein anderer Fehler, den ich bei vielen Menschen gesehen habe, ist die Gewohnheit, dass man alle nach den eigenen Eindrücken und Vorurteilen bewertet. Einige sind der Überzeugung, dass sie nicht in der Lage sind zu denken und finanziell zu wachsen, weil ihre Gewohnheiten beim Denken voll sind mit Armut, Notwendigkeit, Misere, Enttäuschung und Niederlage. Sie sind eher neidisch auf andere, in denen sie keine dieser Gedanken sehen, aber sie selbst versuchen es gar nicht, sich von diesem Gedanken zu lösen. Ich bin ein lebender Beweis hierfür. Ich habe vielen Familienmitgliedern geholfen, damit sie sehen, dass man auch anders denken kann, und dass sie mit dem Geld lernen sollen, auszukommen, dass ich ihnen gegeben habe, aber ich habe es bis heute nicht geschafft, sie unter dem Tisch rauszuholen. Das Geld, was ich ihnen gegeben habe, haben sie mit der Geschwindigkeit eines ICE-Zuges ausgegeben.

Die Kontrolle der Denkweise ist eine Frage von Selbstdisziplin und Gewohnheit. Entweder kontrollieren Sie Ihre Gedanken, oder Ihre Gedanken kontrollieren Sie. Es gibt kein Kompromiss auf dem halben Weg. Die erfolgreichste Art, wie Sie

Ihre Denkweise kontrollieren können, ist, wenn Sie im Interesse eines klar formulierten Ziels sie ständig arbeiten lassen, mit einem überschaubaren Plan dahinter.

Ich empfehle Ihnen das Leben derjenigen zu studieren, die bedeutende Erfolge erzielt haben, und Sie werden sehen, dass sie ihre Denkweise unter Kontrolle hatten, und darüber hinaus haben sie ihre Fähigkeit für das Erreichen bestimmter Ziele verwendet. Ohne diese Kontrolle ist der Erfolg unvorstellbar.

Der Ausgangspunkt des Pfads zum Reichtum ist die Sehnsucht

Wer in einem Unternehmen gewinnen will, muss dafür bereit sein, jeden Weg des Rückzugs zu ignorieren. Nur wer das macht, kann sich sicher sein, dass man die Denkweise, den Gemütszustand, den wir als Sehnsucht zum Gewinnen kennen, aufrechterhalten kann, und das ist unumgänglich für den Erfolg.

Jeder, der das Alter erreicht, indem man die Rolle des Geldes versteht, wünscht sich, mehr davon zu haben. Die Sehnsucht führt nicht zu Reichtum. Aber wenn wir eine so starke Sehnsucht nach Reichtum haben, dass sie unsere gesamte Denkweise, unsere gesamte Seele beeinflusst, dann wird uns das Reichtum beschweren, wenn wir die Art und Weise, wie wir Reichtum erreichen können, geplant haben und beständig an unserem Plan festhalten, dass wir die Möglichkeit der Enttäuschung nicht in Betracht ziehen.

Es kann vorkommen, dass Sie denken, für Sie ist es unmöglich sich so zu sehen, als ob Sie bereits das Geld besitzen würden, bevor Sie es in Wirklichkeit in der Hand halten. Dabei kann uns diese brennende Sehnsucht helfen. Wenn Sie wirklich eine derart starke Sehnsucht nach Geld haben, dass dieses Gefühl Ihr Wesen komplett mitreist, wird es für Sie nicht schwerfallen sich überzeugen zu lassen, dass Sie es auch erreichen werden. Das Ziel ist das Geld zu wollen, und dass dieses

Wollen derart stark ist, dass Sie selbst davon überzeugt sind, dass Sie es erreichen werden. – Später können Sie lesen, wie ich mir geschworen habe, dass ich das ausgegebene Geld zurückbekommen werde, und ich habe es doppelt und hundertfach zurückbekommen.

Diese Gedanken bedürfen keiner harten Arbeit. Sie bedürfen keinerlei Opfer. Sie verlangen von niemandem, dass man sich lächerlich macht oder leichtgläubig wird.

Es bedarf auch keiner hohen Schulbildung, um es anzuwenden. Es bedarf nur einer Vorstellungskraft, die es ermöglicht, dass das Individuum es einsieht und versteht, dass man das Geldverdienen nicht dem Zufall oder dem Glück überlassen kann. Man muss einsehen, dass alle, die große Reichtümer angehäuft haben, vorher eine bestimmte Zeit für Träumereien und Hoffnungen aufgewendet haben. Sie hatten große Träume, Wünsche, Sehnsüchte und Pläne, bevor Sie reich wurden.

Es ist besser, Sie wissen es gleich, dass Sie nur dann reich werden können, wenn Sie schwitzend und sehnsüchtig das Geld wollen und wahrhaftig daran glauben, dass Sie es auch erreichen können.

Die Kraft der großen Träume

Wir, die im Wettbewerb um Reichtum stehen, müssen wissen, dass diese sich verändernde Welt, in der wir leben, ständig neue Gedanken, Vorstellungen, Methoden, Führungskräfte, neue Erfindungen, Bildungs- und Marketingmethoden, neue Handys, Computer, Bücher, Kleider und Autos benötigt. Das Fernsehen braucht neue Reportagen, Berichterstattungen über ferne Teile der Erde, neue Ideen für Filme. Hinter dem Bedarf an neuen und besseren Dingen versteckt sich eine einzige Sache, die unverzichtbar zum Gewinnen ist: das klare und eindeutige Ziel, genau zu wissen, was man will und die starke Sehnsucht danach es zu besitzen.

Wir, die nach Reichtum streben, müssen uns in Erinnerung rufen, dass die führenden Persönlichkeiten der Welt immer Menschen waren, die unsichtbare und nicht greifbare Kräfte genutzt und angewendet haben, die in den bis dahin noch nicht erschlossenen Möglichkeiten lagen. Diese Kräfte – das Flüstern der Gedanken – in Wolkenkratzer, Städte, bequeme Taxis, wunderbare Autos, Flugzeuge, Schiffe, super Einkaufszentren und in andere Formen der Bequemlichkeit umwandelten, die unser Leben angenehmer machen.

Beim Planen, dass wir den uns zustehenden Teil des Reichtums erhalten, dürfen wir uns nicht gegen die Träumereien beeinflussen lassen. Damit wir die großen Preise dieser sich verändernden Welt bekommen, müssen wir die Begeisterung der Pioniere unserer Vergangenheit mitnehmen. Ihren Träumen verdankt unsere Zivilisation all das, was wertvoll ist, den tapferen Geist, der die Lebenskraft unseres Landes bildet – die Möglichkeit, den Markt und die Talente zu entwickeln.

Wenn das, was Sie machen wollen, gut ist und Sie daran glauben, dann legen Sie los. Verwirklichen Sie Ihre Träume und kümmern Sie sich nicht darum, was die anderen sagen, wenn Sie zeitweise eine Niederlage erleiden. Sie wissen vielleicht nicht, dass jede Niederlage einen Samen des gleichwertigen Erfolges in sich birgt.

Wie sollen wir unsere Träume fliegen lassen?

Ein brennendes Verlangen danach etwas zu machen und jemand zu werden – das ist die Startlinie, von wo der Träumer starten muss. Träume entstehen nicht aus Faulheit, Teilnahmslosigkeit oder Ambitionslosigkeit.

Haben Sie von Menschen gehört, die erfolgreich im Leben waren, einen schweren Start und zahlreiche schweren Schlachten zu kämpfen hatten, bis Sie ans Ziel kamen?

Im Leben von erfolgreichen Menschen kommt es meistens im Moment einer Krise zum Wendepunkt, der es ermöglicht, dass sie ihr „anderes Ich“ kennenlernen.

Es gibt einen Unterschied zwischen etwas zu wollen und bereit dafür zu sein. Niemand ist bereit für etwas, solange man nicht daran glaubt, dass man es erreichen kann. Der Gemütszustand, die Denkweise müssen vom Glauben und der Überzeugung bestimmt werden, und nicht einfach von Hoffnung oder Wünschen.

Die Unvoreingenommenheit ist für den Glauben unverzichtbar. Das eingeschränkte Denken ist nicht in der Lage zu glauben, Mut zu haben und Vertrauen zu fördern.

Im Leben benötigen wir keine größere Anstrengung dafür, dass wir die Messlatte hochlegen, Wohlstand und Überfluss erreichen wollen, als Armut und die Misere zu akzeptieren.

Suggerieren und das Einreden sind die Mittel der Einflussnahme des Unterbewusstseins. Das Selbstsuggerieren ist eine Ausdrucksart, welche wir gemeinsam auf die äußeren und die selbst erzeugten Formen der Anreize anwenden, die durch unsere fünf Sinne – Sehen, Hören, Schmecken, Riechen, Fühlen – an unser Gehirn gelangen.

Das Selbstsuggerieren ist das Mittel für die Verbindung zwischen dem Teil des Gehirns, der sich mit dem bewussten Denken beschäftigt, und dem Teil, der für die unbewussten Tätigkeiten verantwortlich ist.

Durch die herrschenden Gedanken, denen wir erlauben, dass sie im bewussten Gehirn bleiben – ob diese Gedanken positiv oder negativ sind, ist egal – gelangt das Selbstsuggerieren durch den Willen in das Unterbewusstsein und durch diese Gedanken wird es beeinflusst.

Die Natur hat den Menschen so erschaffen, dass er durch seine Sinne die Einflüsse, die das Unterbewusstsein erreichen, vollkommen kontrolliert, obwohl das nicht bedeutet, dass der Mensch diese Kontrolle immer bewusst durchführt. In den meisten Fällen macht er es nicht, was erklärt, wieso so viele Menschen in Armut und Elend leben. Vergleichen wir unser Unterbewusstsein mit dem Boden, wo das Unkraut reichlich wächst, wenn wir keine wünschenswerteren Samen säen. Die Selbstsuggestion nimmt die Rolle bei der Kontrolle ein, mit deren Hilfe das Individuum nach eigenem Entschluss, sein Unterbewusstsein mit gestaltenden Gedanken füttert oder aus Nachlässigkeit zulässt, dass zerstörerischen Gedanken in den Garten seiner Seele eindringen.

Das Geld muss man sich wünschen: Welche Summe würde man benötigen und wie viel wäre ausreichend?

Bei der Sehnsucht nach Geld müssen Sie sich so sehen, als ob Sie das Geld bereits in den Händen halten würden. Mit der Einhaltung dieser Hinweise leiten Sie das Objekt der Begierde, im Sinne des tiefen Glaubens daran, direkt in Ihr Unterbewusstsein. Mit der Wiederholung des Verfahrens können Sie geistige Gewohnheiten erstellen, die Ihre Anstrengungen vorteilhaft unterstützen, damit Sie Ihre Sehnsüchte in das entsprechende finanzielle Äquivalent umwandeln ...

Unser Unterbewusstsein

Das Unterbewusstsein ist ein Bindeglied – der Bereich des Gehirns, der sämtliche mentale Impulse, die über die fünf Sinnesorgane das Bewusstsein erreicht, bewertet und dokumentiert und aus denen diese Gedanken abrufbar sind, ähnlich wie ein Brief aus einem Dossier hervorgegraben werden kann.

Er erfasst und speichert die Gedanken oder Sinneseindrücke, unabhängig von der Natur. Mit bewusster Entschlossenheit können Sie jegliche Pläne, Gedanken oder Absichten in Ihr Unterbewusstsein leiten, die Sie in deren physischen oder finanziellen Äquivalent verändern möchten.

Unser Unterbewusstsein handelt zunächst entsprechend den dominierenden Sehnsüchten, die mit Gefühlen in Verbindung stehen. Sie müssen sich darauf vorbereiten, die innere Stimme Ihres Unterbewusstseins unter Ihre Kontrolle und Ihren Einfluss zu bringen. Sie müssen Ihre Sprache sprechen, ansonsten wird sie nicht reagieren. Am besten versteht Sie die Sprache der Gefühle und Emotionen.

Die sieben wichtigsten positiven Gefühle:

Sehnsucht. Glaube. Liebe. Sexuelle Gefühle. Begeisterung. Romantik. Hoffnung.

Diese Gefühle können nur mit Übung erreicht werden.

Die sieben wichtigsten negativen Gefühle:

Angst. Eifersucht. Hass. Rache. Neid. Aberglaube. Zorn.

Die positiven und negativen Gefühle können nicht gleichzeitig in Ihrem Denken vorkommen. Entweder das Eine oder das Andere ist vorherrschend. Sie müssen sich darum kümmern, dass positive Gedanken auf Ihr Denken wirken. Dabei hilft Ihnen das Gesetz der Gewohnheit. Gestalten Sie in sich selbst die Gewohnheit der positiven Gedanken. Diese Gedanken werden Ihr Gehirn so effektiv kontrollieren, dass negative Gefühle unmöglich eindringen können.

Ein einziges negatives Gefühl ist ausreichend, um jegliche Chance zu zerstören, dass Ihre Gefühle Sie auf gestalterische Weise unterstützen.

Ich nehme an, dass Sie bereits Menschen getroffen haben oder in Ihrer Umgebung leben, deren Mund keine positiven Gefühle verlassen haben. Sie können nur über andere schimpfen, die beschimpften Menschen haben sicher auch gute Eigenschaften, aber diese fallen Ihnen nicht ein oder Ihr Gehirn hat sie im großen Bogen ausgelassen.

Wenn Geld neidisch macht

Ich habe mit Sicherheit zwei Neider. Es können auch mehr sein, aber sie haben es mir nicht gesagt und ich bin nicht draufgekommen. Die erste Story war, als ich nach meiner Flucht das erste Mal wieder nach Ungarn reisen durfte. In Mezőberény wollte ich in der Gyomai Straße im Geschäft von Frau Julika Ollé Tokaier Wein für meinen Chef bei der Konditorei in Fürth, Herrn Sand, kaufen. Frau Julika hat keinen Wein, aber ein Kunde stand da, nennen wir sie Anastasia, mit der ich nicht viel redete, als ich noch in Mezőberény lebte. Sie gehörte nicht zu meinen Bekannten, aber sie sagte, ich solle doch bei den Kátays in der Csabai Straße nachschauen. LG: „Ich kenne einen Kátay in Mezőberény, aber der wohnt nicht in der Csabai Straße." Daraufhin sagte Anastasia: „Tue nicht so, als ob du schon 10 Jahre im Ausland leben würdest." Das war 1990. LG: „Wolltest du nicht Kóta sagen?", fragte ich. Danach hat sie sich geschämt und verließ das Geschäft. Was kann man außer Neid dazu sonst sagen? Neid, weil ich den Mut hatte das Land zu verlassen, weil ich mit einem Mercedes zu meinem Elternhaus fuhr.

Die andere Neiderin nennen wir Esmeralda. Ich sehe, dass sie einen anderen 500,- Forint Schein in ihrer Hand hält, als den, mit dem ich im Spar in Mezőberény zahlen will. LG: „Es gibt sicher einen neuen Schein und ich weiß noch nichts davon", und ich fragte sie, welches Geld sie in der Hand hält. Esmeralda: „Den Schein bekommen diejenigen, die keinen Mercedes fahren."

Unser Unterbewusstsein arbeitet Tag und Nacht. Es schöpft aus den Kräften unserer Intelligenz mit einem für uns unbekannten Mechanismus. Mit dieser Kraft ändert er unsere Sehnsüchte gemäß den physischen Entsprechungen unserer Absichten. Währenddessen wählt es immer das praktischste Mittel für das Erreichen seiner Ziele.

Es ist unmöglich unser Unterbewusstsein komplett unter Kontrolle zu halten, aber mit einer bewussten Entschlossenheit kann man ihm einen Plan, eine Sehnsucht oder eine Absicht überbringen, die Sie realisieren wollen. Das Unterbewusstsein ist ein Bindeglied, das den endlichen Geist des Menschen mit der unendlichen Intelligenz verbindet. Das Unterbewusstsein ist ein vermittelndes Kettenglied, wodurch das Individuum, gemäß seinem Willen, die Kraft seiner Intelligenz erforschen kann.

Glaube

In diesem Fall dürfen Sie nicht an den Glauben denken, den wir in der Kirche praktizieren – Ich glaube an Gott. Nicht einmal an das „Vaterunser“. Wenn ich schon das „Vaterunser“ erwähnt habe, lassen Sie mich zwei Witze erzählen.

Der eine: Die Eigentümer von Coca-Cola besuchen den Papst im Vatikan und wollen, dass im Vater unser die Stelle von „Unser täglich Brot gib uns heute“ auf „Unsere tägliche Coca-Cola gibt uns heute“ geändert wird.

CC: „Wir geben Ihnen eine Million Dollar, wenn Sie das für uns machen, Heiliger Vater.“

Papst: „Das geht nicht Jungs, das kann ich nicht machen.“

CC: „Wie viel wollen Sie?“

Papst: „Es ist das bekannteste Gebet der Welt, Jesus hat es seinen Jüngern beigebracht, und es ist in fast allen Sprachen der Welt übersetzt. Ich habe nicht die Macht dies zu ändern.“

CC: Wütend, aber sie verabschieden sich vom Papst. Der Eine von Coca-Cola fragt den Anderen: „Wüsste ich bloß, was die Bäcker gezahlt haben?“

Der andere: „Ich weiß nicht, wie lange man die Kinder von heute noch in die Kirche locken kann.“

Bei meinem Witz ist das Kind sieben Jahre alt, als es mit seinem Bäcker-Vater in die Kirche geht. Das Kind hört das „Vaterunser“, dass „unser täglich Brot gib uns heute“. Es fragt seinen Vater: „Papa, war Gott auch Bäcker?“

Jetzt kommen wir zu meinem Glauben: Wissenschaftlich habe ich nicht nachgeforscht, nur darüber gelesen.

Der Glaube ist der Ausgangspunkt zum Erreichen von Reichtum.

Der Glaube ist Grundlage von jedem „Wunder“ und jedem Geheimnis, das mit den Mitteln der Wissenschaft nicht erklärbar ist.

Glaube ist das einzige Gegenmittel gegen Enttäuschung.

Der Glaube ist der Hauptchemiker der Seele. Dieser Glaube rührt, mischt, vermengt, legiert, fügt hinzu und sendet

Gedanken an unser Gehirn. Er ist ein größerer Chemiker als Alfred Nobel – Stockholm 1833–San Remo 1896, schwedischer Chemiker, Erfinder von Dynamit, Begründer des Nobelpreises.

Wenn der Glaube mit dem Gedanken legiert wird, übernimmt das Unterbewusstsein sofort die Schwingung und ändert es in das geistige Äquivalent des Glaubens.

Glaube und Liebe sind die stärksten positiven Gefühle. Wenn sie in eine Einheit verschmelzen, malen sie die Gedanken an, und als Ergebnis gelangen sie sofort in das Unterbewusstsein.

Jetzt folgt eine Feststellung, die dabei helfen soll zu verstehen, welche Rolle das Unterbewusste bei der Umwandlung der Sehnsucht in das physische oder finanzielle Äquivalent spielt. Der Glaube ist ein seelischer Zustand, der mit der mit dem Unterbewusstsein geteilten Wiederholung der Behauptungen und Instruktionen hervorgerufen und gestaltbar ist.

Denken Sie wirklich nach, wieso Sie dieses Buch lesen. Ihr Ziel ist es natürlich die Fähigkeit zu erlangen, die ungreifbaren Gedanken der Sehnsüchte in deren physische Äquivalente, in Geld, umzuwandeln.

Sie können Ihr Unterbewusstsein überzeugen, Sie können sicher sein, dass Sie bekommen werden, was Sie möchten, und Ihr Unterbewusstsein wird anhand dieser Überzeugung handeln. Diese Überzeugung wird Ihr Unterbewusstsein als „Glaube" bestätigen, mit dem Verfolgen eines bestimmten Plans, für das Erreichen der bestimmten Sache.

Unser Unterbewusstsein kann nicht nur mit Glauben legierte Gedanken, sondern sämtliche Gedanken mit positiven oder negativen Verfärbungen erreichen und beeinflussen.

Von der obigen Feststellung kann abgeleitet werden, dass das Unterbewusstsein die negativen oder zerstörerischen Gedanken genauso bereitwillig in deren physische Äquivalente umwandelt wie die positiven, aufbauenden Gedanken.

Das ist die Erklärung des außergewöhnlichen Phänomens, das Millionen als „das Glück ist nicht auf meiner Seite", „ich habe kein Glück", und, und, und, beschreiben.

Millionen glauben, dass ihnen Armut und Enttäuschung vorbestimmt sind, als Konsequenz einer nicht greifbaren Kraft, worauf sie – nach ihrer eigenen Überzeugung – keinen Einfluss haben.

Sie selbst erschaffen ihr eigenes „Unglück" durch ihre negative Denkweise, die ihr Unterbewusstsein aufnimmt und entsprechend in physische Äquivalente umwandelt.

Hier ist die geeignete Stelle, um nochmal zu betonen, dass es zu Ihrem Vorteil ist, wenn Sie einen Wunsch, den Sie in das physische oder materielle Äquivalent umwandeln wollen, mit dem Glauben und der Überzeugung in Ihr Unterbewusstsein einpflanzen, dass diese Umwandlung tatsächlich eintreffen wird.

Das ist Ihre Überzeugung, Ihr Glaube, dieser Umstand bestimmt das Verhalten Ihres Unterbewusstseins.

Nichts steht dem im Weg, dass Sie Ihr Unterbewusstsein „täuschen", indem Sie ihm durch Einsagen Instruktionen geben.

Damit diese Täuschung realer wird, verhalten Sie sich, wenn Sie auf Ihr Unterbewusstsein wirken wollen, so, als ob Sie bereits die materiellen Güter besitzen würden, die Sie besitzen wollen.

Sämtliche Instruktionen werden für Ihr Unterbewusstsein auf dem direktesten und praktischsten Wege in die physischen Äquivalente umgewandelt, die Sie mit Ihrem festen Glauben mitgeteilt haben, dass er sie durchführen soll.

Es ist unentbehrlich positive Gefühle zu verstärken, damit man die Denkweise beherrschen kann und negative Gefühle ausgeschlossen werden können.

Der Verstand, der von positiven Gefühlen beeinflusst wird, ist der Lieblingsplatz des seelischen Zustandes, den wir Glaube nennen.

Der unter solchen Gefühlen stehende Verstand ist in der Lage das Unterbewusste zu steuern, der nach den Instruktionen sofort den Betrieb aufnimmt.

Ich denke, das Gesagte reicht, um anzufangen, und mit Experimenten und Übungen können Sie diese Fähigkeit erlangen, damit Sie den Glauben mit den Instruktionen an das Unterbewusste veredeln. Mit Übung können Sie es verinnerlichen. Aber das wird nicht geschehen, indem Sie einfach die Ratschläge im Buch lesen.

Angst

Sie dürfen nie zulassen, dass Sie ein Gefangener des Geldes werden und sich Sorgen machen, dass sie es verlieren.

Die meisten Menschen wechseln den Job nicht, weil sie Angst haben. Die Angst, dass man die Rechnungen nicht bezahlen kann, dass man nicht genügend Geld verdienen kann oder von heute auf Morgen entlassen wird. Nochmal von vorne beginnen. Das ist der Preis dafür, dass sie einen Beruf erlernt haben und Handwerker geworden sind, dass sie für Geld arbeiten dürfen. Die meisten Menschen werden zum Sklaven des Geldes und beschuldigen ihren Chef, dass sie dort schuften müssen. Wenn sie entlassen werden, zeigen sie ihren Chef an, weil er sie von diesem grausamen Ort entlassen hat.

Anstatt sich selber einzugestehen, in welcher Angst man lebt, reagiert man nur auf die Gefühle und versucht nicht darüber nachzudenken. Man spürt den Druck, geht zur Arbeit und denkt, dass Geld die Angst mildern wird. Genau das passiert nicht. Die alte Angst folgt ihm wie der eigene Schatten. Er geht erneut mit Angst in die Arbeit und das Geld macht wieder nichts. Dabei beschuldigt er seinen Chef und versieht ihn mit weniger netten Spitznamen wie Ratte und Stinktier oder weiteren stinkenden Tiernamen. Die Sorge hält ihn am Arbeitsplatz, Geld verdienen, Arbeiten, Geld verdienen, Arbeiten. Jeden Tag, an dem er aufsteht, steht dieses Gefühl mit ihm auf. Er ist ein Gefangener der Gedanken und der Hoffnung, dass die Angst aus seiner Seele verschwindet. Das Geld besitzt diese Macht nicht, um sie aus Ihrem Körper verschwinden zu lassen. Geld beherrscht Sie, aber Sie geben es nicht zu, dass Ihre Gefühle und Ihre Seele bereits längst im Besitz des Geldes sind. Trotzdem laufen alle zur Arbeit, haben keine Freude daran, aber sitzen ihre Arbeitszeit ab. Traurigkeit hat sich auf ihre Gesichter festgesetzt, eine Art Zwang treibt sie dazu Geld zu verdienen.

Damit Sie die Philosophie aus dem vorliegenden Buch erfolgreich anwenden können, müssen Sie zunächst Ihren Verstand darauf vorbereiten, damit er in der Lage ist dies aufzunehmen.

Die Vorbereitung ist nicht schwer. Es beginnt damit, dass Sie die drei Feinde, die Sie beseitigen müssen, studieren, analysieren und verstehen. Diese sind: Unschlüssigkeit, Zweifel und Angst.

Der sechste Sinn – das gestalterische Denken – funktioniert nicht, wenn diese drei negativen Kräfte oder nur eine in unserem Denken vorkommen. Die Mitglieder dieses zerstörerischen Trios stehen in engem Kontakt zueinander. Wo einer anzutreffen ist, sind die zwei anderen auch nicht weit weg.

Aus der Unschlüssigkeit entstehen Zweifel, die zwei vermischen sich und das Ergebnis ist: Angst.

Das Vermischen ist ein recht langsamer Prozess. Aus diesem Grund sind diese drei Feinde so gefährlich. Sie wachsen und gedeihen so, dass man sie kaum wahrnimmt.

Der restliche Teil des Kapitels beinhaltet die Formulierung eines Ziels, das Sie erreichen müssen, bevor Sie diese Philosophie als Ganzes in der Lage sein werden in der Praxis anzuwenden.

Ich werde auch die Umstände analysieren, die viele Menschen in die Armut treibt, und eine Wahrheit formulieren, die jeder verstehen muss, der Reichtum erschaffen will, egal ob in Geld oder in seelischem Zustand gemessen.

In diesem Teil werde ich Ihre Aufmerksamkeit auf die Entstehung und Heilung der sechs grundlegenden Formen der Angst lenken. Bevor wir in der Lage sind einen Feind zu besiegen, müssen wir seinen Namen, seine Gewohnheiten und seinen Aufenthaltsort kennen. Über den Vater meines Mannes können Sie so eine wahre Geschichte weiter hinten in meinem Buch lesen.

Während Sie lesen, analysieren Sie sich selbst und bestimmen Sie, welche der sechs Grundtypen der Angst auf Sie zutreffen.

Lassen Sie sich nicht von den Gewohnheiten der cleveren Feinde täuschen. Manchmal bleiben sie im Unterbewusstsein versteckt, wo es schwer ist sie zu finden und zu beseitigen.

Ich habe die sechs Grundtypen der Angst zusammengetragen, von denen in irgendeiner Kombination jeder Mensch kurz oder lang leidet.

1. Angst vor der Armut,
2. Angst vor Urteilen,
3. Angst vor Krankheiten,
4. Angst davor, von jemandem nicht mehr geliebt zu werden
5. Angst vor dem Altern,
6. Angst vor dem Tod.

Die Angst ist nichts anderes als ein Gemütszustand, der beeinflussbar und steuerbar ist.

1. Angst vor der Armut

Die Angst vor der Armut ist eine Denkweise, ein Gemütszustand und nicht mehr. Aber genug, um die Erfolgschancen zu zerstören, egal um welches Unterfangen es sich handelt. Schauen wir uns an, was diese Angst machen kann.

Diese Angst lähmt die Fähigkeit des logischen Denkens, tötet das Selbstbewusstsein, die Selbstständigkeit, untergräbt die Begeisterung, entmutigt die Initiative, verunsichert die Absicht und das Ziel, unterstützt das Zögern und macht unsere selbstbestimmte Steuerung unmöglich. Entreißt der Persönlichkeit den Zauber, zerstört die Möglichkeit des präzisen Denkens, zerrüttet die Konzentration der Anstrengung, untergräbt die Beständigkeit, pulverisiert die Willenskraft, zerstört die Ambition, vernebelt das Talent sich zu erinnern, unterstützt auf jede erdenkliche Weise die Enttäuschung, tötet die Liebe und verurteilt die edleren Gefühle des Herzens zu Tode, unterstützt keine Freundschaften, zieht hunderte von Katastrophen an und führt zu Schlaflosigkeit, Leid sowie Unglück. In einem Satz kann gesagt werden, dass die Angst den Menschen das nimmt, was mit der Hand nicht greifbar ist.

Und das in unserer Welt, in der alles, was sich der Mensch nur wünschen kann, reichlich zu finden ist, den Sehnsüchten nichts im Weg steht, außer die feste Absicht und das bestimmte Ziel. Von den sechs Grundtypen der Angst ist ohne Zweifel die Angst vor der Armut am destruktivsten. Ich habe sie aus dem Grund an die Spitze der Liste gesetzt, weil sie am schwierigsten zu besiegen ist.

Diese Angst entsteht aus der vererbten Neigung der Menschen, dass sie an Ihren Mitmenschen schmarotzen sollen, wenn Sie nun mal arm geworden sind. Da der Mensch höhergestellt ist als das Tier, findet er, dank seiner mentalen und logischen Fähigkeiten, eine größere Genugtuung darin, seine Mitmenschen finanziell „zu verspeisen".

Elend und Eintritt an den Strand des Ozeans

Der Mensch ist ein Profitmacher, so mussten die unterschiedlichsten Gesetze erlassen werden, damit er vor sich selbst geschützt werden kann. Nichts verursacht mehr Leid und Demütigung für ein Individuum als die Armut. Nur diejenigen können dies in seiner ganzen Tiefe verstehen oder eher erinnern, daran denken, die bereits das Elend kennengelernt haben.

Elend gibt es in mehreren Ländern der Erde. Menschen leben unter unbeschreiblichen Umständen und sind glücklich. Ihr Gesicht verrät nicht das, was wir denken. Auf den Kapverdischen Inseln leben die Menschen in Steinhütten, aber ich habe kein einziges dreckiges, mageres oder mittelloses Kind gesehen. Ihre Kleider waren sauber, Schuhe habe ich an ihren Füßen nicht gesehen, und sie sahen gesund und gut ernährt aus. Sie mussten sich mit dem zweitgrößten Schwimmbad, dem Atlantischen Ozean, zufriedengeben. – Der größte ist der Pazifische Ozean, oder Stiller Ozean. – Es gibt keinen Strandeintritt und in die Steinhütte kommt keine Gasrechnung, die Sonne kümmert sich um die Wärme. Ich sollte so etwas eher nur als Tourist sehen oder vielleicht nicht einmal so. Vielleicht wäre das für mich Elend?

Anhand seiner Erfahrungen hat der Mensch eindeutig gelernt, dass es Leute gibt, denen er nicht vertrauen kann, wenn es um Geld oder materielle Werte geht.

Der Mensch versucht so gierig nach Reichtum zu streben, dass er jedes Mittel dafür einsetzt, es zu bekommen, legal, wenn es möglich ist, aber auch andere Mittel, wenn es notwendig oder vorteilhaft ist.

Der Großteil der Menschen antwortet auf die Frage, wovor sie am meisten Angst haben, dass sie vor „nichts" Angst hätten. Diese Antwort entspricht meistens nicht der Wahrheit, weil nur wenige erkennen, dass jeden die ein oder andere Form der Angst bindet, hindert, physisch oder seelisch belastet.

Das Gefühl der Angst liegt so tief und versteckt sich so clever, dass der Mensch sein ganzes Leben, ohne sich seiner Angst bewusst zu werden, leben kann.

Anzeichen der Angst vor der Armut

Gleichgültigkeit. Meistens zeigt sie sich in der fehlenden Ambition. Indem die Armut ertragen wird. Ohne sich dagegen zu wehren, akzeptieren sie, was das Leben ihnen als Kompensation für ihre Anstrengungen angeboten hat. Seelische und physische Faulheit. Das Fehlen der Fähigkeit, die Initiative zu ergreifen, der Vorstellungskraft, der Begeisterung und der Selbstdisziplin.

Unentschlossenheit. Die Gewohnheit anderen zu erlauben, für sie zu denken. Versuchen in allem zu vermeiden, einen Standpunkt zu setzen.

Zweifel. Sie suchen für ihre Enttäuschung Alibis, Erklärungen und Ausreden. Sie versuchen sich „rauszureden". Manchmal äußert sich es im Neid gegenüber erfolgreichen Menschen oder indem sie diese kritisieren.

Besorgtheit. Sie suchen die Fehler bei anderen, ohne Ende, mit der Tendenz, dass Sie über Ihrem Einkommen Geld ausgeben. Im schlampigen Äußeren, übertriebenen Alkoholkonsum, genervt, unausgeglichen und mit nicht vorhandenem Bewusstsein.

Übertriebene Vorsicht. Ihre Gewohnheit ist, dass sie in allem das Negative sehen, dass sie ständig an die Möglichkeit des Scheiterns denken. Sie reden vom Scheitern, anstatt den Weg zum Erfolg zu beachten und zu analysieren. Sie kennen jeden Weg zur Katastrophe, aber arbeiten an keinem Plan, der das Scheitern abwenden würde. Sie warten so lange auf die „richtige Zeit", um ihre Vorstellungen und Pläne in die Tat umzusetzen, bis das Warten zur Gewohnheit wird. Sie erinnern sich nur an die Personen, die nicht erfolgreich waren, aber vergessen die, die erfolgreich wurden. Pessimismus, der zu Verdauungsstörungen, schlechtem Stoffwechsel und Missgunst führt.

Zögern. Es wird zur Gewohnheit, dass sie es „auf morgen verschieben", was sie bereits letztes Jahr hätten machen sollen. Sie wenden viel Zeit dafür auf Alibis zu suchen, wieso sie nicht gemacht haben, was sie längst gemacht hätten sollen. Dieses Symptom steht in enger Verwandtschaft zur übertriebenen Vorsicht, dem Zweifeln und der Besorgtheit. Verantwortung lehnen sie ab, wann immer es geht. Neigen dazu, dass sie lieber Kompromisse schließen, als hart zu kämpfen. Sie geben sich lieber mit den Schwierigkeiten zufrieden, als sie wie eine Treppe für den Fortschritt zu nutzen. Sie verhandeln mit dem Leben, um einen Forint, anstatt Reichtum, Zufriedenheit und Glück von ihm zu fordern. Sie planen, was sie machen werden, wenn sie scheitern, anstatt die Brücken hinter ihnen zu verbrennen und damit den Rückzug zu vermeiden. Schwaches oder das vollkommene Fehlen von Selbstbewusstsein, nebelige, unsichere Ziele, Fehlen von Selbstdisziplin, Ergreifen von Initiativen, Begeisterung, Ambition, Fleiß und logisches Denken. Sie hängen an Menschen, die Armut akzeptiert haben, anstatt die Gesellschaft derjenigen zu suchen, die Reichtum wollen und ihn auch bekommen.

Geld regiert

Viele haben mich bereits gefragt, „Wieso schreibst du ein Buch über Geld?“ Wieso ich den Reichtum in Euromillionen oder in Forintmilliarden messe? Es gibt sicher Leute, die denken, dass Reichtum wünschenswertere Formen haben kann als das Geld. Vielleicht gibt es sie, aber mir hat noch niemand mitgeteilt, was – außer Geld – seinen Reichtum ausmacht. Wenn diese Menschen sich so wohl fühlen, dass sie nur arm an Geld sind, aber in anderen Sachen reich, dass sollen sie so leben. Da ich tagsüber genauso gut schlafe wie in der Nacht, also meiner Seele geht es gut, wähle ich dazu auch den finanziellen Wohlstand. Es soll nur kommen, wenn es kann und will. Mir wurde schon öfter gesagt, dass ich reich an Fantasie und Vorstellungskraft bin. Aber wie reich man finanziell ist, weiß jeder selber.

Geld ist bloß gepresstes Metall oder ein Stück Papier, aber das Herz und die Seele haben unendliche Schätze, die man mit Geld nicht kaufen kann. Aber die meisten Menschen können daran gar nicht denken und ihren Optimismus behalten, wenn sie finanziell ruiniert sind.

Wenn der Mensch unten ist, von der Spitze auf der Straße landet und nicht in der Lage ist, sich einen Job zu besorgen, geschieht irgendetwas mit seiner Seele, was man auch sehen kann. Er ist zusammengekrümmt, sein Hut steht anders, er geht anders, sein Blick hat sich verändert und er ist ungepflegt. Er hat den 7-Tage-Bart nicht aus modischen Gründen. Er kann sich nicht von dem Gefühl trennen, dass er weniger Wert ist als diejenigen, die eine Arbeit haben, obwohl er weiß, dass er weder charakterlich noch mit der Intelligenz und der Fähigkeiten ihnen hinterherhinkt. Den Platz an der Spitze muss man verteidigen können.

Frauen zeigen die Armut anders als die Männer

Stellen Sie sich vor, Sie sitzen auf einer Bank an der Straße. Eine Frau nähert sich. Sie können feststellen, ob sie die Kartoffeln nach Hause schleppt oder jemand anders es für sie macht. Oder gar keine Kartoffel schleppt, weil sie in der Gratisküche isst oder sie hat eine Köchin oder einen Koch zu Hause. Hier kann ich eine wahre Geschichte erzählen, in der ich die Hauptdarstellerin war. Ein guter Bekannter, auch ein Geflüchteter hat mich gebeten, seiner Tochter etwas zu essen zu bringen, weil sie ein Baby bekommen hat und der Kindesvater verschwunden ist und der Tochter geht es nicht wirklich gut. Sie müsste nicht auf so viel verzichten, weil es ja Orte gibt, von wo man gratis Essen und Kleidung bekommen kann. Aber ich habe gedacht, sie hat sicher kein Auto und es ist weit und mit dem Baby ist es auch nicht leicht. Ihre Mutter hätte es auch machen können, aber sie steht auch nicht mit beiden Beinen auf den Boden. Ich habe mich dann schnell an einer der Gratisküchen in Nürnberg registriert, es gibt viele davon.

Ich finde nicht gut, dass es diese Gratisküchen gibt. Es sollten ausreichende Gehälter gezahlt werden, damit die Bedürftigen nicht von den Lebensmitteln mit abgelaufenem Haltbarkeitsdatum wählen müssen, sondern nach Belieben frische Dinge kaufen können. Das ist nicht nur meine Meinung. Was für ein Armutszeugnis ist es für diejenigen in Deutschland, die dafür verantwortlich sind, dass in einem reichen Wohlfahrtsstaat so etwas existiert. Der andere Aspekt ist, wenn bereits viele verarmt sind, muss eine Lösung her, damit sie nicht auf so vieles verzichten müssen.

Für einen Euro nehme ich so viel Kartoffeln, Bananen, Fleisch, Obst und alles Mögliche mit, so viel ich nur kann und mir nicht peinlich ist. Bei diesen Waren ist das Haltbarkeitsdatum an dem Tag oder am nächsten Tag abgelaufen, aber ich bin mir sicher, dass sie noch Tage später verzehrt werden können. Eine halbe Stunde vorher habe ich Carolina angerufen, dass sie zum Parkplatz kommen soll, ich bringe was zum Essen mit. „Sie wird da sein", sagte sie. Glauben Sie, dass sie runtergekommen ist? Sie ist nicht gekommen. Ich habe eine halbe Stunde gewartet, danach habe ich sie nochmal angerufen, da hat sie nicht einmal abgehoben. Ich habe dann am Rand des Parkplatzes 25 kg Kartoffeln, eine Schachtel Bananen, Fleisch, 10 kg Rüben, 48 Flaschen Hipp Babynahrung, Kaffee, Brot, Mich und, und, und ... hingestellt. Ich weiß nicht, ob sie alles genommen hat, oder wer alles mitgenommen hat. Vielleicht ist sie ja doch noch runtergekommen, oder die Nachbarn, oder die Ratten haben sich alles geholt. Ich habe nie einen Bissen davon gegessen, was ich von dort geholt habe. Ich hätte es aber machen können.

Ich nehme an, dass viele Frauen in Armut leben, trotzdem sieht man sie selten auf der Straße beim Betteln oder Flaschensammeln und sie sind in der Masse nicht so einfach auszumachen wie die arbeitslosen Männer. Ich rede hier von den ziemlich jungen, ehrlichen und intelligenten arbeitslosen Frauen. Sie zeigen ihre Verzweiflung nicht. Manchmal nehmen sie sich lieber das Leben.

In Deutschland müsste niemand verzichten, nur die Einstellung haben, die ich gehabt habe, für andere etwas machen, und sie werden satt. Nicht dass sie gefragt hätten, für wen ich so viel Essen mitnehme? Bei so viel Essen hätten sie vermuten können, dass ich eine zehnköpfige Familie habe. Sie haben sich gefreut, weil sie die Lebensmittel nicht bis zu Mülltonne schleppen mussten, und ich freute mich, weil ich jemandem helfen konnte. Die regelmäßig dahinkommen, kennen mich ohnehin nicht.

Wenn mich wer erkennen würde, würde er es auch nicht verbreiten, weil er ja auch da war.

Wenn ein Mann auf die Straße kommt, hat er Zeit, um zu grübeln. Er ist bereit viele Kilometer zu reisen, damit er bei irgendwem einen Job bekommt, um dann zu sehen, dass die Stelle schon besetzt wurde. Oder es handelt sich um einen Job, bei dem keine Entlohnung, sondern Provision nach dem Verkauf von irgendeinem unnötigen Zeug ausgezahlt wird, das wahrscheinlich nur aus Mitleid gekauft wird.

Nachdem er das zurückweist, findet er sich wieder auf der Straße. Er hat nichts, wohin er gehen könnte. Deshalb geht er immer weiter.

Er sieht in den Auslagen der Kaufhäuser Luxusartikel, die nicht für ihn ausgestellt wurden, und fühlt sich minderwertig, im Vergleich mit denen, welche die Produkte interessiert ansehen, und er tritt zur Seite. Er geht zum Bahnhof, damit er sich ausruhen und sich aufwärmen kann, aber das ist keine Suche nach Arbeit. Deshalb geht er wieder los. Vielleicht weiß er es nicht, aber diese Ziellosigkeit verrät ihn selbst dann, wenn seine Bewegung, sein Gang, sein Blick und sein unangenehmer Geruch ihn nicht verraten würden. Er könnte sich in Kleider hüllen, die er noch von den Zeiten besitzt, als er noch einen Job hatte, aber die Kleider verschleiern seinen Fall nicht.

Er sieht Tausende und Abertausende, Verkäufer, Apotheker oder Manager, die sehr beschäftigt sind und im Tiefsten seiner Seele ist er neidisch auf sie. Sie besitzen die Unabhängigkeit, das Selbstwertgefühl und er kann sich einfach nicht vorstellen, dass er auch gut ist, und wieso er nicht eines dieser Jobs machen kann, obgleich er eine Selbstanalyse durchführt und auf vorteilhafte Schlussfolgerungen kommt.

Das Geld bewirkt diesen Unterschied. Mit ein wenig Geld wäre er sein altes Ich. Wenn ich auf Kunden am Flughafen warte, sehe ich, dass mehrere Männer den Müll betrachten. Drei von ihnen habe ich befragt. Einer ist Italiener, ca. 40, ihn sehe ich nur von Frühling bis Herbst. Immer mit einer sauberen weißen Hose und schwarzem Hemd geht er die Kilometer zwischen den Mülltonnen auf und ab. LG: „Wieso suchst du dir nicht einen normalen Job?“ Italiener: Weil er viele Schulden hat und sie nicht zahlen könnte, und zum Essen würde es nicht reichen. Der andere ist 70 und kommt aus Kasachstan. Er bekommt zu wenig Rente, es reicht nicht zum Überleben. Der Dritte ist ein Deutscher, ca. 75, mit Krawatte – ich glaube, die Krawatte ist für das Raussuchen der Plastikflaschen aus dem Müll unbedingt notwendig – und sammelt in der Lodenjacke die Pfandflaschen. Ihn hat sein Kind ruiniert, weil er irgendeinen Kredit unterschrieben hat, das Kind hat Insolvenz angemeldet und er musste zahlen.

Angst vor Kritik

Wie der Mensch zum Gefangenen dieser Angst wurde, kann keiner genau sagen, aber eines ist sicher, sie ist in uns allen im beträchtlichen Maße vorhanden. Vielleicht kann die Angst vor Kritik der vererbten Neigung zugeschrieben werden, die einen nicht nur dazu anspornt, Güter von anderen Mitmenschen wegzunehmen, sondern seine Taten mit der Kritik am Charakter anderer zu erklären. Es ist bekannt, dass Politiker nicht mit dem Aufzählen der eigenen Tugenden, sondern mit dem Beschmutzen der Gegner in eine hohe politische Position gelangen wollen. Die clevere Bekleidungsindustrie, die Modediktatoren haben diese Angst vor Kritik, mit der die ganze Menschheit verflucht ist, schnell aufgegriffen. Jedes Jahr ändert sich die Mode. Wer stellt fest, was modisch ist? Natürlich nicht der Käufer, sondern der Hersteller. Wieso verändert er die Mode so häufig? Die Antwort ist ganz einfach, damit er mehr Kleider verkaufen kann. Damit er reicher wird. Wenn Sie dann nicht up to date, der aktuellen Mode entsprechend, gekleidet sind, werden Sie komisch angeschaut und sind Kritik ausgesetzt.

Autokonzerne wechseln auch ihre Modelle. Niemand möchte einen jungen Oldtimer fahren. Das neueste Modell muss her. Ich persönlich freue mich über den Wettbewerb der Autokonzerne. Man kann zwischen immer neueren Modellen und immer schöneren Farben wählen. Mein Tiguan kann heute neben den vielen Extras bereits selber parken. Sie haben richtig gelesen: Mit Hilfe einer eingebauten Kamera parkt das Auto selber.

Kritik beeinflusst das Verhalten der Menschen. Unsere Angst vor Kritik zeigt sich in den wichtigsten Bereichen der menschlichen Beziehungen.

Es ist beinahe bei jedem, der die seelische Reife erreicht hat – so ca. zwischen 35–40 Jahren –, dass man nicht mehr an Märchen glaubt, die ihnen vor einigen Jahrzehnten die Seelsorger lehrten. Wieso ist es dann aber noch immer so, dass der Durchschnittsmensch, in der bereits ziemlich aufgeklärten Denkweise, noch immer davor zurückschreckt, offen zu sagen, dass man an diese Märchen nicht mehr glaubt. Die Antwort: Weil er Angst vor Kritik hat. Es ist noch nicht lange her, dass man für Kritik harte Strafen bekommen hat, und in einigen Ländern ist es noch immer so. In Ungarn gab es eine ziemlich lange Zeit, in der man die Kommunisten nicht kritisieren durfte. Ein Bekannter hat mal einen Nachttopf auf den Kopf der Lenin-Statue gelegt und so seine Abneigung gegenüber den Kommunisten zum Ausdruck gebracht. Dafür musste er ein Jahr ins Gefängnis. Heute wurde sogar der Platz solcher Statuen beseitigt. Heutzutage kann man über Kommunisten schimpfen und über Fehler sprechen.

Die Angst vor Kritik hemmt die Menschen dabei Initiativen zu ergreifen, zerstört die Vorstellungskraft, schränkt die Persönlichkeit ein, nimmt die Selbstständigkeit und verursacht auf hunderte Arten weitere Schäden.

Es ist viel nützlicher zunächst uns selbst zu ändern, als danach zu streben andere perfekter zu machen. Menschen sind emotionale Wesen, in denen es nur so von Vorurteilen wimmelt, die von Stolz und Eitelkeit gelenkt werden. Kritik ist ein gefährlicher Funke: Sie kann leicht eine Explosion in der Pulverkammer der Eitelkeit auslösen. Jeder kann kritisieren oder sich beschweren. Aber man braucht Charakter und Selbstkontrolle, wenn man verständnisvoll und verzeihend sein will. Große Persönlichkeiten zeigen ihre Größe darin, wie sie mit kleineren Persönlichkeiten, Untergebenen und Angestellten umgehen.

Anstatt Menschen zu verurteilen, müssen wir versuchen sie zu verstehen. Versuchen wir herauszufinden, wieso sie machen, was sie machen. Das ist viel nützlicher und wertvoller als das reine Kritisieren. Nebenbei erzeugt es Sympathie, Geduld und Wohlwollen.

Kritisieren ist die Dienstleitung, von der wir alle viel zu viel bekommen. Jeder von uns hat davon beträchtliche Reserven und wir geben davon gerne gratis etwas ab, egal ob man danach verlangt oder nicht. Manchmal sind die engsten Verwandten oder Bekannte die eifrigsten Lieferanten von Kritik.

Man müsste es als Straftat ansehen – eigentlich ist es die schlimmste Form der Straftat –, wenn Eltern das Kind mit minderwertigen Aussagen und unnötiger Kritik erziehen.

Im bürgerlichen Leben sollte es ein Gesetz geben, das Leute, die kritisieren, Eltern, die sich über ihre Kinder beschweren, mürrische Ehefrauen, grobe Chefs und die Gesellschaft von Leuten, die überall nach Fehlern suchen, bestraft.

Arbeitgeber, die das menschliche Naturell kennen, erreichen Spitzenleistungen ihrer Angestellten nicht, indem sie kritisieren, sondern indem sie ihnen eine breite Palette an Vorschlägen unterbreiten.

Kritik sät Hass und nicht Liebe und Zärtlichkeit in die menschliche Seele.

Die Menschen geben sich nie selber die Schuld bei Fehlern und kümmern sich nicht darum, ob sie Recht haben oder sich irren.

Kritisieren ist nutzlos, weil es den anderen in eine Verteidigungsposition drängt und ihn zwingt sich zu erklären.

Kritisieren ist gefährlich, weil sie den Stolz und das Selbstwertgefühl des Anderen verwundet sowie Empörung weckt.

Das Kritisieren ist nur negativ, schlecht und verletzend, ansonsten ist es nur Kritik oder ein Kompliment.

Wenn der Kunde sagt, dass mein Taxi wunderschön glänzt, sauber ist und es gut riecht.

Oder ein Käufer sagt, dass Ihr Birnen- und Raupenkuchen spitze sind. Da kann ich nur danke sagen. Das ist ein Kompliment.

Aber wenn sie sagen würden, dass sie sich nicht mehr in mein Taxi setzen, weil es dreckig ist – was nicht wahr wäre – oder dass wir dieses scheußliche Zeug wem anders verkaufen sollen, aber nicht ihm – das wäre eine Kritik.

Das Wissen ist nicht angeboren, kann nur durch Erfahrung erlangt werden. Ich gebe zu, dass ich viele dumme Sachen in meinem bisherigen Leben gemacht habe. Habe ich das Recht, überhaupt jemanden zu kritisieren? Nein.

Symptome der Angst vor Kritik

Diese Angst ist mindestens genauso allgegenwärtig wie die Angst vor der Armut. Ihre Wirkung auf die persönliche Leistungsfähigkeit ist ähnlich fatal. Zerstört die Initiativergreifung und schreckt davor zurück, die Vorstellungskraft anzuwenden.

Schüchternheit. Zeigt sich meisten darin, dass die Person beim Gespräch mit Fremden angespannt und ängstlich ist, komisch gestikuliert, Blickkontakt mit anderen meidet, ihnen nicht in die Augen schaut; blickt in jede Richtung, nur nicht in die Augen der Person, mit der er/sie gerade redet.

Unausgeglichenheit. Zeigt sich darin, dass die Person keine Kontrolle über seinen Tonfall hat und in Gegenwart von anderen angespannt ist. Weitere Symptome sind ein schlechtes Gedächtnis und die schlechte Körperhaltung.

Schwache Persönlichkeit. Mangel an entschlossenen Entscheidungen, persönlicher Anziehungskraft, Fähigkeit der entschlossenen Meinungsäußerung. Umgeht Probleme, anstatt sich ihnen direkt entgegenzustellen. Stimmt anderen zu, ohne gründlich ihre Meinung abgewogen zu haben.

Minderwertigkeitsgefühl. Die Gewohnheit, das Einverständnis mit sich selbst in Worten und Taten auszudrücken und dabei das Minderwertigkeitsgefühl zu verbergen. Das Nutzen von „großen Worten", damit man einen bleibenden Eindruck in anderen hinterlässt – oft ohne die Kenntnis über die Bedeutung der Wörter. Andere in der Kleidung, im Sprechen und im Verhalten imitieren. Angeben mit fiktiven Leistungen. Bei oberflächlicher Betrachtung wirkt es als Ausdruck von Überlegenheit.

Exzentrik. Ist die Gewohnheit, mit Rivalen Schritt zu halten und mehr ausgeben, als man hat.

Das Fehlen der Initiativergreifung. Das Verabsäumen der Möglichkeiten zur Selbstentwicklung; Angst davor, die eigene Meinung kundzutun; der fehlende Glaube an die eigenen Vorstellungen; ausweichende Antworten auf Fragen von Vorgesetzten; zögerliche Sprache und Manieren; Irreführung in Worten und Taten.

Fehlende Ambition. Seelische und körperliche Trägheit, fehlende Selbstverwirklichung, langsam in der Entscheidungsfindung, leicht zu beeinflussen: andere loben und hinter ihrem Rücken kritisieren; das Akzeptieren von Niederlagen ohne Protest oder die Aufgabe eines Unternehmens. Wenn andere gegen ihn sind; ohne Grund andere verdächtigen; Rücksichtslosigkeit im Verhalten und in der Sprache; Zögern bei der Übernahme von Verantwortung wegen Irrtümern.

Angst vor Krankheiten

Diese Angst lässt sich sowohl auf physische als auch auf seelische Erben zurückführen. Steht in enger Verbindung zur Angst vor dem Altern und dem Tod, weil sie eigentlich darin begründet liegt. Das Altern und der Tod bringen das Individuum an die Grenze der „grausamen Welt", worüber wir nichts wissen, aber viele beunruhigende Geschichten gehört haben. Die Menschen fürchten sich meistens deshalb vor der schlechten Gesundheit, weil sie grauenhafte Bilder im Kopf haben darüber, was passieren kann, wenn sie sterben. Sie fürchten sich sogar vor den wirtschaftlichen Folgen des Todes. In der Angst davor, dass sie kränker werden, schütten sie sich mit Medikamenten voll.

Die Ärzte empfehlen den Patienten einen Ortswechsel, weil sie ihre seelische Einstellung ändern müssen. Beklemmung, Angst und Enttäuschung in der Liebe, im Unternehmen können diese Samen zum Leben erwecken und zum Wachsen bringen.

Die Verbitterung über die Enttäuschung in der Liebe oder die Erfolgslosigkeit im Beruf führen die Gründe für die Angst vor den Krankheiten an.

Einer meiner Fahrgäste hat erzählt, dass seine Freundin ihn verlassen hat. Das bis dahin erfolgreiche und gutverdienende Pflänzchen konnte die Enttäuschung nicht verdauen. Er wurde krank, er aß nichts, kam ins Krankenhaus, war weiter bekümmert. Nach drei Monaten kam ein Psychiater an sein Krankenbett und fand eine Genesungsmethode. Er hat dem behandelnden Arzt gesagt, dass er die Krankenschwestern tauschen soll, und er hat ihm ein wunderschönes Püppchen, eine junge Dame „verschrieben" und sie in den Dienst gestellt. Sehr bald ging es ihm besser und er durfte das Krankenhaus nach ein paar Tagen verlassen.

Symptome der Angst vor der Krankheit

Hypochondrie. Hypochonder. Ist die Gewohnheit einer Person sich unterschiedlichste Symptome einzubilden, einzureden und darauf zu warten, dass diese auch eintreffen. „Genießt" die eingebildete Krankheit und spricht darüber so, als ob er wirklich darunter leiden würde. Probiert jede „Quacksalberei" aus, die andere empfohlen haben. Spricht über andere Formen von Operationen, Unfällen und Krankheiten mit anderen. Ohne mit Fachleuten zu konsultieren, experimentiert er/sie mit der Ernährung, mit Sportübungen und Abnehmrezepten. Probiert Haushaltsmittel, zweifelhafte Wundermittel und Quacksalbermittel aus. Nichts, was in Medikamentenflaschen zu kaufen ist, oder Tabletten können ihn von der Krankheit heilen. Es ist die Konsequenz vom negativen Denken. Die Heilung kann nur durch positives Denken erreicht werden. Diese eingebildete Krankheit kann genauso viel Schaden anrichten wie die echte Krankheit, welche sich die betroffene Person einbildet und wovor sie Angst hat.

Trägheit. Die Angst vor der Krankheit behindert eine adäquate physische Bewegung und führt zu Übergewicht, weil die Person sich wenig an der frischen Luft aufhält.

Empfindlichkeit. Die Angst vor der Krankheit senkt die natürliche Widerstandsfähigkeit des Organismus und stellt für die unterschiedlichsten Krankheiten günstige Bedingungen her. Die Person hat vor den hohen Behandlungskosten und den Medikamenten Angst. Solche Menschen wenden viel Zeit für die Vorbereitung auf die Krankheit auf. Reden viel über Tod und darüber, wie sie Geld für das Grab und die Beerdigung sammeln.

Selbstliebkosung. Die Gewohnheit, mit der eingebildeten Krankheit das Mitgefühl anderer zu erreichen. Sie greifen häufig auf Tricks zurück, damit sie nicht arbeiten müssen. Die Gewohnheit, Krankheiten vorzutäuschen, dient der Verschleierung der Faulheit oder als Alibi für die fehlende Ambition.

Besorgtheit. Die Gewohnheit, ständig über Krankheiten zu lesen und Angst zu haben, ein Opfer dieser Krankheiten zu werden. Liest viel über Wundermittel.

Maßlosigkeit. Konsum von Alkohol oder anderen Narkotika, damit Kopfschmerzen, Migräne und Kummer aufhören, anstatt die Gründe zu bekämpfen.

Wenn sie noch immer nicht aufhören, wird das Saufen von Alkohol fortgesetzt, ohne Ende, Tag für Tag, immer wieder, solange bis man dem Alkohol erlegen ist.

Angst vor Verlust der Liebe

Die Angst vor dem Verlust der Liebe erwächst aus der vererbten Angst, die Liebe einer nahen Angehörigen zu verlieren. Diese Angst ist die schmerzvollste von den sechs Ängsten und wirkt zerstörerisch auf den Körper der Person. Diese Angst reicht bis in die Steinzeit zurück, als die Männer auf Raubzügen die Frauen mit roher Gewalt entführt haben. Danach hat uns der Prinz auf dem weißen Pferd verzaubert. Bis zum heutigen Tage werden Frauen entführt, aber die Technik hat sich verändert. Statt Kraft verwendet man heute Überzeugungskraft. Sie versprechen schöne Kleider, Schmuck, Luxusvillen, teure Autos, sie laden zu Abendessen in elegante Restaurants ein, zahlen Urlaube an den schönsten Stränden oder haben unzählige andere Köder, die viel effizienter sind als die physische Kraft. Die Gewohnheiten der Männer sind genau die gleichen wie am Anfang der Zivilisation, nur haben sie eine andere Form angenommen.

Die Frauen sind für diese Angst empfänglicher als Männer. Die Frauen haben gelernt, dass Männer vor Rivalen Angst um sie haben.

Symptome der Angst vor dem Verlust der Liebe

Eifersucht. Ist die Gewohnheit, wenn Personen ihre Freunde und ihren Liebsten ohne jeden Beweis oder Grund verdächtigen. Das Verdächtigen des Ehepartners mit Untreue, ohne jeden Grund. Jeder wird verdächtigt, man kann niemandem vollkommen vertrauen.

Die Suche nach dem Sündenbock. Ist die Gewohnheit, wenn die Person bei der kleinsten Provokation und ohne jeden Grund Fehler in ihren Freunden, Verwandten, Geschäftspartnern und in denen, die sie liebt, sucht.

Zocken. Zocken ist die Gewohnheit von Stehlen und Betrügen. Die Person denkt, dass sie durch ihre Taten ihre Liebsten oder den Liebsten mit Geld überhäufen kann, weil sie daran glaubt, dass man Liebe kaufen kann. Die Gewohnheit, bei der die Person über ihren Möglichkeiten Geld ausgibt, Schulden macht, ihren Liebsten mit Geschenken überhäuft, damit er in einem guten Licht dasteht. Bei der Person können Schlaflosigkeit, Nervosität, fehlende Beständigkeit, schwacher Wille, fehlende Selbstkontrolle, Abhängigkeit und ein schlechtes Naturell festgestellt werden.

Die Angst vor dem Altern

Diese Angst hat meistens zwei Gründe. Der erste ist die Ansicht, dass Alter gleich Armut bedeutet. Der zweite sind falsche und gnadenlose Lehren aus der Vergangenheit, die von den Bosheiten viel zu gut im Leben der Person untergejubelt wurden. Sie wurden ausgedacht, damit der Mensch durch die Angst zum Sklaven wird. Diese unangenehmen Sachen kommen in den Nächten vor.

Es gibt zwei Gründe für die Angst vor dem Altern. Der eine hängt mit dem Misstrauen gegenüber unseren Mitmenschen zusammen, dass sie sich alle unsere irdischen Güter unter den Nagel reißen können. Wenn die Person jemanden hat, dem sie ihr Vermögen überlassen kann, dann hat sie Angst davor, dass die Erbin oder der Erbe es bereits dann haben will, wenn sie noch lebt.

Der zweite Grund ist das grausame Bild vom Jenseits in unserem Kopf.

Die höhere Chance im Alter an etwas zu erkranken, was allgemein beobachtbar ist, ist ebenfalls ein Grund für die Angst vor dem Altern.

Der allgemeinste Grund für die Angst vor dem Altern bezieht sich auf die Angst vor der Armut. Das Armenhaus und das Altersheim sind keine verlockenden Begriffe. Jeder hat Angst vor der Möglichkeit, dass man im Alter gebrochen und pflegebedürftig ist, sich nicht selbst versorgen kann, die Freiheit und Unabhängigkeit verliert, weil das Alter die physische und ökonomische Bewegungsfreiheit einschränkt.

Nicht jede ältere Person lebt innerhalb der oben genannten Rahmen. Es gibt Damen und Herren, die trotz ihres hohen Alters ausgeglichen leben.

Wenn ich einige ältere Taxifahrerkollegen, die ich länger nicht gesehen habe, frage, wie es ihnen geht, antworten sie meistens: „Leonille, wenn ich dich sehe, geht die Sonne auf, auch wenn die Zeit noch gar nicht gekommen ist."

Symptome der Angst vor dem Altern

Die Tendenz, dass die Person bremst und in ihr sich ein Minderwertigkeitskomplex bildet, im Alter der seelischen Reife, also um die vierzig, beruht auf dem Irrglauben, dass sie aufgrund ihres Alters Fehler macht. Die Wahrheit ist, dass die mental und seelisch nützlichsten Jahre einer Person zwischen dem vierzigsten und sechzigsten Lebensjahr liegen.

Die Gewohnheit, dass man sich für sich selbst entschuldigt und sagt: „Ich bin alt geworden" – nur weil man vierzig oder fünfzig geworden ist. Anstatt die Regel umzudrehen und dem Schicksal dankbar zu sein, dass man das Alter der Weisheit und des Verständnisses erreicht hat. Ein Bekannter hat mir gesagt; Sein erster Satz nach der Begrüßung war, dass „wir alt geworden sind". LG: „Du vielleicht, aber ich noch nicht."

Die Person hat die Gewohnheit, die Initiativergreifung, die Vorstellungskraft und die Selbstständigkeit aus dem Irrglauben abzuwürgen, dass sie für diese Eigenschaften zu alt wäre. Die Gewohnheit von Frauen und Männern um die vierzig ist, dass sie sich viel jünger kleiden, was manchmal dazu führt, dass sie sich vor ihren Freunden und vor Fremden lächerlich machen. Manchmal können sie ihre Klamotten gut zusammenwürfeln.

Die Angst vor dem Tod

Für manche ist sie die grausamste Angst. Der Grund ist offensichtlich. Der grausame, reißende Schmerz beim Gedanken an den Tod gibt uns in den meisten Fällen keine Antwort. Seit vielen Millionen Jahren hat der Mensch die noch immer unbeantwortete Frage nach dem „von wo" und „wohin" gestellt. Von wo komme ich her und wohin gehe ich? Wer bin ich und was will ich?

In den dunklen Jahrhunderten haben die Gerissensten und die Stärksten nicht gezögert, für Geld auf diese Fragen zu antworten.

Die Angst vor dem Tod zerstört das Interesse nach dem Leben und macht das Glücklichsein unmöglich. Sie erscheint so grausam und kann die Vorstellung so durchdringen, dass sie das rationelle Danken lähmt.

Die Angst vor dem Tod ist heute nicht mehr so allgegenwärtig wie in den Jahrhunderten, in denen es noch keine Universitäten gab. Wissenschaftler haben die Wahrheit enthüllt, und diese Wahrheit befreit die Menschen in immer größeren Schritten vor der Angst vor dem Tod. Jugendliche, die eine Universität besucht und studiert haben, können nicht so leicht verängstigt werden. Durch die Hilfe der Biologie, der Astronomie, der Geologie und anderer Wissenschaften verlief sich diese Angst, die in den dunklen Jahrhunderten die Menschen fest in ihren Händen hielt.

Symptome der Angst vor dem Tod

Die Gewohnheit, dass die Person an den Tod denkt, anstatt sich zu bemühen, das Meiste aus ihrem Leben herauszuholen, liegt darin begründet, dass sie kein Ziel oder nicht die richtige Beschäftigung hat. Diese Angst ist unter den älteren Personen weit verbreitet, aber manchmal werden auch Jugendliche

Opfer von ihr. Das effizienteste Medikament gegen die Angst vor dem Tod ist das brennende Verlangen etwas zu erreichen und unseren Mitmenschen auf irgendeine Art und Weise zu dienen. Beschäftigte Leute haben selten Zeit über den Tod nachzudenken. Manchmal hängt die Angst vor dem Tod eng mit der Angst vor der Armut zusammen. Die Angst, dass die Liebsten der Person nach ihrem Tod der Armut ausgeliefert sein werden. In anderen Fällen ist der Grund für die Angst vor dem Tod irgendeine Krankheit und die Verschlechterung der physischen Widerstandskraft. Die häufigsten Gründe für die Angst vor dem Tod: Krankheit, Armut, fehlende Beschäftigung, Enttäuschung in der Liebe, religiöser Fanatismus.

Beklemmung im Alter, Sorgen

Sorgen und Beklemmung sind seelische Zustände, die von der Angst genährt werden. Sie wirken langsam, aber sicher. Sind hinterlistig und raffiniert. Sie „gräbt“ sich sukzessive tiefer, bis sie schlussendlich die rationelle Urteilsfähigkeit der Person lähmt und das Selbstvertrauen sowie die Kraft zur Initiativergreifung zerstört. Sorgen sind eine Form von anhaltender Angst, die eine Konsequenz der Unentschlossenheit ist. Gerade deshalb ist sie ein seelischer Zustand, den wir beeinflussen können. Ein verstörter Geist ist machtlos. Unentschlossenheit ergibt einen verstörten Geist. Die meisten Menschen verfügen nicht über die Willenskraft, schnell und entschlossen zu entscheiden und zu der Entscheidung auch zu stehen.

Die sechs Hauptängste werden als Ergebnis der Unentschlossenheit zu Beklemmungen und Sorgen.

Heilen Sie sich selbst

Akzeptieren Sie den Tod als unausweichliche Sache und damit werden Sie sich für immer von der Angst vor dem Tod befreien.

Vertreiben Sie die Angst vor der Armut mit der Entscheidung, dass Sie ohne Sorgen ein Vermögen anhäufen können.

Lösen Sie sich mit der Entscheidung, sich keine Sorgen darüber zu machen, was andere sagen oder denken, von der Angst vor Kritik.

Eliminieren Sie die Angst vor dem Altern mit der Entscheidung, dass Sie es nicht als Hindernis, sondern als Segen betrachten, den Weisheit, Selbstdisziplin und Verständnis in dem Grad mit sich bringen, der als Jugendliche für Sie unbekannt war. Im höheren Alter kann man bessere Ratschläge geben.

Befreien Sie sich von der Angst vor Krankheiten mit der Entscheidung, dass Sie die Symptome vergessen.

Besiegen Sie die Angst vor dem Verlust von Liebe mit der Entscheidung, dass, wenn es unausweichlich ist, Sie auch ohne Liebe weiterleben können.

Töten Sie die Gewohnheit der Sorgen, in jeder Ihrer Ausdrucksweisen, mit der allumfassenden Entscheidung, dass, egal was das Leben bringt, nichts es wert ist, dafür mit Sorgen zu bezahlen.

Diese Entscheidung bringt Ausgeglichenheit, Seelenruhe, die Ruhe der Gedanken und all das führt uns zum Glück.

Wessen Gedanken voll sind mit Angst, verliert nicht nur die Chance, intelligent zu handeln, sondern überträgt dieses zerstörerische Gefühl in sämtliche Köpfe, die mit ihm in Verbindung treten, und dadurch werden ihre Möglichkeiten ebenfalls zu Grunde gerichtet.

Sie haben sich von den negativen Gefühlen gelöst

Vielleicht haben Sie auch mal das Gefühl erlebt, als Sie eine oder mehrere liebe Personen verloren haben, die Sie bis dahin sehr geliebt, jeden Tag gesehen oder sehr gerne getroffen haben. Auf einmal die große Leere, nachdem Sie sich von diesen negativen Gefühlen gelöst haben, die ich auf den vorigen Seiten beschrieben habe. Wenn die Träume aufgehört haben, Jahre vergangen sind, wenn Sie nur mehr verblasste Erinnerungen in Ihren Herzen haben, wenn dieses Gefühl beginnt aus Ihrem Körper zu entweichen, empfehle ich Ihnen, die Vergangenheit wieder hervorzurufen. Sie sollten sich mit einem reifen Kopf mit Ihrer alten Liebe treffen wollen. Sie müssen sich stärker als die brennende Sonne danach sehnen zu erfahren, wieso Sie dieser „Pernahajder" verlassen hat. – Das Wort „Pernahajder" nennt man bei uns in Kereki einen Hochstapler. – Suchen Sie nach der Person, die Ihnen die Sterne vom Himmel geholt hätte. Erinnern Sie sich an die Küsse an lauen Maiabenden auf der kleinen Bank in dem Hain. Die seitdem bereits verrottet oder gar nicht mehr da ist. Oder es steht bereits eine neue Bank an dieser Stelle. Was nicht aus Holz ist, sondern aus Plastik, ist beständiger. Verrottet nie. Da kann man nicht mehr hineinritzen „Brünnhilde – sag mir, liebst du mich?" Jetzt küsst sich bereits ein anderes Pärchen darauf. Vor Ihren Augen erscheinen die schnell vergangenen, verflogenen Glücksgefühle, Ihre glückliche Jugend. Vielleicht werden Sie Gedanken erfahren, mit denen Sie noch eine gute Weile viel Lust auf den Alltag haben werden. Wenn es auch nur kurz ist, aber so lange erinnern Sie sich zumindest nicht daran, dass Sie älter geworden sind. Vergessen Sie nicht: Es ist nie zu spät, wenn sogar eine Rose Frühling in Ihr Herz bringen kann. Die Liebesfilme schauen Sie sowieso im Fernsehen an. Wieso sollten Sie nicht etwas neu entfachen?

Soll ich noch weiter in Nostalgie schwelgen?

Mir ist immer eine alte Geschichte eingefallen, jedes Mal, wenn ich in dem Hain von Mezőberény oder in der Umgebung war.

Mit 17 Jahren ist man jung, ich nehme auch an, schön. Ich habe mich auch eher zu den Schönen gezählt. Aber es gab auch „Kutschen, die mich nicht mitnehmen wollten“. Es gibt auch noch einen anderen Spruch: Ich bin keinem Auto hinterhergerannt, mit dem ich nicht zur Liebe gefahren wäre. An einem heißen Sommertag saß ich mit einem Jungen – er hieß Hubertus – auf der kleinen Bank. Wir haben die Räder abgestellt und uns in dem Hain auf die Bank gesetzt. Er hatte blaue Augen, ob er blond oder brünett war, kann ich nicht mehr sagen. In so einer kurzen Zeit kann ich mir auch nicht alles merken und ich glaube, er war ein Bauernsohn, weil er „in diesem Sommer braun wurde“. Es ist in Mezőberény sehr wichtig, wer, wann und wo seine Bräune herhat. Wo ich mir den Hubertus geangelt habe, weiß ich nicht mehr. So viel Zeit konnte ich ihm in der Nacht nicht widmen, weil ich im Sommer um 4 Uhr aufstehen musste. Und von den Hainen war unsere Tanya weit weg. Aber als wir dasaßen, sprachen wir nicht, sondern saßen nur dort. Wieso er nichts sagte oder etwas fragte? Nein, dieser „Málé“ sagte einfach nichts. Damals haben wir die „grünen“ Jungs so genannt. Er hat nur gegafft. Er hat mir in die Augen geschaut. Meine Hand nicht genommen. Meine seidig blonden Haare nicht gestreichelt. Meine roten Wangen nicht geküsst. Meine einst weißen, jetzt braun gebrannten Schultern nicht umarmt. Seine Lippen nie an meine Kusslippen geschmiedet. Später war er auch nie bei mir, aber folgte mir im Geheimen. Ich habe ihn öfter gesehen, dass er in der Ferne stehen blieb mit seinem Rad. Er ist von seinem Rad abgestiegen, hat es abgestellt und begann in meine Richtung zu gaffen. Ich bin in die andere Richtung gegangen, aber am Eck des Kaufhauses haben wir und beide nochmal angesehen. Meine Welt hat ihn nie erreicht. Es war so wie die Wolken im Sommer, die, wenn sie einmal fortfliegen, nie mehr wiederkommen. Ich habe ihn nie wiedergesehen. Als Teenager wusste ich nicht, dass die trügerische Liebe nicht glücklich macht, ich habe mich an ihnen verbrannt, nicht umgekehrt. Später wartete ich zitternd auf die Blüte der Blume, das Flämmchen einer anderen Liebe loderte in meinem Herzen, deren heiße Flamme brannte, flackerte, glühte, verschlang, quälte, plagte und peinigte.

Mit Ádám sind wir etwas näher, am Fradi-Platz in Budapest, zusammengekommen. Ich kann mich nicht mehr erinnern, welche zwei Mannschaften gespielt haben, nicht einmal an das Ergebnis. Ich nehme an, dass einer der Mannschaften Fradi war. Ich glaube, das wusste ich auch damals nicht, als wir im Stadion saßen. Mein Mann wuchs als Einzelkind bei den Großeltern mütterlicherseits auf. Von der väterlichen Seite hat er zwei, von der mütterlichen Seite einen Halbbruder. So viel zur Nostalgie.

Empfänglichkeit für negative Einflüsse

Über den sechs wichtigsten Ängsten hinaus gib es eine weitere Angst, wovon sich die Menschen quälen lassen. Das ist ein nahrhafter Boden, auf dem die Saat der Enttäuschung wächst und gedeiht. Das ist so raffiniert, dass seine Anwesenheit oft gar nicht bemerkt wird. Dieses Unglück kann nicht eindeutig in die Kategorie der Ängste gereiht werden. Es sitzt viel tiefer und ist viel verhängnisvoller als die sechs Ängste. Da ich keinen besseren Namen dafür habe, nennen wir dieses schlechte Phänomen so: die Neigung zum negativen Einfluss.

Auf Personen, die dafür empfänglich sind, färben nur Blödsinn und schlechte Beispiele ab. Die von Armut betroffenen Personen konnten sich noch nie dagegen wehren.

Diejenigen, die auf irgendeinem Gebiet erfolgreich sein wollen, müssen ihren Kopf gegen schlechte Einflüsse schützen. Diejenigen, die großen Reichtum besitzen, wissen immer, wie sie sich gegen dieses schlechte Phänomen wehren müssen. Sie halten es um jeden Preis von sich fern. Sie müssen sich das so vorstellen wie einen Feind, der irgendwo im Gebüsch lauert, man muss ihn finden und mit ihm fertig werden. Mit Ihren Fehlern müssen Sie genauso umgehen.

Verteidigung gegen negative Einflüsse

Gegen die auf der Straße können Sie sich wehren, weil Sie sich auf die Unterstützung der Gesetze verlassen können, aber dieses „siebte grundlegend Schlechte" ist schwieriger zu besiegen. Es greift an, wenn Sie sich seiner Anwesenheit nicht bewusst sind, wenn Sie schlafen und wenn Sie munter sind. Seine Waffe ist auch nicht greifbar, weil sie nichts anderes ist als unser seelischer Zustand. Dieser Feind ist deshalb so gefährlich, weil er in sämtlichen Formen der menschlichen Tätigkeiten, der menschlichen Äußerungen und der Erfahrung angreifen kann. Manchmal schleicht er sich durch die gut gemeinten Wörter eines gutmütigen Verwandten in unsere Gedanken ein. Ein anderes Mal bohrt er sich von innen durch unsere eigene Einstellung in unsere Seele. Seine Wirkung ist auf jeden Fall ähnlich wie ein tödliches Gift, auch wenn es nicht so schnell wirkt.

Damit Sie sich von den negativen Einflüssen schützen können, sollen Sie von Ihnen oder von den negativen Personen in Ihrem Umfeld stammen, Sie müssen sich bewusst werden, dass Sie eine Willenskraft haben, worauf Sie sich verlassen können. Nutzen Sie diese so lange, bis Sie in Ihrer Denkweise eine Immunitätsbarriere gegen diesen negativen Einfluss aufgebaut haben.

Sie müssen sich der Tatsache bewusst werden, dass Sie, genauso wie viele andere, von Natur aus faul, gleichgültig, schlampig und empfänglich für sämtliche Einflüsse sind, die mit diesen Schwächen in Verbindung stehen.

Sie müssen akzeptieren, dass Sie von Natur aus für jede Form der Angst empfänglich sind. Entwickeln Sie Gewohnheiten, die gegen diese Ängste wirken.

Sie müssen erkennen, dass die negativen Einflüsse häufig im Unterbewusstsein wirken und deshalb schwer zu entdecken sind.

Verschließen Sie Ihren Verstand vor jedem, der beklemmend ist oder Sie in irgendeiner Art und Weise entmutigt.

Leeren Sie Ihre Hausapotheke, schmeißen Sie die Fläschchen raus, hören Sie damit auf sich über Erkältungen, Kopfschmerzen und eingebildeten Krankheiten den Kopf zu zerbrechen.

Suchen Sie bewusst die Gesellschaft derer, die Sie ermutigen und Sie dahingehend beeinflussen, dass Sie selbstständig denken und handeln.

Bereiten Sie sich nicht auf die Not vor, denn sie besitzt die Eigenschaft, nicht zu enttäuschen.

Es besteht kein Zweifel daran, dass der häufigste Fehler der Menschen das Zugänglichlassen der eigenen Gedanken für negative Einflüsse ist. Diese Gewohnheit ist noch gefährlicher, weil die meisten sich nicht bewusst sind, dass sie Gefangene dieser schlechten Gewohnheiten sind. Viele, die es in sich erkennen, lassen es außer Acht oder machen nichts dagegen, bis sie zu den täglichen, unkontrollierbaren Gewohnheiten werden.

Vielen wird auf verletzende Art und Weise von Verwandten oder Freunden mitgeteilt, dass sie einen unausstehlichen Charakter haben.

Über die oben beschriebenen Dinge hat jeder schon gehört, aber niemand hat sie zusammengefasst, um was es dabei wirklich geht. Sie haben sicher die ein oder andere Angst in sich wiedererkannt. Oder Ihnen sind Fehler von anderen erschienen, nur haben Sie noch nie darüber gelesen. Sie sagen dann: „Ja, ja, ja, das passt zu dem oder dem."

Ihre Aufgabe im Leben ist es, Erfolge zu erzielen! Damit Sie erfolgreich sein können, brauchen Sie Seelenfrieden. Dazu müssen Sie die notwendigen finanziellen Mittel fürs Leben beschaffen.

Es gibt noch ein anderes Gefühl, außer den oben beschriebenen, dies nennen wir Habgier.

Habgier

Es ist ganz normal, dass Menschen sich nach etwas Besserem oder Schönerem sehnen, in wunderschönen Häusern leben, wundervolle Autos fahren, sich am anderen Ende der Erde bräunen und etwas besitzen wollen, das mehr Spaß macht. Das heißt, sie arbeiten, damit sie sich ihre Wünsche erfüllen können. Sie wünschen sich Geld, weil sie glauben, dass sie damit Freude und Glücksgefühle kaufen können. Aber die Freude und die Glücksgefühle, die wir mit Geld kaufen, halten nicht lange an. Sie benötigen noch mehr Geld, kaufen sich noch mehr Freude und Glücksgefühle, Amüsement, Komfort und Sicherheit. So arbeiten sie weiter. Weiter, in der Hoffnung, dass das Geld ihre von Ängsten und Habgier geplünderte Seele erleichtert. Aber das Geld besitzt auch diese Macht nicht.

Was länger hält? – Das echte Heim, echte Glücksgefühle oder die mit viel Geld gekauften Freuden, Glücksgefühle oder mit schnödem Geld gekauften Freuden und Glücksgefühle?

Die Antwort erwarte ich mir von Ihnen beim Autor-Leser-Treffen, vielleicht gibt es ja einige von Ihnen, die zwei Arten von Freude und Glücksgefühlen erlebt haben.

Enttäuschung

Bevor jemand Erfolg oder Reichtum erlangen kann, ist es unausweichlich, dass er Niederlagen und vielleicht auch schwere Enttäuschungen erleidet. Wenn jemand durch eine Niederlage am Boden ist, erscheint es am einfachsten und logischsten, aufzugeben. Genau das machen die meisten. Danach fängt man öfter von neuem auf dem Weg zum Erfolg an. Dann erreichen sie ihren größten Erfolg, wenn sie einen Schritt über den Punkt hinausgehen, an dem sie ihre Niederlage erlitten haben.

Die Enttäuschung ist ein Gauner, sie hat ein hoch entwickeltes Gefühl für Ironie und Mätzchen. Sie hat große Freude daran, dann ein Bein zu stellen, wenn jemand ganz kurz vor dem Ziel ist.

Bei den Reichen gibt es auch Ängste. Aber sie sollte man eher beneiden als bemitleiden. Es ist eine andere Angst, vor einem Nichts ins andere zu fallen oder vom Guten ins weniger Gute.

Reiche sind nicht wegen ihrer Neugier, sondern wegen der Angst reich. Sie sind wirklich davon überzeugt, dass das Geld – die Angst davor, dass sie verarmen und ihr ganzes Geld verlieren – alles löst. Sie horten es tonnenweise. Wenn das Geld uns meidet, ist es genauso schlimm wie die Angst davor, viel davon zu verlieren. Es ist auch eine schlechte Angst, wenn Sie gelernt haben, reich zu sein, und auf einmal wird Ihnen alles genommen. Ihre schwache, unterstützungsbedürftige Seele schmerzt jetzt, weil Sie Ihre Position in der Gesellschaft, oben an der Spitze, das große Haus, die Luxuslimousine, Urlaub am anderen Ende der Welt nicht missen wollen. Sie müssen die Gedanken beseitigen, was Freunde oder Bekannte sagen würden, wenn Sie viel verlieren würden. Viele machen sich Sorgen, obwohl sie keinen Grund dafür haben, weil sie viel besitzen und ihr Vermögen weiter wächst.

Für den Erhalt des Lebensstandards muss über das Vermögen gewacht werden.

Nicht dass einmal der Morgen kommt, an dem man das gegenteilige Leben lebt und lernen muss, wie das Geld einen dazu zwingt, für andere zu arbeiten. Wenn Sie sich dafür entscheiden, für Geld zu arbeiten, dann gleicht Ihr Schicksal den vielen Millionen Armen und der Mittelschicht auf der Erde. Oder Sie halten es für wichtig, die Fähigkeit zu besitzen ein Vermögen anzuhäufen, damit Sie sorglos leben können.

Zwischen Armut und Reichtum gibt es keine Möglichkeit für Kompromisse. Die zwei Wege, einer Richtung Armut, einer Richtung Reichtum, führen in komplett gegensätzliche Richtungen. Wenn Sie Reichtum wollen, dürfen Sie die Umstände, die Richtung Armut führen, nicht akzeptieren. – Das Wort „Reichtum" wird hier in einem weiteren Sinn, als finanzieller, geistiger und seelischer Reichtum verstanden. –

Erfolgreich werden diejenigen, für die das erfolgreiche Denken charakteristisch ist. Enttäuschung erfahren diejenigen, die unbedacht zulassen, dass sie Gefangene der Denkweise der Enttäuschung werden.

Der Schlüssel zum Reichtum liegt darin, dass man das Einkommen und den Lohn, so schnell es geht, in ein passives Einkommen umwandelt. Die meisten Steuern zahlen diejenigen, die von einem Einkommen leben. Das wenigste zahlt man nach einem passiven Einkommen. Einfach gesagt, nennt man passives Einkommen das, wofür Sie nicht selber gearbeitet haben, sondern zum Beispiel Ihr anderes Haus, das Sie vermieten. Dieser Mieter zahlt Ihnen ein passives Einkommen. Das ist eine Möglichkeit, wie Ihr hart verdientes Geld schnell für Sie arbeiten kann. Der Staat besteuert Ihr hart verdientes Geld höher als Ihr investiertes Geld. Diejenigen, die für Geld arbeiten, bekommen nicht ihr ganzes Gehalt. Der Staat schöpft die Steuer ab. Sie zahlen Steuern, wenn sie Geld verdienen, wenn sie Geld ausgeben und einkaufen, wenn sie sparen. Das gilt nur für die Armen und die Mittelschicht und für ihre Angehörigen. Reiche zahlen keine Steuern. Die Arbeitswelt besteht aus vier unterschiedlichen Beschäftigungstypen. A. Angestellter. B. Investor. M. Selbstständiger. Ü. Geschäftsmann. Die meisten Menschen lassen sich in der Schule zu Angestellten oder Selbstständigen ausbilden. Sie zahlen viele Steuern, machen nichts dagegen, sie geben sich damit zufrieden, wohin das Schicksal sie geführt hat. Die meisten Menschen studieren jahrelang an den Universitäten, und nachdem sie fertig sind, entwickeln sie sich auf dem Gebiet der Finanzen nicht weiter. Diese Gedanken kommen ihnen nicht in den Sinn. Sie nehmen einen Job an, bekommen ihr Gehalt und begleichen ihre Schulden. Und das war's, sie sind ausgebrannt. Sie wundern sich, dass sie finanzielle Probleme haben. Danach denken sie, dass nur mehr Geld ihre Sorgen lösen kann. Nur wenige denken daran, dass das eigentliche Problem das fehlende Wissen über Geld ist. Viele begeistern sich nicht wirklich dafür, es zu erlernen. Sie wollen nur in die Schule gehen, eine Ausbildung haben und einen Job finden. Eines Tages wachen sie auf und merken, dass sie Geldprobleme haben, und sie können nicht damit aufhören, noch mehr zu arbeiten. Das ist der Preis dafür, dass sie nur wissen, wie man für Geld arbeitet, anstatt zu lernen, wie Geld für sie arbeiten kann. Sie wachsen in einem schlechtbezahlten Job auf, beschweren sich, kündigen, um zu einer gleich schlechten Stelle zu wechseln. Gedanken wohnen sowieso in ihrem Kopf, sie tragen ihn nicht leer mit sich herum. Wäre es nicht besser, da oben Gedanken zu haben, wie man das eigene Leben sorglos gestalten könnte?

Die zehn Gebote des Sparens
Das Vermehren von Geld

Die folgenden Zeilen hat mir Zoltán Ferenczy, deutscher evangelischer Geistlicher, Übersetzer und Dolmetscher überreicht. Seinen Namen habe ich bereits bei meiner Flucht erwähnt. Ich habe ihn gebeten, mir seine Gedanken zum Geld aufzuschreiben.

1. Geld ist nicht dazu da, alles auszugeben. Wer jeden Monat alles ausgibt, was er besitzt, wird im nächsten Jahr nichts haben.

2. Geld muss man behalten. Ein höheres Einkommen macht niemanden reich, weil die Bedürfnisse parallel mit den Einnahmen steigen. Je größer die Einnahmen, desto größer sind auch die Ausgaben – so läuft es bei vielen Menschen.
   Der Wert vom Geld muss erhalten werden: Nur faule Menschen bringen ihr Geld auf die Bank, wo die Zinsen niedriger sind als die Inflation.
   Der Wert vom Geld kann nur so erhalten werden, wenn es in den Handel gelangt und damit Profit erzielt wird.

3. Geld muss vermehrt werden! Wenn der Gewinn gleich hoch ist wie die Inflation, dann gibt es keinen Gewinn! Nur der

Handel kann einen höheren Gewinn erzielen als die Inflation, nur der Handel kann Profit erzielen – also Geld vermehren!

4. Sie werden nicht durch höhere Einkünfte reicher, sondern durch die Minimierung der Ausgaben. Das ist eine Fähigkeit, die sie besitzen müssen, um reich zu werden. Ich frage Sie: Was könnte ich von Ihrer Ausgabenliste streichen oder zumindest minimieren?

5. Die Kultur des Sparens ist, wenn Sie selbst bezahlen. Wenn Sie Dinge kaufen oder nutzen, zahlen das andere. Ihre Ausgaben sind nur, was Sie gespart und gesammelt haben. Sie geben alles aus, wenn Sie sich selbst nicht auszahlen. Was Sie sich selbst zahlen, muss mindestens 10 % Ihrer Einnahmen betragen. Geben Sie anderen weniger und zahlen Sie sich selbst mehr.

6. Jeder, der geboren, und alles, was erschaffen wurde, ist klein. Unterschätzen Sie nicht den kleinen Anfang. Die Habgier will, dass die Menschheit sofort alles besitzt – aber das würde jedem nur schaden. Klein bleibt nicht immer klein, weil es wächst und sich vermehrt. Sie können mit dieser Auffassung jeden Monat besser zahlen. Niemand, der diese Auffassung – das Gesetz des Sparens – lebt, bleibt arm.

7. Was Sie sich gespart haben, darf man nicht behalten – man muss es investieren. Und die Investition muss Ihnen 20–100 % Profit bringen. Entweder fangen Sie an Geschäfte zu machen oder Sie recherchieren sehr genau und lassen wen anders für Sie Geschäfte machen.

8. Geld kommt nur zu denen, die diese finanziellen Gesetze kennen. Das Geld kommt nicht zu denen, die ein Geschäft haben – viele Geschäftsinhaber sind arm.
   Das Geld kommt nicht zu den guten Menschen – gute Menschen sind nicht zwangsläufig reich.
   Das Geld kommt nicht zu den klugen Menschen – wie viele Menschen mit Universitätsabschluss bleiben arm.

9. Geld kommt zu denen, die Waren herstellen und sie verkaufen. Oder Dienstleistungen anbieten. Die anderen Menschen bringen ihr Geld zu ihnen.

10. Gottes Segen macht viele reich.

Von Manca bis zu meiner Kreditkarte, vom Fahrrad bis zum Mercedes war der Weg sehr lang. Heute kann ich mit EC-Karte und zwei unterschiedlichen Goldkarten „Plastic Money“ zahlen. Eine Karte ist die VISA-Karte von einer Bank in Nürnberg, für meine Ausgaben in Euro. Die andere Karte ist eine Mastercard für meine Ausgaben in Forint von einer Bank in Mezőberény. Ich kann mit beiden auf der ganzen Welt zahlen. Kommt es Ihnen auch bekannt vor, dass, wenn Sie im Internet etwas bestellen wollen oder eine Reise buchen, Sie ohne Kreditkarte die bestellte Ware oder die Kreuzfahrt sofort vergessen können. Das nenne ich finanzielle Unabhängigkeit.

2 Vom Fahrrad bis zum Mercedes Mein Leben in Mezőberény

Die Tanyawelt östlich von Mezőberény, was zu Mezőberény gehört, wo die Sonne aufgeht, nennt man Kereki. Nicht in Japan, das ist ein Irrtum. Wenn Sie in Mezőberény aufwachen und einen Sonnenaufgang sehen wollen, dann müssen Sie Richtung Kereki schauen. Das ist der VI. Bezirk von Mezőberény. Am 31. Oktober 1951 bin ich in Mezőberény geboren. Dr. Miska Bak war der Arzt, der mich entbunden hat. Ich bin als fünftes Kind von sieben Kindern auf die Welt gekommen. Die Vorfahren meines Vaters, Ádám Gottschick, sind aus Lüneburg, Niedersachsen ausgewandert. Meine Mutter, Maria Sáli, stammt aus der adeligen Thomka Familie mit Wappen mütterlicherseits, aus der heutigen Slowakei, aus Thomkaháza im Komitat Kurz. Der älteste, noch zu ermittelnde Ahne hieß Jordán Thomka. Das hat meine Cousine Helena Ruzsa aus Komarno recherchiert. Wir haben es erst nach dem Tod unserer Mutter erfahren. Sie hat vorher nie mit uns darüber geredet. Aber jetzt weiß ich, woher ihr ehrlicher und liebevoller Charakter stammt. Wahrscheinlich waren auch Soldaten unter unseren Ahnen mütterlicherseits, weil in unserem Wappen ein Soldat, der auf einem weißen Pferd reitet, zu sehen ist. Der andere hält einen menschlichen Kopf, aufgespießt auf ein gezogenes Schwert. Vielleicht haben sie im Zuge der Türkenvertreibung den adeligen Rang erhalten. Meine Mutter stammt väterlicherseits aus der Gegend von der Saale in Deutschland. Im Namen wurde er auf Sáli gekürzt. Ich hoffe, mir bleibt genug Zeit, um dem auch auf den Grund zu gehen.

Bevor ich geboren wurde, war mein Vater fünf Jahre, von 1943–1948, in russischer Gefangenschaft in der Sowjetunion. In Grosny Tschetschenien sind 1940 Marika, 1942 Ádám und 1943 Jani zur Welt gekommen. Danach kam die Gefangenschaft, und als mein Vater nach Hause kam, sind 1949 Icuka, 1952 Csuri und 1955 Miska geboren. Meine Mutter hatte es, alleine mit drei Kindern nicht leicht. Sie haben bei der Gottschick Großmutter (Magdolna Krattinger) gewohnt. Damals war mein Großvater, Josef Gottschick, bereits verstorben. Meine Mutter wohnte damals mit drei Kindern in Tökfalu, so hieß ein Teil von Kereki. Meine Onkel Mihály, András und Hendrik sowie meine Tante Erzsébet wurden 1945 zur „Málenkij robot" (Zwangsarbeit) verschleppt und sind erst 1947 von dort zurückgekehrt. Danach sind meine Eltern nach Kereki 134 gezogen. Zwei meiner Onkel, Márton Gottschick und Pál Sáli, sind im Krieg gefallen. Márton Gottschick hat einen Grabstein in der Nähe von Uvarovka, 60 km östlich von Moskau. Sie konnten nicht einmal seinen Namen richtig schreiben. Ich glaube, dass sie der Aussprache nach – Gotsik – den Namen auf den Grabstein gravierten. Aber wen haben sie gefragt? Ich nehme an, dass in seinem Soldatenbuch sein richtiger Name – Gottschick – stand, und es gab ja auch die sogenannte Erkennungsmarke. Von der Erkennungsmarke habe ich von meinem Vater beim Abendessen gehört. Márton ist 31 Jahre alt geworden. Der Bruder meiner Mutter lebte 26 Jahre. Mezőberény, 25. Oktober 1917–Bohorodychyn 6. Mai 1944. 19 Uhr. Heldentod durch einen feindlichen Schuss in den Bauch, 28 km von Kolomyja. Er liegt auf dem Heldenfriedhof von Bohorodychyn.

Meine Wiege stand in Kereki 134. Es gab keine Straßen, nur Feldwege und Schotterwege. John Loudon McAdam, 1756–1836, ein schottischer Straßenbauer, erfand die Straßen, neben denen Straßengraben entstanden. Von dort wurde die Erde gehoben. Wir wohnten in der Úri Feldweg, auf einer Tanya, die der Familie meiner Mutter gehörte. Dieser Feldweg führte von der Kereki Brücke geradeaus Richtung Osten zu unserer Tanya und runter bis zum Büngösd. Bei der König Tanya dreht sich der Weg. Úri Feldweg – heißt einer der Feldwege bei den Ackerfeldern in Kereki. Er heißt deshalb Úri Feldweg, weil reiche Herrschaften dort ihre Felder hatten. Wie dem Apotheker Hacskó, dem Anwalt Hegedüs, dem Postmeister Horváth und dem Notar Kolozsi. Sie bekamen wohl noch das Freiland, weil ich diese Namen von meinen Eltern nie gehört habe.

Zu 90% gehörten die Felder Familien mit deutschen Namen in Kereki. Unter meinen Klassenkameraden finden man deshalb wenig deutsche Namen, weil sie ungarisiert werden mussten oder sie wurden 1946 ausgesiedelt. Später kauften wir die Tanya mit der Nummer 259 in der Nähe des Körös-Damms. Von Süden der Hosszúfok-Kanal. 500 Meter von unserer Tanya mündet er in den Körös. Der Körös ist die westliche Grenze von Kereki. Von Osten und vom Norden wird er von dem Büngösd Bach umrahmt.

Lüneburg

Mein erster Ahne, der Großvater meines Urgroßvaters Johannes Adamus Gottschick aus Deutschland, Niedersachsen, wanderte als General aus Lüneburg nach Siebenbürgen aus. Meine Recherchen ergaben, dass er jung General wurde. Laut meinem Mann hat er eine große Tat vollbringen oder vorbildlich dienen müssen, im Jargon arschkriechen, salutieren, damit er so jung den Rang des Generals bekleiden durfte. Ich glaube, er war nur entschlossen, vorbildlich, immer nach dem Besseren bestrebt – wie ich – und ein treuer Soldat, der wusste, was er wollte. Seine Vorgesetzten wussten ebenfalls, was man ihm zutrauen konnte. Es gibt mehrere Beispiele in der Weltgeschichte, bei denen es sehr junge Thronfolger und Heeresführer gab. Alexander der Große, König von Makedonien, hat mit 19 den Thron von seinem Vater geerbt. Er hat halb Europa erobert. Wieso hätte mein Ahne nicht ein geschickter Heeresführer sein sollen?

Lüneburg am Fluss Illmenau war eine Handelsstadt – Hanse. Seit 956 gibt es schriftliche Überlieferungen. Salz hat die Stadt reich gemacht. Vor 1100 Jahren hat man die Salzquellen unter der Erdkruste entdeckt.

Der Legende nach hat ein Jäger ein Wildschwein mit schneeweißem Fell verwundet, der zu einer Quelle rannte. Die Quelle war stark salzhaltig. Am Fell des Wildschweins hingen weiße Salzkristalle. Seitdem hat man das Salz in Eimern aus der Salzkammer an die Oberfläche geholt. In Bächen hat man das stark salzhaltige Wasser in die Salzhütten geleitet. Dort haben sie das Wasser gesiebt, verdampft und versickern lassen. Ich habe keinen Beweis dafür, aber ich vermute, dass meine Vorfahren keine Minenarbeiter, sondern Salinenarbeiter waren. Johannes Adamus wurde vielleicht deshalb Soldat, weil es bereits weniger „Salzarbeit" gab. Salz wurde in den nordischen Städten – hauptsächlich in Lübeck – verschifft. Ein Fass weißes Gold reichte für das Salzen von fünf Fässern Heringe. Lüneburg blühte. Wunderschöne Häuser und Paläste entstanden. Auf einmal versiegten die Salzquellen und meine Ahnen und viele weitere Lüneburger mussten sich nach einer neuen Existenz umsehen. Die Salzquellen gab es noch bis 1980, aber sie konnte nicht die ganze Stadtbevölkerung ernähren. Die Auswanderung von Lüneburg begann um 1787. Joseph Habsburg der II. Kaiser von Lothringen, Sohn von Maria Theresia, Habsburger Kaiserin, hatte Ungarn geerbt und große Reformen vollzogen. Unter anderem hat er die unbesiedelten Gebiete besiedeln lassen.

Das Bürgermeisteramt von Lüneburg wurde 1230 gegründet, ständig erweitert, und 1720 bekam es seine heutige Form. Mein Urgroßvater hat es auch in seiner heutigen Form gesehen.

Die Geschichte mit den Salzquellen muss man kennen, ansonsten würde man nie verstehen, wieso unser Gottschick Ahne dieses Schmuckkästchen verlassen hat. Die Habsburg-Monarchie benötigte auch Arbeitskräfte in Siebenbürgen. Aber die Habsburger haben ihre Versprechen nicht gehalten. Es herrschte Unruhe. Zu dieser Zeit haben sie meinen Ahnen benötigt, damit dort wieder Ruhe einkehrt. – Ich bin die achte Generation. – Bis Kelheim ist er zu Fuß gegangen, von dort ist er ca. 700 km bis zum eisernen Tor auf der Donau mit dem Schiff gefahren. Er kam zu Land und gründete eine Familie. Eines Tages wurde in Kereki ein Lehrer gesucht. Die Kinder der dort angesiedelten Donauschwaben wurden geboren. Ein Sohn des Johannes Adamus Gottschick, Martin Gottschick, hat sich auf diesen Lehrerstuhl gesetzt.

Unbekümmerte Kindheit

Meine Kindheit würde ich als unbekümmert und sorglos beschreiben. Ich hatte zwar mehr Pflichten als Rechte. Ich wuchs dort auf, wo die Arbeit nie ausging: Aber damals wusste ich noch nicht, dass eine Kindheit auch anders aussehen kann, nur nicht meine. Ich war ein sehr aufbrausendes, ständig etwas Neues, etwas Anderes wollendes Kind. Mein Bruder Miska nannte mich Fuchs, weil er wahrscheinlich meine Cleverness ebenfalls gesehen hat. Meine Mutter hat mich nie geschlagen, aber mein Vater häufig. Meine Eltern waren sehr fleißige Bauern. Sie haben Tag und Nacht für uns gearbeitet. Sie sind sechs Jahre in die Schule gegangen, weil es nicht mehr gab. Meine Mutter sprach Slowakisch und lernte in der Schule Ungarisch. Mein Vater beherrschte vier Sprachen: Deutsch sprachen sie zu Hause, in der Schule lernte er Ungarisch, Slowakisch lerne er von meiner Mutter und Russisch in der Gefangenschaft. Ich weiß nicht, wie viel Hektar Land wir besaßen bis zu der Zeit, soweit ich mich zurückerinnern kann. Mein Urgroßvater war Großgrundbesitzer. Genaue Daten habe ich darüber nicht, wie viel Hektar Acker, Weidefläche und Wald er besaß. Ein feierwütiges Familienmitglied hat angeblich 10 Hektar verprasst. Im Durchschnitt gab es bei uns acht Kinder durch mehrere Generationen in unserer Familie. So wurde der Großgrundbesitz aufgeteilt. Meinem Großvater blieb nicht mehr viel. Ich habe auch keinen schriftlichen Beweis darüber, wie viel Hektar mein Vater geerbt hat und wie viel meine Mutter mitbrachte. Unseren Obstgarten hat er wahrscheinlich Anfang der 50er Jahre – nachdem er aus der russischen Gefangenschaft zurückkam – aufgebaut, weil ich mich an junge, gerade Ertrag bringende Bäume und Pflanzen erinnere. Wir hatten Apfelbäume, Jonathan mit Weingeschmack, mehrere Sorten Sauerkirschenbäume, Pflaumenbäume, Quittenbäume, Birnenbäume, Stachelbeeren und Ribisel. Mehr kann sich ein Kind kaum wünschen. Wir konnten nicht alles essen, die Speis war auch voll mit Eingemachtem und Marmeladen. Ich habe am liebsten die saure Pflaumenmarmelade gegessen. Die

Äpfel und die Kartoffel lagerten wir für den Winter. Hinter der Tanya gruben wir tiefe Löcher, darin lag zunächst Heu, dann Äpfel, in der anderen Kartoffel, danach wieder Heu und dann Erde. Fertig war das Lager. Aus mehreren Früchten ließ mein Vater Schnaps brennen. Er trank nicht viel. Wusste, wann es genug war. Er hat nichts davon verkauft, „vielleicht gibt es nächstes Jahr nichts". Ádám- und János-Tage wurden gefeiert, für diese Tage hat er Schnaps benötigt, weil Verwandte, Nachbarn und Freunde gekommen sind. Mit Wein hat uns mein Onkel „kleiner Roter" Mihály versorgt.

Der „kleine Rote" Mihály war der ältere Bruder meines Vaters, Ádám Gottschick. Bevor er zur Zwangsarbeit musste, hatte er geheiratet und bekam eine kleine Tochter namens Erzsébet – Liszka. Während er bei den Russen war, wurden seine Frau und seine Tochter nach Deutschland, Filderstadt, ausgesiedelt. Als er von der Zwangsarbeit zurückkam, beantragte er die Rückkehr seiner Frau und seiner Tochter nach Mezőberény. Ich weiß nicht, wie viel Zeit vergangen ist, aber ihm dauerte das Warten zu lange und er heiratete erneut. Er verliebte sich in Frau Cuszka Emrich – deren Mann Ádám Bartolf aus dem Krieg nie zurückkehrte. Sie hatte drei Kinder: Zsuzsa, Erzsébet und Ádám Bartolf. Onkel Mihály begann in seinem Garten mit Frau Cuszka zu gärtnern und wurde zum Winzer. Von hier kam sein Spitzname „kleiner Roter", weil er Rotwein anbaute, klein und dick war und ein rotes Gesicht hatte. Ich erinnere mich an ihn als einen netten Onkel. Liszka und ihre Mutter kamen eines Tages aus Deutschland zurück. Onkel Mihály blieb mit Frau Cuszka zusammen und die Mutter von Liszka sagte: „Bleib bei ihr, wo du bisher warst."

Meine Mutter sagte, dass es Frau Cuszka gut ergangen ist. Meine Mutter lebte fünf Jahre mit der Ungewissheit, ob mein Vater aus der Gefangenschaft nach Hause kommt oder nicht.

In meiner Kindheit wurden große Hochzeiten gefeiert. Meine Mutter nähte uns neue Kleider. Es war ein heißer Sommerabend. Ich kann mich gut daran erinnern, dass wir Kinder auch bei der Hochzeit von Erzsébet Bartolf und Lajos Szegedi dabei waren. Es war ca. 1960. Würde ich schätzen. Wir waren ca. 100 Gäste. Die Zigeuner spielten bis in die Morgenstunden. Wir Kinder aßen, liefen rein und raus und aßen erneut. Es gab Hühnersuppe mit Schneckennudeln, irgendein Pörkölt, Brot aus dem Backofen, gebratenes Huhn, Kuchen und Torten ohne Ende. Der Brautführer läutete mit jeweils einem Gedicht den nächsten Gang ein.

Über die Gefangenschaft und die Normandie

Geburtstage haben wir nicht gefeiert. Am Abend aß die ganze Familie gemeinsam zu Abend. Dann erzählte mein Vater, wie sein Leben als Soldat war. Er arbeitete in der Kohlemine, in der Gefangenschaft in Grosny, in Tschetschenien. Er hat viel gelitten. Ich kann mich sogar daran erinnern, dass er sagte, seine Freilassung aus der Gefangenschaft habe er den Alliierten – amerikanische und englische Soldaten – zu verdanken, als sie in der Normandie, in Frankreich, an Land gingen. Auf Omaha Beach und noch drei weiteren Orten, Utah Beach, Pointe du Hoc und Juno Beach. Er hat noch gesagt, dass es schade war, dass sie nicht vom Süden, von Rijeka gekommen sind, wie sie es ursprünglich geplant haben, weil dann hätten in Ungarn nicht die Russen regiert, sondern die amerikanischen, englischen und französischen Soldaten. Der Westen von Deutschland hat Glück gehabt. Mein Vater hat mit Fischgräten Pullover gestrickt aus der zerrissenen Decke, und sogar mit Fischgräten ein kleines Kissen gestickt mit einem Fasan drauf.

Mit meinem Vater zusammen waren fünf Soldaten an der Front aus Mezőberény. Adus Fürstenzeller, Marcus Steigerwald, Pajó Sipiczki, Pasó Krekács und mein Vater Ádám Gottschick. Später kamen Karcsi Vasporos, Gyurka Herzberger und Hendrich Gschwindt dazu, so wurden sie acht. Fünf Deutsche, ein Slowake und ein Ungar. Karcsi Vasporos lag neben meinem

Vater im Schützengraben, und ein Granatensplitter hatte eines seiner Beine abgeschnitten. Ich bedauere es sehr, dass so etwas mit ihm passiert ist. Ich freue mich, dass mein Vater, zwar mit einem kranken Magen, aber gerade noch nach Hause gekommen war. Karcsi hat auch einen anderen Familiennamen, ich kann nur vermuten, dass er ungarisch ist, aber ich kenne ihn nicht. Er bekam den Namen, weil er lange Eisenpulver (vaspor) in Mezőberény verkaufte. Eisenpulver wurde für die Reinigung des Kochherds verwendet. Man musste es mit Wasser verdünnen und auf das kalte Eisen streichen. Kochherd entspricht der heutigen Kochplatte. Mein Vater und Onkel András trugen noch lange die deutsche Wehrmachtsuniform. Nachdem Deutschland den Krieg verloren hatte, kamen die deutschen Soldaten aus der Sowjetunion und Rumänien zurück. Sie gingen quer durch den Bauernhof meiner Gottschick Großmutter Magdolna Krattinger. Sie baten um zivile Kleidung von meiner Mutter und ließen ihre da.

Stoppelfeldsplitter, Sonnenblumen-Pogatschen

Ich bin ein wenig abgedriftet. Ich bin gerade erst auf die Welt gekommen und schon in Lüneburg und in der Normandie. An die Jahre vor der Schule habe ich nicht so viele Erinnerungen. Als ich in die Schule kam, vergingen die Tage auf der Tanya so, dass jedes Familienmitglied etwas machen musste. Die Arbeit ging nie aus, obwohl ich die Hoffnung hatte, dass ich eines Tages nicht früh aufstehen und viel arbeiten muss. Das Weiden der Tiere begann im Frühling, ging über den Sommer bis in den Spätherbst. Im Frühling, Sommer und im Herbst standen wir – außer in den Ferien – um 4 Uhr auf. Wir haben die Tiere weiden lassen, gegessen und dann sind wir in die Schule gegangen. Die Kühe trieben wir zur Herde, weil sie sowieso auf dem Weg zur Schule war. Gegen Mittag kamen wir wieder nach Hause und aßen zu Mittag. Häufig bekamen wir zu Mittag in einem 1-Liter-Krug Sauermilch mit leckerem, selbst gebackenem Brot. Wir stellten den Krug zwischen unsere Beine und löffelten die Milch. Für die Nachmittagsjause aßen wir Fettbrot mit Wurst oder Sonnenblumen-Pogatschen oder etwas anderes. Die Sonnenblumenkerne bekamen wir in Form von Pogatschen und Öl zurück. Das war etwas Ähnliches wie die bulgarische Halva. Wir haben es mit Zucker oder mit Honig bestreut und es war himmlisch. Eigentlich war es als Futter für die Tiere gedacht, aber es hat so gut geschmeckt, dass wir nicht widerstehen konnten. Wir haben unsere Hausaufgaben erledigt, und im Anschluss haben wir Arbeiten verrichtet, die gerade anfielen. Wenn die Maisstangen schon abgeschnitten wurden, haben wir die Wurzel aus der Erde geholt, daraus wurde Brennstoff für den Ofen oder den Herd. Danach wieder Tiere weiden. Wenn Getreide geerntet wurde, haben wir sie auf dem Stoppelfeld weiden lassen. Häufig wurde der Weizen, die Gerste oder der Hafer nicht am Stengelansatz, sondern weiter oben geerntet, weil sie geneigt waren. Wir sind barfuß darauf gegangen und die Getreidestauden haben unsere Sohle aufgeschlitzt. Mehrmals hat sie geeitert. Dann haben wir unsere Beine Harn aufgetragen, damit es zu keiner Infektion kommt.

Am Abend haben wir die Kühe nach Hause getrieben, Mutter hat sie gemolken, mein Vater und meine Brüder haben die Tiere mit Futter und Trinken versorgt. Wir haben uns zum Abendessen hingesetzt. Wir sind in der Reihenfolge gesessen, in der wir geboren wurden. Mutter, Adi, Jani, Icuka, ich, Csuri, Miska, mein Vater. Bis mein kleiner Bruder am Tisch sitzen konnte, kann ich mich nicht mehr erinnern, ob Marika auch am Tisch gesessen wäre. Mutter gab jedem etwas auf den Teller. Mein Vater wartete so lange, bis jeder genug hatte. Oder es kam auch noch etwas anderes auf den Tisch. Es war immer genug, jeder wurde satt. Nach dem Abendessen haben wir noch in einem großen Korb Mais gerebelt, Körner selektiert, Nüsse aufgemacht, das Essen für den nächsten Tag vorbereitet und dabei ungarische Lieder gesungen.

Unter anderem dieses Lied: Csorda legelget a déli verőfényben,
Játszik a délibáb a nagy messzeségben.
Heverész a gulyás bokor árnyékában.
Hü társa a puli vigyáz a jószágra.
Alszik már a gulyás mosolyog álmában.
Julcsát ölelgeti a kis kamarában.
Csettint a nyelvével, csókot kapott éppen.
Jóóóóó vóóóóót pedig csak a puli nyalta képen.

Sinnhafte Übersetzung des Liedes: Eine Herde weidet in der Mittagssonne,
die Fata Morgana spielt in der Weite.
Der Viehhirte liegt im Schatten des Busches.
Sein treuer Gefährte, der Pulihund, hütet die Tiere.
Der Viehhirte schläft schon und grinst in seinem Traum.
Er umarmt Julcsa in der kleinen Kammer.
Er schnalzt mit der Zunge, er bekam gerade einen Kuss.
Es waaaaaar guuuuut, obwohl nur der Pulihund ihn abgeschleckt hat.

Wenn eine Verwandte mit dem Namen Julcsa anwesend war, haben wir Marcsa statt Julcsa gesungen, damit sie nicht verletzt wurde. Wenn beide anwesend waren, haben wir Borcsa – Spitzname von Borbála – gesungen. Es gab niemanden in der Familie mit dem Namen. Den konnte der Viehhirte in seinen Träumen umarmen.

Wir hatten auch Zeit für Spiele. Wir haben zwischen den Heuballen Verstecken gespielt. Mehrmals waren die Cousinen und Cousins aus Mezőberény bei uns, dann spielten wir zusammen. Im Winter haben wir Schneeballschlacht gespielt oder sind Schlitten gefahren. Die Tanya vom Herrn Gazsi Forró ist in der Nachbarschaft zusammengefallen, so hatten wir einen Hügel. Wir sind von dort mit dem Schlitten heruntergefahren. Oder der Körös-Damm war auch gut dafür geeignet. Meinen kleinen Bruder haben wir sehr gemocht, er war der Kleinste, wir nannten ihn Parányi (Winzling). Häufig tauschten wir diesen Spitznamen in einen noch kleineren und nannten in Pornyika

(Stäubchen). Als Marmelade gekocht wurde, blieben wir lange auf. Am nächsten Tag mussten wir genauso früh aufstehen. Wir sind immer wieder in die Küche gelaufen, um Schuster-Gulasch zu essen. Schuster-Gulasch nannten wir den Kartoffelgulasch mit Klößchen. Meistens war Wurst auch noch drin. Zur Zeit des Marmeladenkochens waren nur mehr die dicken Würste und die Inknajdlis in der Speis, die für die Herbsternten – Maisernte, Sonnenblumenernte, Zuckerrübenernte – reserviert waren. Die Wurst hat Mutter so lange abgeschnitten, bis sie sowohl bei meinem kleinen als auch beim großen Finger runterhing, wenn ich sie in meiner Hand hielt. Die schmale Wurst haben wir mit der Hand gegessen, egal ob sie gebraten, gekocht oder geräuchert war. In einer Hand die Wurst, in der anderen das Brot. Wir mussten nicht immer beim Tisch sitzen, wir durften dort essen, wo wir wollten, außer bei gekochten Mahlzeiten und beim gemeinsamen Abendessen.

Hier möchte ich hinzufügen, wenn irgendwer, während wir aßen, zu uns zu Besuch kam, bekam er immer etwas, und auch sonst, wenn er hungrig war. Aus Vésztö kamen viele, die dort am Markt Pferde kauften. Es wurde Nacht und sie schliefen bei uns in der Küche, und sie schliefen nie hungrig ein. Ihre Pferde stellten sie in den Stall. Sie bekamen sogar Frühstück und dann gingen sie weiter.

Wir hatten einen Gast, der bereits den fünften Quarkpfannkuchen aß, aber niemand hat gesagt, dass „es vielleicht jetzt genug wäre". Unsere Pfannkuchen hatten einen Durchmesser von ca. 25 cm.

Einmal hat mich ein Schulfreund am Nachmittag nach dem Essen zum Spielen eingeladen. Ich aß zu Hause und war dann nicht hungrig. Sie baten mir aber keine Pfannkuchen an, sondern mein Schulfreund nahm einen aus der Schüssel und gab sie mir. Auch als Kind war für mich klar, dass er auf mich hinabschaute. Bei uns durfte jeder so viel essen, wie er wollte. Dieser Pfannkuchenverteiler leidet nicht nur heute, sondern seit 30 Jahren Not. Sie müssten mal sehen, wo er wohnt. Einer seiner gutaussehenden Söhne hat Selbstmord begangen, weil die Dame, die er geliebt hatte, finanziell viel von ihm verlangte.

Die Freunde meiner Brüder; Jóska Varnyú und Jóska Kerekes, Freunde von Adi, Laci Kerekes und Laci Piltz, Freunde von Jani, haben öfter Karten bei uns gespielt.

Da beide Brüder mit den Kerekes-Jungs befreundet waren, führte ein gerader Weg von uns in den Weingarten der Familie Kerekes. Auch wenn der Schnee kam, war der Weg noch immer gerade. Wahrscheinlich wurde der Weg nach Augenmaß angelegt, denn so viele Schnüre für mehrere hundert Meter haben wir nicht gehabt.

Meine große Schwester Marika kam 1955 nach Békés ins Gymnasium und ins Schülerheim. Nach dem Abi arbeitete sie in Vésztö im Rathaus, sie vermittelte Waisenkinder an Adoptiveltern und versorgte sie mit Kleidung. Danach zog sie nach Budapest, ihr Mann Péter, ihre Tochter Marianna, ihre Enkelkinder Péter und Eszter, der Vejkó Gyuri leben seitdem in Zugló.

Im Sommer beim Weiden der Tiere durfte ich sogar die Gans von Ancsa Kilkó versorgen. Ich kann mich nicht mehr erinnern, wie viele Sommer lang und wie viele Gänse ich weiden ließ. Frau Ancsa Kilkó war eine unserer Nachbarinnen, fast die am nächsten gelegene. Ihre Tanya war ca. 500 Meter von unserer entfernt. Heute kann ich es nicht mehr genau sagen, weil zu unserer Tanya nicht einmal ein Weg führte. Da war nur die Puszta. Ihr Mann fiel im II. Weltkrieg, ihr Sohn Károly starb in der Fremdenlegion in Algerien. Frau Ancsa hat uns Kinder sehr gemocht. Einmal sind meine Eltern zu den Festspielen nach Szeged gereist. Mein Vater war dort zum ersten Mal Soldat und er wollte meiner Mutter die Stadt zeigen. Wir wurden in die Obhut von Frau Ancsa gegeben. Sie hat uns warmes Brot gebacken – obwohl sie noch trockenes Brot zu Hause besaß –, hat Hackfleisch gemacht, sie hat alles für uns gemacht, aber ich konnte meine Augen nicht zumachen, habe nur geweint und geweint. Ich wollte nicht woanders schlafen.

In unserer Nachbarschaft wohnte noch eine Nyanyicska Varga. Sie mochte uns auch sehr. Häufig hat sie uns eingeladen und uns Wurst mit Rosinenbrot gegeben. Es war nicht unsere

Lieblingsspeise, aber wir haben es gegessen. Sowohl die Wurst als auch das Rosinenbrot waren lecker. „Kann das zusammen schmecken?“, denkt sich jetzt der Leser. Als wir aßen, hat sie uns gedankt und unsere blonden Haare gestreichelt und uns Küsschen gegeben. Sie freute sich sehr, dass wir sie besucht haben. Nyanyicska Varga hat einen Sohn und ein Enkelkind. Wenn ich mich recht erinnere, hieß er Pál. Sie freute sich so sehr, weil ihre Familie weit weg wohnte und nur selten zu Besuch kam.

Adi hat gemeinsam mit meinem Vater und Jani auf den Feldern gearbeitet. Ich kann mich an Mais-, Weizen-, Hafer-, Gersten- und Sonnenblumenfelder erinnern. Wir hatten auch einen Gemüsegarten. Auf unserem Bauernhof hatten wir keine Maschinen, wir haben alles mit der Hand gemacht. Ich kann mich einzig an eine Dreschmaschine erinnern, aber sie gehörte uns auch nicht, weil unsere Maschine irgendwie abgebrannt ist, und meine Großeltern konnten den Kredit dafür nicht zurückzahlen. Daraufhin nahm uns die Bank ein paar Hektar Land weg. Ich kann niemanden mehr fragen, wie viel Hektar Felder uns noch geblieben sind. Aber ich werde nachsehen, wie viel Mutter zurückbekommen hätte. Wenn das Getreide geerntet wurde, kam die Dreschmaschine zum Einsatz, drosch den Weizen aus den Stangen und wurde zum nächsten Bauern gebracht. Adi und Jani arbeiteten auch bei deutschen Landwirten. Danach beim Förster in Fás. Später am Pumpenwerk in Hosszúfok beim hohen Wasserstand des Körös. Dann haben sich die Fische am Gitter der Schleuse verheddert und konnten aus dem Hosszúfoker Kanal nicht in den Körös schwimmen. Meine Brüder haben die Fische mit dem Rechen aus den Gittern gezogen. Wir hatten Fische und Wild – was das Auge und das Herz begehren.

Adi ist mit 43 früh gestorben. 1942–1985.

Ein junger Mann erzählte mir, den ich vom Nürnberger Knoblauchland in die Disco gebracht habe, dass hier der reichste Bauer fünf Hektar Glashäuser besitze.

Ich bin 1958 in die erste Klasse gegangen. Ich wollte auf keinem Fall in die Schule. Ich hatte ein fürchterliches Bild vor mir, vom

Verlust meiner Freiheit. Meine Mutter begleitete mich am ersten Morgen bis zu Schule, über die Puszta, und schnalzte mit der Weidenrute hinter meinem Rücken. Danach habe ich das Lernen langsam lieben gelernt. Ich wollte nicht zu Hause sein. Ich bin wie der geölte Blitz in die Schule gelaufen. Wissen Sie, der Blitz ist schon ganz schnell, aber wenn er noch geölt wird.

Meine Wissensbegierde war grenzenlos

Aber ich konnte mir nicht viel Wissen aneignen, weil die Bibliothek nicht groß war, und zum Lesen waren nur Bücher der russischen Schriftsteller da. Ich las nur eines dieser Bücher: Ich weiß nicht, wer der Autor war. „Ein Segel in der Ferne" war der Titel. Nicht, dass Bücher von Lev Tolstoj oder Pasternaks Dr. Schiwago in der Bibliothek im Regal gestanden wären. Als ich über Fürst Franz II. Rákóczy mein Buch schrieb, haben sie mir die Bücher in der Universitätsbibliothek von Nürnberg aus der ganzen Welt besorgt. Die Nachbarin Frau Pilz hat uns immer die bereits gelesenen Zeitschriften gegeben, Icuka konnte da schon lesen und lernte sämtliche Gedichte daraus. Es gab einmal auch so ein Gedicht, in dem Berci, der Frosch, eine Nachricht bekam.

Ich war eine gute Schülerin, aber meine Noten durften nicht besser sein als die Noten von einigen Mitschülern. Sie waren die Lieblinge von der Lehrerin Gizi Borka. In der dritten Klasse war Zsuzsanna Pribelszki unsere Lehrerin. In der vierten Klasse hat mich Szabolcs Kölcsey unterrichtet. Da konnte ich mich bereits entfalten. Ich war die beste Schülerin in der Klasse. Am verkehrten Tag habe auch ich unterrichtet und der Lehrer war mein Schüler. In Kereki waren noch meine Klassenkameraden: Ica Balázs, Miska Bezgédy, Mari Bojti, Ica Bokor, Imre Borka, Jani Szikora, Juci Takács, Jani Tóth –, nicht der Jankó Tóth, ein anderer –, Anna Varga, Árpi Varga, Sanyi Varga, Miska Várhegyi, Klári Vas. In der sechsten Klasse hat uns József Dankó unterrichtet. Von der ersten bis zur vierten Klasse waren wir in einem, von der fünften bis zur achten Klasse im anderen Klassenzimmer. In Kereki gab es gleichzeitig zwei Lehrer oder Lehrerinnen. Drei Jahre lang habe ich keinen einzigen Tag in der Schule verpasst. Ich war nicht einmal krank. Von Herbst bis zum Sommer, bei Regen, Wolkenbruch, Blitz, brennender Sonne, Sturm, Frost, Schnee, Schneesturm, 40 Grad Hitze, Minus 25 Grad Kälte, ich bin immer in die Schule gegangen oder wurde hingebracht. Können sich die Kinder von heute das überhaupt vorstellen? Regenmäntel oder Regenschirme hatten wir nicht. Glaubt bloß nicht, dass der Regen bei uns eine Ausnahme gemacht hat und nicht so rau war, weil wir im Weg waren.

In der vierten Klasse habe ich eine Impfung von Dr. Csavanyák bekommen. Gegen was, kann ich nicht sagen, aber ich wurde sehr krank. Damals musste ich am Ende des Jahres eine Prüfung ablegen, ich konnte kaum etwas leisten. Ich hatte hohes Fieber und mir ist nichts eingefallen.

Ica Balázs hat sich gefreut, dass sie ein besseres Zeugnis bekam.

Ich war ein recht aufbrausendes Kind mit einer großen Klappe, redete zurück, aber ich kann nicht sagen, dass ich mich oft geprügelt hätte. Ich kann mich an das folgende Bild erinnern. Ich war ca. im Kindergartenalter; obwohl es in Kereki keinen Kindergarten gab, war ich damals in dem Alter. Ich stand auf dem Weizen-Stoppelfeld und auf einmal kam Sanyka Feldmüller und hat den fürchterlichen Fehler gemacht, einen Apfel zu essen, als ich auch hungrig war. Ich habe seinen Mund bis zu den Ohren in die Breite gezogen. Danach fing er an zu schreien und der Apfel gehörte mir. Bei uns gab es immer etwas zu essen. In meiner Erinnerung wollte ich damals einen Apfel essen und wahrscheinlich hatten wir die Sorte nicht in unserem Garten. Er hieß nicht Sanyika, sondern Sanyka. Die Feldmüllers haben später ihre Namen ungarisiert. Meinem Vater haben sie auch gesagt, dass er seinen Namen in Király ungarisieren soll. Er hat es nicht gemacht, weil er für seinen Namen gelitten hat. „Király gibt es sogar auf den Misthaufen, aber Ádám Gottschick gibt es nur einmal", war seine Antwort.

Ich kann mich noch erinnern, als Mutter und ich vom Heudrehen zu unserer Tanya spaziert sind. Mutter nahm Csurika bei der Hand, er war noch klein und bekam keine Gabel und mit ihrer zweiten Hand hielt sie die Gabel. Ich folgte ihnen ein wenig weiter hinten. Ich schob die Gabel vor mir, dass die Spitzen der Gabel, so oft es nur geht, die nackte Sohle von Csuri berührten, damit er schneller geht. Bis Mutter merkte, wieso Csurika schrie, war er schon mehrere Gabelstiche reicher. Ich wusste, wie man mit der Gabel auf den Straßen von Kereki unterwegs ist, aber so auf der Schulter war es nicht wirklich interessant. Ich brauchte ein bisschen Action. Story.

In den Pausen zwischen den Stunden waren alle acht Klassen auf dem Hof, ca. 2–15 Kinder pro Klasse. In einer Pause haben wir Abfangen gespielt und ich habe Filu Öcsi versehentlich an den Betonpfeiler des Zauns gestoßen. Er hatte eine Wunde am Kopf und blutete. Er war so alt wie ich, wir sind in eine Klasse gegangen. Stellen Sie sich ein Kind vor, das schwer von Begriff ist, mit störrischem Mund und wenig Geld. Auf seinem Mund hatte er immer Wunden, und seine Mutter hat ihn mit Puder eingecremt. Er stand so wie ein Fragezeichen da. Ich denke, dieses Lied wurde über ihn geschrieben: Der Bursche ist nicht einmal eine Zwiebel wert, der vor den Mädchen mit offenem Mund steht. Wenn es in Kereki nur solche Burschen gegeben hätte, wie viele blonde Mädchen wären dann jungfräulich geblieben.

Filu Öcsi ist zu Herrn Dankó gegangen, um zu petzen, dass ich der Täter war. Es brachte nichts zu sagen, dass es ein Versehen war und es beim Spielen passiert ist, mein Argument zählte nicht. Ich bekam zweimal auf die Finger. Wer so etwas nicht kennt, dem erkläre ich das einmal. Das Lineal ist 1 Meter lang und 1,5 x 3 cm breit, aus Holz. Damit hat der Lehrer jeweils auf meine fünf Finger geschlagen. Ich verstehe es bis heute nicht, wieso ich meine Finger hingehalten habe. Heute würde ich es sicher nicht machen. Ich bin mir sicher, dass heutzutage Lehrer dafür schon ins Gefängnis kommen würden.

Ich habe überlegt, ob ich bei Filu Öcsi schreiben soll, dass er Rahm farbige Haare hatte. Aber ich gebe nicht die Farbe unseres teuren Rahms diesem Nichtsnutz. Ich weiß nicht, wohin sein Weg geführt hat, was aus ihm geworden ist.

Einmal bekam ich noch vom Lehrer auf die Nuss. Meine kleine Schwester Csuri, mein kleiner Bruder Miska und ich gingen von der Schule nach Hause. Wir waren an dem Tag alle drei gleichzeitig fertig mit der Schule. Unterwegs haben wir Ziesel gegossen. Der Ziesel ist nach den Lexiken eine Mischung zwischen Eichhörnchen und Ratte und ein schädliches Tier. Er hat das Getreide gefressen. Man musste ihn jagen. Ich kann mir die Mischung zwischen Eichhörnchen und Ratte so vorstellen, dass das Eichhörnchen viel zu viel Äpfel mit Weingeschmack gegessen hat, betrunken wurde, vom Baum gefallen ist und dann kam die Ratte. Ich habe sehr viel Mitleid mit dem Eichhörnchen, dass er sich so vermischt hat, aber ich kann mir nicht vorstellen, dass ein nüchternes Eichhörnchen so dumm gewesen wäre, um sich mit einer Ratte einzulassen.

Vom Graben schöpften wir mit der Mütze von meinem Bruder Wasser und gossen es in das Zieselloch, bis es hinausrannte oder drinnen blieb und ertrank. Der Lehrer hat gesehen, dass wir uns nicht beeilten, um nach Hause zu kommen. Er hat den Horizont abgesucht und konnte weit in die Puszta sehen. Außerhalb der Schule hatte er auch noch Macht über uns. Am nächsten Tag hat er mich geschlagen, aber nur mich, weil ich die Älteste war.

Wegen meiner kleinen Schwester und meinem Bruder hat mich unser Vater auch mal vermöbelt. Eines Abends haben Csuri und Miska in der Nähe des Heuballens geraucht. Ich nicht, ich hatte nie eine Zigarette im Mund. Das hat dann unser Vater gesehen und mich verhauen, weil ich bereits so neun war, Csuri und Miska kleiner. Daraufhin habe ich mich unter das mit der Hand geerntete Weizenkreuz versteckt. Jeder hat mich gesucht. Sie haben mich nicht gefunden. Ich bin eingeschlafen. Am Morgen bin ich wiedergekommen, ich war das süßeste Kind.

So eine Ernte mit der Hand können sie im Film „Kölcsönkért kastély" sehen. Wenn sie es nicht gesehen haben, dort können sie es betrachten. Wenn der Heuballen abgebrannt wäre, hätten die Tiere im Winter nicht zu essen gehabt. Ich habe bei anderen Heuballen lodern gesehen.

Unweit von der Schule stand der Glockenturm. Wenn jemand gestorben ist, wurde geläutet, wenn der Gottesdienst anfing, wurde geläutet. Sonntags sind wir hin und wieder zum Gottesdienst gegangen. Er fand in der Schule statt, weil wir keine Kirche hatten. Ein Pfarrer kam jedes Mal aus Mezőberény. Einmal zu Ostern hat der Pfarrer öfter wiederholt, dass „wir das Osterfest feiern, liebe Freunde". Wenn Mutter uns etwas aufgetragen hatte und wir es nicht machten, weil wir dermaßen im Spiel vertieft und deshalb ein wenig taub waren, haben wir sogar vergessen, welche Arbeit sie uns zugeteilt hat. Später haben wir sie dann gefragt, was sie denn gesagt habe. – Wir haben unsere Eltern gesiezt – Sie sagte: „Der Pfarrer sagt es auch kein zweites Mal." An diesem Osternachmittag sind wir nach Hause gegangen und ich sagte meiner Mutter, dass der Pfarrer mindestens zehnmal wiederholt hat, welchen Feiertag wir heute haben. Und sie sagen uns nur einmal, was wir tun sollen. Mutter sagte: „Sie ist ja kein Pfarrer."

Öfter als der Pfarrer hat nur ein polnisches Pärchen im Taxi das Wort Schlampe in meinem Taxi wiederholt, 42 Mal. Darüber können Sie später lesen.

In der Schule konnten wir die Vorstellungen von Theatergruppen sehen. Die Cuhárés wurden auf der Tanya abgehalten. Eine Art Fest. Ich denke, es stammt aus dem Wort „zu Hause". Mein Vater liebte diese Veranstaltungen, wenn er eingeladen wurde, denn er konnte sehr gut tanzen, singen und feiern. Es entspricht den heutigen Partys oder Hauspartys.

1962 kauften wir eine Tanya näher zu Mezőberény, dem Körös und der Brücke.

1963 nahm ich am Abendmahlsgottesdienst teil. Davor musste ich zur Konfirmation. Das war immer nachmittags. Danach bin ich abends, im Dunkeln zur Tanya gegangen und hatte keine Angst. Obwohl es am Körös-Deich zahlreiche Pappeln gab, die bei Wind rasselten. Ich hatte aber keine Angst vor kriminellen Sachen, niemand hat uns verängstigt, so bin ich mutig in Richtung unserer Tanya geradelt. Ich habe zu dieser Zeit auch auf dem Weg niemanden getroffen, weil in diesen Stunden jeder beim Abendessen saß oder bereits geschlafen hat. Einmal bin ich auf die Toilette hinausgegangen – weil wir ja auf der Tanya nur dann ein Wasserklosett hatten, wenn der Wind das Dach wegwehte, wir hatten ein Gartenklo – und habe mein Geschäft verrichtet und auf einmal sah ich ein Licht neben mir aufblitzen. Ich bin schnell reingelaufen, habe meine Mutter aufgeweckt und ihr erzählt, was ich gesehen habe. Aber als sie rauskam, ist das Licht bereits verschwunden. Ob irgendwer zum Stehlen gekommen ist, oder was passiert war, konnten wir uns auch später nicht erklären. Einmal sind ein paar Pferdewerkzeuge aus dem Stall verschwunden, wie Sattel und Steigbügel, aber nach zwei Tagen hing wieder alles an seinem Platz. Jemand hat sie nur ausgeborgt. Mein Vater wusste, wer es war.

Ansonsten wurde in Kereki nichts gestohlen.

1964 wurde die Tanya-Schule geschlossen, weil es zu wenig Kinder gab. Die Familien begannen sich langsam in Mezőberény Häuser zu kaufen, wie auch wir, 1968. Aber unsere Tanya haben wir noch eine Weile behalten. Die siebte und die achte Klasse habe ich dann in Mezőberény besucht, in der Schule in der Gyomai Straße 1. Wenn wir ein Rad hatten, dann fuhren wir von Frühling bis Herbst mit dem Rad von der Tanya in die Schule. Wenn wir kein Rad hatten, gingen wir bis zur Brücke von Kereki zu Fuß und von dort fuhren wir mit dem Bus nach Mezőberény. Die Klassenkameraden scherzten oft, dass der Kanal zugefroren sei und ich deshalb zur Schule gehen konnte und dass die Arbeitseinheit aus meinen Taschen hing. Damit wollten sie auf meine Herkunft von der Tanya hinweisen. Die Arbeitseinheit war bei den Produktionsgenossenschaften bekannt. Entspricht nach meinen Kenntnissen der heutigen Akkordarbeit.

Mehrere haben uns als arm bezeichnet. Damals wusste ich noch nicht, was arm heißt. Aber egal was es war, wir fühlten uns nicht arm. Heute weiß ich, dass wir wie im Paradies gelebt haben.

Manchmal in meiner Schulzeit habe ich Quark und Rahm zu den verschiedenen Familien in Mezőberény nach Hause gebracht. Ich habe sie „die Reichen“ genannt. Ich weiß nicht warum, weil ich damals überhaupt keine Ahnung von Armut und Reichtum hatte, aber ich habe das Wort von irgendwem gehört, und weil sie mit Geld bezahlt haben, glaubte ich, dass sie die Reichen sein müssen. Mutter konnte manchmal aus irgendeinem Grund nicht, und ich habe sie dann vertreten. Ich kann mich sehr gut an eine Dame namens Karmelina erinnern. Sie war sehr wählerisch, hat meine frische Ware kritisiert und zahlen wollte sie auch kaum. Später hat sich das Blatt gewendet. Sie hat sich scheiden lassen, ihr Haus verkauft und ihre Kinder sind ausgezogen. Sie wohnte in einer Mietwohnung, alleine. Ich möchte nicht Ihre Laune verderben, deshalb schreibe ich nicht, unter welchen Umständen sie gelebt hat. Aber sie können sich sicher sein, dass sie ihren Stolz, ihre große, wählerische Klappe ein wenig gedrosselt hat. Später hat das Schicksal uns auf den gleichen Arbeitsplatz geführt. Ich hätte wirklich Lust gehabt sie zu fragen, ob sie nicht einen leckeren Quark oder Rahm von der Tanya essen möchte? Ich fand es interessant, dass sie nie erwähnt hat, dass wir sie mit Waren beliefert haben. Ich glaube, sie schämte sich dafür.

Als ich das erste Mal 1994 über den Atlantischen Ozean in die Karibik flog, haben wir einen Zwischenstopp auf den Azoren zum Tanken gemacht. Danach sind wir auf der Dominikanischen Republik in Punta Cana gelandet. Ich habe aus dem Fenster gesehen, als wir uns bereits dem Boden näherten und ich musste weinen. Ich dachte, wozu hat mich das Reisebüro überredet, weil ich nur Sumpflandschaften und Palmhütten gesehen habe. Um die Hütten bewegten sich Menschen. Wer eine Blechhütte auf Ölfässern hatte, gehörte bereits zu den Bessergestellten, erfuhr ich später von der Reiseleitung. Die Pass- und Zollkontrolle war unter freiem Himmel an der heißen Sonne. Das Kontrollzentrum des Flughafens war ebenfalls mit Palmenblättern überdacht. Das Hotel, das Meer und der Strand waren märchenhaft. Außer dem Hotel konnten die

Einheimischen ebenfalls alles genießen. Sie waren hier arm, nicht in Kereki. Dies konnte ich aber meinen Schulkameraden nicht mehr mitteilen. Ich habe ein Vermögen bezahlt, um über Weihnachten, bei 30 Grad, mich unter Palmen bräunen zu lassen, den wolkenlosen Himmel und den weißen Strand zu genießen und im türkisfarbenen Karibischen Meer zu baden. Die Einheimischen können das ganze 365 Tage im Jahr gratis genießen.

Pál Kiszely war mein Klassenvorstand in der 7/A. Wir waren ca. 48 Schüler in dieser Klasse. Ich kann mich noch an die Lehrerinnen Irma Bacsó, Frau Aranyi, Frau Dombi Olga Szabados, heute Frey, Irén Csapó, Frau Komlódi, Terike Heinz und an die Lehrer Ádám Ponyicsány, Lajos Bujdosó, József Bartóki und an den Direktor Béla Jóos erinnern.

Im Februar 1968 an einem Samstag war die Bandweihe von Icuka im Petőfi Sándor Gymnasium von Mezőberény. Sie ist am Abend nicht zur Tanya gekommen, sondern schlief bei Onkel Hendrik. Er war der jüngste Bruder meines Vaters, 1927–1968. Unser Haus haben wir erst später gekauft. Am Sonntagmorgen brachte Hendrik Icuka mit dem Traktor zur Tanya.

Icuka ist kaum ausgestiegen, wollte Hendrik am Deich umdrehen, was er auch öfter geschafft hat. Jetzt war der Deich eisig und rutschig und er hat sich überschlagen und der Traktor ist auf ihn gefallen, er wurde mit inneren Verletzungen und Knochenbrüchen in das Krankenhaus gebracht, wo er dann verstarb. Ich war sehr traurig und habe viel geweint, ich habe den Vater von Vera, Eszti und Julcsi sehr gemocht. Er war immer ein fröhlicher, witziger und gut gelaunter Mann. Er säte und pflügte mit dem Kettenfahrzeug und mit dem Traktor in einer Produktionsgenossenschaft. Er liebte seine Familie und seine Arbeit sehr. Er war bei ihrem Haus in der Liget Straße aufgebahrt, dort wachte seine Familie über ihn bis zur Beerdigung. Als ich erfahren habe, dass er bereits im Sarg in der Liget Straße war, konnte ich nicht ins Gymnasium gehen, weil ich nur weinte und weinte. Ich bin hingegangen, um mein Beileid zu bekunden.

Die Beschlagnahmung des Hab und Guts

1959 kam der verpflichtende Beitritt in die Produktionsgenossenschaft. – Man nannte es damals freiwilligen Beitritt, aber jeder wusste, dass dies eine Lüge ist. – Jeder Bauer musste sich von seinem Hab und Gut lösen. Von unseren, mehrere Hektar großen Feldern ließen uns die Kommunisten so viel, dass wir gerade mal nicht verhungerten. Bevor sie uns alles nahmen, kamen sie zum Agitieren, dass mein Vater doch in die Produktionsgenossenschaft eintreten soll. Er wollte auf keinem Fall. Einmal zu Mitternacht bellte der Hund, er wollte den Besucher nicht hereinlassen. Die Tür war bei uns nie zugeschlossen. Als ich aufgewacht bin, packte der damalige Präsident der Produktionsgenossenschaft meinen Vater am Kragen und fragte, ob ja oder nein? – Kragen ist das Teil eines Kleidungsstücks unter dem Kinn. – Ob er in die Produktionsgenossenschaft eintreten will oder nicht. Wenn er nein gesagt hätte, hätten sie ihn sicher zusammengeschlagen, somit sagte er ja. Ab dem Zeitpunkt wurde es in der Tanya sehr traurig.

Unser Essen war genauso gut und ausreichend wie vorher. Wir hatten weiterhin Mohn- und Nusskuchen, Zimtbuchteln, Plundergebäck mit Pflaumenmarmelade, Butterkipferl, Krapfen, Paloczensuppe, Nusskuchen. Letztere esse ich nur mehr dann, wenn ich sie selber mache. Sie sind aus der Mode gekommen. Unsere Pörköltsorten, Fleischgerichte, unser Gulasch und Märte-Soßen sind auch erhalten geblieben. Jährlich haben wir 4–5 Schweine geschlachtet. Außer dem Gekreische, den Haaren und dem Darminhalt haben wir alles verarbeitet und nichts weggeschmissen. Zurzeit der Abgabe wurden die weißen Schweine von meiner Familie mit schwarzer Schuhpaste fleckig gepunktet, somit mussten sie diese Schweine nicht abgeben und die Familie hatte genug zum Essen beim Schweineschlachten. Dazu sind immer die Cousinen und Cousins, Tanten und Onkel gekommen, es war immer ein großes Familientreffen. Kühlschränke hatten wir nicht, das Schweineschlachten musste in der Kälte erledigt werden. Was wir nicht geräuchert haben, aßen wir schnell. Wir haben es mit Freude verspeist. Im Sommer war der Schaduff unser Kühlschrank. An einer Schnur befestigt, wurden die Lebensmittel bis zum Wasser hinuntergelassen.

Wenn der Winter hart war mit minus 15 bis minus 30 Grad und viel Schnee, dann haben die Fasanen und die Hasen auch bei unseren Heuballen nach Essbarem gesucht. Meine Brüder haben rund um die Heuballen Ösen verlegt, damit die Fasanen und Hasen, wenn sie sich dahin begaben, gefangen wurden. Ihr Plan ist sogar aufgegangen. Morgens sind sie mit dem Befreien der toten Tiere gar nicht fertig geworden. Unsere Mutter hat gute Fasanensuppe und Frikadellen aus dem Brustfleisch gemacht. Aus den Hasen hat sie Hasengulasch gemacht. Wenn wir das Wild von Jägern bekamen, mussten wir aufpassen, dass wir nicht auf Schrot bissen und unsere schönen weißen Zähne damit beschädigten. Das war die Wahrheit, kein Märchen. Józsi Jenő Tersánszky hat einen Roman geschrieben: „Märchen über das Hasengulasch".

Wir mochten den Erdapfel (Topinambur) sehr. Er hat die Form von Kartoffeln und Ingwer, wächst in der Erde und ist eine knusprige Süßigkeit. Ihr Geschmack ist eine Mischung aus Kartoffel und Apfel.

Ich kann mich noch an die „Kereker Erdnuss" erinnern. Unsere Erdnuss hatte nichts mit der amerikanischen Erdnuss zu tun. Der Leser wird schon vermuten, dass wir eine eigene Delikatesse hatten. In Kereki war nichts unmöglich. Schwarze Schale, innen schneeweiß, wuchs sie wild, aber reichlich in Kereki. Als gepflügt wurde, sind wir entlang der frisch gepflügten Furchen gelaufen und haben die süßen Erdnüsse geerntet. Wir mussten uns beeilen, weil die Vögel diese Leckerei auch kannten. Wenn der Pflug sie zweigeteilt hat, glänzte sie weiß. Das haben die Raben und andere Vögel in Kereki gesehen und sie vor unserer Nase weggeschnappt. In der Tanya haben wir sie gewaschen, geschält und als Dessert verspeist. Eigentlich haben nur wir sie „Kereker Erdnüsse" genannt, ich weiß nicht, von welcher Pflanze sie stammt. Sie hatte eine lila-rote Blüte mit einem sehr angenehmen Duft.

Unsere Kleider hat in erster Linie Mutter an der Singer Nähmaschine genäht. Die gibt es immer noch, sie steht bei Icuka. Später habe ich auch genäht, aber nur als Hobby.

Nachdem mein Vater in die Produktionsgenossenschaft eingetreten ist, wurde das Anwesen kleiner. Das hat meinen Eltern schwer zu schaffen gemacht. Stellen Sie sich vor, dass Sie ein gutes Leben führen, Sie haben alles, was Sie brauchen, und leben beinahe sorglos. Dann kommt der Kommunist und nimmt Ihnen von heute auf morgen alles weg. Den Rest können Sie sich dann einteilen. Meinem Vater hat das sehr schwer zu schaffen gemacht und er verstarb deshalb und wegen seines verdorbenen Magens aus der russischen Gefangenschaft mit schwarzen Haaren, nicht ergraut, sehr früh.

Am Donnerstag hat er noch ein Kalb am Markt von Vésztő gekauft. Von Vésztő ist er zu Fuß bis zu unserer Tanya gekommen. Am Freitag wurde ihm schlecht, ich weiß nicht mehr, wie er ins Krankenhaus gekommen ist, aber Samstag in der Früh verstarb er dann. Meine Mutter wusste es noch nicht, sie ging ins Krankenhaus nach Békéscsaba, um ihn zu besuchen. Wir haben am Samstagmorgen das Telegramm erhalten, dass „Ihr Mann verstorben ist, kümmern Sie sich um die Beerdigung". Mit dem Telegramm sind Csurika und ich zum Bahnhof gerannt. Mutter ist vom Zug gestiegen und ihr erster Satz lautete: „Vati ist gestorben."

Ich wünsche niemanden so etwas, aber wir mussten uns rund um den Sarg aufstellen. Jeder hat geweint.

Die Ironie des Schicksals war, dass am gleichen Tag, nach der Beerdigung von meinem Vater, noch ein Vater von sieben Kindern beerdigt wurde. An diesem Tag sind viele Tränen auf die Särge am Friedhof von Mezőberény gefallen. Ich weiß nicht, was mit den Kutscher-Kindern geschehen ist, wie sie danach aufgewachsen sind. Sie wohnten westlich von Mezőberény. Ich kann mich daran erinnern, dass wir mehr arbeiten mussten, aber es kann auch sein, dass nur ich es so empfand.

Ich habe mich schon öfter gefragt, aber es wurde in der Familie nie besprochen, nur in meinem Gedanken – was geschehen wäre, wenn Mutter nach dem Tod von meinem Vater nicht so gut gewirtschaftet hätte, wie sie es gemacht hat? Oder wenn sie einen Lebensgefährten, einen Partner, einen Gehilfen gehabt hätte? Mit sieben Kindern ist so etwas schwer vorstellbar.

Wir Kinder haben darüber gar nicht geredet, dass unsere Mutter eigentlich wieder hätte heiraten können, aber wir haben gespürt, dass wir bei jedem männlichen Besuch eifersüchtig waren. Es kamen Männer zu uns, die auch zu Lebzeiten meines Vaters gekommen sind, also wollten sie nicht Teil der Familie werden, sondern schauten einfach vorbei, wenn sie in der Gegend waren. Sie aßen und tranken, wurden bewirtet. Danach sind sie weitergezogen. Vielleicht hätte sich ein Mann für diese Position beworben, der nicht so geschickt und fleißig war wie Mutter, vielleicht hätte er noch ein paar Kinder mitgebracht. Aber wozu? So einen brauchen wir nicht. Wir hätten einen gebraucht, der statt uns arbeitet, damit wir unsere Kindheit genießen können. Damit wir nicht früh aufstehen müssen und weniger Arbeit haben. Aber nicht einmal unser Vater konnte diese Kinderwünsche erfüllen, wie hätten wir so etwas von einem Stiefvater erwarten können? Ich habe es schon lange entschieden, aber mit niemandem darüber gesprochen, was mit dem Mann geschehen würde, der den Platz unseres Vaters einnehmen würde. Ohne Mutter zu fragen, aber wenn er die Wirtschaft nicht vorangebracht hätte – hätte Mutter uns sowieso Recht gegeben. Weil Mutter immer auf unserer Seite war. Sie wusste um das Schicksal des Fremden in unserer Familie. Mutter hätte es sicher nett formuliert und mit einem Lächeln mitgeteilt, weil sie mit jedem schön und nett geredet hat, daran kann ich mich erinnern. So hätte sie ihm schön mitgeteilt, dass er auch beim Sommergewitter unsere Tanya blitzschnell verlassen und er nur im Traum daran denken soll zurückzukommen, aber uns so etwas nicht einmal mitteilen soll. Weil wir kein Interesse an seinen Träumen haben. Das war nur meine Fantasie, niemand weiß, wie es geendet hätte, wenn es wahr geworden wäre, wenn wir die Geschichte von Anfang bis zum Ende erzählt hätten.

In Mezőberény kennt man die Geschichte, dass eine attraktive, hübsche Frau sich scheiden ließ, aber bald darauf einen neuen Lebensgefährten hatte. Ihre Kinder haben den Neuen nicht ins Herz geschlossen, und an einem Tag haben sie den neuen Vater im dritten Stock aus dem Fenster hängen lassen.

Sie ließen ihn nicht runterfallen, aber ich nehme an, er hat die Wohnung bald danach verlassen. Er hatte sogar Glück, dass er die Wohnung über die Haustür verlassen durfte.

Über Dévényi kann ich so viel sagen, dass ich ihn mehrmals vor dem Kaufhaus in Mezőberény gesehen habe. Er hat ein kaputtes, zweifarbiges Rad abgeschlossen, die rote Farbe war der Rost, der am Rad genagt hat, ansonsten war es blau. Er hatte Angst, dass ihm sogar das gestohlen wird. Wie viel haben er und die Kommunisten von uns gestohlen. Als ob er einen Code mit sechs Ziffern einstellen müsste, so hat er an der Kette herumgemurkst und dabei hat er mit einem Auge in meine Richtung geschielt. Ich habe mich mehrmals zu meinem Auto zurückgedreht und es mit der Fernbedienung abgeschlossen bzw. es war schon abgeschlossen. So habe ich sichergehen können, dass ich seine Aufmerksamkeit habe. Ich bin aus einer resedagrünen Mercedes E-Klasse von der Fahrerseite ausgestiegen, ich bin also gefahren. Seine Fresse zitterte ein wenig – solche Leute haben kein Gesicht –, er wusste, wer ich bin, und ich wusste auch, wer er ist. Es lag mir oft auf der Zunge, ihn zu fragen, was denn los sei, ob denn nur so viel vom Hochmut geblieben ist.

Ich springe in der Zeit ein bisschen nach vorne, weil die nächste Geschichte zum Präsidenten der Produktionsgenossenschaft passt. Wir schreiben das Jahr 2012. Die Nichte meines Mannes Dr. Ági Schäfer hat damals ihr Studium in Potsdam beendet und sein Freund Dr. Máté Ficzere ist am ZOB in Nürnberg angekommen. Nach seinem Diplom hat er hier angefangen zu arbeiten. Zuerst wohnten sie in einer Pension, danach haben sie sich eine Wohnung gemietet. Ági hat gefragt, weil Máté keine Bettwäsche mitgebracht hat, ob ich ihr eine geben könnte. Das habe ich dann gemacht. Dann habe ich zu meinem Mann gesagt, dass er das Leinentuch, das Kissen und die Bettwäsche nicht suchen soll, weil ich es Máté gegeben habe. Er war sehr erbost. Wieso habe ich ihn nicht vorher gefragt? Máté hätte sich sicher nicht mit unserer Bettwäsche zugedeckt. Damals hat er erzählt, dass er mit 17 in den Sommerferien geerntet hat.

Er ist auch mit dem Mähdrescher in der „Aaranykalász" Produktionsgenossenschaft gefahren. Wegen des Wetters musste schnell geerntet werden. „Kleiner, kannst du Überstunden machen?", hat der Onkel von Máté gefragt, Ficzere, der Präsident der Produktionsgenossenschaft, hat gleich hinzugefügt, dass später bezahlt werde. Ádám hat von morgens bis abends seine Runden auf den Weizenfeldern gedreht. Aber leider wurde er bis zum heutigen Tage nicht dafür bezahlt. Was ihm auch sehr wehgetan hat, dass er nicht einmal zum Abendessen der Erntearbeiter eingeladen wurde.

Die „schnelle Freiheit" von 1990 hat den Charakter vieler schnell verändert. Aber es gab viele, deren negativer Charakter weiterhin auf die Leute in Mezőberény abstrahlte.

Ich beginne mit dem, der seine Manieren verändert hat. Gúnár Görgös hat sich mit Menschenhandel beschäftigt. Er schleuste Menschen mit pakistanischer, usbekischer, tadschikischer usw. Nationalität mit seinem Kumpel nach Österreich. Sie sind aufgeflogen. Gúnár Görgös hat gegen seinen Kumpel ausgesagt, dass er mehr geschleust hätte – so bekam er ein Jahr. Sein Kumpel saß fünf Jahre. Bevor sie einsaßen, hat sein Kumpel Gúnár Görgös gedroht, dass er ihm die Kehle durchschneidet, wenn er freikommt. Ab dem Moment lebte GG gegenüber vom Hasen, in irgendeinem Schweinestall, damit er nicht gefunden wird. Uns in Mezőberény erzählte er, bevor er eingesperrt wurde, die Geschichte, dass er nach Österreich als Mormonen-Priester geht.

Die mit den gleichbleibenden Manieren habe ich Görény Gizi genannt. Ihr Vater war ein Vollblut-Kommunist in Mezőberény und der Apfel fiel nicht weit vom Stamm, die Tochter hatte ähnliche Charakterzüge. Ich bin nicht alleine unter denen, die sich wundern, dass sie ihren Arbeitsplatz lange behalten durfte. Eines Tages kam die Görény Gizi von den Laposer Gärten und sah einen alten Mann, der im kleinen Wald beim Sportplatz kleine Äste sammelte. Gizi hat ihn fotografiert, das Foto an die Polizei geleitet und der alte Mann bekam eine Strafe in Höhe von 50.000 Forint. Ich nehme mal an, dass er ein armer Bürger von Mezőberény war und Bedarf an ein wenig Holz hatte. Gizi wurde seitdem von ihrem Arbeitsplatz gemobbt, danach hat sie einen anderen Umhang umgeworfen, sie lebt hier in Nürnberg, aus der Kommunistin wurde eine Kapitalistin, sie hat geheiratet und niemand weiß, was für ein Stinktier sie in Mezőberény war.

Kriegsgefangenschaft 1943.
Juden aus Mezőberény in Auschwitz 1944.
Zwangsarbeit. Zwangsarbeit in Malenkij 1945.
Die freiwillige Abwanderung der Slowaken aus Mezőberény in die Slowakei 1946.
Die Aussiedlung der Deutschen aus Mezőberény nach Deutschland 1946.
Ansiedlung von Ungarn aus der Slowakei nach Mezőberény 1946.
Ansiedlung von Aristokraten, Reichen, Wohlhabenden, Klassenfremden aus Budapest nach Mezőberény 1951.

Was dieses eine Wort und die sechs kurzen Sätze bedeuten, muss ich nicht nachschlagen. Auf diesem Gebiet bin ich ein zweibeiniges Geschichtsbuch. Diese Wörter waren leider in unserer kleinen Tanya auch zu hören. Von den Ansiedlungen aus Budapest und den Juden aus Mezőberény in Auschwitz war niemand aus der Familie dabei. Von den anderen fünf bekam unsere Familie reichlich ab.

Von der Kriegsgefangenschaft können Sie in jedem meiner Bücher über den 2. Weltkrieg lesen. Über Zwangsarbeit im Buch von Mihály Körösi. Mit dem Titel: „Mit vétettem?“ (Was habe ich verbrochen?), und im zweiteiligen Buch von Frau Julika Köhler. Über die Aussiedlung der Deutschen aus Mezőberény neben Stuttgart in Filderstadt und die Ansiedlung der Klassenfremden aus Budapest nach Mezőberény hat Magdika Kisariné Chovanyecz geschrieben. Ich nenne sie deshalb Magdika, weil sie gegenüber von Ádám lebte und ich sie kenne. Magdika ist in Nowe Schachti in der Zeit der Malenkij Zwangsarbeit geboren. Ihre Mutter stammt aus Deutschland, Magdolna Krattinger, ihr Vater ist Slowake. Sein Vater hätte nicht mitgehen müssen, aber die Liebe hat dazwischengefunkt. Am Vortag haben sie geheiratet und sind gemeinsam in die Zwangsarbeit nach Malenkij gegangen.

Über die Deportierung der Juden aus Mezőberény können Sie im Buch von Dr. György Szegö mit dem Titel „Két ima egy istenhez" (Zwei Gebete an einen Gott) lesen.

In den 90er Jahren wurden wir zum Treffen der Mezőberényer in Filderstadt, Baden-Württemberg eingeladen. Das Treffen fand in dem Gasthaus statt, in dem die Ausgesiedelten aus Mezőberény 1946 auf Stroh auf dem Boden geschlafen haben. Danach wurden sie von den umliegenden Bauern zum Arbeiten auf die Felder und in die Landwirtschaften gerufen. Anschließend hat sich der Automobilhersteller Mercedes in Sindelfingen und Böblingen rasant ausgebreitet. Mehrere Bekannte und Verwandte haben dort gearbeitet. Einer von ihnen war Józsi Hoffmann. Ich kam mit ihm in Kontakt, weil ich einen Zeugen benötigte für das Ausgleichsamt in Nürnberg – entspricht dem Amt, welches sich heute um die Migranten kümmert –, dass ich und meine Familie sicher deutscher Abstammung sind. Wir wurden damals Spätaussiedler genannt. Das Soldatenbuch meines Vaters war einer der Beweise. Die ausgesiedelten Mezőberényer aus 1946 haben hier gedient. Meine Tante Erzsébet Vértesné Gottschick hat mir die Adresse von Onkel Józsi gegeben. Onkel Józsi hat Frau Bözsi sehr gut gefallen, bevor er als Soldat eingezogen wurde, aber danach ist der Kontakt abgebrochen. Danach kam er in Gefangenschaft und hörte von irgendwo, dass seine Eltern in die Nähe von Stuttgart ausgesiedelt wurden und er nicht nach Mezőberény gehen soll. Er hat geheiratet, eine Witwe mit zwei Kindern in Calw, danach bekamen sie eine Tochter namens Maria. Sie haben die Felder der Frau bewirtschaftet. Danach wurden Arbeiter für das Mercedes-Werk gebraucht, weil sie in Sindelfingen und Böblingen ausgebaut haben. Sie haben die Felder verkauft und danach jahrelang für Mercedes Ersatzteile verkadmet. Mein Mann und ich sind gekommen und Onkel Józsi hat uns gebeten, dass Frau Bözsi unbedingt zu ihm kommen solle. Danach ist die Frau von Onkel

Józsi gestorben und er ist erneut mit Frau Bözsi zusammengekommen. Das Happy End ist beinahe oscarreif.

Die Zeugen von Ádám waren Ádám Schupkegel aus Filderstadt und Zsuzsanna Winter aus Schaffenhausen/Schweiz. Sie sind Verwandte meines Mannes. Herr Ádám Schupkegel erzählte, dass diese Zeugenaussagen früher so funktionierten, dass ein Flüchtling aus Mezőberény ankam, sie arbeiteten draußen auf den Feldern, dort kam dann ein Beamter aus dem Rathaus und fragte sie, ob sie den und jenen aus Mezőberény oder von woanders kennen. Natürlich kannten sie sie. Sie haben gesagt, wo sie wohnten, wer die Eltern sind. Somit war die Zeugenaussage erledigt.

Frau Zsuzsa erzählte, dass ihr Sohn Árpád Tóth seinen Eltern vorgeworfen hatte, dass er in der Schule in Schaffenhausen wegen seines Namens gehänselt wurde. Ich dachte wegen seines Nachnamens, weil er Tod auf Deutsch bedeutet. Aber nein, sie haben aus Árpád Arschbad gemacht.

Der Vater von meinem Mann wurde mit 17 auch nach Russland zur Zwangsarbeit transportiert. 2,5 Jahre haben sie ihm von seinen besten Jahren genommen. Er lernte Russisch und wurde Dolmetscher. Als er nach Mezőberény zurückkam, nahm er sich vor, denjenigen totzuschlagen, der für seine Deportierung ins Zwangsarbeitslager verantwortlich war. Er hat beobachtet, dass er als Feldwache arbeitet und mit Pferd unterwegs ist, wann er zum Maisfeld kommt, dort versteckt er sich, zerrt ihn vom Pferd und schlägt ihn tot. Er plante seine Tat für den morgigen Tag. Stellen Sie sich vor, noch am selben Tag wurde das Maisfeld geerntet. Er hat nicht verraten, wer diese Person war. Es gab mehrere solcher Wichtigtuer in Mezőberény. Ich habe eine Vermutung, wer es gewesen sein kann. Den Namen werde ich nicht niederschreiben, weil der Enkel ein guter Bekannter ist. Aber ich werde es erzählen.

Nach der achten Klasse habe ich im Petőfi Sándor Gymnasium gelernt. Ich dachte, dass ich bereits viel über das Leben weiß. „Ja Mutter, ich werde es so machen. Bei der Sauerkirschensuppe gebe ich die rote Paprika nicht in das Fett, weil es anbrennt und braun wird. Bei den Quarknudeln dünste ich die Zwiebeln glasig." Mutter: „Gib keine Paprika in die Sauerkirschensuppe und lass die Zwiebel aus den Quarknudeln raus. Bei dem zweiten oder dritten Mähen der Nachmahd wird sie gewendet, danach in eine Heuschobe gelegt, und das Heu kommt aus der Weizenstamm. Die Sorte ‚csinkándi tengeri' ist für Popcorn, die ‚nyolcsoros tengeri' für gekochten Mais geeignet. Kühe, Pferde, Schafe kalben, Schweine."

„Pferde darf man nicht auf die Hanffelder zum Weiden lassen. Die Fohlen kommen mit dunklen Haaren auf die Welt, nach ihrem vierten Lebensjahr werden sie weiß oder bekommen eine andere Farbe." „Ja, Tádi – Váti" –, Vater, haben wir unseren Vater genannt. – „Die Petroleumlampe muss man nur nach Einbruch der Dunkelheit anzünden."

So eine große Auswahl habe ich nicht gehabt, was ich tun soll. Und ich hatte keinen blassen Schimmer, mit was ich mein tägliches Brot verdienen werde.

Mir war auch nicht bewusst, dass ich mal für mich selbst sorgen muss.

Ich wusste aber klar, was ich in Zukunft nicht machen wollte.

Ich wusste, dass ich nicht auf einer Tanya leben werde. Mit Tieren wollte ich mich auch nicht beschäftigen. Felder bestellen war auch nicht meine Berufung. Vielleicht wenn wir moderne landwirtschaftliche Maschinen gehabt hätten. Wie die automatischen Maschinen, welche die Kartoffeln oder Rüben aus der Erde holen und saugen. Es muss für die deutschen, amerikanischen, israelischen und australischen Bauern ein Traum sein ihre Felder mit solch modernen Maschinen zu bestellen.

Ich wusste genau, was ich nicht machen wollte; pflügen, umgraben, pflanzen, säen und harken, Maistriebe abschneiden, Mais brechen, schälen, Stängel schneiden, garben, Kolben ins Gestell bringen, bröckeln.

Darüber hinaus: Getreide einbringen, ernten, mähen, dreschen, mahlen, rechen, Getreidegarben kreuzlegen. Heu wenden, stapeln.

Wenn die Legehenne nicht mehr gelegt hat, mussten wir 21 Eier in das Nest legen, die sie schlüpfen lässt. Bei der Ente und der Gans weiß ich es nicht mehr genau, ich glaube, da haben wir sieben Eier ins Nest gelegt. Morgens und abends mussten diese Legehennen gefüttert werden. Wir haben ihnen unter eine Abdeckung aus Weidenholz zum Essen und zum Trinken gelegt. Dann schnell zurück auf die Eier, dass sie nicht auskühlen und die Hühner-, Enten-, Gänse- und Putenküken schlüpfen.

Obst pflücken, sie für den Winter einlegen, trocknen lassen. Mohn ausgeizen, ausnehmen. Bohnen, Erbsen ausschoten. Zuckerrüben scharrieren. Sonnenblumen entkernen. Melonenfelder bewachen. Wasser aus dem Schaduff ziehen. Weiden lassen.

Viecher, Schweine, Schafe, Kühe und Pferde füttern.

Kühe melken. Misten, Gülle verteilen. Enten und Gänse füllen, rupfen.

Huhn, Hahn, Pute, Ente, Gans putzen und ausnehmen. Zuerst musste die Kehle durchgeschnitten werden, bis ihre Seele entweicht, damit ich sie in das heiße Wasser tauchen und rupfen konnte.

Konfitüre kochen. Saures einlegen. Nudeln ziehen, Klößchensuppe kochen. Eiergraupeln machen.

Wenn der Leser sich jetzt denkt, dass ich diese Arbeiten mit Freude erledigt habe, dann irrt er sich gewaltig. Gehen Sie nicht zum Arzt, weil mit Ihnen etwas nicht stimmt, Sie brauchen nur einen Gesprächspartner. Diese Arbeiten hatte ich zusammen mit meinen Geschwistern zu machen. Ich konnte mich auch nicht dagegen auflehnen, weil ich mit Sicherheit eine große Ohrfeige dafür kassiert hätte.

Das Lesen alleine reicht Ihnen wahrscheinlich schon oder? Diese Arbeiten dann alle zu erledigen, Tag für Tag, den Jahreszeiten entsprechend. Alles hat seine Reihenfolge, wie das „Fladenessen“. Sie fangen damit ja auch nicht in der Mitte an oder? Ein Bauer muss wissen, wann er Weizen, Gerste, Hafer, Mais, Getreide sät, und dass er den Mais in Reihen mit genügend Abstand nebeneinander säen muss. Das Getreide verstreut oder in eng nebeneinander verlaufenden Reihen.

Es soll mir niemand sagen, dass jemand „dumm ist wie ein Bauer“.

Dann sollte man ein paar Arbeiten versuchen selber zu machen oder nur eine einzige von denen, die wir machen mussten. Fachgerecht, mit Sachverstand und professionell. Wenn es um Essen geht, dann so, dass die Familie und vor allem die Kinder es auch essen. Stellen Sie sich vor, dass die ganze Familie auf Sie wartet, bis endlich das Festmahl auf den Tisch kommt. Und Sie lassen es anbrennen oder verderben es anderweitig und die ganze Familie schmeißt es vor Ihren Augen weg. Gut, dass Sie noch genug Fettbrot haben. Nur ein Beispiel: Wenn Mutter nichts vom Brotbacken verstanden hätte, hätten wir wahrscheinlich saures Brot essen müssen. Oder wir hätten das viele Brot von Manca kaufen müssen. Meine Klassenkameraden haben mehrmals meine leckere Brotzeit mit selbstgebackenem Brot für saures Brot ausgetauscht. Da ich hungrig war, aß ich es.

Onkel Jani erzählte, dass ein naher Bekannter, oder eher Verwandter, nach der Wende die Felder zurückbekam, die ihnen 1959 weggenommen wurden. Er wollte dann Landwirtschaft betreiben. Ja, aber er verstand nichts davon. Er säte Weizen auf einem Hektar, den er auf drei Hektar hätte säen sollen. Da er nicht als Bauer bis zur „plötzlichen Freiheit“ gearbeitet, sondern sein Brot anderweitig verdient hatte, muss man sich nicht wundern, dass er keine Ahnung gehabt hat. Das Bauernsein muss man auch mit der Muttermilch aufsaugen.

Von diesen Arbeiten auf der Tanya habe ich nur eine kurze Zeit gepflügt. Ich habe mal das Horn des Pfluges gehalten, das Pferd hat gezogen und so haben wir unser Feld gepflügt. Ich habe auch kein Getreide gesät, nur die Samen im Garten gesät oder die Samen in die Reihen geworfen. Gedroschen habe ich auch nicht. Die Dreschmaschine ist zu uns gekommen. Meine Eltern, Adi und Jani haben das alles hauptberuflich gemacht. Wir Kinder neben der Schule oder in den Ferien.

Auf die Schnelle ist mir so viel Tanya-Arbeit eingefallen.

Erster September 1966.
Petőfi Sándor Gymnasium Mezőberény

Zsoltné Dütsch war mein Klassenvorstand. Ich kann mich an den Herrn Direktor Antal Szabó, Zsolt Dütsch – Geographie Lehrer, Frau Paul – Musik, Frau Adamik – Geschichte, Bereginé Erzsébet Bereczki – Mathematik, Erzsi Székely – Physik, Miska Éber – Mathematik, Róbert Butsi – Russisch, Janika Komlódi – Chemie, Miklós Molnár – Sport, József Balogh – Direktor, Lajos Szász – Deutsch, István Irányi Ungarisch und Schnell- und Maschinenschrift, Pista Jenei – Zeichnen erinnern.

Im Gymnasium habe ich Maschinenschrift, Schnellschrift und Russisch gelernt, aber in diesen Fächern war ich nicht gut. Die Geschichtsstunden von Frau Adamik habe ich schlichtweg gehasst. Die Deutschstunden von Lajos Szász dafür geliebt. In den fünfziger Jahren und Anfang der sechziger Jahre durfte man zu Hause eher nicht Deutsch reden. Wenn ein Spitzel dies gehört hätte – wie Pista Kádár –, hätte er es gleich im Rathaus gemeldet und meine Eltern hätten Schwierigkeiten bekommen.

Heute unterrichtet man bereits zwei Fremdsprachen am Gymnasium von Mezőberény, Deutsch und Englisch. Ich bin in die „A“ Klasse gegangen, es gab auch eine „B“ Klasse. In unserer Klasse waren nur Mädchen. Ich kann mich vielleicht auch noch an meine Mitschüler erinnern: Erzsi Balla, Mari Balogh, Anna Barna, Anna Chrappán, Maca Fábri, Lidi Fehér, Mari Goreczki, Anna Kormányos, Mari Litvai, Erzsi Magyar, Mari Mojzsis, Piroska Molnár, Kati Sebestyén, Kati Szekeres, Irén Szöke, Ili Sztraka, Jutka Tóth, Mari Zolnai.

In den Sommerferien habe ich an sogenannten Ferienlagern teilgenommen. Szolnok – Wir haben Tomaten geerntet auf der Alcsi-Insel. In Mezőhegyes und in Bakuc haben wir Mais entfahnt, in Balatonszállás Weinreben ausgegeizt, in Budaörs Pfirsiche gepflückt und in Tihany Lavendel gesichelt. Wir haben sogar Geld für unsere Arbeit bekommen, weil wir immer die Ersten waren. In Budaörs hat ein großes Schild gezeigt, dass die Pfirsiche mit einem „starken Gift gespritzt“ wurden. Mit Kati Balla und Jutka Krcsmarik haben wir sie trotzdem gegessen und wir hatten danach keine Beschwerden. Aber wir reden noch heute davon, wenn wir uns treffen. So gute Pfirsiche habe ich erst dort gegessen. Sie waren groß, süß und saftig.

Eine Weile war mein Spitzname im Gymnasium „Die Listige“. Weil ich beim Schnurball im Austricksen sehr gut war. Ich bin nach rechts gelaufen und habe nach links geworfen, oder nach links gelaufen und nach rechts geworfen. Ich glaube, Cila Plavecz hat mir diesen Spitznamen gegeben.

Später wurde ich zu „Liebe“, weil ich Deutsch so liebte und auch so gut konnte. Wer mir den Namen gegeben hat, weiß ich nicht mehr, vielleicht war es Illi Sztraka.

Nach dem Abitur habe ich als Schreibkraft in Békéscsaba gearbeitet. Danach war ich bei der Mezögép in Mezőberény ebenfalls Schreibkraft und Sekretärin.

1974 bin ich nach Illmenau in die DDR gegangen und arbeitete in der Gießerei bei der Porzellanfabrik in Henneberg. Damals war sie die modernste Porzellanfabrik in Europa. Das flüssige Kaolin wurde von einem automatischen Maschinensystem in die Formen gegossen. Nach einer gewissen Zeit klebte es an den Wänden der Form und der Rest musste weggeschüttet werden. Was kleben geblieben ist, wurde der Porzellanbehälter. Mit einem nassen Schwamm mussten die Verbindungspunkte geglättet werden. Sie wurden in einem Ofen getrocknet. Danach bekamen sie eine Glasur und wurden gebrannt. Anschließend kamen die Teile in die Hände von Kunsthandwerkern oder Aufklebern. Die Muster mussten auch draufgebrannt werden. Diese Tätigkeiten wurden auf dem Fließband erledigt. Es war eine sehr schwere Arbeit, aber wir verdienten gut. Ich habe alles für die Mitgift verdient. Aus Mezőberény waren da noch Ica – Maás – Mezei und Edit Mészáros. Aus Szeged Juli Svihla.

Wir hatten ein sehr gutes Leben in der DDR. Wir sind hin- und zurückgeflogen, haben ganz Ost-Deutschland bereist und auch Berlin. Wir haben beinahe an jedem Wochenende Ausflüge gemacht.

Nachdem ich von der DDR zurückkam, habe ich am 16. April 1976 geheiratet. Mein Mann heißt Ádám Schäfer.

Danach war ich Rezeptionistin im Hotel Körös, in Békéscsaba.

Eine Weile habe ich auch noch im Kulturzentrum von Mezőberény gearbeitet. Ich war Fremdenführerin.

Ab 1982 war ich selbstständig, ich habe Waffeln – eine Art Pfannkuchen – in Orosháza und danach in Cserkeszőlő gebraten. Danach habe ich zu Hause Baumkuchen gebacken. Ich habe sie dann auf Märkten, Messen und Pferderennen verkauft.

Als ich in Cserkeszőlő Waffeln und Hamburger gebraten hatte, hat unser „regelmäßiger Auto-Demolierer" mit unserem russischen Mercedes einen Unfall gehabt. Ich konnte keine Ware besorgen. Die Misere war groß. Stellen Sie sich vor, dass Sie ein Buffet betreiben, wo man jeden Tag frisches Brot, Brötchen und Ware braucht. Aber Sie haben kein Auto, was machen Sie? Vielleicht würden Sie zumachen oder ein Auto ausborgen. Mir hat vor 36 Jahren niemand ein Auto geliehen. Ich habe mit einem Volán Busfahrer, der zwischen Békéscsaba und Kecskemét verkehrte, abgemacht, dass er mir dreimal in der Woche 200 Stück Hamburgerbrötchen aus Békéscsaba mitbringt. Eine Bäckerei lag genau auf seinem Weg. Ich wartete auf ihn an der Bushaltestelle in Cserkeszőlő und zahlte ihm so viel, dass es sich auch für ihn lohnt. Der Plan ist auch aufgegangen. Ich bekam die Hamburgerbrötchen und der Busfahrer war ebenfalls zufrieden.

Ich habe die Ausbildung zur Konditorin in Békéscsaba in der Konditorei in der Gábor Áron Straße gemacht. Benedekné Erzsi Csók war meine Meisterin. Wir wurden gute Freundinnen bis zu ihrem Tod.

Lukrécia

Sie konnten bereits lesen, dass in Kereki nichts unmöglich war, aber so war es auch in Mezőberény. Hier bietet sich eine Geschichte an, deren Protagonisten ich persönlich kenne. Die Geschichte spielte Anfang der 1970er Jahre.

Lukrécia war zwei Jahre älter als ich, sie ging in das Petőfi Sándor Gymnasium in Mezőberény. Wenn ich mich recht erinnere, ging sie in die Klasse von meiner großen Schwester Icuka. Sie hätte sich für kein Schönheitswettbewerb bewerben können, weil der letzte Platz ihr sicher reserviert gewesen wäre. Als man Intelligenz verteilt hatte, stand sie nicht an. Sie arbeitete bei der ungarischen staatlichen Bahngesellschaft als Schaffnerin. Heute würde man Stewardess dazu sagen. Vor einer Weile habe ich sie mit einem Adonis, einem jungen Mann aus Budapest namens Oskar, in einem Lokal in Mezőberény gesehen. Ich habe mich auch gewundert, wo Oskar sein Hirn gelassen hat, dass er Lukrécia den Hof macht.

Danach habe ich mal gehört, dass Oskar Lukrécia verlobt hatte und es bereits einen Hochzeitstermin gab.

Die Hochzeit fand in Budapest statt und das Hochzeitsessen wurde auch abgewartet. Die Hochzeitsgesellschaft ging nach Hause. Danach teilte Oskar mit, wieso er sie geheiratet hatte: Der Großvater von Oskar lebte angeblich nicht mehr, aber er schrieb in sein Testament, dass Oskar das Vermögen nur dann erben würde, wenn er heiratet. Ich denke, er wollte sich noch nicht so wirklich binden, aber das Geld, das Vermögen wollte er dann doch schon haben. Zu diesem Zweck hat er Lukrécia benutzt, die überhaupt keine Ahnung und geglaubt hatte, dass er ihre große Liebe wäre. Ich kenne keine Details und weiß nicht, wo sie sich niederlassen wollten und ob Lukrécia sich da bereits eingerichtet hatte oder nicht. Nach dem Hochzeitsessen wurde Lukrécia auf den nächsten Zug gesetzt und ab ging es nach Mezőberény. Ich kann mich noch erinnern, dass Lukrécia danach auch noch ein wenig verwirrt war.

Wie Sie sehen, gibt es hollywoodreife Geschichten auch in Mezőberény, und wir können bei einem Autorentreffen das Drehbuch weiterspinnen. Was hätten Sie an der Stelle von Lukrécia gemacht? Wie ich mich kenne, hätte ich sicher nicht den Weg der Verwirrung, sondern den der R A C H E gewählt. Ich habe nicht genauer darüber nachgedacht, aber ich hätte mich sicher um Oskar gekümmert.

Ich habe 1988 Mezőberény verlassen und seitdem lebe ich in Nürnberg. Manchmal oder selten – ich weiß nicht, was weniger ist – besuche ich noch Mezőberény. Ich habe nicht vergessen, von wo ich gekommen bin. Aber mir steht nur wenig Zeit zur Verfügung, die ich mit Freundinnen und Verwandten verbringen kann.

In Mezőberény bin ich so wie Columbos Frau: Jeder weiß, dass es sie gibt, aber niemand hat sie gesehen.

Columbo. Peter Falk ist ein amerikanischer Schauspieler und Regisseur – New York City 1927–Beverly Hills 2011 –, die TV-Zuschauer kennen ihn aus der Serie „Columbo", als Detektiv, der jeden Mord aufdeckt.

Die schönere Seite von Ungarn durfte ich dann kennenlernen, als ich Ungarn nicht mehr betreten durfte. Damals konnte man noch nicht wissen, wie lange das Ganze dauern und dass der Eiserne Vorhang mal fallen wird.

Da ich diesen Teil „Vom Fahrrad zum Mercedes" genannt habe, beschreibe ich Ihnen zunächst, wie es dazu gekommen ist, damit sie ein genaues Bild vom Fahrrad und dem Lada – dem russischen Mercedes – und dann dem echten Mercedes haben. Weil ich bis dahin nur Fahrrad gefahren bin. Das ist nicht schlecht, ich brauche es bis heute, aber ich wollte auch etwas anderes. Mein erstes Auto in Nürnberg 1989 war ein Lancia Prisma. Danach folgte ein Golf II mit Speichenfelgen. Ich habe in einem ungarischen Film aus den 30ern solche Felgen mal gesehen. Die Alufelgen waren wunderschön, aber damals wusste ich noch nicht, dass ich sie nur mit Wattestäbchen putzen kann. Den ersten Mercedes meines Mannes kauften wir 1990 in Nürnberg. Eine ein Jahr alte E-Klasse, dunkelgrün metallic. Wir mussten nicht viel anzahlen, haben einen Kredit bekommen und es war ein Kinderspiel, das Auto zu kaufen. Schon saßen wir in einem Mercedes. Seitdem sitze ich sowohl privat als auch im Job beinahe jeden Tag in einem Mercedes. Es hängt nur von mir ab, an welchen Tagen ich mir freinehmen möchte, an denen sitze ich in keinem Mercedes, sondern in einem Tiguan. Nur wenige wissen, dass der Name des Mercedes Autos von einer Halbungarin namens Mercedes stammt. Ihr Vater war Emil Jellinek – Leipzig 1853–Genf 1918 – Botschafter in der K&K-Zeit – Kaiser und König – in der österreichisch-ungarischen Monarchie in Algerien und Monaco. Er war Geschäftsmann und Autohändler. Ihre Mutter Rachel Goggmann Cenrobert war algerischer Herkunft. Ab 1886 nennt man das Auto Daimler-Benz. Von denen hat er 1903 36 Autos für das Autorennen in Nizza bestellt. Da seine Tochter Mercedes ebenfalls an dem Autorennen als 14-Jährige teilnahm und gewann, haben alle das Auto bestellt, mit dem Mercedes Jellinek gefahren ist. Seitdem nennt man den Mercedes Mercedes. Ab 1903 hat auch die Jellinek Familie den Namen Mercedes getragen.

Mercédès Adrienne Ramona Manuela Jellinek – Wien 1889–Wien 1929, als Mercédès von Weigl – ist die Namensgeberin der weltweit bekanntesten Autos, obwohl sie selbst nie ein Auto besaß, sondern nur am Autorennen von Nizza teilnahm.

Der Stern stammt von Carl Friedrich Michael Vaillant Benz, der seiner Gattin Berta Ringer eine Zeichnung anfertigte, wie sie zu ihm findet. Das war eine regelmäßig dreizackige Kreuzung, bei der Berta vorbeigehen musste.

Es gäbe noch viele Dinge, die ich meine Mutter fragen würde, wenn sie noch hier wäre. Wenn ich eine Antwort auf die Frage haben wollte, was für ein Kind ich war, würde ich die Antwort bereits kennen, so wie meine anderen Geschwister. Sie hat nie besser oder schlechter über einen oder eine von uns geredet. Ich hoffe, dass ich ihr materiell etwas zurückgeben konnte. Das habe ich meinem Deutschland zu verdanken. Ich habe an sie sowohl mit Geld als auch mit Geschenken gedacht. Zu ihrem 70. Geburtstag brachte ich 70 rote Rosen, zu ihrem 80. Geburtstag habe ich 80 mitgebracht und zum 85. Geburtstag 85. Meistens feierten wir zusammen bis zu ihrem 91. Geburtstag. Materiell ging es ihr gut, sie hat die halbe Rente von unserem Vater bekommen, auch dafür, weil er in Kriegsgefangenschaft war. Für die verpachteten Felder hat sie jedes Monat Geld erhalten. Sie hatte ein schönes rötliches Gesicht. Ich neige meinen Kopf, würde gerne ihre Hand küssen, aber ich kann die roten Rosen nur mehr in den Friedhof von Mezőberény bringen.

3 Die Geschichte des Geldes

In diesem Kapitel schreibe ich darüber, woher das Geld seinen Namen bekam. Ich schreibe über die ersten gepressten Metallgelder und wer die ersten Geldscheine auf der Welt gedruckt hat. Wieso man sich auf die Bank gesessen hat? Denken Sie nicht daran, dass man sich an die Spitze des Gebäudes gesetzt hat. Am Anfang war die Bank nämlich kein Gebäude. Wieso ist der Wechselkurs ein Wechselkurs? Was ist die Aktie, die Börse? Was ist ein Anleihepapier? Wieso suchen die Ungarn das Geld?

Nichts bringen einen so um den Verstand wie die Liebe und das Geld. Da mein Buch keine Liebesgeschichte ist, möchte ich nur zwei Männer erwähnen, über die Sie wahrscheinlich schon gehört haben, die ihren Verstand wegen der Liebe verloren haben und eine Morganitsch-Ehe geschlossen haben. Bei der Hochzeit muss die Braut an der linken Seite des Bräutigams stehen. Einer ist Edward der VII. König von England. Er war 11 Monate König, nahm Wallis Simpson, eine mehrmals geschiedene amerikanische Dame, zur Frau und verzichtete auf den Thron. An seiner Stelle kam sein Bruder Georg der VI., Thronfolger Nummer 3, Urgroßvater von Prinz George.

Der andere ist der Enkelsohn des deutschen Kaisers Wilhelm II von Preußen, Friedrich Wilhelm von Preußen und Waltraud Freydag. Ihr Sohn Philip Kiril durfte nicht auf dem Thron Platz nehmen, weil seine Eltern nicht entsprechend den Gesetzen geheiratet hatten. Waltraud Freydag ist nicht adeliger Herkunft. Deshalb wäre Georg Friedrich von Preußen deutscher Kaiser. Sein Vater – Luis Ferdinand von Preußen – hat die adelige Gräfin Donata zu Castell Rüdenhausen geheiratet.

Heute ist die sogenannte „Tellerwäscher-Karriere“ nicht unüblich. Die europäischen Thronfolger wählen sich nicht adelige Ehepartner mit unterschiedlichsten Berufen, die nach der Liebeshochzeit auf den Stuhl neben dem Thron sitzen.

Geld. Geld nennen wir das, womit wir zahlen. Das deutsche Wort Geld stammt von dem Wort „Gelt“ ab, was so viel wie gültig, Wert, Ausgleich bedeutet.

Das ungarische Wort „pénz“ stammt aus dem englischen Penny.

In den Tausch- und Inflationszeiten konnten die Menschen mit einem Dutzend Eier für ein paar Hufeisen zahlen. Man musste nur sicherstellen, dass die Tauschware den gleichen Wert hat wie die gekaufte Ware.

Für solche Gelegenheiten benötigte man ein Material, das einen Wert hat, hochgeschätzt ist und kein großes Gewicht aufweist. Das man je nach Belieben zerteilen und wieder zusammenfügen kann. Was wichtig ist, dass es nicht verdirbt, nur manchmal kaputt geht. Sein Wert sinkt. Das wurde das Geld.

Seit wann es auf der Welt Geld gibt, kann niemand genau sagen. Im 7. Jahrhundert vor unsere Zeitrechnung wurde das erste Mal eine bestimmte Summe an Metallgeld gepresst. Krösus König von Lydien war der erste Herrscher, der Gold- und Silbermünzen prägen ließ und damit das echte Geld schuf. Sein Normgewicht wurde durch den darauf zu findenden Stempel garantiert. Er häufte sich ein märchenhaftes Vermögen an und besetzte durch kriegerische Handlungen mehrere Gebiete. Lydien befindet sich auf dem Gebiet der heutigen Türkei. Man kannte das Metallgeld bereits vor der Zeit von König Krösus, bloß waren sie nicht regulär und hatten nicht die gleiche Größe.

69 nach unserer Zeitrechnung wurde Titus Flavius Vespasianus der Kaiser von Rom.

Die Steuer auf öffentliche Toiletten wurde eingeführt. Laut der Opposition nahm er Geld aus stinkenden Plätzen ein. Er hatte das Geld aus den öffentlichen Toiletten und Geld, das nicht in die Nähe der Toiletten kam, gleichzeitig auf einen Tisch gestellt. Zeitgleich forderte er die Opposition auf ihm zu sagen, welches Geld von wo stammt. Natürlich hat das Geld nicht gestunken. Von hier stammt die Redewendung „Geld stinkt nicht“.

1100 in Florenz wurden die Kredite und Geldwechsel auf Bänken sitzend an Tischen unter freiem Himmel abgewickelt. Das Wort Bank stammt aus dem italienischen Wort banco. Man hat das Wort sowohl für Tisch als auch für Bank verwendet.

Die Lombard-Zinsen sind auf Maison de Lombard zurückzuführen. Lombard stammt aus der ähnlich klingenden italienischen Provinz – führte ein Pfandhaus in Paris, das der Bardi-Familie gehörte und Wechsel sowie Anleihen vergab. Die Händler mussten keine schweren Geldsäcke mit sich schleppen, stattdessen stellte ihnen ihre Bank einen Wechsel aus. Sie zahlten damit. Die Kenntnis der Lombarden über Wechsel und Kredite war so außerordentlich, dass niemand an ihrer gigantischen Gesellschaft vorbeikam. Französische und englische Könige, Fürsten, Bischöfe, Äbte, Päpste haben ihr Geld den Lombarden anvertraut.

1202 hat Leonardo da Pisa – Pisa 1170–Pisa 1240 – als Erster in Europa die arabischen statt der römischen Zahlen verwendet. Er war der größte Mathematiker des Mittelalters.

China war das erste Land der Erde, wo Papiergeld verwendet wurde. 1275 schätzte Marco Polo, Abenteurer, Weltenbummler, das Erscheinen des ersten Papiergeldes auf 960. Er hat bei seiner Reise durch China Bekanntschaft mit Papiergeld gemacht. In Europa erscheint Papiergeld erst später.

1409 in Brügge, Belgien, wurde die erste Kreditbank und Börse gegründet. Ein Händler durfte einen Kredit aufnehmen und dem Geldgeber gab er einen Wechsel. Die Bank schickte den Wechsel zu seiner Bank, wo er das Geld abheben durfte. Das Problematische war, wenn die Menschen in der angegebenen Bank kein Geld hatten. Das nennt man Wechselfälschung. Sie kennen sicher auch eine bekannte Wechselfälschung in Kálmán Mikszáths Roman mit dem Titel „Noszty fiú esete Tóth Marival".

Das Handeln mit bestimmten Regeln von geführten Waren nennt man Aktienmarkt oder Börse.

Im 16. Jahrhundert trafen sich die europäischen Händler regelmäßig in Brügge im Haus des Händlers Van de Beurse. Daher der Name für der Börse.

Die Banken von Bardi und Peruzzi haben ganz Europa abgedeckt. Die Insolvenz konnten sie trotzdem nicht vermeiden. König Edward der III. von England konnte den Kredit für seine Kriege den zwei Banken nicht zurückzahlen. 1343 ging die Bank der Peruzzi Familie Bankrott, und 1346 die Bank der Familie Bardi. Das waren die ersten Bankenpleiten des Mittelalters.

1472 gründete der Bänker Monte de Pieta in Siena die Bank mit dem Namen Monte de Paschi. Diese Bank besteht noch heute und ist die älteste Privatbank der Welt.

Lange Zeit haben die Menschen mit Metallgeld für die gekauften Waren bezahlt. Bequem war es nicht gerade, größere Summen mit Metallgeld zu zahlen. Die Händler haben sich auch darüber geärgert, dass sie auf ihren langen Reisen schwere Geldsäcke mitschleppen mussten. Stellen Sie sich vor, dass Händler für die Unmengen an Gewürzen, die früher aus den Kolonien nach Europa gebracht wurden, mit Metallgeld bezahlt haben. Die Gefahr von gefälschtem Geld und Diebstahl war sehr groß.

1661 hat der Bänker Johan Palmstruch in Schweden das erste Papiergeld in Europa gedruckt und unter dem Namen Stockholms Banco herausgegeben.

In Deutschland wurden 1871 die Mark und der Pfennig eingeführt. – Reichsmark

Vom 21. Juni 1948 bis zum 1. Januar 2002 haben wir mit der Deutschen Mark gezahlt, kurz D-Mark, womit die Reichsmark, die Rentenmark und das AMC – Allied Military Currency – amerikanisches, englisches und französisches Geld – abgelöst wurden. In der Trizone – amerikanischer, englischer und französischer Sektor – und nach drei Tagen auch im Westsektor von Berlin wurde sie die offizielle Währung. Nach dem 23. Mai 1949 und der Gründung der Bundesrepublik Deutschland blieb sie erhalten. Sogar nach der Wiedervereinigung – 9. November 1989 – und dem Mauerfall – dem Abriss der Mauer in Berlin – blieb die D-Mark in unseren Geldtaschen und Taschen. Am 21. Juni 1948 bekam jeder deutsche Bürger 40,- DM unter dem Titel Umrechnung von der Reichsmark. Im Juli 1948 kamen nochmal 20 DM dazu. Im Saarland wurde die DM am 6. Juli 1959 eingeführt, weil es bis dahin zu Frankreich gehörte. Durch eine Volksabstimmung wurde es Deutschland angeschlossen. Das Gemälde von Albrecht Dürer ziert zwei 10 DM- und ein 20 DM-Schein; junge Dame aus Venedig, junger Mann und Elsbeth Tucher, Mitglied einer Nürnberger Bierbrauer Familie. Auf der Rückseite eines fünfhundert Mark Scheins von 1961 bis 1995 ist die Burg von Eltz zu sehen. Das Interessante an der Burg am Ufer der Eltz – Rheinland-Pfalz – ist, dass sie seit 1157 im Besitz der Grafen von Eltz ist. 34 Generationen dürfen die Burg ihr Eigen nennen. Das Geheimnis, dass die Burg seit 861 Jahren im Privatbesitz ist: Die Nachfahren haben immer das herrschende System unterstützt.

Man muss nicht weit gehen, erinnern Sie sich auch daran, wer von der „plötzlichen Freiheit“ profitiert hat? – Die, die Kommunisten waren und wussten, wo sich der Fleischtopf befindet. So bekamen sie Gebäude von bankrotten Firmen oder andere Dinge „nur so“.

1946 wurde der Forint in Ungarn eingeführt. Ein Forint sind 100 Fillér.

Der Forint bekam seinen Namen von der Stadt Florenz. Im 13. Jahrhundert wurde hier die sogenannte „Florin“ Goldmünze hergestellt, womit man in ganz Europa zahlen konnte.

In Ungarn wurde es als Erstes 1325 von Károly Róbert – Neapel 1288–Visegrád 1342 – von der Anjou-Dynastie eingeführt. Im 14. und 15. Jahrhundert war Ungarn der größte Münzpräger Europas. Der Forint war bis zum Anfang des 17. Jahrhunderts das stärkste Zahlungsmittel in Europa. Solange die Türken Ungarn besetzt hatten, wurde auch türkisches Geld in Ungarn herausgegeben. Zur Zeit von Franz Rákóczy dem II. hat sein Porträt den 1er, 10er und 20er Polturt geschmückt, das von den Habsburgern verwendete Zahlungsmittel. Rákóczy hat einfach sein Bild auf das Bild eines Habsburgers drucken lassen, was man Konturmarkierung genannt hat.

Bis 1871 hat man im Habsburgerreich auch mit Krajcár gezahlt. Die Prägung des Metallgeldes wurde reformiert, 100 Krajcár wurden das Wechselgeld von einem Gulden. Krajcár stammt von dem deutschen Wort Kreuzer ab.

1892 wurde die ungarische Krone eingeführt.

1925 kam der Pengő – das klingende Metallgeld –, das als einzige Währung der Welt eine Hyperinflation erlebt hat. Es wurden sogar 100 Trillionen Geldscheine gedruckt. Niemals und nirgendwo anders in der Welt, in Ungarn ist nichts unmöglich.

Als „Inflationsrekord" wurde der Pengő ins Guinness-Buch der Rekorde aufgenommen.

Nach dem Zweiten Weltkrieg wurde in Ungarn wieder mit Forint bezahlt.

Der Fillér – der früher Haller hieß – hat seinen Namen von der Stadt in Baden-Württemberg namens Hall am Kocher bekommen – heute Schwäbisch Hall. 1228 wurde er zum ersten Mal geprägt. Diese Silbermünze hat seinen Wert dermaßen verloren, dass sie immer kleiner wurde, bis sie am Ende aus Aluminium geprägt wurde und es 576 verschiedene Arten davon gab.

Seit dem 1. Januar 2002 zahlen wir in Deutschland und in weiteren europäischen Staaten mit dem Euro. Nur die Papiergelder sind gleich, die Münzen sind in jedem Land anders.

Fast in allen anderen Ländern der Erde gibt es eigene Währungen und sie heißen auch alle anders.

Anleihepapier – Wertpapier. Anleihepapier nennt man, wenn der Kreditgeber die Zinshöhe vorher bestimmt, mit der er das geliehene Geld vom Schuldner zurückbekommen möchte.

Wieso sagen wir, dass wir Geld „suchen"? Wieso sagen wir nicht, dass wir ihm „entgegengehen", oder es „abholen"?

So sagen wir in der ungarischen Sprache, wenn jemand für Bezahlung eine Tätigkeit ausübt. Die Erklärung dafür reicht mehrere tausend Jahre zurück, als die Ugoren, die Vorfahren der Ungarn, Fischer und Jäger waren. Der ugorische Jäger „sucht den Wald", d. h., ihre Jäger haben auf diese Weise das im Ungarischen verwendete Verb für „jagen" ausgedrückt. Das ungarische Wort für Wild hat ursprünglich Wald bedeutet und das ungarische Wort für Wildnis birgt dies noch immer in sich. Das Wildtier war ursprünglich ein Waldtier. Das Verb suchen ist deshalb ein früherer Ausdruck für jagen. Das Verb hat das Subjekt in sich aufgesogen: den Wald und das Wild. Wenn jemand viel verdient hat, also gejagt hat, hat er wahrscheinlich viel Beute gemacht und viel verdient. Wer bequem, faul oder nichts vom Jagen verstanden hat, machte weniger Beute: Der Verdienst war geringer.

Im Zuge der Bedeutungsveränderungen hat das Wort „suchen" so das Vermächtnis des einstigen Jägerdaseins bewahrt, wie auch noch viele andere Redewendungen von der Bildung und den Bräuchen der alten Zeiten zeugen.

In den unterschiedlichen Völkern wird dasselbe mit unterschiedlichen Verben ausgedrückt. Den Wortgebrauch über Geld in allen Sprachen der Welt konnte ich leider nicht erfolgreich recherchieren. Aber in den Ländern, in denen ich Bekannte oder Freunde habe, habe ich gefragt.

Ich denke, dass es bei den Griechen am schlimmsten ist. Am besten ist es bei den Arabern, den Franzosen und den Spaniern.

Bei den Griechen verwendet man das Wort „argürisz" für Geld verdienen. Das ungarische Wort „gürizni" (scharwerken) könnte daher stammen, was ich auch manchmal benutzte, aber ich scharwerke nicht mehr.

In den englischsprachigen Ländern macht man Geld, „to make money".

Die Franzosen gewinnen das Geld: „gagner d'argent", „je gagne beaucoup d'argent".

Die Deutschen, Österreicher und Deutsch-Schweizer verdienen sich das Geld: „Geld verdienen".

Die Russen arbeiten fürs Geld: „rabotat za den'gi".

Die Slowaken arbeiten fürs Geld und es vermehrt sich: „pracovat'za peniaze", „pracovat za plat", „zarabat peniaze".

Die Tschechen arbeiten ebenfalls fürs Geld: „pracowa'c dla pieniedzy".

Bei den Arabern hat Gott das Geld gegeben: „aetah allah", „aksib almala".

Die Italiener gewinnen das Geld: „guadagnare soldi".

Die Spanier gewinnen das Geld: „ganan denero".

Die Türken sehen es als Sieg an, wenn sie Geld bekommen; „kazanmak".

Die Iraner auf Persisch arbeiten fürs Geld: „karmozd", „dastmozd".

Die Norweger arbeiten fürs Geld: „Jobbe for pengene".

Heute ist es nicht mehr wichtig „in die Arbeit zu gehen", damit man Geld verdient. Man kann mit einem Laptop auf der ganzen Welt Geld verdienen.

Jedes Land, jede Nation hatte Jahrtausende lang ihre Reichen, die ein märchenhaftes Vermögen angehäuft haben.

Das Wort „Millionär" hat man zum ersten Mal 1740 in Amerika verwendet. Das Wort „Milliardär" wurde 1861 im Zusammenhang mit den Namen von John D. Rockefeller, Andrew Carnegie, Cornelius Vanderbilt und anderen das erste Mal verwendet.

Der Lebenslauf der Reichen der Welt ist voll mit Extremen und Widersprüchen. Nicht nur die Geschichte von unbegrenzter Gier, Habgier und Geldgier, sondern auch von beispielhafter Selbstlosigkeit und Wohltätigkeit. Wir können erfahren, wie einigen der Aufstieg von der bitteren Armut in den unbegrenzten Reichtum gelang. Ihr Leben handelt von Macht und der alles überwindenden Ausdauer, die in der Lage ist ihre kühnsten Träume wahr werden zu lassen. Das Anbeten des Geldes hat die Macht über viele Menschen übernommen.

In vielen Ländern der Erde, vor allem in Amerika, ist die Möglichkeit reich zu werden – zumindest theoretisch – für jeden gegeben. Ich habe zahlreiche Lebensläufe von Reichen aus der ganzen Welt gelesen, die eins zweifellos beweisen: Talentierte und kreative Menschen haben sehr wohl die Möglichkeit ihre Träume zu verwirklichen und die Nation weiterzubringen. Das bedeutet natürlich nicht, dass diese Menschen unbedingt die klügsten oder kreativsten in ihrer Zeit waren. Sie wurden nicht in jedem Fall wegen großer Gedanken oder Erkenntnisse reich. Viele haben beinahe als Bettler angefangen. Eines haben sie jedoch alle gemeinsam: Sie haben die Möglichkeit gesehen und konnten auch damit leben. Sie hatten Träume, die sie um jeden Preis realisieren wollten, und das war sogar oft wichtiger als Geld für sie. Sie sind ihren Träumen nachgegangen und haben das Rennen nie aufgegeben.

Ihre Lebensgeschichten sind oft abschreckend, mehrmals sogar widerwärtig, aber nie langweilig. Sie hatten abenteuerliche Lebenswege, Misserfolge, Prüfungen, Siege und sie selbst erklären das Geheimnis ihres Erfolges.

Um ein Vermögen zu machen, gibt es – auch mit dem höchsten amerikanischen Maßstab gemessen – mehr als hundert unterschiedliche Arten, aber eines ist bei allen gleich: Sie haben die Möglichkeit zum Reichwerden dort erkannt, wo andere sie nicht erkannt haben.

Fast jede Zeit und jeder Mensch hat seine eigenen Möglichkeiten, aber nur wenige erkennen diese und können wegen der fehlenden Ausdauer und des fehlenden Glücks damit leben. Im kommunistischen Ungarn waren die Möglichkeiten, sich ein Vermögen anzuhäufen, nicht grenzenlos.

Die Geschichten von Menschen, die sich ein Vermögen geschaffen haben, konfrontieren uns unabsichtlich mit uns selbst. Was sind unsere Möglichkeiten, auf welche Weise und mit welchen Mitteln könnte man als Nächster ein märchenhaftes Vermögen anhäufen? Die großen Vermögen der Zukunft werden nicht aus dem Graben nach Gold, der Automobilindustrie, dem Eisenbahnbau oder den Webereien stammen.

Die Milliardäre der Zukunft werden nicht folgenden Berufen, Geschäften und kaufmännischen Tätigkeiten nachgehen:

Pelzhandel, Gewürzhandel, Schießpulverproduktion, Hufeisenproduktion.

Die Entdecker neuer Ölfelder können noch zu den Reichen der Zukunft gehören, weil noch viele Länder der Erde unerschlossene Ölvorkommen besitzen. Man nennt sie Ölfelder, obwohl man weiß, dass diese Schätze weit im Inneren der Erde liegen. Man sieht nur die Förderplattformen an der Oberfläche, mit denen es gefördert wird.

Entdecker von Edelmetallen können auch die Reichen der Zukunft werden. In Afrika befinden sich noch in mehreren Ländern Gold-, Silber- und Diamantenvorkommen.

Weinhändler, Kaufhausbauer, Eigentümer von Lebensmittelketten, Aktienspekulanten, Großgrundbesitzer, Immobilienhändler.

Der Fortschritt und der finanzielle Zuwachs werden von neuen Quellen gespeist. Die Mehrheit der Wege, die aus diesen Wegen zu Reichtum gelangten, ist heute nicht mehr machbar, aber ihre Lebensgeschichten helfen uns bei der Orientierung, damit wir neue Wege entdecken können, die zu den großen Vermögen der Zukunft führen.

Heute birgt der Computer eine grenzenlose Möglichkeit vermögend zu werden. Tennisspieler, Fußballspieler, die multi-nationalen Geschäfte und die Bauindustrie sind bekannt.

Mich möchte ich auch nicht auslassen. Mit meinem Geschäftspartner haben wir etwas begonnen, in einer Zeit, in der wir es dann zum Erfolg gebracht und unsere Träume verwirklicht haben. Wir waren mit den geeigneten Personen, mit dem richtigen Produkt zur richtigen Zeit am richtigen Ort.

4 Üben wir unsere Umgangsformen, lächeln wir im Sinne unseres Erfolges

Kommt Ihnen sicher bekannt vor: Wenn wir etwas bei den Menschen erreichen wollen oder ihnen etwas als Geschäftsmann verkaufen wollen, müssen wir mit ihnen richtig umgehen können. Es gibt nur einen Weg, um jemanden dazu zu bewegen, etwas zu machen, was wir wollen. Haben Sie schon mal darüber nachgedacht? Ja, nur auf eine Weise – wir müssen erreichen, dass der andere das machen will, was wir von ihm wollen.

Man kann Menschen dazu zwingen Ihnen ihr Geld, ihre Armbanduhr oder was auch immer Sie wollen, zu geben, wenn man ihnen eine Waffe an ihre Brust hält.

Sie können auch ihre Angestellten dazu zwingen, dass sie ordentlich arbeiten „wollen" – so lange Sie ihnen nicht den Rücken zuwenden oder ihnen mit Rausschmiss drohen.

Jeniva

Einer meiner Geschäftspartner hat bei seiner Scheidung die Ehefrau zur Scheidung gedrängt, indem er sie erpresst hatte. „Wenn du nicht unterschreibst, dass die Aktie des ‚Német Finompékáru Mezöberény' in meinem Besitz bleibt, werden wir uns nie scheiden lassen." Jeniva hat die Scheidungspapiere blitzschnell unterschrieben, weil in ihr bereits die Liebe zu einem anderen loderte. Meiner Meinung nach ist es Jeniva gut ergangen, weil ihr Mann der Leiter einer globalen Firma wurde.

Kinder kann man auch mit Schlägen dazu zwingen, das zu machen, was man will. Diese rohen Methoden haben aber starke, nicht erwünschte Nebenwirkungen. Wedeln Sie nur mit

Schlägen über den Köpfen Ihrer Kinder, ich garantiere Ihnen, dass bald das Jugendamt vor der Tür steht.

Ein bekanntes Ehepaar hat den 4-jährigen Conrad bei sich aufgenommen. Seine Mutter ist verstorben und sein Vater war unbekannt. Die Großmutter wollte ihn zu sehr liebkosen – was verständlich war, weil sie außer ihrem Enkel niemanden hatte –, aber das Jugendamt hat sie weder finanziell noch ihrem Alter entsprechend unterstützt. Es hat Conrad so aufgewühlt, dass er seine Pflegefamilie verlassen hat. Sie haben das Jugendamt eingeschaltet. Das Jugendamt hat ihn an eine Familie vermittelt, wo er das sechste Kind war. Das Problem war nicht, dass sie keinen Pool hatten, sondern nicht einmal etwas zu essen. Conrad ist, so schnell es ging, zu den Pflegeeltern zurückgekommen. Seitdem ist er wertschätzend, tanzt auf hohem Niveau und die erste Liebe hat ihn auch schon erwischt.

Der einzige Weg jemanden dazu zu bringen etwas zu machen ist, ihm/ihr zu geben, was er/sie sich wünscht.

Aber was wünscht sich der Mensch im Allgemeinen?

Gesundheit.
Geld und Dinge, die man mit Geld besitzen kann.
Nahrung.
Ruhe.
Wohlstand für sich und die Familie.
Der Wunsch danach wichtig zu sein und die Sehnsucht nach etwas Großem.

Von diesen Sehnsüchten werden fast alle befriedigt – außer einer. Aber die ist tief und bestimmend. Das ist die Sehnsucht bedeutend zu sein oder nach etwas Großem.

Der Sinn der menschlichen Natur ist das Streben nach Anerkennung. Das ist ein quälender und unbändiger Hunger in der menschlichen Natur; und die Person, die diesen Hunger stillen kann, kann wahrhaftig über die Menschen herrschen und sie richtig behandeln.

Dieser Wunsch spornt die Menschen dazu an, größere Häuser für sich zu bauen, als sie in Wirklichkeit nötig hätten. Dieser

Wunsch treibt uns an, der neuesten Mode zu folgen und das neueste Auto zu kaufen. Reisen zum entferntesten Kontinent der Erde zu unternehmen. Dinge zu kaufen und zu besitzen, nach denen wir uns sehnen.

Angesehene Ärzte behaupten, dass die Menschen den Verstand verlieren würden, wenn sie dieses bedeutende Gefühl in dieser Traumwelt zu finden hoffen, welche die grausame Welt der Realität ihnen entbehrt hat.

Die Menschen müssen die Fähigkeit besitzen, anderen Menschen Begeisterung einzuflößen. Mit Anerkennung, Ermutigung kann man das Beste aus Menschen herausholen. Durch nichts schwindet der Ehrgeiz von Menschen so wie von der Kritik von Vorgesetzten. Loben muss man können, nicht die Fehler bei den Arbeitern suchen.

So machen es die klugen Leute. Was machen die Durchschnittsmenschen? Genau das Gegenteil. Wenn ihnen etwas nicht gefällt, drohen und schreien sie, und wenn es ihnen gefällt, sagen sie kein Wort.

Das Selbstwertgefühl muss man speisen

Man kann es mit Anerkennung oder mit Schmeichelei. Vernünftige Menschen kann man mit Schmeichelei nicht betäuben, das hat selten Einfluss auf sie. Schmeichelei ist platt und egoistisch. Sie ist zum Scheitern verurteilt – und so passiert es auch regelmäßig. Es ist wohl wahr, dass einige Menschen dermaßen nach Anerkennung hungern und dürsten, dass sie bei allem anbeißen, wie ein Hungernder bei einem Krümel. Schmeichelei kann mehr Schaden verursachen als Nutzen.

Wenn wir nur schmeicheln müssten, würde es jedem gelingen, und jeder von uns wäre ein Experte im Umgang mit Menschen.

Wenn die Menschen gerade nicht an eine bestimmte Aufgabe denken, beschäftigen sie sich in 90 Prozent ihrer Zeit mit sich selbst. Wenn sie also ein wenig versuchen, nicht an sich selbst, sondern an die guten Eigenschaften des Menschen, der vor ihnen steht, zu denken, dann haben sie die billigen Schmeicheleien nicht nötig, die bereits vor dem Aussprechen verdächtig sind.

Was ist dann der Unterschied zwischen Anerkennung und Schmeichelei? Es ist wirklich einfach. Das Eine ist ehrlich, das Andere nicht. Das Eine kommt vom Herzen, das Andere aus dem Mund. Das Eine ist selbstlos, das Andere egoistisch. Das Eine wird überall gern gesehen, das Andere wird überall abgelehnt.

Ein einfaches Beispiel: Ich liebe Fladenbrot mit Sauerkirschen. Wenn ich Angeln gegangen bin, habe ich den Fischen Würmer auf den Hacken gegeben, weil sie Würmer mögen. Ich hätte ihnen umsonst Fladenbrot mit Sauerkirschen auf den Haken geben können, weil sie nicht nach dem Köder gebissen hätten. Was ich mag, interessiert die Fische nicht. So ist es auch im Leben, die Kunden interessierten sich nicht dafür, was ich mag, sie sind nur damit beschäftigt, was sie wollen.

Wenn Erfolg ein Geheimnis hat, dann liegt es in der Fähigkeit, den Standpunkt des Anderen festzustellen und die Dinge gleichzeitig aus seiner und aus unserer eigenen Sicht zu betrachten.

Die Dinge sind so einfach und augenscheinlich, dass man deren Wahrheit auf den ersten Blick erkennen kann. Trotzdem gibt es auf der Erde erfolgreiche Menschen, die sie beachten, und erfolglose Menschen, die sie nicht beachten.

Heutzutage laufen tausende Vertreter die Straßen auf und ab oder fahren mit den Autos ihrer Chefs herum. Müde, ausgelaugt, lustlos und mit einer Entlohnung, die nicht ihrer Leistung entspricht. Wieso? Weil sie ständig nur daran denken, was sie wollen. Sie merken nicht, dass eigentlich niemand etwas von ihnen kaufen möchte. Unter anderem füllen sie den Kaugummiautomaten vor der Kassa auf, den ihr Chef dem Lebensmittelgeschäft verkauft hat. Also ist es nicht ihr Verdienst, dass der Automat dort steht.

Wenn wir etwas kaufen wollen, dann brechen wir auf und kaufen es. Beide Parteien interessieren sich nur für ihre eigenen Probleme.

Wenn jedoch ein Vertreter erkennt, wie er mit seinem Produkt oder seiner Dienstleistung uns bedienen kann, muss er/sie es uns nicht verkaufen. Wir kaufen es selbst. Und der Kunde mag das Gefühl, dass er es kauft – und nicht, dass ihm etwas verkauft würde. Trotzdem verbringen viele Leute ihr ganzes Leben damit zu verkaufen, ohne die Dinge aus dem Blickwinkel der Kunden zu betrachten.

Die Welt ist voller geiziger und eigennütziger Menschen. So hat die seltene Persönlichkeit, die selbstlos anderen helfen möchte, einen riesen Vorteil: Sie hat kaum Wettbewerber. Menschen, die sich in die Lage von anderen versetzen können und verstehen, wie andere denken, müssen sich nie um ihre Zukunft sorgen.

Handlungen resultieren immer aus starken Sehnsüchten, und der beste Rat, den man Leuten geben kann, die andere im Geschäftsleben, in ihrem Zuhause, in der Schule oder sogar in der Politik, also im Leben, von etwas überzeugen wollen, ist: Zunächst muss man ein gieriges Verlangen in den Menschen wecken.

Es ist sicher richtig, dass „die Selbstoffenbarung das alles beherrschende Bedürfnis der Natur des Menschen ist“. Wieso sollten wir diese psychologische Erkenntnis nicht im Geschäftsleben nutzen? Wieso sollten wir, wenn wir eine hervorragende Idee haben, sie vor anderen Menschen eifersüchtig verstecken, anstatt zuzulassen, dass sie in ihm weiter geformt und weiterentwickelt wird? Später wird er sie als seine eigene Idee ansehen, er wird sie mögen und vielleicht wird er ein paar Portionen davon auch schlucken.

Wenn der Leser sich unter anderem nur das eine aus diesem Buch merkt, nämlich wie wichtig es ist, sich in die Lage der gegenüberstehenden Person hineinzuversetzen und seinen Blickpunkt auch zu beachten – wenn er sich nur diese eine Sache merkt, kann mein Buch leicht ein Wendepunkt im Leben des Lesers markieren.

Wie können Sie den größten Nutzen aus meinem Buch ziehen?

Wenn Sie wirklich erfolgreich sein und dieses Buch nutzen wollen, gibt es noch eine unabdingbare Anforderung – noch eine wichtige Sache, die viel, viel wichtiger ist als sämtliche Regeln oder Vorschriften im Geschäftsleben. Wenn Sie nicht über diese grundlegende Anforderung verfügen, werden Ihnen auch tausend Gebrauchsanweisungen nicht helfen. Wenn Sie jedoch dieses wichtige Talent in sich tragen, können Sie Wunder erleben, ohne irgendwelche Ratschläge lesen zu müssen.

Was ist diese zauberhafte Anforderung? Nur so viel: der unbändige Wunsch, der ernsthafte Entschluss, ihre Fähigkeiten zu entwickeln, die menschliche Beziehungen herstellen.

Wie können Sie diesen Wunsch in sich entwickeln? So dass Sie ständig vor Augen haben, wie wichtig für Sie diese Fähigkeit, Beziehungen herstellen, ist. – Es geht nicht um die Partnerschaft, sondern um Kauf – Verkauf im Geschäftsleben. Denken Sie daran, wie viel es Ihnen beim Wettbewerb nach besseren gesellschaftlichen und materiellen Ergebnissen helfen wird. Wiederholen Sie: Meine Popularität, mein Glück, mein Einkommen hängen im großen Maße davon ab, wie ich mit Menschen umgehen kann.

Überfliegen Sie zunächst ein paar Kapitel, damit Sie eine ungefähre Ahnung vom Inhalt bekommen. Am Anfang werden Sie sicher in Versuchung kommen, sofort auf die andere Seite weiter zu blättern. Machen Sie es nicht! – Sofern Sie nicht nur aus reinem Amüsement lesen.

Wenn Sie aber das Buch aus dem Grund lesen, weil Sie Ihre Fähigkeit, Kontakte herzustellen, entwickeln wollen, blättern Sie zurück und lesen Sie jedes Kapitel nochmal gründlich. Auf lange Sicht führt diese Methode zu einem Ergebnis und spart Zeit.

Bleiben Sie öfter stehen beim Lesen, damit Sie überdenken können, was Sie gelesen haben. Überlegen Sie, wie und wann Sie Ratschläge verwenden können. Lesen Sie langsam wie eine Schnecke und nicht so schnell wie ein Hase.

Halten Sie ein Bleistift beim Lesen bereit. Ich empfehle Ihnen deshalb einen Bleistift, weil Sie das Geschriebene wieder löschen können, wenn Sie das Buch vielleicht weitergeben wollen. Jedes Mal, wenn Sie einen Ratschlag lesen, den Sie auch nützlich finden, markieren Sie sich die Stelle am Seitenrand. Äußerst nützliche Ratschläge können Sie mit zwei Sternen kennzeichnen. Solche Kennzeichnungen machen jedes Buch viel interessanter und Sie können die wichtigen Sachen schneller wiederfinden.

Ihre Erfahrung hat Ihnen beigebracht, dass Sie sich nur auf diese Weise die Anforderungen perfekt merken können.

Der Mensch vergisst überraschend schnell.

Ich selber blättere hin und wieder im Manuskript meines Buches am Computer. Manchmal denke ich, dass ich es überfliegen muss, ansonsten kann ich mich nicht mehr erinnern, was ich in meinem eigenen Buch geschrieben habe.

Wenn Sie sich daher einen echten und langfristigen Nutzen von dem Buch erhoffen, glauben Sie nicht, dass ein Überfliegen des Buches reicht. Nachdem Sie das Buch aufmerksam gelesen haben, sollten Sie jeden Monat ein paar Stunden mit Wiederholungen verbringen, solange Sie merken, dass Sie auch ohne das Buch in Richtung Erfolg unterwegs sind. Stellen Sie das Buch immer griffbereit auf Ihren Schreibtisch. Blättern Sie öfter rein. Lassen Sie die zahlreichen Möglichkeiten nicht aus den Augen, die im Neuentdecken liegen.

Vergessen Sie nicht, dass Sie die Ratschläge aus dem Buch nur dann einfach und selbstverständlich in der Praxis umsetzen können, wenn Sie sie konsequent und immer wieder anwenden. Das ist der einzige Weg.

Wenn wir etwas lernen müssen, werden wir es nie lernen. Ich denke dabei an die russische Sprache, die ich im Gymnasium in Ungarn lernen musste. Mich hat es aber nie gefesselt, ich habe es auch nicht perfekt gelernt. Niemand hat mir eingetrichtert, dass ich sie später in meinem Leben brauchen werde. Heute weiß ich, dass es ein großer Fehler war, weil ich oft russische Fahrgäste habe und ich mich gerne mit ihnen unterhalten würde. Und ich würde drei Sprachen sprechen.

Lernen ist Handeln. Wenn Sie daher die Prinzipien, die Sie in diesem Buch kennengelernt haben, verinnerlichen wollen, nutzen Sie diese bei jeder sich bietenden Gelegenheit. Wenn Sie das nicht machen, werden Sie sie schnell vergessen. Nur trainierte Kenntnisse bleiben im Kopf des Menschen erhalten.

Wahrscheinlich werden Sie es schwierig finden, diese Ratschläge ständig anzuwenden. Das weiß ich, weil ich als Autorin es selbst schwer finde, alles zu nutzen, was ich empfehle. Wenn einem irgendwas nicht gefällt, ist es viel einfacher darüber zu urteilen und zu verurteilen, als den Standpunkt des Anderen zu verstehen. Oft ist es einfacher Fehler zu finden als eine Gelegenheit zum Lob.

Wir reden lieber darüber, was wir gerne hätten, als darüber, was andere wollen usw. Während Sie das Buch lesen, denken Sie daran, dass Sie sich nicht bloß Kenntnisse aneignen, sondern auch neue Eigenschaften erlangen können. Ja, Sie probieren eine neue Lebensphilosophie aus. Dazu brauchen Sie jedoch Ausdauer und tägliche Übungen.

Das praktische Handbuch der menschlichen Beziehungen

Blättern Sie deshalb häufig im Buch, wenn Sie etwas benötigen. Betrachten Sie mein Werk als das Handbuch für menschliche Beziehungen und jedes Mal, wenn Sie mit einer außerordentlichen Aufgabe konfrontiert werden – zum Beispiel die Besänftigung und Überzeugung eines aufgeregten Kunden von Ihrem Standpunkt –, streben Sie danach, nicht auf natürliche und instinktive Weise zu handeln. Ich denke hier an Wut, Diskussionen und den Gegenschlag mit Schimpfwörtern. Eine eventuelle Lösung ist, dass Sie den König Kunden ohne Einigung in eine wärmere Klimazone schicken. Das ist immer falsch und damit werden Sie auch nicht viel lösen.

Stattdessen nehmen Sie mein Buch in die Hand, lesen die unterstrichenen Teile, danach probieren Sie die neue Methode – und Sie werden die wundersame Wirkung beobachten können.

Erziehen Sie sich selbst. Bieten Sie Ihren Familienmitgliedern eine bestimmte Summe an, wenn Sie sie bei der Verwendung von Schimpfwörtern, beim negativen Denken oder beim Verstoß einer der oben genannten Regeln erwischen. Fragen Sie sich selbst, welche Fehler Sie gemacht haben? Wie könnten Sie die eigenen Fehler ausbessern? Was haben Sie richtig gemacht – und wie können Sie Ihre Leistung verbessern? Was können Sie aus Ihrer Arbeit lernen? Mit den Jahren werden die Ausrutscher weniger. Manchmal werden Sie in Versuchung kommen, sich das ein oder andere Mal auf die Schulter zu klopfen.

Diese von Jahr zu Jahr durchgeführte Selbstanalyse und Selbsterziehung bringen mehr als alles andere, was Sie jemals ausprobiert haben. Es hat dabei geholfen unsere Entscheidungsfähigkeit zu entwickeln – und es hat uns den Kontakt mit Menschen sehr erleichtert. Ich kann es Ihnen nur wärmstens empfehlen.

Erarbeiten Sie sich eine eigene Methode, mit der Sie die empfohlenen Prinzipien anwenden können. Wenn Sie das machen, werden Sie zwei Ergebnisse bekommen. Zunächst werden Sie Ihr eigenes Selbsterziehungs-System entwickeln, danach werden Sie merken, dass Sie besser mit Menschen umgehen können.

Sie können sogar aufschreiben, welche Erfolge Sie mit den hier angesprochenen Dingen erreicht haben. Die Tagebucheintragungen werden sie zu noch mehr Bemühungen antreiben, und es wird amüsant sein sie nach ein paar Jahren wieder durchzublättern.

Zusammenfassend:

Entwickeln Sie einen tiefen, anspornenden Wunsch, die unverzichtbaren Methoden für den Ausbau der menschlichen Beziehungen zu lernen.

Lesen Sie nochmal jedes Kapitel, bevor Sie zum nächsten Kapitel weitergehen.

Halten Sie beim Lesen häufig inne und fragen Sie sich selbst, ob Sie die einzelnen Ratschläge nützen könnten.

Unterstreichen und kennzeichnen Sie die für Sie wichtigen Gedanken.

Blättern Sie mein Buch mindestens einmal im Monat durch.

Nutzen Sie die Ratschläge bei jeder Gelegenheit.

Betrachten Sie das Buch als praktisches Handbuch, das Ihnen bei der Lösung der täglichen Probleme hilft.

Handeln Sie so, dass man Sie überall gerne sieht

Unternehmen Sie alles im Sinne Ihrer Beliebtheit, damit Sie überall gern gesehen werden. Es gibt mehrere Millionen Arten, wie man sich nach Menschen erkundigt und wie man Geschäfte macht.

Wenn Ihnen ein altes Gruppenfoto in die Hände gelangt, nehmen Sie an, dass Sie auch drauf sind – Wen suchen Sie zuerst? Sich selbst. Danach schauen Sie sich die anderen an.

Andere von Gruppenfotos machen es gleich. Das Interesse an dem anderen fängt an. Sie glauben, dass die Menschen sich für Sie interessieren. Und wieso sollten Sie sich für die Menschen interessieren, wenn sie sich nicht für Sie interessieren? Nach mir, mir, mir kommen auch die anderen.

Wenn wir nur danach streben, andere Leute zu begeistern und ihr Interesse an uns zu wecken, werden wir nie echte und ehrliche Freunde oder Geschäftspartner haben. Freundschaften entstehen nicht auf diese Art und Weise.

In zwei Monaten können Sie mehr Freunde finden, wenn Sie sich ehrlich für andere interessieren, als wenn Sie zwei Jahre danach streben, dass sich andere für Sie interessieren.

Diejenigen, für die sich ihre Mitmenschen nicht interessieren, kämpfen mit den größten Schwierigkeiten im Leben, und sie stellen für andere die größten Hindernisse dar. Jeder menschliche Misserfolg stammt von ihnen.

Es ist ein Rezept von Howard Thurston – 1869–1936 –, einem anerkannten König von amerikanischen Magiern und Gauklern, das vom größten Zauberkünstler aller Zeiten genutzt wurde.

Er hat gesagt, dass viele Zauberkünstler das Publikum ansehen und sich dabei denken: „Hier sind schon wieder so viele Dummköpfe, ein Dutzend Nichtsnutze und Versager, ich werde sie ordentlich betören." Aber Thurstons Methode war eine ganz andere. Er sagte Folgendes: „Ich bin dankbar für diese Leute, weil sie gekommen sind, um mich zu sehen. Ihnen habe ich zu verdanken, dass es mir gut geht, also werde ich alles geben, was ich habe."

Die schulische Ausbildung hat nicht viel mit der Intelligenz zu tun, weil er mit sieben aus dem Elternhaus floh. Er reiste auf Güterzügen, schlief auf Heuballen, sein Essen hat er erbettelt und lernte durch die Aufschriften auf den Lastwagen und auf den Stationen lesen. Die Armut trieb ihn Tag und Nacht an. Deshalb hat er entschieden, dass er reich wird. Er verfügte über zwei Eigenschaften, die andere nicht hatten. Erstens hatte er eine Persönlichkeit und kannte die Natur des Menschen. Zweitens interessierten ihn die Menschen wirklich.

Über 60 Millionen Menschen haben Karten für seine Vorführungen gekauft. Als er starb, hatte er ein Vermögen über zwei Millionen Dollar.

Also wenn Sie sich im Sinne Ihres Wohlstandes bei den Menschen beliebt machen wollen,

ZEIGEN SIE EHRLICHES INTERESSE AN ANDEREN.

Wie sollen Sie bei anderen einen guten Eindruck erwecken?

Damen, die mehr Gold, Schmuck und Diamanten tragen als Zsa Zsa Gábor – ungarisch stämmige amerikanische Schauspielerin, Budapest 1917–Los Angeles 2016 –, wollen damit bei anderen einen guten Eindruck erwecken. Sie haben aber mit ihrem Gesicht nichts getan, darauf sieht man nur Kälte, Egoismus, Lustlosigkeit und Verbitterung und sie wissen nicht, dass der Gesichtsausdruck einer Frau viel wichtiger ist als ihre Kleider oder ihr Schmuck.

Der individuelle Zauber ihres Gesichtes, ihr bezauberndes Lächeln, ihre Güte und ihre Fähigkeit, mit der sie sich bei den Menschen beliebt machen, ist der Ausgangspunkt ihres Erfolges, eines der angenehmsten Bestandteile ihrer Persönlichkeit.

Ihr Lächeln ist lauter als jedes ihrer Wörter.

Das unehrliche Grinsen führt niemanden in die Irre; wir wissen, dass es mechanisch ist und es ergreift uns nicht. Ich rede von dem echten, herzerwärmenden und von innen strahlendem Lächeln, vom besten Kundenlockmittel.

Es ist allseits bekannt, dass den Menschen selten etwas gelingt, wenn sie es nicht mit guter Laune machen.

Ich glaube nicht wirklich an die alte Redewendung, dass die harte Arbeit der Schlüssel zum Erfolg ist und das Tor zu unseren Sehnsüchten aufmacht. Viele hatten Erfolg, weil sie ihre Sache mit guter Laune verrichtet haben. Später langweilte sich einer bei seiner Arbeit und als er keine Freude mehr daran hatte, kam ein Misserfolg nach dem anderen.

Was ist die Lehre daraus? Man muss andere mit guter Laune begegnen, wenn wir wollen, dass sie auch uns selbst mit guter Laune begegnen.

Versuchen Sie eine Woche lang nur zu lächeln und sagen Sie mir im Anschluss, was mit Ihnen passiert ist. Ich verrate es Ihnen, das Lächeln wird Ihnen Geld bescheren.

Sagen Sie der Kritik vollständig ab. Verteilen Sie ausschließlich Anerkennung und Lob.

Reden Sie auch nicht mehr darüber, was Sie gerne hätten. Versetzen Sie sich in den Gedankengang des Menschen, der Ihnen gegenübersteht.

Haben Sie keine Lust zu lächeln? Dann strengen Sie sich an. Wenn Sie alleine sind, zwingen Sie sich dazu, pfeifen oder summen Sie. Tun Sie so, als ob Sie sofort glücklich wären, dann werden Sie auch sofort glücklich.

Dann werden Sie sehen, dass die Handlungen den Gefühlen folgen. Obwohl in Wahrheit die zwei zusammengehören. Wenn Sie also Ihre Handlungen regulieren, die unmittelbarer von Ihrem Willen kontrolliert werden, regulieren Sie indirekt auch Ihre Gefühle.

Wenn Sie die gute Laune verlassen hat, ist der schnellste Weg zurück, dass Sie sich gut fühlen wollen und auch dementsprechend handeln, so reden, als ob Sie sofort gute Laune hätten.

Ich weiß, dass es Krankheiten, Trauer und viele, viele traurige Sachen im Leben von jedem gibt. Wenn nichts und niemand ein Lächeln auf unser Gesicht zaubern kann. Darüber muss man hinwegkommen. Es gibt keine andere Lösung. Nehmen Sie Ihre schlechte Laune nicht mit an Ihren Arbeitsplatz oder zu einem Treffen. Das Leben geht weiter.

Auf der ganzen Welt jagt jeder das Glücksgefühl – von der Wiege bis zum Grab – und es gibt auch eine sichere Methode, wie Sie es finden können: Kontrollieren Sie Ihre Gedanken.

Das Glück hängt nicht von den äußeren, sondern von den inneren Umständen ab. Es wird Sie nicht glücklich machen, wer Sie sind, wo Sie leben, was Sie alles angehäuft haben, was Sie machen – sondern alleine das, was Sie über alles denken.

Zum Beispiel können zwei Personen am gleichen Platz sein, das Gleiche machen, beide können genauso viel Geld und Ansehen besitzen – trotzdem kann einer unglücklich und der andere glücklich sein. Wieso? Wegen der unterschiedlichen Sichtweise auf die Dinge.

Lächelnde Menschen sieht jeder gern – außer die neidischen. Aber Sie sollen nicht einmal eine Sekunde an Ihre Feinde denken. Seien Sie entschlossen bei der Entscheidung, was Ihre Absicht ist. Danach streben Sie geradewegs in Richtung Ihrer

Ziele. Das erhabene Ziel, was Sie sich gesteckt haben, soll immer vor Ihren Augen sein – dann werden Sie nach einer Weile merken, dass Sie unbewusst die Möglichkeiten ergreifen, die zur Erfüllung Ihrer Sehnsüchte notwendig sind.

Viele Menschen machen deshalb keinen guten Eindruck, weil sie nicht aufmerksam genug sind. Sie sind so sehr damit beschäftigt, was sie als Nächstes sagen werden, dass sie gar nicht mehr richtig zuhören. Die Menschen haben gute Zuhörer lieber als gute Gesprächspartner. Die Fähigkeit, aufmerksam zu sein, ist seltener als jede andere gute Eigenschaft. Nicht nur berühmte Leute sehnen sich nach guten Zuhörern, sondern auch normale Menschen. Viele Menschen rufen einen Arzt, obwohl sie nur jemanden zum Zuhören bräuchten, jemand muss etwas loswerden, damit die Seele wieder ins Reine kommt.

Wenn Sie sich danach sehnen, dass die Menschen Sie meiden, Sie auslachen und hinter Ihrem Rücken über sie lachen und sogar verachten, dann befolgen Sie die folgende Regel.

Achten Sie nie auf jemanden für längere Zeit. Reden Sie ununterbrochen über sich selbst. Wenn Ihnen etwas einfällt, während der andere redet, fallen Sie ihm ins Wort. Er/sie hat nicht so viel auf dem Kasten wie Sie, wieso sollten Sie also Ihre Zeit damit verplempern ihm/ihr zuzuhören. Zögern Sie nicht, unterbrechen Sie ihn/sie in der Mitte des Satzes.

Ich glaube, Sie kennen solche Leute oder? Ganz sicher. Leider ist es verwunderlich, dass einige von denen sogar am gesellschaftlichen Leben teilnehmen. Alles langweilige Typen, die von ihrem eigenen Egoismus und ihrer Wichtigtuerei betrunken geworden sind. Wer nur über sich selbst reden kann, nur an sich selbst denkt, ist hoffnungslos unerzogen, egal wo er erzogen wurde. Die Eltern haben ihm keine Manieren beigebracht.

Wenn Sie also gute Gesprächspartner sein wollen, seien Sie gute Zuhörer. Mit anderen Worten: Seien Sie interessiert, wenn Sie interessant sein wollen.

Stellen Sie Fragen, auf die der andere gerne antwortet. Ermutigen Sie ihn über sich selbst und über seine Ergebnisse zu reden. Vergessen Sie nicht, dass jeder, mit dem Sie reden, sich hundertmal mehr für sich selbst, seine Sehnsüchte und Probleme interessiert als für Ihre Person, Sehnsüchte und Probleme. Seine eigenen Zahnschmerzen zählen für ihn mehr als Ihre größten Familientragödien. Das sollten Sie bedenken, wenn Sie mit jemanden ein Gespräch anfangen.

Stellen Sie sich vor, Sie sind der talentierte, ernsthafte und nützliche Mensch, der Sie immer sein wollten, und diese Gedanken werden Sie von Stunde zu Stunde mehr verändern, damit Sie Ihrem Ideal näherkommen. Der Gedanke ist alles. Erhalten Sie sich das richtige seelische Verhalten, den Mut, die Ehrlichkeit und den Geist des guten Gemüts. Denken ist beinahe schaffen. Jede gute Sache entsteht durch die Sehnsucht. Gehen Sie mit erhobenem Haupt.

Der Wert des Lächelns

Kostet nichts, gibt aber viel.

Es macht diejenigen reicher, die es bekommen, und macht niemanden bettelarm, der es gibt.

Hält nur einen Moment an, aber seine Erinnerung hält ewig.

Niemand ist so reich, dass man ohne ihn leben könnte, und niemand ist so arm, dass man dadurch nicht reicher wäre.

Macht das Zuhause glücklicher, unterstützt das Wohlwollen im Geschäftsleben, und es ist ein sicheres Zeichen der Freundschaft.

Es ist Ruhe für den Ermüdeten, Sonnenschein für den Verzagten, Licht für die Traurigen und die beste Medizin der Natur gegen Unheil.Trotzdem kann man es nicht kaufen, verlangen, ausborgen oder stehlen, weil es keine Ware ist, sondern nur freiwillig zu vergeben ist.

Niemand hat das Lächeln mehr nötig als diejenigen, die nicht mehr lächeln können.

Wenn Sie sich also bei den Menschen beliebt machen wollen:

LÄCHELN SIE.

Merken Sie sich die Namen der Menschen

Die Identifizierung der Persönlichkeit beginnt mit dem Namen. Jeder hat bei Geburt einen Namen bekommen. Ob es gefällt oder nicht, man muss mit dem Namen leben. Wenn es einem nicht gefällt, kann man ihn ändern. Im Geschäftsleben ist es unverzichtbar den Namen des Partners oder des Kunden zu kennen. Wenn Sie etwas verkaufen wollen, rufen Sie zunächst denjenigen an, der Sie empfangen wird. Sie werden es leichter haben, wenn Sie wissen, wen Sie suchen müssen.

Der durchschnittliche Mensch interessiert sich nur für seinen Namen und für keinen anderen. Wenn Sie sich den Namen des Durchschnittsmenschen merken und ihn ohne nachzudenken mit seinen Namen ansprechen, wird er es als Kompliment auffassen. Aber wenn Sie ihn vergessen oder fehlerhaft schreiben, haben Sie einen Feind gewonnen.

Den Menschen ist ihr Name wichtig, viele sind so stolz drauf, dass sie ihn um jeden Preis verewigen wollen und bei den Geschäftsleuten ist er ein Schlüssel zu ihrem Erfolg.

Die meisten Menschen erinnern sich an Namen aus einem einfachen Grund nicht: Es ist ihnen die Zeit und die Mühe nicht wert. Das ist aber für das Konzentrieren der Gedanken, das Wiederholen und die Einprägung des Namens notwendig. Sie erfinden sogar eine Ausrede: Sie sind sehr beschäftigt. Wahrscheinlich sind sie nicht mehr beschäftigt als diejenigen, die tausende Namen im Kopf haben.

Es ist die einfachste, offensichtlichste und wichtigste Art Güte zu erlangen. Vergessen Sie die Namen der Menschen nicht und erkennen Sie ihre Wichtigkeit. Aber wie viele machen das von uns? In der Hälfte der Fälle, wenn wir neue Leute kennenlernen, mit ihnen einige Minuten quatschen, erinnern wir uns an ihre Namen bereits bei der Verabschiedung nicht mehr.

Hier gilt ebenfalls die Regel, wenn Sie sich bei den Menschen beliebt machen wollen, erinnern Sie sich daran, dass das süßeste und wichtigste Wort in seiner Muttersprache

SEIN/IHR EIGENER NAME IST.

Lernen Sie Konversationen zu führen

Jemand bittet Sie, dass Sie doch erzählen sollen, was Sie alles in Ihrem letzten Urlaub so erlebt haben. Dieser Jemand unterbricht Sie nach Ihren ersten Sätzen, obwohl Sie nur kurz Luft geholt haben, und fängt an, von seinen Erlebnissen aus dem Urlaub wie ein Wasserfall zu berichten. Nachdem er fertig geworden ist, ist er gar nicht mehr an Ihren Erlebnissen interessiert. Alles, was er wollte, war, dass Sie ein aufmerksamer Zuhörer waren, dem er erzählen konnte, wo er war und was er gesehen hat. Ist dieser Jemand eine Ausnahme? Natürlich nicht. Es gibt viele von denen.

Mir ist schon mehrmals passiert, dass Leute in mein Taxi gestiegen sind und anfangen haben über ein Thema, das sie gerade beschäftigt, über das sie gerne reden, wie ein Wasserfall zu sprechen. Und da ich nicht aussteigen kann, bin ich gezwungen zuzuhören und auf Fragen mit ja oder nein zu antworten. Ich höre ihm geduldig zu, manchmal verspüre ich ein Verlangen ihn zu unterbrechen, aber ich bin draufgekommen, dass es eine schlechte Politik wäre. Also lasse ich sie einfach ausreden. Bevor sie aussteigen, merken sie an, dass ich der attraktivste Gesprächspartner bin, den sie je hatten. Ich, attraktiver Gesprächspartner? Aber ich habe kaum ein Wort zum Monolog beigetragen. Ich hätte auch nichts sagen können, nur wenn ich ein anderes Thema angesprochen hätte oder ihm kalt und unhöflich mitgeteilt hätte, dass ich absolut kein Interesse an seiner Erzählung habe und es besser wäre, er schweigt, ansonsten schmeiße ich ihn raus. Ich habe nur aufmerksam zugehört.

Aufmerksamkeit ist eines der schönsten Komplimente, mit denen wir jemanden beglücken können. Wenige Menschen können dem Kompliment der Aufmerksamkeit widerstehen. Ich bin noch weiter gegangen. Ich habe dem Kunden Anerkennung und Lob geschenkt. Ich sagte ihm, dass ich mich hervorragend amüsiert und viel gelernt habe. Wenn ich doch so viel über das Thema wüsste wie er, und ich hoffe, dass er wieder einmal mein Fahrgast sein wird. Er hat fünf Euro Trinkgeld gegeben. Kein Wunder, dass er mich als guten Gesprächspartner gesehen hat, obwohl ich nur ein hingebungsvoller Zuhörer war. Das ist nicht immer so, weil auch mich nicht alles auf der Welt interessiert. Vieles, aber sicher nicht alles.

Jeder Unheilstifter, auch der wütendste Kritiker wird weich und leiser, wenn er auf einen geduldigen und sympathischen Zuhörer trifft. Auf Zuhörer? Der still bleibt, während die wütende, quakende Person, die sich so aufbäumt wie eine Brillenschlange, das Gift regelrecht verteilt.

Was ist das Geheimnis der erfolgreichen Verhandlung? Es gibt kein Geheimnis für eine erfolgreiche Geschäftsverhandlung. Es ist sehr wichtig, dem Gesprächspartner Aufmerksamkeit zu schenken. Nichts ist schmeichelnder als das: „Es versteht sich von selbst oder?“ Man braucht keine fünf Jahre auf der Universität, um diese Wahrheit zu entdecken. Trotzdem kennen wir Händler, die ein Vermögen investiert haben, hohe Geschäftsmieten zahlen, ihre Auslagen wunderschön einrichten, ein Vermögen für Werbung zahlen – und dann Angestellte einstellen, denen die nötige Aufmerksamkeit und die Fähigkeit zu verkaufen fehlt, die Kunden unterbrechen, mit ihnen diskutieren, sie aufregen und sie fast aus dem Laden schmeißen. Solche Leute verkaufen wenig Ware und schaden dem Händler, mehr als sie nützen würden.

Mir ist auch mal passiert, dass ich nach der „plötzlichen Freiheit“, als ich nach meiner Flucht wieder nach Ungarn durfte, eine Sonnenbrille beim Optiker in der Tanácsköztársaság Straße – heute Andrássy Straße – von Békéscsaba kaufen wollte. Der Verkäufer – anstatt alle Sonnenbrillen vom Regal zu nehmen – hat mich gefragt, wieso ich im Winter eine Sonnenbrille brauche? Natürlich hat er mir auch keine gegeben. Der andere Verkäufer sprang nicht auf, um mir zu helfen. Ich habe im mitgeteilt, dass, wenn ich von Nürnberg über Österreich nach Mezőberény oder zurückfahre, mir eine ganze Weile die Sonne in die Augen scheint. Die Sonnenblende hilft da nicht mehr, weil die Sonne bereits so tief steht. Die schneebedeckten Berge spiegeln auch noch das Licht. Damals sah ich das erste Mal die schneebedeckten Alpen. Ich wusste nicht, was mich in

Österreich erwartet, ansonsten hätte ich in Nürnberg bereits eine Sonnenbrille gekauft.

Ich merkte mir den Namen des Verkäufers nicht, aber wenn er an seinen Manieren nichts verändert hat, dann bin ich mir zu 100 % sicher, dass er auch im Sommer keine Sonnenbrillen verkauft hat. Ich glaube nicht, dass er eine Leitungsposition bekleidet. Was seine Angestellten unter ihm betrifft, bleiben sie sicher weiter Hilfskräfte.

Wenn Sie sich bei den Menschen beliebt machen wollen, dann befolgen Sie die folgende Regel:

HÖREN SIE AUFMERKSAM ZU UND ERMUTIGEN SIE ANDERE ÜBER SICH SELBST ZU REDEN.

Behandeln Sie andere so, wie Sie behandelt werden wollen

Wenn Sie eine Absicht haben etwas zu kaufen, gehen Sie in ein Geschäft, wo Sie vermuten, das, was Sie suchen, auch zu finden. Der Verkäufer langweilt sich, hat schlechte Laune und teilt Ihnen mit, dass sie die Ware nicht auf Lager haben. Vielleicht befindet sie sich im Lager, aber er ist zu faul, um es zu holen. Da wäre irgendein netter Hinweis angebracht, dass er doch bitte sich mit Ihnen beschäftigen soll, damit Sie nicht nochmal kommen müssen oder wo anders hingehen müssen.

Sagen Sie, wie gut ihr doch die Frisur steht und wie perfekt sie doch geschminkt sei. Die Firmenkleidung hat man genau auf sie zugeschnitten oder sie habe so ein schönes Gesicht, sie solle Modell werden und nicht in diesem Geschäft arbeiten. Sie wird sofort nachsehen, ob die Ware da ist, da wette ich drauf.

Wenn Sie so hoffnungslos egoistisch sind, dass Sie nicht einmal ein wenig Freude um sich herum verbreiten und anderen ein wenig Anerkennung zukommen lassen können, damit sie im Gegenzug von Ihnen unbedingt etwas wollen, wenn

Ihre Seele sich nicht von einer sauren Wildbirne unterscheidet, dann wird Sie der Misserfolg einholen, was Sie sich auch verdient haben.

Ein einziges und äußerst wichtiges Gesetz steuert das menschliche Verhalten: Wenn Sie sich an das Gesetz halten, werden Sie beinahe keine Schwierigkeiten haben und Freunde sowie Seelenheil dadurch erlangen. Aber in dem Moment, wenn Sie es außer Acht lassen, hageln zahlreiche Schwierigkeiten auf Sie ein. Das Gesetz lautet so: Geben Sie anderen die Möglichkeit, sich geschätzt zu fühlen. Die Wertschätzung ist der stärkste Antrieb der Natur des Menschen. Der Sinn der menschlichen Natur ist das Streben nach Anerkennung.

Philosophen zerbrechen sich seit Jahrhunderten den Kopf über die Regeln des menschlichen Zusammenlebens – wenn es überhaupt ein erfolgreiches Rezept dafür gibt. Von dem vielen Brainstorming wurde ein wichtiges Gesetz geboren. „Behandeln Sie Familienmitglieder und andere Leute so, wie Sie von ihnen behandelt werden wollen."

Sie erwarten Wertschätzung von Leuten, mit denen Sie in Kontakt treten. Sie wünschen sich die Anerkennung Ihrer wahren Werte. Sie werden wohl wissen, wie viel Sie wert sind? Sie benötigen das Gefühl, dass Sie in Ihrer kleinen Welt wichtig sind, Sie wünschen sich keine billigen und falschen Schmeicheleien, sondern ehrliche Wertschätzung. Sie wollen, dass Ihre Angehörigen und Freunde Sie wertschätzen und loben. Wir alle wollen das. Gehorchen Sie daher der goldenen Regel und behandeln Sie andere so, wie Sie behandelt werden wollen.

Sie müssen wirklich weder Diplomat noch Präsident einer vornehmen Gesellschaft sein, um diese Form der Anerkennung anwenden zu können. Wir können beinahe jeden Tag Wunder damit bewirken.

Wir haben mit einer kleinen Gesellschaft meinen Geburtstag in meinem Lieblingsrestaurant, dem „Panoráma" in Mezőberény, gefeiert. Jeder hat sich Mittagessen von der Speisekarte bestellt. Ein Ehepaar dachte, dass ein Teller voller Braten, wegen der großen Portionen, ihnen reichen würde. Aber sie haben es dem Kellner nicht mitgeteilt. Der Kellner hat das

Gericht doppelt serviert. Ich habe mich im Namen unserer Gäste entschuldigt und ihm gesagt, er solle es nicht zurückbringen, vielleicht sei es jemand und wenn nicht, würden wir ihn bitten, uns das Gericht einzupacken und wir würden es dann mitnehmen. Niemand wollte es. Wenn ich es zurückgeschickt hätte, hätte es der Kellner wegschmeißen oder bezahlen müssen. So musste ich es doppelt zahlen, aber seitdem sind wir immer gern gesehene Gäste, nicht nur ich, sondern die gesamte Gesellschaft bekommt jedes Mal große Aufmerksamkeit, wenn sie das Restaurant betritt. So ist die ehrliche, von Herzen kommende Macht der Anerkennung. Solche alltäglichen Aussagen wie; „Es tut mir wirklich leid, was passiert ist", „Könnten Sie vielleicht ...", „Erlauben Sie bitte ...", „Möchten Sie vielleicht ...", „Vielen Dank ...", und so weiter, solche Höflichkeitsformen sind Öl im monotonen, sandigen Getriebe des Lebens und ganz nebenbei Merkmale der guten Erziehung.

Jede Nation glaubt, dass sie besser ist als die anderen. Daraus resultieren Heimatliebe – und Kriege. Die Wahrheit ist, dass beinahe jeder, mit dem Sie etwas zu tun haben, denkt, dass er/sie auf irgendeine Art und Weise anders ist als Sie. Der Schlüssel zum Herzen dieser Leute ist, dass Sie ihnen vorsichtig das Gefühl geben, dass Sie sich ihrer wichtigen Rolle in ihrer kleinen Welt im Klaren sind. Das Traurige an der Sache ist, dass die innere Leere häufig genau die Leute mit verletzender und widerlicher Stimme, Geläut und Hochnäsigkeit verschleiern, die den geringsten Anspruch darauf haben, mit ihren Leistungen anzugeben.

Wo könnten Sie mit diesem „Stein der Weisen" anfangen?

Das Würdigen der anderen zu üben? Wieso fangen Sie nicht gleich zu Hause damit an? Ich kenne keinen Ort, an dem mehr Bedarf dafür wäre und wo dies mehr vernachlässigt wird.

Mit Sicherheit hat Ihre Frau, Ihr Mann auch gute Eigenschaften – zumindest haben Sie es einmal geglaubt, ansonsten hätten Sie nicht geheiratet, wären nicht zusammengezogen. Aber wann haben Sie das letzte Mal Ihre Bewunderung für die Anziehungskraft Ihres Partners/Ihrer Partnerin ausgedrückt? Wann? Wann? Bevor Sie Ihre Frau, Ihren Mann geheiratet haben, haben Sie ihn/sie sicher gelobt. Sie müssen es im Sinne Ihrer Sicherheit weiterhin tun. In der Ehe benötigt man nicht nur Ehrlichkeit, sondern auch Diplomatie.

Wenn Sie jeden Tag Frieden, Harmonie und Ruhe haben wollen, mischen Sie sich nicht in den Haushalt Ihrer Frau ein und machen Sie keine hämischen Vergleiche mit dem Ihrer „Mutter". Sogar im Gegenteil, loben Sie Häuslichkeit Ihrer Frau und seien Sie glücklich darüber, dass Sie die einzige Frau heiraten durften, die Schönheit, Cleverness und Häuslichkeit in sich vereint.

Auch wenn der Braten ähnlich hart ist wie die Sohle eines Puma- oder Bundschuhs, der Kuchen wie Asche aussieht, er zerbröselt in Ihren Händen, bevor Sie hineinbeißen und man ihn nicht einmal Kuchen nennen kann oder Sie raten müssen, was Ihre Frau gerade auf den Tisch serviert, beschweren Sie sich selbst dann nicht. Sie können höchstens erwähnen, dass das Mittagessen diesmal nicht so perfekt war wie sonst, und Sie werden sehen, mit welcher Hingabe sie danach aufpassen wird, damit sie dem Ideal, dass Sie geschaffen haben, gerecht wird.

Fangen Sie nicht zu plötzlich mit dem Loben an, weil es dann verdächtig wird. Heute Abend oder morgen bringen Sie aber Blumen oder Pralinen mit. Sagen Sie nicht nur, dass „ich das machen müsste". Machen Sie es auch und als Draufgabe bringen Sie ein Lächeln und ein paar liebe Worte mit.

Liebe Damen – Sie sollten auch nicht die stinkenden Socken oder Unterhosen von ihren Männern, Freunden oder Lebensgefährten rausschmeißen. Es gibt Waschmaschinen auf dieser Welt. Wenn die Männer kochen wollen, dann verschwinden Sie aus der Küche. Das können Sie niemandem mehr glauben als mir. Nach meinen Wochenenddiensten in der Nacht fiel ich morgens ins Bett. Bis ich aufgestanden bin, war das Essen schon fertig. Laura und ich haben am fertig gedeckten Tisch nur mehr Platz nehmen müssen. Wenn Sie daher wollen, dass die Menschen Sie lieben, dann lautet die Regel:

LASSEN SIE DEN ANDEREN EHRLICH FÜHLEN, DASS ER/SIE DER/DIE WICHTIGERE IST.

Auf welche Weise gewinnen Sie die Menschen nach Ihren eigenen Vorstellungen für sich?

Früher habe ich viel gestritten. Ich dachte, dass ich die Wahrheit besser kenne. Ich dachte nicht einmal daran, dass der andere auch Recht haben könnte. Als letzte Konsequenz bin ich zur Erkenntnis gekommen, dass Menschen nur auf eine Weise aus Streitigkeiten profitieren können – wenn sie sie vermeiden. Vermeiden Sie ebenfalls scharfe Gegensätze.

Die meisten Streitigkeiten enden damit, dass beide Parteien noch mehr davon überzeugt sind, dass sie Recht haben. Aus diesem Grund dürfen Sie nie Oberhand bei einem Streit haben. Wenn Sie den Streit verlieren, dann verlieren Sie ihn, und wenn Sie ihn gewinnen, verlieren Sie ihn auch. Wieso? Stellen Sie sich vor, dass Sie den anderen besiegen, seine Argumente zunichtemachen und ihm beweisen, dass er nicht alle Tassen im Schrank hat. Was passiert dann? Sie werden sich großartig fühlen – aber der andere? Sie haben sein Minderwertigkeitsgefühl geweckt und haben seinen Stolz verletzt.

Wenn Sie immer, in allem und überall streiten, können Sie Recht haben. Was jedoch die Änderung der Meinung von anderen betrifft, wird der Streit wahrscheinlich genauso unnötig sein, als ob Sie nicht Recht gehabt hätten. Die Meinung von anderen ist schwer zu ändern.

Lernen Sie die Regel genau: Lassen Sie zu, dass der Kunde, Ihr Liebster/Ihre Liebste, Ihr Mann, Ihre Frau, Sie bei dem kleinen Streit besiegt.

Hass wird nicht durch Hass, sondern durch Liebe beendet. Das Missverständnis wird nie durch Diskussion, sondern durch Einfühlsamkeit, Diplomatie, Einsicht und Friedsamkeit aus der Welt geschaffen, mit der man den Standpunkt des anderen versteht.

Wenn man es zu etwas bringen will, hat man keine Zeit für Streitigkeiten. Man kann sich nicht erlauben, die Konsequenzen des Streits zu tragen, dass man aus der Bahn geworfen wird und die Selbstkontrolle verliert. Lassen Sie auch bei wichtigeren Dingen nach, wenn Sie mindestens genauso Recht haben wie der andere. Wenn es um kleinere Sachen geht, geben Sie auch dann nach, wenn es klar ist, dass der Andere Unrecht hat.

SIE KÖNNEN JEDEN STREIT GEWINNEN, DEN SIE GAR NICHT BEGINNEN.

Sie lesen dieses Buch jetzt schon recht lange. Weil Sie davon gefesselt sind. Machen Sie das Buch zu, trinken Sie Ihren kalten Kaffee, entfernen Sie die Asche von Ihrer Zigarette und beginnen Sie damit, die Ihnen am nächsten stehenden Personen zu würdigen. Und beobachten Sie das wunderbare Ergebnis.

Eine sichere Methode, um Feinde zu bekommen, und wie können Sie es vermeiden

Was würden Sie sagen – in wie viel Prozent der Fälle hätten Sie Recht? Laut Statistik haben die Menschen im Schnitt zu 75 % Recht bei ihren Streitigkeiten. Aber wenn Sie sich nicht sicher sind, wie können Sie dann dem anderen sagen, dass er Unrecht hat?

Mit Blicken, der Betonung, Handbewegungen kann man genauso wortgewandt jemandem mitteilen, dass er Unrecht hat, wie mit Worten. Wenn Sie ihm es schon gesagt haben, können

Sie von ihm erwarten, dass er Ihnen Recht gibt? Niemals. Sein Intellekt und seine Urteilskraft wurden in Frage gestellt und sein Stolz und seine Selbsteinschätzung wurden gekränkt. Das treibt Sie dazu an, zurückzuschlagen, aber niemals dazu, dass Sie Ihre Meinung ändern.

Sie können die Logik sämtlicher bekannter Philosophen hervorgraben, trotzdem wird er seine Meinung nicht ändern, weil Sie sein Selbstwertgefühl gekränkt haben. Beginnen Sie nie mit der Aussage, dass Sie „dies so und so beweisen werden". Es ist ein falscher Schritt, weil es bedeutet, dass Sie klüger sind als der andere. „Sie werden es ihm schon zeigen und der andere wird sofort anders denken." Das bedeutet eine offene Konfrontation, bewirkt Widerstand und der andere wird bereits zum Kampf gereizt sein, bevor Sie mit Ihrem Angriff begonnen haben.

Unter den günstigsten Bedingungen ist es ebenfalls sehr schwer die Denkweise der Menschen zu ändern, wieso sollten Sie Ihnen das noch erschweren.

Wenn Sie etwas beweisen wollen, muss das niemand wissen. Machen Sie es so sanft und geschickt, dass es niemand merkt.

Wenn jemand eine Aussage macht, von der Sie denken, dass sie falsch ist – sogar, wenn Sie sich sicher sind, dass sie falsch ist –, ist es nicht besser folgendermaßen zu reagieren: „Schauen Sie, ich glaube, das ist anders, aber vielleicht kann ich mich auch irren"– Passiert häufig. Und wenn Sie sich irren, möchten Sie es eindeutig sehen. Schauen Sie nach. In diesen Sätzen verbirgt sich ganz eindeutig eine magische Kraft. „Vielleicht irre ich mich. Passiert häufig. Schauen wir doch nach." Niemand auf der Welt, auf der Erde, nicht einmal in der Luft wird Ihnen widersprechen, wenn Sie das sagen. „Vielleicht irre ich mich", „Schauen wir nach."

Sie denken doch auch gerne systematisch oder? Niemand wird Sie daran hindern – nur Sie selbst. Sie werden nie Probleme bekommen, wenn Sie zugeben, dass Sie sich geirrt haben. Dies unterbindet jeden Streit und bringt den anderen dazu, genauso gewissenhaft, offen und ehrlich mit Ihnen zu sein wie Sie mit ihm. Es spornt ihn dazu an, dass auch er es zugibt: Er kann sich ebenfalls irren.

Wenn Sie sich sicher sind, dass der Andere Unrecht hat, und Sie es ihm auch so direkt sagen, was passiert dann? Sie machen den riesen Fehler, dass der andere beleidigt ist.

Wenig Menschen denken logisch. Die meisten von uns sind voll mit guten und schlechten Vorurteilen. Wir sind vergiftet mit vorgefertigten Ansichten, Eifersüchten, Misstrauen, Ängsten, Stolz und Neid. Die meisten Bürger sind unwillig ihre Meinung über seinen eigenen Glauben oder Gewohnheiten, Frisur, Kapitalismus oder seine Freunde zu ändern. Wenn Sie daher dazu neigen, Menschen zu sagen, dass Sie sich irren, dann bitte ich Sie auf Knien, machen Sie es nicht,

und lesen Sie jeden Morgen Folgendes, solange Sie einsehen, dass Ihre Meinung korrigiert werden muss.

Ich habe vor einiger Zeit damit aufgehört Menschen auf ihre Fehler und Irrtümer aufmerksam zu machen.

Vor ungefähr 40 Jahren haben wir, als wir in einer Runde saßen – unter ihnen Elvira Salzbrunner –, uns die Hauptschulzeit in Kereki in Erinnerung gerufen. Waldemar Salzbrunner saß in der Schule neben mir und ich wusste, dass er um einiges älter war und dreimal die Klasse wiederholen musste. Seine Schwester hat darauf bestanden, dass er nie wiederholen musste. Ich habe auf meine Meinung bestanden, bis ich gemerkt habe, dass mir hinter dem Rücken der Schwester bereits alle Zeichen geben, dass ich es lassen soll. Ich habe dann auch mit dem Zitieren der Vergangenheit aufgehört. Waldemar hat mit seiner Schwester in Kereki bei Pflegeeltern – bei Szatócs Nagy – gewohnt, vielleicht sind seine Eltern gestorben und sie waren noch minderjährig, ich kann mich nicht erinnern, aus welchem Grund Waldemar von einem Tag auf den nächsten neben mir in der Schulbank Platz genommen hat. Ich kann mich aber daran erinnern, dass es während des Schuljahres war und dass er nicht lange blieb. Danach machte er eine Lehre zum Möbeltischler und ging anschließend nach Budapest. Mit seinen Partnern haben sie die Lastwagons mit rotem Mahagoni aus Afrika geplündert. Weil die Budapester ja auch ordentliche Ansprüche hatten. Möbel aus Mahagoni-Holz. Als es für ihr dann doch zu heiß wurde in Budapest, ging er nach Kanada, wo die schönsten Möbel durch seine Hände gingen. Oder vielleicht noch immer gehen.

In meiner Kindheit und in meiner Jugend waren meine Manieren verbesserungswürdig.

Heute verstehe ich nicht, wieso ich so roh, rachsüchtig, großmäulig, widerspenstig und schnippisch war. Die Wörter haben meinen Mund schneller verlassen, als ich darüber nachdenken konnte. Ich wusste fast immer alles besser als andere. Von Mutter habe ich das sicher nicht geerbt, weil sie mit jedem sehr schön und nett geredet hat, sie war einfühlsam. Sie sagte mir auch, wie ich mich zu benehmen habe, dass ich meine Manieren verbessern muss. Ich hörte aber erst Jahre später darauf. Bis dahin habe ich viele Fehler und nicht wiedergutzumachende Dinge gemacht. Die mich heute kennen, glauben das jetzt nicht, aber es war so.

Ich war ungefähr so. Vielleicht erkennt sich jemand von Ihnen wieder.

Manchmal können wir unsere Meinung ohne großen Widerstand und jegliche Regung ändern. Wenn man uns aber sagt, dass wir uns irren, weisen wir das zurück und erhärten unser Herz. Bei der Erstellung unserer Ansichten sind wir unglaublich unbedacht, aber wir werden sofort richtig leidenschaftlich für sie, wenn jemand versucht uns von ihnen zu lösen. Natürlich sind uns nicht unsere Ansichten so lieb, sondern unser bedrohtes Selbstwertgefühl. Das kleine Wort „meins“ ist auf dem Gebiet der menschlichen Beziehungen der wichtigste Ausdruck; und richtig bewertet, ist es der Anfang der Weisheit. Egal ob es beim „ich“ um alte Kleidungsstücke, mein unverputztes Haus, meinen Garten mit aufgerissenem Beton oder mein Fahrrad mit einem Achter geht. Wir weisen nicht nur die Anschuldigung zurück, dass der Absatz unserer Schuhe verschlissen ist, und dass in unserem Garten das Unkraut gar nicht mehr höher wachsen kann, weil der Neid von der Person, die wir damit beauftragt hatten, es ihm nicht erlaubt hat, unseren Rasen zu mähen – sondern auch, dass unsere Auffassung von der Welt oder im Allgemeinen unser IQ korrigiert gehört. Wir lieben es weiterhin an die uns vertraute Wahrheit zu glauben. Die Empörung, die wir immer spüren, wenn unsere Annahmen bezweifelt werden, führt uns dazu, dass wir sämtliche Schlupflöcher finden, damit wir uns weiterhin an sie klammern können. Das Ergebnis ist dann, dass unsere Ursachensuche im Großen und Ganzen aus der Suche nach Argumenten besteht, mit deren Hilfe wir weiterhin an das glauben können, an das wir bisher geglaubt haben.

Mir wurden auch einige bittere Wahrheiten an den Kopf geworfen; dass ich unmöglich sei, jedem meine Meinung auftragen wolle. Meine Freundinnen fühlen sich ohne mich viel besser, sie kümmern sich nicht mehr um mich. Ich halte mich für so klug, dass ich von niemandem etwas lernen kann. Sie sagen mir schon gar nichts mehr. So werde ich nie mehr wissen als jetzt – und das ist viel zu wenig.

Ich habe diese schmerzlichen Zurechtweisungen nicht angenommen. Ich hätte meine Manieren um 180 Grad ändern müssen. Ich habe nicht damit angefangen meine Widersprüche, meine nicht akzeptierenden Manieren – mein Verhalten – zu ändern.

Ich hätte mir die Regel aufstellen müssen, dass ich von der Kritik anderer und der Geltendmachung meiner eigenen aggressiven Ansichten absehe.

Als ich zu denken begann

und reifer wurde, habe ich mir verboten, Wörter oder Redewendungen zu benutzen, die eine bestimmte Meinung ausdrücken. Zum Beispiel: „wirklich“ oder „ohne Zweifel“, „so ist es“. Stattdessen habe ich folgende Ausdrücke verwendet; „ich denke“, „ich meine“, „ich glaube“, „mir erscheint es jetzt so“.

Wenn irgendwer etwas sagte, dass ich für falsch hielt, habe ich mir untersagt, ihm sofort zu widersprechen und ihm gleich aufzuzeigen, was bei seinem Vorschlag unmöglich ist. Meine Antwort beginne ich mit der Feststellung, dass seine Meinung unter bestimmten Umständen richtig sein könnte, aber in diesem Fall – scheint es mir – ein gewisser Widerspruch festzustellen ist. Schnell habe ich die Vorteile meiner veränderten Methode bemerkt. Meine Konversationen verliefen viel angenehmer. Meine zurückhaltend formulierten Ansichten wurden bereitwilliger angenommen und ich erzeugte weniger Widersprüche. Ich fühlte weniger Wut, wenn sich herausstellte, dass ich Unrecht hatte und ich konnte andere viel leichter überzeugen, dass sie ihren Irrtum einsehen, dass sie mit mir einer Meinung sind, wenn ich Recht hatte.

Diese Methode, mit der ich am Anfang zu kämpfen hatte, wurde ganz natürlich und später so einfach und alltäglich, dass seit Jahren niemand mehr befehlshaberische Ausdrücke von mir gehört hat. Ich denke, dass ich es neben meinem Charakter dieser Gewohnheit zu verdanken habe, dass seit einer Weile mein Wort Gewicht hat. Vor allem in der Bäckerei begann man zu mir aufzusehen.

Mit ein wenig Gefühl und Entschlossenheit konnte ich mich so weit beherrschen, dass nicht ich dem anderen sagen musste, wann er Unrecht hatte. Dafür habe ich andere befähigt, die es dann weiterleiteten. Heute kann ich sagen, dass ich der Typ moderne Geschäftsfrau bin: eher beratend, Vorbild, Schmied und Erhalter von menschlichen Werten. Eher zahm als der, der drüberfährt, kein aggressiver Typ. Meine Angestellten bekommen vor mir einen Vertrauensvorschuss, dabei hoffe ich, dass sie zu diesem Idealbild heranwachsen. Ein guter Leader holt aus den Mitarbeitern das Beste raus und ich stelle sie in den Mittelpunkt seiner Aufmerksamkeit. Ich berücksichtige dabei die Sensibilität der Menschen. Ich kann schmunzeln und lächeln. Ich habe eine neue Auffassung eingeführt, die nicht mit Augenwischerei und verdächtigen Zaubertricks die Arbeiter in unsere Firma treibt, sondern durch Anständigkeit und Manieren.

Ich kann den Unterschied zwischen Schmeichelei und der Wertschätzung der Selbsteinschätzung anderer erkennen.

Schmeichelei weicht die Persönlichkeit auf, jedoch die Wertschätzung der Selbsteinschätzung anderer kann unsere Beziehungen fruchtbar machen.

HÖREN SIE SICH DIE MEINUNGEN ANDERER AN! SAGEN SIE ANDEREN NIE, DASS SIE NICHT RECHT HABEN!

Geben Sie zu, wenn Sie sich geirrt haben

Einmal habe ich mich vom Hauptbahnhof Richtung Flughafen beeilt, weil auf den Kanaren ein Sturm wütete, die Flieger verspätet starteten und nicht in München, Stuttgart und Frankfurt landen durften, weil es dort Nachtflugverbote gab. Nürnberg hat kein Nachtflugverbot und der Flughafen ist 24 Stunden in Betrieb. In meiner Eile habe ich rausbiegend aus der Blumenstraße ein Polizeifahrzeug geschnitten. Sie haben mich auch angehalten. In zwei Minuten habe ich sofort alle 10 Dokumente herausgegraben. Ich wusste, dass ich in Schwierigkeiten bin, deshalb habe ich nicht auf den Polizisten gewartet, sondern gleich mit meiner Beichte angefangen. „Ich weiß, dass ich einen Fehler gemacht habe, Sie mussten bremsen, damit Sie mir nicht hinten reinfahren. Ich weiß gar nicht, wieso ich so etwas Dummes getan habe." Ich habe alles, was schlecht ist, über mich gesagt. Der Polizist wollte, da er menschlich ist, zeigen, dass er eine wichtige Persönlichkeit ist. Weil ich aber angefangen habe mich selber zu beschimpfen, konnte er sein Selbstwertgefühl nur auf eine Art und Weise befriedigen, und zwar, dass es mir großzügig vergibt. Aber wenn ich mich verteidigt hätte, ungefähr so: „Wieso treibt ihr Polizisten euch auf der Straße herum, ihr müsst ja wissen, dass nur wenige euch mögen, gerade dann, wenn ich es eilig habe und wie ein Düsenjet Richtung Albrecht Dürer rasen muss?" – Ich bin mir sicher, dass der Leser auch schon versucht hat, mit den offiziellen Behörden zu diskutieren. Anstatt das Schwert zu ziehen, habe ich zugegeben, dass der Polizist vollkommen Recht hat und ich ganz und gar nicht. All das habe ich offen, begeistert, fast weinend und schnell eingesehen. Dieser Eifer, mit der ich mich selbst verurteilt habe, hat dem Polizisten jeglichen Kampfgeist genommen. Der Fall wurde daher freundschaftlich damit geregelt, dass ich mich auf seinen Standpunkt berief und er sich auf meinen. Er hat nur gefragt, was die Zahl 78 in der 12er-Rubrik in meinem Führerschein bedeutet.

LG: „Ich darf seit meiner Operation nur Autos mit Automatik fahren."

Wenn wir schon in Schwierigkeiten stecken, ist es nicht besser, wenn wir die Meinung unseres Gegenübers aussprechen? Ist es nicht einfacher das Selbsturteil zu ertragen, bevor jemand Fremdes über uns urteilt? Dann muss man sämtliche abwertende Dinge über uns selbst sagen, über die wir wissen, dass der andere genau diese Dinge über uns denkt oder beabsichtigt zu sagen – aber bevor er Zeit hätte, sie zu sagen! Es besteht die Möglichkeit, dass er großzügig und vergebend ist und wegen unseres Fehlers ein Auge zudrückt. Wenn wir Recht haben, versuchen wir vorsichtig und taktvoll dies durch unsere Mitmenschen akzeptieren zu lassen. Wenn wir Unrecht haben – und wenn wir ehrlich zu uns selbst sind, passiert dass überraschend häufig – müssen wir unseren Irrtum schnell und mit Begeisterung zugeben. Dieses Verfahren bringt nicht nur bemerkenswerte Ergebnisse, es ist auch viel lustiger als die Selbstbestätigung.

GEBEN SIE SCHNELL UND BESTIMMT ZU, WENN SIE SICH GEIRRT HABEN.

Der steile Weg zum Verstand der Menschen

Wenn irgendwer Sie aus der Fassung gebracht hat und Sie ihm so richtig die Meinung gesagt haben, fühlen Sie sich leichter, weil Sie Ihr Gift abgesondert haben. Aber was fühlt wohl der andere? Gibt er Ihnen Recht? Wird er Sie durch Ihr kämpferisches und feindliches Verhalten leichter verstehen?

Wenn Sie sagen würden, „setzen wir uns hin und besprechen wir die Sache, klären wir die Unterschiede", wird sich sofort herausstellen, dass sich ihre Meinungen gar nicht so sehr unterscheiden und dass sie sich nur in ein paar Punkten einigen müssen, weil sie bei vielen bereits einer Meinung sind. Wenn Sie daher die nötige Geduld und Ehrlichkeit für die Zusammenarbeit mitbringen, gibt es für die Zusammenarbeit kein Hindernis.

Verwandeln Sie Ihre Feinde zu Freunden.

Wenn Sie wer hasst, gibt es auf der Welt keine Logik, mit der Sie ihn/sie für sich gewinnen können. Die alles kontrollierenden Eltern, der tyrannische Chef, der faule Ehemann, die zanksüchtige Ehefrau müssen alle begreifen, dass die Menschen ihre Denkweise nicht ändern wollen. Sie können niemanden dazu zwingen, dass sie Ihnen zustimmen, aber vielleicht können sie Ihr Recht erkennen, wenn Sie auf ehrlicher Art und Weise liebevoll und freundlich sind.

Wenn Sie jemanden für Ihre Sache gewinnen wollen, überzeugen Sie ihn/sie vorher davon, Ihr Freund zu sein, das wird ihn/sie im Herzen packen – dieser Weg führt zu seinem Verstand.

WENN SIE ETWAS ZU SAGEN HABEN, BEGINNEN SIE IN EINEM FREUNDLICHEN TON.

Unterschiedliche Meinungen

Wenn Sie mit jemandem ins Gespräch kommen, beginnen Sie nie damit, worin sie unterschiedliche Meinungen haben. Beginnen Sie damit, dass Sie hervorheben – und betonen –, in welchen Dingen Sie einer Meinung sind. Zeigen Sie auf, wenn es möglich ist, dass Sie beide das Gleiche wollen und der einzige Unterschied in der unterschiedlichen Methode und nicht im Ergebnis besteht.

Lenken Sie das Gespräch so, dass der andere bereits am Anfang auf etwas sagen kann: „Genauso ist es!" Verhindern Sie, wenn es möglich ist, dass er „nein" sagen muss.

Die verneinende Antwort ist das am schwersten überwindbare Hindernis. Wenn jemand nein zu etwas gesagt hat, dann fordert sein Stolz von ihm, dass er konsequent zu sich selbst bleibt. Später kommt er vielleicht drauf, dass das „Nein" falsch war: Aber sein Stolz wird es nicht zulassen, dass er es zugibt. Wenn er etwas ausgesprochen hat, muss er dazu stehen. Aus diesem Grund ist es wichtig, dass wir unsere Gesprächspartner in die richtige Richtung lenken.

Der gute Redner bekommt bereits am Anfang viele „Ja-Antworten". Psychologisch lenkt er das Publikum in die Richtung der Zustimmung. Psychologisch ist alles klar, wenn jemand das Wort „nein" ausspricht und es auch ernst meint, er spricht nicht nur ein Wort mit vier Buchstaben aus, sondern viel mehr. Sein ganzer Organismus, Drüsen-, Nerven- und Muskelsystem verfällt in eine Abneigungsstarre. Es hat auch körperliche – meistens geringe, aber manchmal gut beobachtbare – Anzeichen. Kurz gesagt, das ganze Nerven- und Muskelsystem ist auf den Standpunkt der Abneigung eingestellt. Andererseits, wenn jemand „ja" sagt, kommt es nicht zu diesem Krampf. Das Verhalten des Organismus ist abwartend, zustimmend und offen. Daher, je mehr „Jas" wir von den anderen am Anfang bekommen, ist es umso wahrscheinlicher, dass wir seine Aufmerksamkeit für unseren wichtigen Vorschlag haben.

Dieses Jasagen ist eine sehr einfache Methode, trotzdem wird sie oft vernachlässigt! Oft wirkt es so, als ob die Leute bereits am Anfang ihre eigene Wichtigkeit mit Widersprüchen betonen wollen. Wenn zum Beispiel ein extremistischer, rechter Politiker auf einen grünen Politiker trifft, ist seine erste Aufgabe, den Grünen zornig zu machen. Was ist daran gut? Wenn er es aus Spaß macht, ist es noch verzeihbar; aber wenn er denkt, dass er irgendwas damit erreichen kann, zeugt es von Unwissenheit.

Lassen Sie Ihre Schüler, Kunden, Kinder, Männer, Frauen und Partner bereits am Anfang des Gespräches „nein" sagen: Danach werden Sie viel Zeit und Geduld benötigen, damit Sie diesen sträubenden Widerspruch in Zustimmung verwandeln.

Die Erfahrung zeigt, wenn Sie die anderen bereits am Anfang zum „Ja"-Sagen bewegen, werden sie schon am Anfang ihre ursprüngliche Aufregung vergessen und sie werden gerne alles machen, was Sie ihnen raten.

Es hat Jahre gedauert, bis ich verstanden habe, dass sich Streitigkeiten nicht auszahlen, und dass man viel mehr davon profitiert und es viel interessanter ist, wenn man die Dinge aus dem Blickwinkel des anderen betrachtet und versucht sie „Ja" sagen zu lassen.

Sokrates – Athen 460 vor Chr.–Athen 399 vor Chr. – war ein griechischer Philosoph. Er hat etwas geschaffen, was in der Geschichte nur wenigen gelang: Er hat eine neue Methode des menschlichen Denkens erarbeitet, und heute, 25 Jahrhunderte nach seinem Tod, ehren wir ihn als einen der weisesten Meister, die jemals diese streitende Welt beeinflusst haben. Damit er die Menschheit kennenlernt und die Welt versteht, hat er einen Dialog entworfen. Seine Methode? Hat er vielleicht den Menschen gesagt, wenn sie sich geirrt haben? Oh nein, er sicher nicht! Dazu war er viel zu klug. Seine ganze Methode, die wir heute Sokrates-Methode nennen, basiert darauf, dass er auf seine Fragen „Ja, Ja" Antworten bekommen wollte. Er hat solche Fragen gestellt, auf die seine Kontrahenten mit „Ja" antworten mussten. Er bekam ein „Ja" nach dem anderen und zum Schluss hat er nichts anderes gehört als „Ja". Aber er hat weitergefragt, bis sein Kontrahent – beinahe unbemerkt – auf Schlussfolgerungen gekommen ist, die er vor ein paar Minuten noch vehement verneint hätte.

Beim nächsten Mal, wenn Sie jemanden ins Gesicht sagen wollen, dass er sich irrt, denken Sie an den guten alten Sokrates, und stellen Sie Ihre Fragen so, dass Sie darauf „Ja"-Antworten bekommen. Sokrates selbst hat nichts aufgeschrieben, das haben seine Schüler gemacht. Die Gedanken und Lehren von Sokrates stammen von Platon.

FRAGEN SIE SO, DASS DER PARTNER BEJAHT.

Übertreffen Sie Ihre Freunde nicht

Die meisten Menschen reden viel zu viel, wenn Sie jemanden überzeugen wollen. Vor allem die Händler. Lassen Sie den anderen sagen, was er will. Er weiß über seine Sache, Probleme besser Bescheid als wir. Fragen Sie lieber und lassen Sie ihn reden.

Wenn sich unsere Ansichten nicht gleichen, spüren wir die Versuchung, ihn zu unterbrechen. Machen Sie es nicht, weil das gefährlich ist. Er wird sicher nicht auf uns hören, so lange er noch zahlreiche Gedanken hat, die er loswerden möchte. Hören wir daher aufmerksam und mit offenen Ohren zu – aber ehrlich. Ermutigen wir ihn, dass er seine Ansichten doch ausführen möge. Wenn wir nicht zulassen, dass er ausredet, kann man solchen Leuten nichts verkaufen. Wir müssen zulassen, dass sie kaufen.

Die Wahrheit ist, dass sogar unsere Freunde lieber von ihren Erfolgen mit uns reden, als sich unsere Angeberei anzuhören.

Wenn wir Feinde haben wollen, müssen wir nur unsere Freunde übertreffen. Wenn wir aber Freunde haben wollen, müssen wir zulassen, dass sie uns übertreffen. Wieso ist das wahr? Weil wenn unsere Freunde uns übertreffen, erhalten sie ein Gefühl von Bedeutung; wenn wir uns jedoch abheben, verleiht es ihnen ein Gefühl der Minderwertigkeit, des Neides und der Eifersucht.

Es gibt ein Sprichwort: Die schönste Freude ist die Schadenfreude. Oder anders gesagt: Die schönste Freude ist die

Schadenfreude, bei denen, die wir bis dahin beneidet haben. Wieder anders: Die schönste Freude ist die Freude auf Kosten von anderen. Wir haben Freunde, die sich mehr an unseren Problemen als an unseren Freuden erfreuen. Mindern wir deshalb unsere eigene Leistung. Wenn wir bescheiden sind, können wir nur Erfolg haben.

Wir müssen bescheiden sein, weil weder ich noch der Leser viel zählen. Beide werden wir vorübergehen und nicht einmal nach 100 Jahren wird man uns vollkommen vergessen haben. Ausgenommen, wir schaffen etwas Bleibendes. Das Leben ist viel zu kurz, um andere mit unseren kleinen Erfolgen zu langweilen. Stattdessen sollten wir lieber sie reden lassen.

Was ist, wenn die Freunde von jemandem faul sind, über geringe Fähigkeiten und kaum Talent verfügen? Sie nehmen Drogen, lassen sich tätowieren, stehlen, betrügen und lügen. Ihr Benehmen ist beschämend und verdächtig für Sie. Sie selbst verstehen es auch nicht, wieso sie Ihre Freunde geworden sind? Kann sein, dass sie nicht mehr lange Ihre Freunde bleiben. Ich empfehle Ihnen, so schnell es geht, den Kontakt mit ihnen zu beenden und versperren Sie den Rückweg. Das ist die Ausnahme, bei der man sich über Freunde hinwegsetzen kann.

ZUHÖREN IST GOLD: DER PARTNER SOLL REDEN:

Wie können wir erreichen, dass andere mit uns zusammenarbeiten wollen?

Glauben wir nicht etwas mehr an die Ideen, die wir für uns selbst entdeckt haben, als an die Ideen, die uns auf dem Silbertablett serviert wurden? Wenn ja, würde es nicht von schlechtem Urteilsvermögen zeugen, wenn wir unsere Ansichten anderen aufzwingen wollten? Wäre es nicht weiser, wenn wir Empfehlungen aussprechen würden – aber anderen überließen, sich davon Konsequenzen abzuleiten?

Niemand mag es, wenn man ihn was kaufen oder machen lässt. Wir haben es lieber, wenn wir aus unserer Überzeugung heraus etwas kaufen und aus unserer eigenen Überzeugung heraus handeln. Wir mögen, wenn wir gefragt werden, was unsere Wünsche, Sehnsüchte und Gedanken sind. Wenn wir Misserfolg erfahren, kommen wir drauf, dass wir in denselben Graben gefallen sind, und dass wir etwas anders machen, anders denken und uns begeistern sollten. Man muss studieren, wie man das menschliche Verhalten beeinflussen kann.

Wir sollten niemanden etwas kaufen lassen, wovon nur wir glauben, dass derjenige es braucht. Umgarnen wir die Menschen, aber überlassen wir ihnen den Ruhm.

DER RUHM GEHÖRT IMMER DEM ANDEREN: IHNEN GEHÖRT DAS ERGEBNIS.

Die goldene Regel

Denken Sie daran, dass Ihr Partner überhaupt nicht Recht hat, aber er davon überzeugt ist. Beschimpften Sie ihn nicht, denn das könnte ja jeder Dummkopf machen. Versuchen Sie ihn zu verstehen.

Mit Sicherheit gibt es einen Grund dafür, wieso er so denkt und handelt. Suchen Sie nach diesem Grund – und Sie werden den Schlüssel für sein Handeln, vielleicht auch zu seiner gesamten Persönlichkeit in der Hand halten. Bemühen Sie sich ernsthaft darum, sich in seine Lage zu versetzen.

Sie ersparen sich viel Zeit und Unannehmlichkeiten, wenn Sie sich fragen, was Sie an seiner Stelle machen würden. Wenn Sie neugierig auf den Grund sind, wird die Wirkung auch nicht unangenehm sein. Das ist der Weg, wie Sie immer geschickter mit Menschen umgehen können.

Bleiben Sie für einen Moment stehen und überprüfen Sie Ihr begeistertes Interesse für Ihre eigenen Sachen mit der Langeweile für die Dinge anderer. Aber jeder denkt so. Wenn Ihnen das bewusst wird, haben Sie die einzig sichere Basis, mit der Sie jeden Beruf ausüben können. Sie können dann geschickt mit Menschen umgehen, wenn Sie den Standpunkten anderer Sympathie entgegenbringen.

Wenn nach dem Lesen dieses Buches sich unter anderem folgendes Ergebnis einstellt: Im Leser entwickelt sich der Hang mit dem Kopf anderer zu denken und die Dinge aus beiden Blickwinkeln zu betrachten. Wenn sich der Leser diese Dinge ans Herz nehmen würde, wäre es ein Meilenstein meiner Arbeit und meiner Karriere.

BETRACHTEN SIE DIE DINGE VOR ALLEM AUS DEM BLICKWINKEL ANDERER.

Was sich jeder wünscht

Wollen Sie einen Zauberspruch, der jeden Streit, jede Unannehmlichkeit beseitigt, Wohlwollen und Verständnis erzeugt? Ja? Gut. Bitte, hier haben Sie ihn: „Sie können wirklich nichts dafür, dass das Ihre Meinung ist. An Ihrer Stelle wäre es auch meine Meinung."

Diese Antwort besänftigt auch den wütendsten, obszön schimpfenden Burschen. Und Sie sind vollkommen ehrlich, weil wenn Sie an seiner Stelle wären, würden Sie wirklich genauso denken wie er.

Ein Beispiel dafür: Al – Alfonso – Capone – Brooklyn 1899–Florida 1947 –, der größte Gangster der 1920er und 30er Jahre, hat die meisten Geschäfte der Unterwelt in Chicago mit Glücksspiel, Prostitution, Erpressung und Bestechung sowie dem verbotenen Handel von Alkohol gemacht. Von seiner Großzügigkeit und Güte erzählen Legenden. Das ungeheure Geld, das er besaß, erlaubte ihm mit jedem höflich umzugehen. Das Wort „Geldwäsche" stammt von ihm. Aus den ersten illegal verdienten Millionen eröffnete er Waschsalons. So wurde sein Geld sauber und die Kleider anderer rein.

Wenn Sie den gleichen Körper, das gleiche Temperament und die gleiche Denkweise geerbt hätten wie Al Capone und Ihr Leben in einem ähnlichen Umfeld mit ähnlichen Erfahrungen gelebt hätten, wären Sie genau der, der er war – und Sie wären genau dort, wo er war. Er verübte mehrere hundert Morde, aber keinen einzigen konnte man ihm nachweisen. Entweder hat er sehr professionell gearbeitet oder die amerikanischen Ermittlungen steckten noch in den Kinderschuhen. Letztendlich wurde er wegen Steuerhinterziehung nach Alcatraz gebracht.

Ich habe Al Capone nicht erwähnt, weil ich mit ihm sympathisiere, sondern einer meiner Passagiere mir stolz erzählte, nachdem er den „Paten" – Marlon Brando – auf meinem Pullover gesehen hat, dass er die Gefängnisinsel Alcatraz – Kalifornien – und die Zelle von Al Capone besucht habe. Mich hat in Kalifornien etwas anderes interessiert, nicht die Gefängnisinsel.

Marlon Brando mag ich seit seinem Film „Meuterei auf der Bounty". In den Hauptrollen Christian Fletcher und Tumi Tarita Teriipaia – Maimiti. Sie haben im Auftrag der englischen Regierung Brotfrucht aus Tahiti importiert. Auf dem Schiff brach eine Meuterei aus und damit sie nicht gefunden werden, sind sie auf die Insel Pitcairn gesegelt. Das Happy End kennen Sie.

Ein Grund dafür, dass Sie keine heiligen Kühe küssen, ist, dass Sie nicht in einer Hindu-Familie neben dem Ganges aufgewachsen sind.

Ihr Verdienst ist dabei sehr klein, dass Sie der geworden sind, der Sie heute sind – und vergessen Sie nicht, der andere kann auch nicht viel dafür, dass er so ist, wie er ist, wenn er aufgebracht, voreingenommen und sinnlos mit Ihnen streitet. Am besten Sie empfinden Mitleid für ihn. Der Großteil der Menschen lechzt nach Mitgefühl. Geben Sie ihnen etwas davon und sie werden Sie mögen. Das Mitgefühl ist die allgemeine Sehnsucht der menschlichen Natur. Das Kind teilt sofort mit, wenn es gekränkt ist, sich eventuell verletzt hat, damit er heldenhaftes Mitgefühl erntet. Die Erwachsenen zeigen ihre Verletzungen, erzählen von ihren Unfällen, Krankheiten, insbesondere die chirurgischen Eingriffe aus demselben Grund. Das Selbstmitleid über echte oder vermutete Probleme ist eigentlich zu einem gewissen Grad ein allgemeines Syndrom.

Hier möchte ich eine wahre Geschichte erzählen. Myrtilla, die in unserer Bäckerei arbeitete, bekam, kurz bevor ich in meinen Sommerurlaub nach Ungarn gefahren bin –, vor ca. 20 Jahren – ein Baby. Als damals einzige weibliche Anteilseignerin der Firma hielt ich es für meine Pflicht, sie zu besuchen. Ich bin kaum beim Haus von Myrtilla angekommen, klingelte bei ihr das Telefon und ich wurde verlangt. Obwohl ich dachte, dass niemand weiß, wo ich bin, nicht dass es ein Geheimnis gewesen wäre. Ein Arbeiter aus meiner Bäckerei hat angerufen, dass ich schnell zurückkommen solle, weil Archibald einen Unfall hatte und ich als Einzige ein Auto habe, mit dem er nach Békéscsaba ins Krankenhaus gebracht werden müsse. Ich habe Myrtilla das Geschenk für das Baby überreicht und fuhr zu unserem Haus. Archibald, ein 22-jähriger junger Mann, hat seinen linken Ringfinger absichtlich unter die Walze der Streckmaschine gesteckt. Ich schreibe deshalb absichtlich, weil, wenn das Gitter angehoben ist, die Maschine nicht funktioniert. So kann der Betriebsunfall vermieden werden. Also hat er seinen Finger dann reingesteckt, als die Maschine gerade in Betrieb war. Die Maschine hat seinen Finger auch auf 5 mm zusammengedrückt. Es war klar, dass Archibald es deshalb getan hat, damit wir uns an ihn wenden und uns mit ihm beschäftigen. Er lechzte nach Aufmerksamkeit. Und ich hatte leider zu wenig Zeit für ihn. Diese zwei Wochen Urlaub gingen schnell vorbei.

Wenn wir daher die Denkweise von Menschen an unsere anpassen wollen, lautet die Regel:

VERSTEHEN SIE DIE GEDANKEN UND WÜNSCHE ANDERER.

Beziehen Sie sich darauf, es wird jedem gefallen!

Jeder Mensch hat in der Regel zwei Gründe für sämtliche seiner Handlungen; der eine Grund hört sich gut an – der andere ist wahr. Der Mensch gesteht sich den wahren Grund ein. Aber weil wir tief in unserem Herzen alle Idealisten sind, denken wir gerne an den, der sich gut anhört. Wenn Sie daher Menschen ändern wollen, beziehen Sie sich auf die edleren Beweggründe. Sie können davon auch in der Geschäftswelt profitieren. Aber passen Sie auf, weil nicht alles mit gleichem Erfolg zu allen Situationen passt – und auch nicht zu jedem Menschen. Wenn jemand mit der bisherigen Methode zufrieden ist, wieso solle er daran etwas ändern? Wenn sie jedoch nicht zufrieden sind, wieso sollten sie nicht mit etwas anderem experimentieren?

Die Erfahrung hat mich gelehrt, dass, wenn ich über den Kunden keine verlässliche Information bekommen kann –, weil ich ihn vielleicht das erste und letzte Mal sehe –,der einzig gesunde Standpunkt die Annahme ist, dass die betreffende Person ehrlich, redselig, wahrheitsliebend ist und gerne zahlt, wenn er davon überzeugt ist, dass das, was der Taxameter anzeigt, auch richtig ist. – Es gibt auch Ausnahmen für die Begleichung der Rechnungen durch den Kunden, aber bis dahin habe ich noch alles mehrfach wieder zurückbekommen.

Oder wenn in unserer Bäckerei eine Rechnung an unseren Kunden oder an seine Firma ausgestellt wird, entspricht sie auch der Wahrheit. Anders und deutlicher formuliert: Die Leute sind meistens ehrlich und möchten gerne ihren Verpflichtungen nachkommen. Bei dieser Regel gibt es gar nicht so viele Ausnahmen, und ich bin überzeugt, dass auch die Menschen, die zum Hintergehen neigen, in den meisten Fällen positiv darauf reagieren, wenn jemand ihnen das Gefühl gibt, dass er ehrlich zu ihm ist, dann wird er ihn direkt und respektvoll wahrnehmen.

Bei einem meiner Aufenthalte in Mezőberény, zu Einschulungszwecken, wurden uns Pilze in die Bäckerei gebracht. Wir haben sie für die Füllung unserer Kuchen bestellt. Die Person, die sie gebracht hat, sagte, dass es 80 kg sind, auf der Rechnung standen 100 kg. Ich habe meiner Schwester Csurika, die damals gerade da gearbeitet hat, gesagt, sie solle sie doch auf die Waage stellen. Sie hat nur 60 kg angezeigt. Meinen Geschäftspartner habe ich nicht gefragt, ob wir die Pilze immer noch von dort bestellen.

Wenn Sie die Denkweise der Menschen nach Ihrer Denkweise formen wollen, lautet die Regel:

GEHEN SIE DAVON AUS, DASS JEDER EHRLICH IST.

Die Kunst der Darstellung

Die Darstellung wird auf jeder Ebene des Geschäftslebens stark angewendet – immer mit riesigem Erfolg. Sie wissen, dass kein Kunde viel Gerede mag. Über die praktische Anwendung der Darstellung und der Kunst des Vortragens erschienen tausende Bücher. Wir leben das Zeitalter der Werbung. Es reicht nicht, die Wahrheit zu behaupten, wir müssen sie auch nicht schärfen, bunter und anschaulich machen. Wir müssen die Dinge arrangieren. Das machen das Kino, das Radio, das Fernsehen, die Werbezeitungen und Anzeigen. Wir sehen überall Werbung. Das ist auch gut so, weil wir ein bisschen schon wissen, was wir haben wollen. Sie müssen auch so tun, wenn sie Aufmerksamkeit erregen wollen.

Anfang der 80er Jahre habe ich Waffeln gebacken, danach Baumkuchen. Bizsu ist eine wunderschöne Modepuppe aus Mezőberény. Sie besitzt sämtliche Eigenschaften eines Models. Ich wollte meine Produkte mit ihr vermarkten, wie sie mit Genuss in die süßen Pfannkuchen beißt. Aber meine Vorstellungen von Werbung steckten noch so sehr in den Kinderschuhen und ich hatte keine Ahnung, wo ich die Fotos von Bizsu ausstellen soll. Ratschläge bekam ich nicht einmal von dem, der sie fotografiert hat. Ich war so auch zufrieden mit meinem

Umsatz, aber vielleicht hätten meine lebensgroßen Fotos noch mehr in die Kasse gespült.

Die Experten der Auslagendesigns kennen die durchschlagende Kraft der Darstellung ganz genau. Was wir da sehen, wollen wir kaufen, und zwar genau so.

Am Anfang der 90er Jahre konnten wir bereits eine erfolgreiche Bäckerei unser Eigen nennen. Wir sprachen damals auch darüber, dass wir eine gute Werbung bräuchten, die bei den Leuten Aufmerksamkeit weckt.

An einem Nachmittag, so um 1992 herum, beeilte ich mich von meinem Arbeitsplatz in Fürth nach Mögeldorf. Vor mir fuhr ein kleiner Bus, voll mit folgender Werbung: „Unsere Autos können sie überholen, aber unsere Qualität nicht." Ich habe meinem Geschäftspartner erzählt, was ich gesehen habe. Hört sich sehr gut an, aber im damaligen Ungarn hätten wir statt Erfolg eher Hass mit so einem Text erzeugt. Damals war die Selbstständigkeit noch nicht so ausgereift. Sie kauften und aßen unsere Produkte, aber mit einem Lächeln und nicht wirklich offen, aber sonst war niemand mehr nur mit Brot und Kuchen selbstständig, somit haben sie sich langsam damit angefreundet. Die oben genannte Werbung haben wir dann nicht auf unsere Autos geklebt, sondern Folgendes: „Das Beste frisch. Produktion und Vertrieb Német Finompékárú Mezöberény." Seit neuestem haben wir einen unserer erfolgreichen Kuchen den Namen „Bonita" gegeben.

Es wussten nur wenige, sogar nach der Gründung in Mezőberény, dass ich auch Aktionärin bin. Ich habe die Leute gefragt, wie dieser Kuchen sei. Viele haben ihn gemocht, aber es gab auch einige, die gesagt haben, dass sie es sicher nicht kaufen werden. Dieser Kuchen sei für Leute, die nicht backen können. Da habe ich mir gedacht: „Gibt es davon so viele?"

Als ich vom Backofen gesprochen habe, fragten einige, ob ich damit regelmäßig einheize? Sie hatten den alten Kachelofen im Sinn.

Mir ist in Nürnberg noch eine andere Werbung aufgefallen. Das konnte man in der Auslage von Schlecker, eine Firma, die Kosmetik und Drogerieprodukte vertrieb, sehen. „Niemand verkauft so viele Produkte wie wir." Es hatte den Geruch von Selbstlob. Seitdem haben sie mehrere Tausend Geschäfte in Deutschland geschlossen. Sie sind pleite.

Über Hass möchte ich nur so viel sagen, dass wir in den ersten Jahren der Gründung in Ungarn die Öfen von insolventen staatlichen Brotfabriken gekauft haben. Nach ein paar Jahren – da ich deutsche Staatsbürgerin war –, bekamen wir von reichen bayrischen Privattiers einen Kredit über 100.000 DM. Davon konnten wir vier Schaubacköfen hier in Nürnberg kaufen. Ich war die Bürgin dafür, dass der Kredit zurückgezahlt wird.

Die Öfen von den Brotfabriken hatten schnell Fehler und wir mussten Elektriker holen. Am Ende unserer Straße war die DÉMÁSZ, der Stromanbieter von Mezőberény. Es kamen dann auch zwei Männer mittleren Alters. Das ist wichtig zu wissen, weil sie keine Anfänger waren. Ich bin mir sicher, dass sie mindestens 20 Jahre Berufserfahrung hatten. Sie haben die Öfen so repariert, dass alles funktionierte, nur Kuchen konnte man mit ihnen nicht backen. Und unsere Kühlkammer hat geheizt. Sie haben die Kabel meisterhaft vertauscht.

Das nenne ich Neid und Hass auf uns.

Wenn Sie daher die Denkweise der Menschen nach Ihrer Denkweise formen wollen, lautet die Regel:

DIE ANWENDUNG DES VOLLKOMMENEN ERFOLGS DER DARSTELLUNG.

Wettbewerb

Wenn irgendwer messen möchte, wie gut das Produkt ist, das er herstellt, muss es in den Wettbewerb, in den Vergleich mit der Konkurrenz, eine Art Rivalität pflegen. Ich denke dabei nicht an den schmutzigen, geldgierigen Kampf, sondern die Sehnsucht nach dem Übertrumpfen von anderen. Das ist es: andere übertrumpfen! Der Wettkampf! Den Handschuh hinwerfen! Eine sichere Methode bei Menschen mit Selbstwertgefühl! Natürlich weiß jeder, dass das Geld in die Kasse bringt. Geld und nur das Geld kann gute Arbeitskräfte zusammenbringen und zusammenhalten. Dazu ist nur der Wettbewerb in der Lage.

Das ist, was jeder nach Erfolg dürstende Mensch oder bereits erfolgreiche Mensch mag: den Wettbewerb.

Möglichkeit zur Selbstverwirklichung, zum Beweis des Selbstwerts, zum Hervorheben und zum Sieg.

Bei der Produktion von beinahe jedem Produkt, in jedem Sport, in der Bauindustrie, und, und, und ... gibt es Wettbewerb. Jeder möchte ein noch schöneres Auto kaufen, im Sport auf dem Podest stehen und das modernste Haus bauen lassen.

FORDERN SIE DEN ANDEREN ZUM WETTKAMPF HERAUS.

Was ist nun „Erfolg“?

Genau kann man ihn nicht beschreiben. Jeder ist anders – jeder hält etwas anderes für Erfolg. Wir alle sehnen uns nach Erfolg: die Hausfrau, der Staatsmann, der Geschäftsmann, die Produktionsunternehmen, die Dienstleister, weil jede Hingabe die Sehnsucht nach Fortschritt und den Wunsch nach Perfektion auf ihrem Gebiet erfüllen wird.

Meiner Meinung nach können Menschen von „Erfolg“ reden, wenn sie damit zufrieden sind, was sie erreicht haben, gut leben, spenden und anderen eine Freude bereiten können. In 99 % der Fälle spielt Geld eine Rolle beim Erfolg. Zu den 1 % gehören Menschen wie 1. Ludwig Philipp, Albert Schweitzer – Kaysersberg, 1875, einst Deutschland, jetzt Frankreich–Lambaréné, Gabun, Afrika 1965 –, der ein Krankenhaus in Gabun, einem westafrikanischen Land, bauen ließ und die Menschen von der Pest heilte.

2. Mohandas Karamchand Gandhi. – Porbandar, Indien 1869–Neu-Delhi 1948. Nicht eines natürlichen Todes gestorben – Er studierte Rechtswissenschaften in London, später hat er die Inder dazu ermutigt, sich von der Kolonialmacht England zu lösen, wollte die Kasten dadurch verschwinden lassen, dass er die Maharadschas ruinierte. Was hat er erreicht? Er hat Indien ins Elend geführt.

Das wahre Ergebnis eines erfolgreichen Lebens sind neben den materiellen Dingen die Ruhe, das Gefühl nützlich und unverzichtbar für jemanden zu sein. Wenn Sie natürlich gute Sachen herstellen, leisten, dann wird es Ihnen auch abgekauft. Man wird an Sie denken.

Zur Verwirklichung Ihrer Träume führt kein direkter Weg, ich bin das lebendige Beispiel dafür.

Wer sich an folgende Regeln hält, den werden der Erfolg, das Vermögen und der Reichtum nicht meiden. In einigen Sätzen habe ich bereits am Anfang meines Buches gezeigt, was man dafür bereits in jungen Jahren machen muss. Zunächst kommt die Gier, danach die Moral. Aber was passiert, wenn die Moral der Gier im Weg steht? Die Moral wird in die Zeit der Raubritter zurückversetzt. Oder ist Moral Luxus, den man sich erst ab einer bestimmten Einkommensgrenze erlauben kann? Wie sehen Sie es?

1. Suchen Sie nach Ihrem Talent. Die Menschen verfügen über genauso unterschiedliche Talente wie ihre Fingerabdrücke, die auch einzigartig sind. Der erste Schritt ist dieses Talent zu erkennen, damit man „ein erfolgreiches Leben führen kann“. Verzweifeln Sie nicht, wenn es Zeit in Anspruch nimmt. Ich war bereits vierzig, als ich draufgekommen bin, dass mein Hobby mein Brotberuf wird. Das Fahren. Wieso ich vorher nie ans Taxifahren gedacht habe, kann ich mir nicht erklären. Vielleicht weil die anderen Taxifahrer einen schlechten Ruf bei mir hatten. Der Beruf hatte nicht den gleichen Zauber wie seine Notwendigkeit. Es gibt keine präzisere Formulierung, damit man es besser versteht als: Viele

Frauen denken nach den zahlreichen Enttäuschungen, dass die Männer alle Teufelsbrunsten sind und alle in die Hölle gehören. Aber tief in ihrem Herzen hoffen sie, dass so ein Teufel sie zur Frau nimmt. Ich zweifle nicht daran, dass viele Leute gute Gründe dafür haben, wenn sie das Taxifahren nicht als populärsten Beruf ansehen. Aber es gehört zu den hilfreichsten. Denken Sie nur daran, wenn in Nürnberg die Piloten, Lokführer, Busfahrer, Straßenbahnfahrer und U-Bahn-Fahrer streiken. Wer bleibt übrig, um Sie an Ihr Ziel zu bringen, wenn Sie kein Auto haben oder Sie das Auto von Ihrem Partner nicht bekommen haben oder nicht Autofahren können und das Wetter Radfahren nicht zulässt. Sie haben aber einen außerordentlich wichtigen Termin, bei dem Sie Millionen gewinnen, aber auch Millionen verlieren können, wenn Sie es nicht rechtzeitig schaffen. Genau, die Taxifahrer. Meine Geschichte zeigt, dass es keine Schande ist, jahrelang den richtigen Weg zu suchen. Das ist keine Voraussetzung, dass Sie sich selber antreiben. Aber jeder hat das Recht, sogar die Pflicht, seinen eigenen Platz zu suchen.

2. Machen Sie daraus keine Tragödie, wenn Sie mit keinem Talent geboren wurden, suchen Sie lieber nach Ihrer Fähigkeit, die Sie besitzen.

3. Träumen Sie groß, denken Sie groß und handeln Sie groß.

4. Seien Sie geradlinig, offen, mutig im Auftreten, so wie Sie sich es vorstellen, andere möchten Sie genauso sehen. Respektieren Sie Ihre Eltern oder die Sie erzogen haben. Reden Sie immer positiv über die, die Ihnen das gute Benehmen beigebracht haben. Junge Männer sollen so vor den Damen stehen, als ob sie sie zum Tanz auffordern wollten. Lügen Sie nicht, betrügen Sie nicht und stehlen Sie nicht. Wenn Sie einmal damit angefangen haben und die Menschen sich in Ihnen täuschen, können Sie nicht aufhören und auf dem Weg bergab gibt es kein Stehenbleiben. Sie müssen sich vor nichts fürchten, wenn Sie die reine Wahrheit sagen.

5. Leben Sie begeistert. Wenn Sie etwas ohne Begeisterung machen, hat es keinen Wert. Die Begeisterung ist eine unerschöpfliche Kraft, die so mächtig ist, dass man sie nur mit Weisheit besänftigen kann. Bedienen Sie sich davon und Sie werden ununterbrochen neue Möglichkeiten sehen.
Wenn Sie die Fähigkeit der Begeisterung besitzen, werden Sie nie untätig herumsitzen.

6. Seien Sie kein Sklave Ihres Geldes, Vermögens oder von dem, was Sie besitzen. Investieren Sie es und bleiben Sie nicht darauf sitzen. Borgen Sie nur denen Geld, die ich Ihnen bereits am Anfang meines Buches empfohlen habe. Ziehen Sie eine Grenze. Ein Freund meines Mannes sitzt jetzt in einem Luxusgefängnis in Vaduz, in der Hauptstadt des Fürstentums Lichtenstein – FL –, weil die vielen hundert Millionen sowohl in Forint als auch in Euro ihm nicht reichten.

7. Quälen Sie sich nicht mit Ihren Sorgen. Das erfolgreiche Leben ist ein harmonisches Leben, in dem das Denken, die Arbeit, die Ruhe und die Erholung gemeinsam vorkommen. Der echte Lebenskünstler wird sich auch nicht totarbeiten, aber er wird seinen Körper auch keinem widerlichen Vergnügen hingeben. Wen seine Sorgen ständig quälen, lebt unter Anspannung. Probleme hat jeder – ein Rätsel –, unsere Aufgabe ist deren Lösung. Wir können sie nur dann lösen, wenn wir ausgeglichen, geistig wach und physisch gesund sind. Ansonsten kommen wir in eine schwere Lage.

8. Klammern Sie sich nicht an der Vergangenheit fest. Weder im Bereuen noch in der Sehnsucht. Halten Sie nicht beständig an einer Erinnerung fest, schwelgen Sie nicht lange in der Vergangenheit, weil gestern schon vorbei ist. Aus der Vergangenheit zu lernen, ist eine weise Sache, aber sich an den Erfolg der Vergangenheit zu klammern, ist gefährlich. Sie würden sich blockieren. Die Zukunft muss weitere Möglichkeiten mit sich bringen. Bauen Sie die Zukunft auf die Grundsteine Ihrer Erfahrungen.

Wer seinen Blick nur zurückrichtet, fällt leicht in einen Abgrund, von wo er gar nicht rauskommen kann. Beschäftigen Sie sich nur mit der Gegenwart und erhoffen Sie sich alles andere von der Zukunft.

9. Schauen Sie zu den Menschen auf, aber nie auf Sie herab.

10. Stellen Sie sich dem Teil Ihrer Verantwortung auf der Welt, in der Sie leben. Erschaffen Sie sich eine eigene Politik für Ihre internen und externen Angelegenheiten. Denken Sie vorher nach, aber dann müssen Sie auch handeln. Stehen Sie für Ihre eigenen Ideen ein, werben Sie dafür und leben Sie damit.
    Ihr Leben kann dann erfolgreich werden, wenn Sie mit all Ihren guten Eigenschaften daran teilhaben.
    Das erreichte Ergebnis darf Ihnen nicht zu Kopf steigen, geben Sie damit nicht an. Geschäftlich werben ist erlaubt, sogar Pflicht. Die Menschen suchen Sie sowieso auf, wenn Sie etwas Hervorragendes, Sensationelles geschaffen haben.

5 Wie denken Arme und wie denken Reiche über Geld

Diesen Teil möchte ich mit einigen klaren Anmerkungen beginnen. Ich möchte arme Leute auf keinem Fall kleinmachen, auf sie herabschauen oder sie unterschätzen. Aber ich möchte auch nicht, dass es den Anschein hat, ich würde mit ihrem selbst gewählten Elend mitfühlen, mir tun sie auch nicht leid. Ich habe einen Lebensabschnitt gehabt, als ich sogar das hergegeben habe, was ich nicht gehabt habe, weil es mir leidtat, dass ich ein bisschen mehr hatte. Ich bin absolut nicht der Meinung, dass Reiche besser sind als Arme. Die Reichen haben für sich nur ein besseres, Geld nicht einteilendes und angenehmeres Leben geschaffen. Was die Armen nicht getan haben. Gleichzeitig möchte ich sichergehen, dass Sie verstehen, was ich Ihnen schreibe. Aus diesem Grund werde ich den Unterschied zwischen Arm und Reich so scharf wie möglich beschreiben.

Wenn ich über Reiche, Arme und die Mittelschicht schreibe, verweise ich auf den Unterschied zwischen ihrer Denkweise und ihrer Taten, nicht bloß auf die Größe ihres Vermögens oder ihren Wert in der Gesellschaft.

Es ist mir klar, dass nicht alle, die arm, reich sind oder der Mittelschicht angehören, so sind, wie ich sie beschreibe.

Mein Ziel ist es, dass Sie den Sinn filtern, verstehen und anwenden können.

Niemand ist als Finanzexperte geboren. Jeder Reiche musste lernen, wie man erfolgreich mit Geld umgeht. Das können Sie auch, denken Sie daran, wenn die Reichen es können, dann können Sie es auch.

Wenn nicht gerade auf einem anderen Kontinent, oder an der Küste eines Meeres, Ozeans – dann verbringe ich meinen Urlaub gemeinsam mit Ádám und Laura in unserem Haus mit Garten in Mezőberény. Eines Nachmittags trinke ich meinen Cappuccino im Wohnzimmer und lese die Zeitschrift Heti Világgazdaság.

Unsere Bäckerei ist bereits aus unserem Garten in die Csabai út 29. weggezogen, aber die Zeitschrift kommt immer noch hierher. Mein Blick ist bei der Werbung eines Buchtitels hängen geblieben. Tom Butler-Bowdon: Wertschaffende. Als ich in Békéscsaba war, habe ich es gleich gekauft. Ich weiß nicht, wem ich danken muss, aber dieses Buch hat es mir ermöglicht, in eine Welt hineinzublicken, in der ich bisher noch nie war. Das nenne ich die dritte Änderung in meiner Auffassung. Die erste war die Flucht nach Deutschland. Die zweite, als ich mit meinem Geschäftspartner die Bäckerei gegründet habe. Dieses Buch hat mir die Idee gegeben, dass ich selber schreiben soll. Die Inspiration der Autorin ist nicht immer in mir vorhanden. Als ich von Nürnberg nach Berlin – Unfallklinik Marzahn – Unfallstation – eine Schachtel geliefert und in Berlin erfahren habe, was drin ist – ein menschliches Herz –, hat mich die Inspiration wochenlang gemieden. Ich musste ständig daran denken, dass ich den Arzt sehe, der mir die Schachtel übergeben hat, wie er einen Menschen auseinandernimmt. Dieses Paket musste dringend nach Berlin gebracht werden, damit es eingesetzt werden kann. Ich denke, dieser Pilot durfte keine weiteren Stunden fliegen und auf die Schnelle war kein anderer in der Nähe. So habe ich die Fahrt bekommen.

Wir wohnen seit über 25 Jahren über der Deutschen Bank. Trotzdem habe ich nie daran gedacht, dass diese Bänker, die mit Geld hantieren, hier arbeiten. Was machen sie mit dem Geld, dass sie ihr ganzes Leben damit füllen können?

Wieso sollte ich ein Vermögen haben und reich werden?

Vermögende Menschen haben eine klare Vorstellung davon, dass sie sich im Reichtum baden wollen. Und von dieser Forderung gehen sie nicht ab. Sie entwickeln eine bedingungslose Verpflichtung für ihren Wohlstand. Solange es moralisch legal, realisierbar ist, werden sie alles dafür tun, was nötig ist, um reich zu werden.

Wenn ich mehr Geld, ein größeres Vermögen habe, lebe ich sorgenfreier.
Mehr Geld bringt mehr Freude ins Leben.
Ich konnte die Welt bereisen.
Ich kann ruhiger leben.
Ich habe keine materiellen Probleme.
Ich kann gut schlafen.

Wieso sollte ich kein Vermögen haben, wieso sollte ich nicht reich sein?

Die Erfolglosen haben eine einzige Eigenschaft, die sie perfekt charakterisiert. Jeder von ihnen kennt die Gründe für den Misserfolg und sie haben ein absolut unangreifbares Alibi, womit sie ihre Erfolglosigkeit erklären.

Darunter gibt es sehr kluge Alibis, aber Alibis kann man nicht zum Geldmachen verwenden. Die Welt interessiert sich für eine einzige Sache: Bist du erfolgreich?

Der Hauptgrund dafür, dass Leute nicht das bekommen, was sie wollen, ist, dass es unter ihnen welche gibt, die gar nicht wissen, was sie wollen.

Wenn ich etwas erschaffe, verliere ich auf einmal alles. Es kommt zur Pleite.

Ich will nie wissen, ob mich die Leute wegen meines Geldes oder wegen mir selbst mögen.

Ich würde in die höchste Steuerklasse kommen und müsste die Hälfte meines Geldes an den Staat abliefern.

Geldverdienen ist harte Arbeit.

Auf dem Weg zum Vermögen könnte ich meine Gesundheit verlieren.

Meine Familie und meine Freunde würden fragen: Was glaubst du eigentlich, wer du bist?

Jeder würde von mir Geld verlangen und niemand würde es mir zurückgeben.

Ich könnte ausgeraubt werden.

Es ist eine große Verantwortung, auf das viele Geld aufzupassen.

Ich müsste auf das ganze Geld aufpassen.

Ich müsste mich auf dem Gebiet der Steuern und des Vermögensschutzes auskennen, müsste juristische Kenntnisse besitzen. Wenn ich daran denke, bekomme ich schon Kopfschmerzen.

Ich müsste so viel arbeiten wie ein Ochse und wurde daran keine Freude haben.

Ich könnte kein Vermögen auf ehrliche Art und Weise anhäufen.

Wenn ich den Mut gehabt hätte, mich so zu sehen, wie ich bin, hätte ich meine Fehler gesehen und sie ausgebessert. Dann hätte ich die Möglichkeit gehabt, sowohl aus meinen als auch aus den Fehlern anderer zu lernen. Ich weiß, dass mit mir etwas nicht in Ordnung ist, sonst wäre ich da, wo ich sein könnte, wenn ich mehr Zeit darauf verwendet hätte, meine Fehler zu analysieren und weniger Alibis für ihre Vertuschung aufzuwenden.

Heute ist es eine Art nationales Vergnügen Alibis zu produzieren, die Misserfolge erklären. Das Vergnügen ist so alt wie die Menschheit und seine Auswirkung auf den Erfolg ist verheerend. Wieso klammern sich die Menschen an ihr Lieblingsalibi? Die Antwort ist eindeutig. Sie schützen ihre Alibis, weil sie von ihnen geschaffen wurden. Die Alibis der Menschen sind das Resultat ihrer eigenen Vorstellungskraft. Die Natur des Menschen sorgt dafür, dass der Mensch seine eigenen geistigen Schöpfungen schützt.

Das Produzieren von Alibis ist eine tief verwurzelte Gewohnheit. Es ist schwer sich von Gewohnheiten zu lösen, vor allem wenn sie bezeugen, wie wir sie gemacht haben.

Ein Philosoph hat mal gesagt: „Der erste und größte Sieg ist, wenn du dich selbst besiegst. Wenn du von dir selbst besiegt wirst, ist es die schmachvollste Sünde."

Ein zweiter Philosoph sagte: „Es war eine große Überraschung, als ich merkte, dass jede Hässlichkeit, die ich in anderen sah, eine Spiegelung meiner eigenen Natur war."

Ein dritter Philosoph sagte: „Für mich war es immer ein Rätsel, wieso die Menschen absichtlich so viel Zeit in die Vertuschung ihrer Fehler mit Alibis verwenden, damit sie sich selbst täuschen. Wenn sie ihre Zeit anders verwenden würden, würde sie reichen, um sich von ihren Fehlern zu heilen, und dann hätten sie keinen Bedarf an Alibis."

Das Leben ist ein Kampf gegen hunderte Hindernisse und unser Gegner ist die Zeit. Wenn Sie unsicher sind, bevor Sie einen Schritt machen oder nicht sofort den Schritt wagen, wird die Zeit Sie sofort von der Bildfläche fegen. Sie spielen gegen einen Gegner, der keine Unentschlossenheit toleriert.

Bisher konnten Sie noch logische Ausreden finden, wieso Sie das Leben nicht dazu gezwungen haben Ihnen das zu geben, was Sie von ihm wollten, aber Ihr Alibi ist überholt, weil Sie meine Ansichten in Ihrem Besitz haben, die Ihnen die Tür zu den Möglichkeiten des Lebens öffnet.

Meine Ansichten sind keine Dinge zum Anfassen, trotzdem wohnen ihnen gewaltige Kräfte inne. Es gehört zu Ihren Vorrechten, dass Sie den brennenden Wunsch nach Wohlstand in Ihren Gedanken selbst erschaffen können. Sie müssen dafür nichts zahlen, wenn Sie es nutzen – nur den Preis für dieses Buch. Sie erhalten eine riesige Belohnung, wenn Sie es anwenden. Das ist die Überraschung, die jeder erfährt, der den Sieg über sich selbst erringt und das Leben dazu zwingt, ihm das zu geben, was er von ihm verlangt. Diese Belohnung ist die Anstrengung wert. Seien Sie dazu bereit loszulegen und sich davon überzeugen zu lassen. Die größten Schätze des Lebens warten auf Sie. Greifen Sie nach ihnen und nehmen Sie sie in Besitz.

Wenn Sie die Sehnsucht nach Wohlstand aber nicht nutzen, müssen Sie dafür bezahlen. Der Preis dafür ist – Versagen.

Die Reichen denken: Sie bestimmen selbst ihr Leben. Die Armen denken: Sie leben das, was mit ihnen passiert. Jeder Reiche denkt: Geld ist sehr wichtig. Die Armen denken: Geld ist nicht wichtig. Dann sind die Letzteren pleite. Die Zeit ist gekommen, dass Sie endlich bereit dafür sind, sich zu verdeutlichen, welche katastrophale Wirkung alleine diese Grundannahme für Ihr Leben ist. Hätten Sie ein Haus, wenn es nicht wichtig wäre? Nein. Hätten Sie ein Auto, wenn es nicht wichtig wäre? Natürlich nicht. Wenn ihnen das Geld nicht wichtig ist, dann werden Sie es auch nicht besitzen.

Das Geld ist auf den Gebieten unheimlich wichtig, auf denen man nur mit Geld etwas bewegen und erreichen kann. Das Geld ist dort nicht wichtig, wo man mit ihm nichts erreichen oder kaufen kann. Wenn Sie noch immer denken, dass „Geld nicht wichtig ist", werden Sie so lange pleite sein, bis Sie diese drei Wörter aus Ihrem finanziellen Verhalten, Auffassung und Wörterbuch nicht löschen.

Die Reichen beschäftigen sich mit Geld, um zu gewinnen. Ihr großes Ziel ist es: Mehr Geld zu haben, als es reicht. Sie wollen nicht nur ein wenig Geld, sondern viel. Arme beschäftigen sich mit Geld, damit sie es nicht verlieren. Was ist ihr großes Ziel? Sie wollen nur so viel, dass sie ihre Rechnungen bezahlen können. Wenn das Geld rechtzeitig kommt, wäre es ein Wunder. Sie wünschen sich nur so viel, keinen Pfennig mehr.

Die Mittelschicht geht einen Schritt weiter, der Fehler ist, dass sie nur einen Schritt weitergehen. Ihre Lieblingswörter: genug Einkommen.

Ich sage es ungern, aber es gibt einen großen Unterschied zwischen genug Geld und viel Geld.

Sie können bereits von der Speisekarte etwas anderes wählen, nicht nur Hühnchen, sondern Steak oder etwas Besonderes.

Das Panorama Restaurant bei den Lapu-Mädels, Mezőberény.

Ich gebe gerne zu, dass ich hier am liebsten Hühnchen esse. Egal wo ich auf der Welt war. In meinem Lieblingsrestaurant, dem Panorama in Mezőberény, esse ich immer Hühnerbrustfilet mit Petersilienkartoffeln. Ich habe bereits so viele Speisen in meinem Leben auf verschiedenen Kontinenten, in verschiedenen Ländern ausprobiert, aber dieses Gericht ist konkurrenzlos. Ich muss nicht auf den Preis schauen, es ist nicht das günstigste, aber auch nicht das teuerste Gericht. Es hat mich noch nie enttäuscht. Es ist immer eine große Portion und schmeckt immer so lecker. In den zwei Wochen, die ich in Mezőberény verbringe, esse ich es sicher dreimal. Und es besteht nicht die Gefahr, dass ich Kalbsschnitzel auf Pariser Art bestelle, aber einen Tag vorher in Milch eingeweichtes Putenschnitzel bekomme. Und danach ärgere ich mich, dass es so zäh ist, als ob das Kalb drei Sommer lang mit seiner Mutter gegangen wäre.

Noch ein Schwenk vom Thema der Reichen und Armen: Ich habe jahrelang das Panorama Restaurant gemieden. Die Wahrheit ist, dass ich die Konkurrenz nicht stärken wollte. Aber seitdem ich weiß, dass es nicht mehr im Besitz der Konkurrenz ist, sondern in den Händen der Lapu-Mädels, esse ich gerne zu Mittag oder zu Abend dort. Diese Story ist hollywoodreif, aber ich erzähle es den Lesern nur persönlich.

Wenn Reiche die Sterne wollen, erreichen sie sicher den Mond. Armen wollen die Gratziegel am Dach ihres Hauses erreichen, aber sie kommen nur bis zur Dachrinne. Genau, Sie sind auch draufgekommen, wir bekommen genau das, was wir uns wünschen. „Wollen" führt nicht immer zu „besitzen". „Wollen" – ohne besitzen – führt zu noch mehr „wollen". Wohlstand kommt nicht alleine vom Wollen. Viele Milliarden Menschen wollen reich werden, tatsächlich erreichen es nur Millionen.

Reiche denken an große Dinge, Arme an kleine.

Wie wollen Sie Ihr Leben bestreiten? Wollen Sie beim 1. FC Nürnberg spielen oder bei der Fußballmannschaft in Mezőberény bleiben? Viele fürchten sich davor, dass sie erfolglos bleiben, andere haben noch mehr Angst davor, Erfolg zu haben.

Sie fühlen sich klein, nicht gut genug und bedeutend, dass sie in ihrem Leben etwas verändern könnten. Sie müssen daran denken, dass Sie nicht allein auf der Welt sind. Sie dürfen nicht nur an sich denken, sondern an die Menschheit, an die Masse. Wer aus einer Bäckerei einen Schauofen in einen Spar stellt, denkt im Kleinen. Wer in jedem Spar einen Ofen hinstellt – dazu gehören auch die Spar-Shops an den ÖMV-Tankstellen – und in den anderen großen Lebensmittelketten in Ungarn, der denkt im Großen. Er zieht mehr Leute an und gewinnt mehr.

Die Reichen konzentrieren sich auf „Gelegenheiten". Die Armen auf „Hindernisse".

Die Reichen sehen Wachstum, die Armen Verlust. Reiche spüren, dass sie verdienen werden, die Armen spüren, dass es riskant ist. Reiche übernehmen Verantwortung für das Ergebnis, sie sorgen dafür, dass es funktioniert, weil sie ihre Fähigkeiten und ihre Kreativität kennen. Sie wissen, was sie machen werden, wenn es nicht gelingt. Die Armen fragen, was passiert, wenn es nicht klappt. Oder sie sagen gleich: Das funktioniert nicht. Die Mittelschicht ist ein bisschen optimistischer; sie hofft sehr, dass sie Erfolg haben wird. Reiche glauben daran, dass sie im schlimmsten Fall ihr Geld zurückbekommen.

Arme erwarten nur Scheitern. Sie trauen nicht einmal ihren eigenen Fähigkeiten. Sie denken, dass es eine riesige Katastrophe ist, wenn es nicht gelingt, und sie sehen nur Hindernisse.

Arme teilen ihren Freunden seit einem Monat, einem halben Jahr oder bereits seit einem Jahr mit, dass sie ein Geschäft vorbereiten. In Wirklichkeit haben sie Angst vor der Gelegenheit bekommen. Auf einmal sehen sie dann, dass der Reiche bereits investiert, die Waren erfolgreich verkauft und ein Vermögen damit gemacht hat, während sie sich vorbereitet haben.

Sarolta eröffnet ein Jeans-Geschäft

Hierzu kann ich mit einer wahren Geschichte dienen. Ca. 1982 hat mir Sarolta, eine sehr gute Bekannte, mitgeteilt, dass sie ein „Jeans-Geschäft eröffnet". Sie hat so lange gezögert, bis ihr

Schwager in einer ungarischen Stadt auf dem Land tatsächlich ein Geschäft eröffnet hat. Ihr Schwager ist damit reich geworden, wenn ihm seitdem irgendetwas zuläuft, dann das Geld. Sarolta blieben nur die Träumereien.

Den Reichen schwebt vor ihren Augen, was sie haben wollen, vor den Augen der Armen schwebt, was sie nicht haben wollen. Natürlich tauchen Probleme auf, aber die Reichen verlieren nie das Ziel aus den Augen. Arme verdutzen, wenn Probleme auftauchen, löschen immer das Feuer und machen so nur Rückschritte.

Wenn Sie jung ein Geschäft eröffnen wollen, ist mein guter und kostenloser Rat, dass Sie nicht damit anfangen sollen, auszurechnen, wie viel Sie von der Ware, namentlich von den Backwaren, verkaufen werden, sondern fangen Sie mit der Produktion an. Von dort haben Sie überallhin Zugang, erfahren, von wo die Hefe kommt und wie alles entsteht. Unbewusst speichern Sie in ihrem Kopf die Arbeitsschritte, jede einzelne Kleinigkeit. Zuhause machen Sie sich Notizen. Was machen die Armen in der Zeit? Ah ja, sie bereiten sich noch vor!!!!!

Wenn 154 Paletten Kuchen bestellt wurden und wir sie auch hergestellt haben, zählen Sie nicht, wie viele Millionen Forint die Inhaber dafür bekommen. Davon bekommen Sie sowieso nicht viel, außer Ihrem Gehalt fast nichts, sondern denken Sie darüber nach, wie die Inhaber hierhin gekommen sind.

Eine Palette mit meinem Lieblingskuchen, dem Birnenkuchen:
1 St. Birnenkuchen 100 Gramm.
1 Karton, 50 St. Birnenkuchen, 5 kg.
1 Palette, 81 Kartons, 4050 Stück Birnenkuchen
154 Palette, 12.474 Kartons, 72.370 Stück Birnenkuchen.

Bei den Reichen kann man im Allgemeinen sagen: Je höher der potentielle Gewinn, je höher die Investitionssummer, desto höher das Risiko. Da sie ohne Pause Möglichkeiten sehen, sind die Reichen bereit Risiko einzugehen. Im schlimmsten Fall wissen sie auch, wie sie das verlorene Geld zurückbekommen werden.

Ich möchte es nochmal verständlich machen: Die Risikobereitschaft bedeutet nicht unbedingt, dass Sie sicher verlieren werden. Die Reichen gehen vorher kalkulierte Risiken ein, was bedeutet, dass sie vorher gründlich gerechnet und sich Informationen eingeholt haben, bevor sie eine Entscheidung treffen. Benötigen die Reichen dafür viel Zeit? Ich denke nicht. Sie machen das, was sie können, in kürzester Zeit und entscheiden anhand der Informationen, die sie besitzen, ob sie investieren oder nicht.

Die nach Reichtum streben, sind sich bei dem, was sie machen, ihrer eigenen Verantwortung bewusst. Ich wage es ein wenig zu glauben, dass man auch ein bisschen Glück braucht, wenn man reich oder erfolgreich sein möchte.

Die Reichen beherrschen ihre Probleme. Die Armen werden von ihren Problemen beherrscht.

Der Weg zum Reichtum ist kein Spaziergang im Park. Das ist eine Reise voll mit Anwendungen, Wendungen, Umwegen, Anpassungen und Hindernissen. Der Weg zu Reichtum ist voll mit Gefahren und verschiedenen Fällen. Das sind genau die Gründe, wieso nicht jeder diesen Weg wählt. Die wollen sich nicht mit Belästigung, Kopfschmerzen und vor allem mit den Dingen beschäftigen, die ihnen Verantwortung aufhalsen. Kurz gesagt, sie wollen keine Probleme. Genau darin liegt der Unterschied zwischen Arm und Reich. Erfolgreiche Menschen beherrschen die Probleme, erfolglose werden von den Problemen beherrscht.

Reiche und erfolgreiche Menschen sind absolut erfolgsgeleitet. Sie nutzen ihre Energie und ihre Zeit dafür, die Herausforderungen mit der Ausarbeitung geeigneter Antworten und Systeme zu lösen, und sorgen dafür, dass das Problem nie wieder zurückkehrt.

Arme sind problemgesteuert. Sie verbringen ihre Zeit damit verletzende, bösartige Anmerkungen von sich zu geben und sich ständig zu beschweren. Sie sind selten kreativ. Sie beschwichtigen das Problem, weil es sowieso zurückkommt.

Reiche meiden Probleme nicht, haben keine Angst vor ihnen, beschweren sich nicht, sondern lösen sie.

Reiche treffen sich mit positiven und erfolgreichen Menschen. Arme mit negativen und erfolglosen Menschen.

Erfolgreiche Leute sehen ein Mittel darin, sich mit erfolgreichen Menschen zu treffen. Sie betrachten erfolgreiche Leute als „Vorbilder“, von denen sie lernen können.

Reiche sagen danke dafür, dass Menschen vor ihnen erfolgreich wurden und sie als Muster für sie dienen, denen man es einfach nur nachmachen muss. Das erleichtert ihnen ihren eigenen Weg zu finden. Man muss das Rad nicht neu erfinden, wenn jemand es bereits vor uns erfunden hat.

Arme verurteilen und kritisieren erfolgreiche Menschen, wenn sie von ihren Erfolgen hören. Sie machen sich lächerlich und versuchen unter ihr Niveau zu fallen. – Unter den Tisch oder sogar unter den Keller.

Reiche holen sich Rat von Leuten, die noch reicher sind.

Arme lassen sich von ihren Freunden informieren, die genauso pleite sind wie sie.

Ich meide Leute, von denen ich nichts lernen kann oder die bei einer Party nur so viel sagen können, dass ihnen der geschwollene Mohn nicht geschmeckt hat. Dabei war es Kaviar. Ich denke hier nicht an Partys, die ich veranstaltet habe, sondern an solche, bei denen ich zu Gast war.

Wenn Sie denken, dass es falsch von mir ist, wenn ich die Gesellschaft von Reichen bevorzuge, dann haben Sie Unrecht. Erinnern Sie sich aus der Kindheit an die ansteckende Krankheit Mumps. Ich vermeide den Kontakt mit erfolglosen Menschen, damit sie mich nicht anstecken.

Zum Beispiel werde ich keinen Vorteil daraus ziehen, wenn ich mich mit vergifteter Energie anstecke. Zum Beispiel Klatsch, wenn man hinter meinem Rücken etwas Schlechtes über mich sagt. Das intelligenzfreie Fernsehen. Ich schaue nur Sport oder historische Filme sowie Liebesfilme. Aber zurzeit habe ich auch dafür keine Zeit.

Ich vergeude meine Zeit gar nicht mit Menschen, die keinen sinnvollen Satz formulieren können. Die vor mir über andere schimpfen, die ich nicht einmal kenne und wobei ich überhaupt nicht weiß, über wen sie reden.

Reiche verbringen ihre Zeit mit Leuten, die erfolgreich und Gewinner sind sowie Zuwachs generieren. Arme mit denen, die ständig verlieren. Wahrscheinlich wird dies durch ein gutes Gefühl gelenkt. Reiche fühlen sich mit anderen Reichen wohl. Arme mögen die Gesellschaft von sehr erfolgreichen Leuten nicht. Sie machen sich Sorgen, dass sie zurückgewiesen werden oder das Gefühl haben, nicht dorthin zu gehören. Damit sie sich selbst schützen, schaltet sich ihr „Ego" ein und sie beginnen zu urteilen und zu kritisieren.

Reiche denken an die zahlreichen Möglichkeiten und potentiellen Geschäfte. Ihr größtes Problem ist, wie sie mit diesen Möglichkeiten zum Geldverdienen umgehen, die sich für sie präsentieren.

Auf der anderen Seite zeigt sich, dass den Armen viele Hindernisse in den Weg gestellt werden, weil sie sich auf Hindernisse konzentrieren. Ihr großes Problem ist, wie sie das alles aus ihrem Weg schaffen.

Es ist einfach: Worauf sie sich konzentrieren, werden sie im Leben vorfinden. Wenn sie sich auf Chancen und Möglichkeiten konzentrieren, werden sie auch diese finden.

Wenn sie sich auf Hindernisse konzentrieren, werden sie sicher ein paar finden.

Ich sage nicht, dass sich Reiche nicht mit Problemen beschäftigen müssen. Ganz im Gegenteil. Natürlich müssen sie damit Tag für Tag klarkommen, sobald sie damit konfrontiert werden. Aber ich bitte Sie, verlieren Sie nie das ZIEL aus den Augen. Es muss ständig vor Ihren Augen sein und Sie müssen ihm entgegengehen. Investieren Sie Zeit und Energie in Dinge, die Sie erschaffen und erreichen wollen. Wenn Sie auf Hindernisse stoßen, reagieren Sie adäquat, konzentrieren Sie sich schnell, wie Sie es gewohnt sind.

Ein hyper-super-extra-einfach-seltener Rat von mir an Sie: Wenn Sie reich werden wollen, konzentrieren Sie sich darauf, wie Sie Geld verdienen, behalten und investieren können.

Wenn Sie arm werden wollen, können Sie sogar tausende Bücher über Erfolg lesen, es wird Ihnen kein Ratschlag helfen, denn worauf Sie sich konzentrieren, wird Sie auch aufsuchen.

Es wäre falsch, wenn Sie behaupten würden: Sie wissen, was in der Zukunft passieren wird. Im Leben und auf der Welt verläuft nicht alles auf einer geraden Bahn. Eher so wie ein Fluss, der sich manchmal schlängelt. Oft erreichen Sie nur die Kurve, aber da Sie mehr sehen und wissen wollen, gelangen Sie dorthin, wenn Sie weitergehen. Aber es kann auch die nächste Kurve kommen.

Es geht darum, etwas genau dort zu machen, wo Sie gerade sind, und damit, was Sie besitzen. Stecken Sie sich ein eindeutiges Ziel. Wenn Sie auf der Geraden sind, kann es sein, dass sich auch andere Türen vor Ihnen öffnen. Vielleicht sind Sie bereits hier draufgekommen, dass Sie dieses Geschäft oder diese Möglichkeit nicht mögen, es sind Ihnen Dinge klar geworden, die Sie vorher nicht gesehen haben. Lassen Sie die Finger davon, bevor Sie investiert hätten.

Arme denken, dass nur Reiche investieren können, deshalb strengen sie ihr Gehirn gar nicht an und bleiben ohne Vermögen.

Reiche bewundern andere erfolgreiche und reiche Leute. Arme sehen auf erfolgreiche und reiche Menschen herab.

Arme schauen misstrauisch, eifersüchtig und neidisch auf Erfolge von Reichen. Oder haben nur bissige Kommentare übrig wie: „die haben Glück“, oder „diese reichen Idioten“.

Ihnen muss klar sein: Wenn Sie Reiche auf irgendeine Art und Weise schlecht beurteilen und sich dabei als guten, vorbildlichen Menschen sehen, müssen Sie sich merken, dass Sie nie reich werden. Unmöglich. Wie könnten Sie so sein wie diejenigen, auf die Sie herabsehen?

Die Herablassung, die Arme bei einem Treffen Reichen gegenüber zeigen, ist überraschend und widerlich. Als ob sie deshalb arm wären, weil die Reichen ihnen etwas weggenommen haben, was sie nie hatten.

Ich möchte Ihnen eine Geschichte erzählen. Nicht, weil ich mich beschweren möchte, sondern weil ich Ihnen ein Erlebnis bieten will.

Solange die Autobahnen M5 und M0 nicht gebaut wurden, mussten wir durch Budapest fahren, wenn wir von Mezőberény nach Nürnberg oder umgekehrt fahren wollten. Dies war öfter der Fall. Wir standen bei der roten Ampel irgendwo in Budapest. Auf einmal sind mehrere Jugendliche gekommen und haben die Scheibe unseres Autos mit schmutzigem Wasser bespritzt, damit sie nachher die Scheibe putzen können, und wir sollten dafür auch noch zahlen. Es sah so aus, als ob sie das nur mit den Autos mit ausländischem Kennzeichen machen würden. Einmal bin ich vorher schnell aus dem Auto gestiegen, bevor sie es machen konnten. Ich habe ihnen gesagt: „Als ich vor ein paar Jahren mit meinem russischen Mercedes hier war, haben sie mir die Windschutzscheibe nicht geputzt. Jetzt müsst ihr es auch nicht machen, denn nachher ist das Glas noch schmutziger als vorher." Sie haben ihre Herablassung gegen die wunderschönen Autos ausgedrückt.

Reiche sind gute Fahrer, weil sie einen hervorragenden Charakter haben. Welche Fähigkeit und Eigenschaft brauchen Sie dafür, um das Vertrauen von Menschen zu gewinnen und ganz oben auf der Liste Platz zu nehmen?

Haben Sie sich schon Gedanken gemacht, ob Sie mit jemandem gemeinsam Geschäfte machen wollen, zu dem Sie kein bisschen Vertrauen haben? Auf keinen Fall! Das bedeutet, wenn man reich werden möchte, braucht man das Vertrauen von vielen Menschen. Wahrscheinlich ist er/sie eine vertrauenswürdige Person.

Welche Eigenschaften braucht man noch, um reich zu werden oder, was noch wichtiger ist, um es auch zu bleiben. Wer müssten Sie sein, um erfolgreich auf einem Gebiet zu werden? Sie brauchen eine positive Denkweise, Konzentrationsfähigkeit, entschlossenes Auftreten, müssen ambitioniert, fleißig, voll mit Energie, begeistert, großzügig sein, freiwillig spenden, mit Menschen umgehen können, talentiert im Führen von Konversationen, intelligent sein, Kompetenzen haben und auf einem Gebiet fachkundig sein. Es ist kein Hindernis, wenn Sie dazu noch gut aussehen, so stehen bleiben, als ob Sie Ihre Gesprächspartnerin zum Tanz auffordern würden.

Die Leute, die in meine Gesellschaft passen, verfügen über die oben genannten Eigenschaften, man muss nicht zwingend reich sein, aber sie sehen auf mich nicht herab.

Es ist Fakt: Die Annäherung eines reichen Menschen – egal aus welchem Grund – zurückzuweisen ist eines der sichersten Wege ein Habenichts zu bleiben.

Anstatt den Reichen zurückzuweisen und Vorurteile über ihn zu schüren, möchte ich Sie bitten, lieber zu üben, wie man einen Reichen bewundert. Ich möchte, dass Sie üben, wie man Reichen seinen Dank aussprechen sollte, wie man sie lieben, respektieren und segnen soll. Wenn Sie einmal reich werden, werden Sie auch von anderen dasselbe erwarten.

Ich habe selbst öfter den Grafen Faber Castell, den Bleistiftmacher, in Nürnberg zum Flughafen gebracht. Ich habe das Bild vor mir, wie er aus seinem Schloss zu mir kommt und in mein Taxi steigt und diesen Duft, der mit ihm das ganze Taxi einnahm, habe ich bis heute nicht vergessen. Er wollte reden, natürlich über Ungarn, weil er wissen wollte, von wo ich komme und wir haben bis Albrecht Dürer geredet. Er war ein angenehmer Fahrgast und hat mir überhaupt nicht vermittelt, dass er in Brasilien ein Waldgebiet besitzt, das dreimal größer ist als Ungarn. So einen Fahrgast würde ich jeden Tag fahren.

Reiche denken „beide“. Arme „entweder – oder“.

Das Leben der Reichen ist voller Überfluss, das Leben der Armen voller Einschränkungen.

Natürlich leben beide in dieser Welt, aber der Unterschied steckt in der aktuellen Entfernung.

Selten, aber manchmal sagten auch Reiche, dass es in dieser Welt Leute viel schwieriger haben, die mit viel Geld ihr Leben beginnen als die, die nichts haben. Warum hast du dann dein Erbe angetreten? So hast du keine Ahnung, was nichts bedeutet.

Arme und die Mittelschicht konzentrieren sich auf Spärlichkeit. Sie leben wie die Überschriften in den Zeitungen. „Davon gibt es nur wenig, aber es muss für jeden reichen. Das ist nie genug und wir können nicht alles haben.“ Unter „alles“

verstehe ich nicht alles auf der Welt, sondern was sie in ihrem Besitz haben wollen.

Reiche: Wollen Sie Karriere oder ein gutes Verhältnis zu Ihrer Familie? Beides.

Möchten Sie sich auf Ihr Geschäft konzentrieren oder viel Freude erleben? Beides.

Wollen Sie viel Geld oder ein sinnvolles Leben? Beides.

Wollen Sie ein Vermögen machen oder die Arbeit lieben, mit der Sie Geld verdienen? Beides.

Reiche wollen beides, Arme nur eines.

Dass Reiche beides wollen, bedeutet nicht, dass es für die Armen weniger gibt. Ihnen würde vom Reichtum der Erde auch genug abfallen.

Die Reichen verstehen es, mit wenig Kreativität fast immer einen Weg zu finden, auf dem sie das Beste von beiden Welten haben. Wenn Sie sich mit einer „entweder – oder“ Alternative konfrontiert sehen, stellt sich die zentrale Frage, die Sie sich selber stellen müssen. Wie kann ich beide besitzen? Diese Frage wird Ihr Leben verändern. Diese Frage holt Sie aus dem Modell der Entbehrung und Eingrenzung und öffnet Ihnen eine Welt der Möglichkeiten und der Sättigung.

Die Reichen denken: Sie können beide gleichzeitig besitzen.

Die Mittelschicht denkt, das ist sehr viel auf einmal. Ich nehme nur ein kleines Stück.

Arme glauben überhaupt nicht, dass sie Geld verdienen und etwas bekommen. Sie konzentrieren sich eher darauf, dass sie nichts bekommen könnten, und wundern sich danach, dass sie wirklich nicht besitzen.

Reiche beschäftigen sich bei ihrer finanziellen Situation mit allen „vier Rädern“. Aus diesem Grund ist ihre Reise schnell, ohne Hindernisse, direkt, ohne Umwege und relativ einfach.

Die Mittelschicht und die Armen beschäftigen sich nur mit einem „Rad“, mit dem Geld. Sie glauben daran, dass der einzige Weg zu Wohlstand und Reichtum daraus besteht, dass sie viel Geld verdienen. Das denken sie deshalb, weil sie noch nie erfahren haben, wie es auch anders gehen könnte. Ausgaben stehen in direkter Verbindung zu den Einnahmen. Das ist der Grundstein dafür, dass der Wohlstand nie von laufenden Einnahmen kommt. Reiche sammeln Vermögen, Immobilien, Arme sammeln Rechnungen.

Reiche denken, dass ihr Geld hart für sie arbeitet.

Arme arbeiten hart für ihr Geld. Reiche können ihre Zeit mit Urlaub, Golfspielen und mit ihren Hobbys verbringen, weil sie intelligent arbeiten. Sie haben Angestellte, die für sie arbeiten, und sie lassen zu, dass das Geld für sie arbeitet. Ich selbst habe sehr hart für mein Geld gearbeitet, heute lasse ich das Geld für mich arbeiten. Bei den Reichen ist die harte Arbeit für das Geld ein temporärer, bei den Armen ein ständiger Zustand. Sie verstehen hoffentlich: Je mehr das Geld für Sie arbeitet, umso weniger müssen Sie arbeiten.

Arme arbeiten hart für ihr Geld, damit sie es ausgeben, damit sie ein Leben lang hart arbeiten können.

Reiche arbeiten, sparen und investieren auch hart, damit sie nie hart arbeiten müssen.

Reiche wissen, dass die Reihenfolge des Erfolges arbeiten, machen, besitzen ist.

Arme kennen sie umgekehrt: besitzen, machen, arbeiten.

Ich habe auch mehrmals Arbeiten verrichtet, die ich selber gehasst habe, ich war alles, nur nicht begeistert, aber ich hatte immer das bessere, das andere Leben vor meinen Augen. Lange bin ich nicht an einen Ort arbeiten gegangen. Jetzt lebe ich besser und mache, was ich mag. Ich bin am zufriedensten, wenn ich das Privileg habe Ihnen zeigen zu können, dass Sie Ähnliches erreichen können. Lassen Sie mich Ihnen mitteilen, was Sie bereits beim Lesen meines Buches gewusst haben: Geld ist sehr wichtig. Geld ist Schmiermittel, gleicht aus. Gibt Freizeit. Freiheit, damit Sie das kaufen können, was Sie wollen. Freiheit, damit Sie mit Ihrer Zeit das machen, was Sie wollen. Mit Geld kann man schöne und kultivierte Dinge im Leben genießen.

Aber das Wichtigste: Geld macht möglich, dass Sie Ihre Energie nicht darauf verschwenden müssen, sich Sorgen darüber zu machen, dass Sie kein Geld haben.

Wenn ich ein Seminar für nach Reichtum strebende intensive Geister abhalten würde, wäre der Inhalt des Vortrags dieses Buch. Der große Wunsch beim Jagen nach dem großen Geld ist, dass Sie nie aus Zwang, sondern aus Lust arbeiten. Dass Sie so schnell, wie es nur möglich ist, finanziell frei werden. Meine finanzielle Freiheit ist die Fähigkeit, meine Art zu leben gemeinsam mit meinem Hobbyberuf zu pflegen, ohne dass ich auf das Geld anderer angewiesen bin.

Ihr erwünschter Lebensstil kostet auch Geld. Frei sein bedeutet, Geld zu verdienen, ohne zu arbeiten. Das Einkommen, ohne dafür zu arbeiten, nennen wir passives Einkommen. Sie müssen so viel passives Einkommen haben, dass Sie damit Ihren gewünschten Lebensstil finanzieren können. Kurz: Sie werden finanziell frei, wenn Ihr passives Einkommen Ihre Ausgaben übersteigt.

Ich kann nicht genug die Bedeutung des passiven Einkommens hervorheben. Das ist sehr einfach. Ohne passives Einkommen werden Sie nie richtig frei. Aber, und das ist ein großes ABER – wussten Sie, dass die meisten Menschen sehr hart dafür arbeiten müssen, damit sie ein passives Einkommen haben? Ich möchte dazu zwei Grundgedanken erwähnen.

Der erste: unsere Einordnung. Die meisten von uns wurden so erzogen, dass sie keine Art von passivem Einkommen verdienen können. Als Sie 13–17 waren und Geld brauchten, was haben Ihnen Ihre Eltern gesagt? Nicht das: „Geh und verdiene dir selber dein passives Einkommen“, sondern eher Folgendes: „Geh arbeiten“, „Such dir einen Job“ oder Ähnliches. Uns wurde eingetrichtert, dass man für Geld arbeiten muss, das passive Einkommen erschien uns nicht als normal.

Der zweite: Die meisten von uns haben nicht gelernt, wie man passives Einkommen generiert. In der Schule haben wir alles andere gelernt, aber weder über Geld noch über passives Einkommen oder Investitionen wurde gesprochen. Da wir nicht einmal davon hörten, dass so etwas existiert, waren wir in diese Richtung nicht aktiv. Aus diesem Grund schenken wir dem keine große Beachtung. Unsere Karriere und geschäftlichen Entscheidungen konzentrieren wir auf unseren Lohn.

Leuten, die einen Beruf erlernen mussten und etwas ändern wollen, kann ich immer nur empfehlen, sich eine Richtung zu suchen, in der ein passives Einkommen als Einkommensquelle als natürlich und einfach erscheint. Heutzutage ist es außerordentlich wichtig, weil viele in der Dienstleistungsbranche tätig sind, in der sie persönlich vor Ort sein müssen, damit sie Geld verdienen. Das ist natürlich nicht falsch, dass Sie zum Beispiel als Friseur arbeiten müssen – außer Sie müssen für immer arbeiten, wenn Sie nicht irgendwie anfangen zu investieren.

Wenn Sie die geschäftlichen Möglichkeiten wählen, die sofort zu einem passiven Einkommen führen, werden Sie bald das Beste aus den zwei Welten besitzen. Das Einkommen aus der Arbeit im Moment und das passive Einkommen später.

Reiche denken immer langfristig. Sie halten ihre Ausgaben für Unterhaltung und schlechte Zeiten in Balance. Arme denken kurzfristig. Sie organisieren ihr Leben so, dass sie immer sofort genießen wollen. Sie bitten oft um Entschuldigung, können nicht an morgen denken, weil sie noch den heutigen Tag erleben müssen. Das Problem ist, dass das „Morgen" genauso ein „Heute" sein wird. Wenn Sie das heutige Problem nicht lösen, bleibt es morgen genauso bestehen.

Hier kommt wieder der Grundgedanke ins Spiel, dass Ihr Geld für Sie genauso hart arbeiten muss, wie Sie einst für dieses Geld gearbeitet haben. Das bedeutet, dass Sie sparen und investieren müssen, anstatt das Ausgeben des ganzen Geldes als Hauptziel zu betrachten.

Reiche haben viel Geld und geben wenig aus. Arme haben wenig Geld und geben viel aus.

Arme arbeiten, damit sie Geld verdienen und so den Tag überstehen können.

Reiche arbeiten auch für Geld, damit sie investieren können und ihr strahlendes Leben auch in Zukunft gesichert ist.

Warten Sie nicht darauf, dass Sie Immobilien kaufen. Kaufen Sie eine Immobilie und warten Sie.

Ich fasse das ganze Thema kurz und bündig zusammen.

Arme arbeiten hart und geben ihr gesamtes Geld aus, was dazu führt, dass sie ein Leben lang und für „immer“ hart arbeiten müssen.

Reiche arbeiten auch hart, aber sie sparen und investieren, damit sie „nie“ hart arbeiten müssen.

Wenn Sie sich darauf eingestellt haben, dass Sie langfristig leichte Jobs machen, werden Sie ein hartes Leben haben. Wenn Sie aber die schwierigere Arbeit kurzfristig ausüben, werden Sie ein leichtes Leben haben.

Reiche nehmen Ratschläge von noch reicheren Leuten an. Arme nehmen die Ratschläge von ihren Freunden an, die genauso pleite sind wie sie.

6 Mein Nürnberg

Um von Ungarn in ein westliches Land fahren zu dürfen, benötigte man zwei Pässe und ein Visum. Ich habe sie beantragt und auch bekommen. Ich habe dem Briefträger Jani Plavecz gesagt, wenn ein dickerer Umschlag für mich kommt, soll er es nicht Ádám geben, sondern mir, weil ich es sowieso unterschreiben muss. Ich habe es auch erhalten. Danach habe ich vier Jahre gewartet und ging es in den Westen. Wieso ich gewartet habe, kann ich mir nicht erklären.

Ich bin 1988 am 13. Oktober in Nürnberg angekommen. Am 12. bin ich losgefahren. Ich habe in dem Dorf in einer Pension eine Nacht in Abda verbracht, in der Dichter Miklós Radnóti gestorben ist und seine Statue steht. Am nächsten Morgen bin ich weitergezogen. Davor habe ich mein Camping-Fahrrad an einen Baum am Arbeitsplatz meines Mannes bei der Mezögép, in der Gyomai Straße, gelehnt. Ich nahm den Ersatzschlüssel für den russischen Mercedes mit und bin davongefahren. Mein Mann hat nur so geschaut. Das hat er später erzählt. Als er von der Arbeit kam, war ich bereits unterwegs in Richtung österreichische Grenze. Er wusste lange nicht, wo ich bin. Ich bin in Laterhofen bei der Ferenczy-Familie angekommen, aber dort durfte ich nicht bleiben, ich schlief bei der Familie von Mirijam und Jakab Hotz. Jakab nahm mich am nächsten Tag mit ins Lager. Das Lager befindet sich im Stadtteil Langwasser in Nürnberg. Es waren einst die zwei 15-stöckigen Bürogebäude der Firma Grundig. Das Computerzeitalter brach an und man hat sofort weniger Büroangestellte in der Fernseh- und Radiofabrik gebraucht, aus diesem Grund wurde es für die Flüchtlinge eingerichtet. Ich habe mich positiv im Lager getäuscht. Damals wusste ich nur über das Capua-Lager in Italien Bescheid. Das wurde in Ungarn als ein riesiges Elendsviertel dargestellt. Hier gab es Stockbetten und Teppichboden. Sie haben mich über meinen Vater gefragt. Ich sagte, dass er fünf Jahre in Gefangenschaft war. Ich wusste, dass ich bleiben kann, weil ich meinen linken Ellenbogen in den abgebrochenen Seifenhalter geschlagen hatte und viel blutete. Das war mein Glück. Was wir in Ungarn nicht wussten, dass in Rumänien und in der Sowjetunion die Aussiedlung der Deutschen gerade im Gang war. Ceausescu hat ca. 11000 DM für jeden aus Rumänien ausgesiedelten Deutschen verlangt. Über die Russen weiß ich nicht, wie sie es gemacht haben. Aber ich bin mir sicher, dass Deutschland Gorbatschow etwas gezahlt hat. Ich habe vier Nächte im Lager verbracht. Wie ich bereits erwähnt habe, hat Pfarrer Zoltán Ferenczy mir eine Ein-Zimmer-Wohnung im Elendsviertel von Nürnberg besorgt. Das Viertel trug nur den Namen „Elendsviertel". Weil ich ein reines Zimmer mit Bad und WC bekam. Gemeinsam mit einer ungarischen Asyl-Familie, Éva Horváth und ihrem Mann Gábor und ihrer Tochter Hedwig. Später kam noch ihr Sohn Harald dazu. Sie hatten drei, ich ein Zimmer und die Küche teilten wir uns. Das Asyl entspricht den heutigen Migranten. Der Unterschied zwischen uns bestand darin, dass ich deutscher und sie ungarischer Abstammung sind. Ich wurde als Spätaussiedler registriert und sie haben für die Papiere als Flüchtlinge kämpfen müssen.

Ich habe als Gastschüler mit einem Deutschkurs begonnen. Das war ein Gratisgeschenk der Stadt. Ich konnte Deutsch und habe nie einen Dolmetscher gebraucht. In den Ämtern habe ich alles selbst erledigt, ich musste nur die Grammatik verbessern. Frau Tüngerthal war meine Lehrerin. Sie hat die Grammatik sehr verständlich erklärt und mir eine Stelle in Rhednitzenbach, in einer Pension empfohlen, wo ich an den Wochenenden in der Küche und in den Zimmern gearbeitet habe. Danach habe ich mit dem Sprachunterricht aufgehört. Ich habe begonnen in Fürth als Konditor in der Bäckerei Wölfel in der Rudolph-Breitscheid-Straße zu arbeiten.

Fürth ist eine Stadt mit 100 000 Einwohnern und sie ist mit Nürnberg zusammengewachsen. Man kann die Tafel am Rand der Stadt nicht wirklich erkennen, so eng sind die zwei Städte zusammengewachsen. Fürth ist bekannt dafür, dass die erste Eisenbahn in Deutschland von Nürnberg zum Bahnhof nach Fürth gefahren ist. Am 7. Dezember 1835 fuhr die erste offene 41 PS starke Dampflok namens „Adler“, sie hat die Strecke in 15 Minuten zurückgelegt. 143 cm betrug der Abstand zwischen den Schienen. Deshalb so breit, weil eine englische Pferdekutsche das Maß vorgab. 4 Fuß und 8,5 Zoll. Die Ärzte aus der Umgebung hatten sich versammelt, weil den Passagieren wegen der hohen Geschwindigkeit vielleicht schlecht werden würde. „Wenn die Passagiere keine Gehirnerschütterung bekommen, dann eine Lungenentzündung“, sagten sie. Was sie da gesehen haben, konnte nur ein Trick des Teufels sein – so die Legende. Die Strecke zwischen den beiden Bahnhöfen beträgt 7 km. Damals war nur das Tempo der Fahrräder und der Kutschen bekannt, die viel langsamer waren. Die „Adler“ wurde in England, in Newcastle, im Auftrag der König Ludwig Bahngesellschaft von Stephenson & Co gebaut. William Wilson, Maschinenbauingenieur, war der erste Lokführer. Er ist aus England für einen Tag gekommen, aber er blieb sein restliches Leben und starb hier. – 18. Mai 1809 Wallbottle England–17. April 1862 Nürnberg, Johannis Friedhof. Es wurde sogar eine Straße im Rangierbahnhof-Viertel nach ihm benannt und seit neuesten sehe ich auch ein Restaurant in der Sandstraße 44, Wilson’s Kostbarkeiten. Bei der Fahrt mit dem Adler wurde niemandem schlecht und niemand ist unter den Zug gefallen.

Heute verkehrt ein ICE-Sprinter auf dem Abschnitt vom Adler zwischen München und Berlin, macht auch in Nürnberg halt, mit 300 km pro Stunde und schafft die ganze Strecke in drei Stunden. Das Ebenbild des „Adlers“ steht im Verkehrsmuseum von Nürnberg. Fürth hat mehrere Berühmtheiten hervorgebracht, die auf der ganzen Welt bekannt sind. Gustav Schickedanz – Quelle –, 1895–1977 –, Ludwig Erhard – 1897–1977, Wirtschaftsminister, der 2. Kanzler Deutschlands. Henry Kissinger – ist 1923 in der Mathildenstraße 23 geboren und er hat auch in der Marienstraße 5 gewohnt, amerikanischer Außenminister unter Richard Nixon.

Fürth ist für Nürnberg ca. so wie Békés für Mezőberény. Es beruht eher auf Gegenseitigkeit. Man mag sich nicht, aber das ist lange her. Zu den Leuten in Békés sagt man „Schnurleute“, weil sie ihr Dorf mit einer Schnur eingezäunt haben, damit die Leute aus Berény nicht die Glocken hören. Über Fürth sagen die Nürnberger: „Wenn aus dir nicht geworden ist, kannst du immer noch Wirt in Fürth werden.“

Hierher kamen die aus Nürnberg weggezogenen Juden. Henry Kissinger wäre sicher kein amerikanischer Außenminister geworden, wenn er in Fürth geblieben wäre. Man kann es so nicht sagen, aber die Wahrheit ist, dass er es den Nazis zu verdanken hat, dass er es wurde. Er hat sogar den Friedensnobelpreis erhalten. Sein jüngerer Bruder, Walter Bernhard, ist nicht so bekannt, aber reicher.

Es gibt sogar die folgende Legende: Ein echter Bürger aus Nürnberg fährt zweimal nach Fürth. 1. Wenn die Fußballmannschaft des 1. FC Nürnberg dort spielt. 2. Bei der Michaelis-Kirmes. – Die Michaelis Kirchweih beginnt Ende September rund um den Michaelis Tag und dauert zwei Wochen.

Seitdem ich ankam, nannte man mich Piroska. Ich sagte, dass ich nicht Piroska bin. Die Deutschen haben ihr Bild von Ungarn aus dem Film „Ich denke oft an Piroschka“. Liselotte Pulver und Gunnar Möller haben die Hauptrollen gespielt. Der Film spielt in „Hódmezövásárhelykutasipuszta“. In Wirklichkeit gibt es Hódmezövásárhely und Székkutas. Im Film ist es ein Bahnhof, bei dem der Vater von Piroschka der Stationsvorsteher ist. Ich habe ihn schon sicher zwanzigmal gesehen, aber wenn es geht, schaue ich ihn erneut an. Ein Liebesfilm ohne Happy End.

Die deutsche Staatsbürgerschaft servierte man mir auf dem Silbertablett, die ungarische wurde mir nicht weggenommen. Seitdem bin ich Doppelstaatsbürgerin. Ich habe vom Einwohneramt ein Schreiben bekommen, an was ich mich als Doppelstaatsbürgerin zu halten habe. Der ungarische Reisepass war schwieriger zu bekommen als der deutsche. Was ich sehr komisch finde, aber letztendlich eine gute Sache ist: Wir sind viel in der Welt herumgeflogen, mit dem Schiff gefahren, obwohl wir kein Visum benötigt hatten, und man hat auch nicht nach unserem Reisepass gefragt. Sie wollten nur unser Flugticket oder Schiffsticket. Wir hielten immer zuerst unseren Reisepass in der Hand.

In der Wölfel Bäckerei habe ich die Zubereitung der Kuchen gelernt, die Sie heute jeden Tag in ganz Ungarn kaufen und genießen können, und Sie wissen nicht, dass ich die allerersten hergestellt habe.

Mit der Dobos-Torta, der Französischen Cremeschnitte, der Cremeschnitte und sämtlichen ungarischen Kuchen, deren Zubereitung ich gelernt habe, konnte ich nicht viel anfangen, ich backte sie nur zu Hause. Hier musste ich von neuem lernen. Natürlich musste ich das Mehl nicht pro Kilo für die Masse des Tortenbodens abwiegen. Stattdessen habe ich aus dem Lager ein 50 Kilo Tortenbodensack genommen und mit Eiern und Margarine vermischt. Die Masse legte ich in die Tortenform und ab in den Ofen. Fertig waren die vielen Tortenböden. Nachdem ich sie aus dem Ofen genommen habe, mussten sie auskühlen, danach ging es ab in die Kühltruhe. Von plus 200 Grad auf minus 25.

Mauerfall – Der Fall der „Berliner Mauer"

Chronologisch passt hier die Geschichte, wie ich den Abriss der ersten Stücke der Berliner Mauer erlebt habe. Der 9. November 1989 war ein Montag – ich war bei der Arbeit. Ich sagte Guten Morgen – um 2 Uhr in der Früh – zu den Konditor-Kollegen, sie grüßten mich zu der Zeit noch. Der Konditor-Abteilungsleiter Herr Scherbaum teilte mir mit, dass in der Nacht in Berlin mit dem Abriss der Berliner Mauer begonnen wurde. Ich war wie versteinert, habe es nicht geglaubt. Ich habe mir gedacht, dass er sicher nicht zu Hause geschlafen oder Fieber hat. Nach meiner Schicht schaltete ich den Fernseher in meiner Wohnung ein. Und tatsächlich: „Die plötzliche Freiheit" hat begonnen. Das zweigeteilte Deutschland – die Deutsche Demokratische Republik und die Bundesrepublik Deutschland – wurden wiedervereint. Den Tag der Wiedervereinigung feiern wir am 3. Oktober. Nicht am 9. November – das ist nur meine Vermutung –, weil 1938 in dieser Nacht die jüdischen Synagogen angezündet und jüdische Geschäfte zerstört wurden. Reichspogromnacht, Reichskristallnacht – eine gewalttätige Handlung gegen eine Minderheit der Menschheit.

Am 13. Oktober 1991 haben wir die Német Finompékárú Kft. in Mezöberény gegründet. Géza Kátay, Jani Szikora, Jürgen Schwerdt und ich. Wir haben mehrere gebrauchte Geräte von Wölfel gekauft. Das haben dann meine Konditor-Kollegen erfahren und sich gewundert, wieso ich die gebrauchten Geräte und Öfen erwerbe. Seitdem musste in der Früh kein guten Morgen oder beim Verabschieden Auf Wiedersehen sagen, weil sie nicht mehr mit mir geredet haben, da der Neid es einfach nicht zuließ. Stellen Sie sich vor, dass Herr Alfred Neubert 40 Jahre bei Wölfel gearbeitet hat und sich nicht selbstständig machte, und ich arbeitete drei Jahre und wurde mit 25 % Gründungsmitglied in einer Bäckerei. Ich kann mich noch an meine Konditor-Kollegen Herr Scherbaum und Herr Kuhlmann erinnern. Damals arbeiteten ca. 100 Angestellte dort.

Plötzlich Eigentümerin einer Firma

Für mich war es nicht komisch, aber für viele, die in der Bäckerei gearbeitet haben, und für viele meiner Bekannten schon – ich weiß nicht, was ich vorher in ihren Augen war –, aber ich wurde plötzlich Investorin, Firmengründerin, Selbstständige,

Aktionärin, Kapitalistin, Neureiche, Chefin, die mit Geld. Mit diesen Ausdrücken mussten sie sich anfreunden. Diese Ausdrücke gab es ja auch bereits vor der „plötzlichen Freiheit", sie sind uralt, nur wurden sie nicht mit meinem Namen in Verbindung gebracht.

Von der Tortenabteilung wurde ich auf die Abteilung mit den Kuchen versetzt, die Sie sicher schon in Ungarn einmal gegessen haben, nur wussten Sie nicht, dass sie meine Firma herstellt. Wenn Sie sie noch nicht gekostet haben, werden Sie nach dem Lesen des Buches sicher danach suchen oder ich biete Ihnen gerne welche bei einem Autorin-Leser-Treffen an.

In dieser Abteilung wurde ich Abteilungsleiterin, viele türkische Analphabeten, durchwegs Frauen, arbeiteten unter mir. Zum Beispiel Dudu. Ich habe es bei Dudu, Elmas und den anderen gemerkt, dass sie ihr Gesundheitsbuch beim Gesundheitsamt in Nürnberg erneuern mussten und als sie das Dokument über die ärztliche Untersuchung in der Hand hielten, mussten sie es unterschreiben. Sie haben es aber nicht unterschrieben. Elmas haben sie gefragt, wann sie geboren wurde. Sie hat geantwortet, dass „sie nicht geboren, Leonille geboren".

Dudu war aus einem anderen Blickwinkel gesehen sehr geschickt. Wenn wir ein Regal benötigten, hat sie es blitzschnell von einer anderen Abteilung so mitgehen lassen, dass es niemand gemerkt hat, und als sie es gesucht haben, konnten sie es nicht mehr mitnehmen, weil es voll war mit Kuchen oder es war schon bei mir im Ofen. Wölfel hat zugemacht, weil der Senior in Rente gegangen ist und sein Sohn krank wurde, das Enkelkind ging noch in den Kindergarten, so konnten sie die Bäckerei und die Konditorei nicht weiterführen.

Danach habe ich meinen Taxischein gemacht, aber darüber in einem anderen Kapitel.

Es wäre schade die Geschichten rund um die Bäckerei in Mezőberény auszulassen.

Sie ist seit 1991 in Betrieb. Am Anfang haben wir die Öfen hier in Deutschland gekauft, danach wurden wir selber Ofenbauer.

vier Jahre haben wir gebraucht, bis wir 100 Öfen in Betrieb hatten. Zweimal sind wir beinahe pleitegegangen. An den ungarischen MOL-Tankstellen hatten wir 54 Stück in Betrieb, in denen unsere duftenden Kuchen gebacken wurden. Eines Tages, 1995, kam jemand aus Israel mit 100 Öfen und hat uns von den MOL-Tankstellen rausgejagt. Wir haben der Direktion von MOL in Budapest auch Schmiergeld – Korruption – gegeben, aber der Israeli hat nochmal draufgelegt. Da diese Öfen 24 Stunden mit drei Personen pro Tag und nochmal drei Personen am Wochenende betrieben wurden, mussten 54 mal 6 Familien von heute auf morgen ihren Lebensunterhalt verlieren. Wir haben es überlebt. Als die deutschen Lebensmittelmultis und Einkaufszentren gekommen sind – Lidl, Aldi, Spar, Penny und die anderen –, hatten wir bereits 260 Öfen in ganz Ungarn. Wir sind erneut fast pleitegegangen, weil die Multis ihre eigenen Kuchen mitgebracht haben. Wie sich die Multis ausgebreitet haben, so haben wir auch unsere Öfen gesammelt und in Mezőberény gelagert. Ein paar Monate haben die Ungarn auch die Kuchen der Multis gegessen, aber später nicht mehr. Die Multis haben uns aufgesucht. Seitdem müssen wir dreimal die Woche unsere tiefgekühlten Kuchen auch zu den Kühlhäusern der Multis in der Umgebung von Budapest liefern und sie verteilen es in ihren Geschäften selbst.

Die Lebensmittelgeschäfte freuten sich beinahe überall über die Schauöfen, die in die Ecken eingebaut wurden. Mit einer Ausnahme. Wir haben auch in Kunszentmárton in das Lebensmittelgeschäft Szarvasi CBA ebenfalls einen Ofen installiert. Die Leiterin wollte es zunächst nicht zulassen, weil so konnte sie die Produkte von anderen nicht verkaufen, an denen sie sehr interessiert war. Nach langen Diskussionen ließ sie zu, dass wir einen Monat dort sein durften. In der ersten Woche hat sie sich noch beschwert, in der zweiten und dritten Woche sagte sie nichts, Ende der vierten Woche wollte sie nicht mehr zulassen, dass wir den Ofen mitnehmen. Aber wir haben ihn mitgenommen. Als Geschäftsfrau merkte sie dann, dass zunächst einmal der Duft die Kunden ins Geschäft lockte. Wenn sie dort Kuchen gekauft haben, dann haben sie auch andere Produkte erworben, die sie benötigten. War das nicht Bambi-Preis verdächtig?

Der „Bambi“ ist ein deutscher Medienpreis, der vom Herausgeber Hubert Burda jedes Jahr verliehen wird. Das Interessante daran ist, dass am 7. Oktober 1947 der Versorger der französischen Truppen, die Deutschland eingenommen haben, Carl Opitz ihn in Karlsruhe, in der späteren Franz Burda Papierfabrik gegründet hat. Damals hatte er noch keinen Namen, es war nur ein Preis.

Den ersten Bambi hat Marika Rökk ungarisch-österreichische Schauspielerin, Tänzerin, Sängerin – Kairo 3. November 1913–Baden, Österreich 16. Mai 2004 –, 1948 bekommen, und ihre vier Jahre alte Tochter Gabriele Jacoby hat den Preis, als die Mutter ihn nach Hause brachte, wegen des gleichnamigen Buchtitels von Félix Salten Bambi genannt. Eine Geschichte im Wald über ein Reh. Seit 1949 heißt der Preis Bambi. Marika Rökk – mit Paprika im Blut – war Konkurrenz für die Schauspieler in Hollywood.

Unsere Firma spendet viel und betreibt viel Wohltätigkeitsarbeit. Sie wurde 1991 gegründet, ab 1992 war der Produktionsbetrieb der Német Finompékárú Kft. in unserer Garage untergebracht.

50 Jahre nach Beendigung des 2. Weltkrieges wurde die Tavasz Straße gepflastert. Wir haben eine Asphaltstraße bekommen, Aber zu welchem Preis? Es gibt 20 Häuser in der Tavasz Straße mit 20 Familien.

Ich weiß nicht wie viel, aber auch in Forint war es eine hohe Summe, die wir zahlen mussten, damit Mehl, Zucker und jede Basiszutat bis zu unserem Hof geliefert werden. Ein Drittel, also sieben Familien, mussten aus der Straße unterschreiben, damit wir eine Asphaltstraße bekommen. Aber es gab ja auch alte Leute, Rentner, alleinerziehende Mütter, die sich finanziell nicht beteiligen konnten. Unsere Firma hat unseren Anteil und den Anteil von sechs weiteren Familien gestemmt.

Unsere Firma übernahm die Vormundschaft von drei verwaisten Minderjährigen. Ihre Eltern sind gestorben und sie wuchsen bei den Großeltern auf. Sie bekamen unsere Hilfe, bis das kleinste Kind 18 wurde. Ich kann mich nicht mehr erinnern, wieso wir Vormund geworden sind, aber daran schon, dass die Kinder auch Wünsche hatten. Finanziell ist es ihnen sehr gut mit uns ergangen. Sie haben mit den Großeltern ein neues Haus und ein neues Auto gekauft. Ich muss noch hinzufügen, dass der Großvater väterlicherseits eine wunderschöne Stimme hatte. Er hat öfter aus den schönsten ungarischen Operetten vorgesungen, als wir gemeinsam gearbeitet haben. Ich kann mich nicht mehr an seinen Namen erinnern, ich habe ihn Elemér genannt.

Nürnberger Gulasch auf Leonille-Art

Die Geschichte der Gulaschsuppe und vom Rindgulasch ist, dass sie als Erster von einem Mann gekocht wurden, der Rinder weiden ließ und auf die Schwaige (gulya) aufgepasst hat. Er hat Feuer vor der Hirtenhütte gemacht, wo er sich von Herbst bis Frühling aufhielt und er bewirtschaftete ein kleines Paprika-, Tomaten-, Rüben-, Petersilien- und Melonenfeld.

Er hat ein Löffel Schweinefett in den Kessel gegeben. Im Fett hat er 0,70 kg rote Zwiebel glasig gebraten. Man braucht verglichen mit der Fleischmenge 1–3 Zwiebeln. Dazu schnitt er 2 kg Rindfleisch in 3 x 3 cm große Würfel. Ein gehäufter Löffel gemahlene rote Paprika und Salz je nach Geschmack. Dazu gab er 2 St. Tomaten, 2 St. Rüben, 2 St. Petersilie und 2 St. Paprika. Wenn er es scharf mochte, war eine scharfe Paprika dabei. Er rührte um. Auf einem langsamen Feuer, kein Lagerfeuer. Wenn es ein Kalb war – bis zum 6–7 Monat, solange es von der Mutter trinkt, ist es ein Kalb –, braucht man kein Wasser dazu, wenn es ein Zögling war – bis zwei Jahre ist es ein Zögling –, braucht man einen halben Deziliter, wenn es ein Rind war – ab zwei Jahren ist es ein Rind –, braucht man 1 Deziliter Wasser. Der Viehhirte wusste, welches Tier er erlegte und wie viel Sommer das Tier mit der Mutter gegangen ist. Nach 30 Minuten hat er die 1 kg Kartoffeln, die er in vier Stücke geschnitten hat, reingegeben, Wasser dazugeschüttet und gewartet, bis es kocht und ca. 20 Minuten später hat er die Nudeln mit der Hand dazugegeben. Als Letztes hat er noch die klein geschnittene Petersilie hinzugegeben. Das ist die Gulaschsuppe. Das Rindgulasch wird ähnlich zubereitet, aber ohne Nudeln, nur Kartoffel, Rüben und keine Petersilie und Wasser auch nur so viel, wie ich weiter oben schon berichtet habe, so bleibt der Saft vom Pörkölt dick, der mit Weißbrot aus dem Teller getunkt wird, wenn er alleine gegessen hat, dann direkt aus dem Kessel. Das hat er morgens, mittags und abends, solange noch was übrig war, gegessen und er musste sich mit dem Essen beeilen, nicht dass es in der Hitze schlecht wird.

Ich koche es bis heute so, natürlich nehme ich statt Fett Sonnenblumenöl, ein bisschen Kümmel gebe ich auch noch dazu und die Beilage aus Nudeln oder Kartoffeln koche ich in einem Extra-Topf. Für die Gulaschsuppe koche ich extra Nockerln.

Erdei Miron

Ein Taxifahrerkollege wollte wissen, wie ich Gulasch und Pörkölt mache. Er ist aus Kroatien und war 18 Jahre alt, als sie auswanderten, er heißt Erdei Miron, ein Diplomatensohn. Sein Vater war Botschafter, ein Ungar, seine Mutter ist Deutsche, er spricht nicht viel Ungarisch. Ich habe ihm erzählt, wie ich es mache, er hat erzählt, wie er es macht, und ich wusste gleich am Anfang, dass ich daraus nichts essen werde, weil er Rüben und verschiedenes Gemüse in sein Gericht gegeben hat, das er Gulasch nannte. Ich habe ihm gesagt, dass er die Rübe als Nase für den Schneemann verwenden soll und nicht im Pörkölt. Was in Nürnberg „Gulasch“ genannt wird, ist für die Ungarn Pörkölt.

Ich kenne die Geschichte

von Nürnberg deshalb so gut, weil ich Nürnberg sehr mag, viele Bücher über die Stadt gelesen habe und einen Kurs für Fremdenführer belegt habe. Bei berühmten Persönlichkeiten kann ich mich an genaue Jahreszahlen erinnern oder ich habe sie aus meinen Notizen kopiert, aber die Monate und Tage habe ich dann im Internet recherchiert.

Ich darf nicht nur Fremdenführerin sein, sondern bin auch als Gerichtsdolmetscherin beeidet.

Mein Nürnberg liegt in Nordbayern und ist die Hauptstadt von Mittelfranken.

Sie ist eine hügelige Stadt und liegt 309 Meter über dem Meeresspiegel. Sie hat eine halbe Million Einwohner, aber mit den umliegenden Dörfern sind es 750 000. Zur Metropolregion gehören Fürth, Erlangen, Stein, Zirndorf, Lauf und Schwabach mit dann insgesamt 3,5 Millionen Einwohnern. Nürnberg hat 106 Stadtteile mit den dazugehörigen Dörfern zusammen; ca. gleich viel Kirchen. Ein Drittel der Einwohner ist nicht in Nürnberg, nicht einmal in Deutschland geboren.

Auf 14 km teilt der Fluss Pegnitz die Stadt von Osten nach Westen und mündet in Fürth in die Regnitz und von dort an heißt er Regnitz. Nach Bamberg mündet er in den Main.

In Nürnberg überspannen 15 Brücken die Pegnitz. Der nördliche Teil wird Sebaldus-Viertel und der südliche Teil Lorenz-Viertel genannt. Beide Männer waren die Schutzheiligen der Stadt. Der Heilige Sebaldus verordnete, dass sie ihn nach seinem Tod auf seine Kutsche legen sollen und wo sein Pferd stehen bleibt, dort soll er begraben werden. Wo sein Grabmal ist, befindet sich heute die Sebalduskirche. Sowohl die Lorenzkirche als auch die Sebalduskirche sind evangelisch.

Nürnberg wurde von der adeligen Familie der Salier gegründet. Es gab noch die Merowinger, Karolinger, Liudolfinger, Welfen, Staufer, Wettiner, Hohenzoller, Habsburger, Wittelsbacher und andere adelige Familien, die auf dem Gebiet des heutigen Deutschlands lebten. Der Name Salier wurde von Lex Salica „Die gesetzlichen Rechte des Volkes“ ins Fränkische übersetzt. Heinrich der III., König und Kaiser des Heiligen Römischen Reiches, ist ein Nachfahre dieser Familie, und unter seiner Herrschaft wird die Gründung und die erste schriftliche Erwähnung von Nürnberg datiert.

Die Burg

Das Wahrzeichen von Nürnberg ist die Burg, sie besteht aus der Kaiserburg und aus den Burgen der Burgkaiser. Seit 1050 gibt es schriftliche Aufzeichnungen über Nürnberg. 2000 haben wir das 950-jährige Bestehen von Nürnberg gefeiert. Die Burg besteht aus mehreren Gebäuden. Das Kaiserschloss mit dem Sinnwell-Turm, dem Brunnen – 60 m – und der Doppelkapelle.

Zu der Burg der Burggrafen gehören die fünf Winkeltürme.

Das Luginsland-Loch in der Burg ist ein Gebäude. Heute ist es ein Hotel. Das Loch wurde zugebaut, damit die Nachbarn nicht in die Burg sehen können.

Die Burg und das Burgviertel sind mit einer 12 Meter hohen Burgmauer und einem 20 Meter breitem Burggraben umgeben. In die Burgmauer sind vier dicke Türme eingebaut. Einst gab es 130 kleinere und größere Wachtürme. Im II. Weltkrieg wurden viele zerbombt und nicht wiederaufgebaut.

Burggarten. Der Burggarten wird von den Verliebten auch Rosengarten genannt. Es Rosengarten ist nicht 6 Mond groß, aber groß genug. Von Frühling bis zum Herbst sind seine Toren offen, Sie müssen nur hineinspazieren, sich auf die Bänke oder auf die breite Burgmauer setzen. Sie können sich glücklich schätzen, dass Sie hier waren oder hier aufgewachsen sind oder sich hier verliebt haben.

Vom Rosengarten fällt mir immer Mihály Babits ein. Er hat einen Roman namens „Hat holdas rózsakert" („Sechs Mond großer Rosengarten") geschrieben. Der arme Jurist Franz Gruber sollte die reiche, aber sehr hässliche Irene heiraten. Aber es gab kein Happy End. Und ich kann mich nicht mehr erinnern, was sie mit so vielen Rosen gemacht haben.

Brücken

Nürnberg wird von der Pegnitz geteilt. Sie erreicht die Stadt von Osten. Wenn Sie von Regensburg kommend die Ausfahrt 87 nehmen – Nürnberg Zentrum, Schwaig, Röthenbach an der Pegnitz – und Richtung Erlenstegen fahren, ist die erste Brücke an der Flussstraße die Ludwig-Erhard-Brücke. Von der Mögeldorfer Hauptstraße bis zum Thumenberger Weg.

Danach kommt die Dr. Gustav Heinemann Brücke – Schwelm 23. Juli 1899– 7. Juli 1976 Essen. Er war der dritte Bundespräsident Deutschlands. Auf der gleichnamigen Straße überquert sie die Pegnitz.

Die Konrad-Adenauer-Brücke – Köln 5. Januar 1876–19. April 1967 Rhöndorf –, Deutschlands erster Kanzler nach dem II. Weltkrieg. Sie überspannt die Pegnitz zwischen dem Wöhrder Talübergang und der Dürrenhofstraße. Sie trägt seit 1967 diesen Namen.

Die Steubenbrücke. Eine Bogenbrücke zwischen Laufertorgraben und Marientorgraben. Hat der Architekt Bernhard Solger – Rentweinsdorf 1812–Nürnberg 1889 – 1847 bauen lassen. Ursprünglich waren es zwei Brücken und sie wurden nach Theodor von Cramer-Klett – ihn habe ich erwähnt – und Christoph Wilhelm Heinrich Alphons von Seilerröl – Nürnberg 1822–Nürnberg 1904, Anwalt und Bürgermeister von Nürnberg – benannt. Aber davon wurde dann abgesehen. Offiziell wurde sie eine Weile Kasemattenbrücke genannt. Sie wurde nach Friedrich Wilhelm Ludolf Gerhard Augustin von Steuben – Magdeburg 17. September 1730–New York 28. November

1794 – amerikanischer General deutscher Abstammung, benannt. Von Steuben hat 1775 die Armee aus den 13 Kolonien im Unabhängigkeitskampf gegen Großbritannien organisiert.

Franz-Josef Strauß Brücke – München 6. September 1915–3. Oktober 1988 Regensburg. Deutscher Verteidigungsminister, Finanzminister und Ministerpräsident von Bayern.

Hoher Steg. Früher hat sie Fischersteg geheißen, diese Holzbrücke wurde von der Pegnitz mitgerissen. Der Hohe Steg wurde 1909 erbaut und hat die innere Insel Schütt mit dem Andreij Sacharow Platz verbunden.

Andreij Dmitrijewitsch Sacharow war ein sowjetischer Atomphysiker – Moskau 21. Mai 1921–Moskau 14. Dezember 1989. Er hat das Sprengmaterial der Atombombe – Wasserstoffbombe – erfunden.

Agnes Brücke – Agnes Frey Nürnberg 1475–Nürnberg 1539 – benannt nach der Frau von Albrecht Dürer. Ihr Mann hat mehrere Porträts von ihr gemalt. Unter anderem Anna mit Kopftuch. Die Brücke wurde 1462 erbaut und verbindet die innere Insel Schütt mit dem Lorenz-Stadtviertel. Seit 1894 wird sie Agnes-Brücke genannt.

Cinecittá-Brücke – wurde 1996 erbaut. Sie überspannt von der Hinteren Insel Schütt bis zum Lorenzer Viertel die Pegnitz. Eine schräge Drahtbrücke. Die Seite ist voller Liebesschlösser, die bereits ein beträchtliches Gewicht für die Brücke bedeuteten, sodass die Stadt sie abschneiden ließ. Sie wurde nach dem neuen Kino und das neue Kino wurde nach dem römischen Filmstudio benannt. Das ist ein Kinokomplex. 4646 Personen in 22 Sälen können gleichzeitig Filme anschauen. Im Multiplexkino kann man die Filme in 3D und bis zu sieben Stockwerke tief betrachten. Ich liebe dieses Kino und habe mir schon zahlreiche Filme angesehen. Wer so etwas noch nicht gesehen hat, muss sich es so vorstellen: Auf meiner rechten Seite kommt das Pferd und es galoppiert über meinem Kopf oder links an mir vorbei. Wenn die Astronauten eine Mandarine gegessen haben, war sie vor meiner Nase.

Mir gefällt es sehr gut, so etwas hatten wir in Kereki nicht!!!

Heubrücke. Wurde 1485 erbaut und verbindet über der Pegnitz den Bergauerplatz mit der Hinteren Insel Schütt. Zwischen dem Männerschuldturm und dem Heilig-Geist-Spital.

Spitalbrücke. Wurde 1485 erbaut. Die Verlängerung der Heubrücke verbindet die hintere Insel Schütt mit dem Hans-Sachs-Platz vor dem Heilig-Geist-Spital.

Museumsbrücke. Wurde im 13. Jahrhundert erbaut und hieß damals Barfüßerbrücke. Barfüßer heißt ein Restaurant im Keller des einstigen Zollhauses. Seit dem 19. Jahrhundert heißt sie Museumsbrücke, benannt nach einem Lesezirkel namens „Museum".

Fleischbrücke. Hier waren die Schlachthöfe. Auf der Sebaldus-Seite der Brücke befindet sich eine Statue eines Ochsen mit folgender Aufschrift: „Dieser Ochse war nie ein Kalb." Nürnberg hat die Rinder und die Ochsen aus Ungarn gekauft. Bis Kelheim wurde das Vieh mit Flößen und Schiffen transportiert, von dort wurden sie bis Nürnberg getrieben. Lange Zeit lag der Ochse ohne Hörner da, bis der Leiter einer ungarischen Wohltätigkeitsorganisation es sah und der Stadt vier Ochsenhörner schenkte, zwei als Reserve.

Zwischen den Fleischbänken Platz. Was die Nürnberger von den Tieren nicht gegessen haben oder verarbeiten konnten, haben sie bis 1562 von der Brücke in die Pegnitz geschmissen. Danach haben sie alles verarbeitet.

Schleifersteg. Ist die Brücke zwischen Trödelmarktinsel und dem Zwischen den Fleischbänken Platz. Sie ist eine reine Fußgängerbrücke. Ursprünglich war sie eine Holzbrücke, seit 1956 ist sie eine Stahlbetonbrücke. Sie hat ihren Namen von der ehemaligen Schleifmühle – Mühle der Familie Schleif – bekommen.

Karlsbrücke. Die untere Karlsbrücke ist die nördliche Brücke, welche die Trödelmarktinsel mit dem Sebaldusviertel verbindet. Wurde 1486 erbaut. Diese Sandsteinbrücke hat schon immer so ausgesehen, wie sie jetzt aussieht. Früher hieß sie Säubrücke, weil der Viehmarkt auf der Trödelmarktinsel war. Danach hieß sie Derrersbrücke, Derrer von Unterbürg war eine reiche Nürnberger Familie. Ich nehme an, dass sie den Bau der Brücke initiiert haben.

Die obere Karlsbrücke ist die südliche Brücke, welche das Lorenzer Viertel mit der Trödelmarktinsel verbindet. Sie wurde nach Karl dem VI. – Wien 1685–1740 Wien – deutsch-römischer Kaiser, König der habsburgischen Erblande, Ungarn, Kroatien und Tschechien, Vater von Maria Theresia, benannt. Die heutige Brücke wurde 1728 erbaut. Vorher war sie eine Holzbrücke.

Henkersteg, die Holzbrücke wurde 1325 erbaut. Sie überspannt die Pegnitz von der westlichen Seite des Trödelmarkts bis zum Lorenzer Viertel. Die Flut der Pegnitz hat sie 1595 vom Henkerturm bis zum Unschlitthaus mitgerissen. Ihren Namen bekam sie von den dort lebenden Henkern, seit 1776 ist sie eine Steinbrücke.

Das Unschlitthaus wurde 1491 als Kornkammer aus Sandstein im gotischen Stil erbaut.

Zwischen 1562 und 1835 zog im Erdgeschoss das Unschlittamt ein. Jeder Metzger in Nürnberg musste seinen Fettabfall abgeben. Daraus wurden Seifen, Kerzen und Schuhcreme hergestellt. Außer dem Geschrei der Schweine wurde alles verwertet.

Die Hallerbrücke wurde 1564 erbaut und nach Margarethe Haller benannt. Sie hat den ersten Park außerhalb der Stadtmauern errichtet.

Maxbrücke. Wurde 1457 von Jakob Grimm erbaut, damals wurde sie Steinbrücke genannt. 1819 wurde sie dann nach Maximilian I. Joseph, König von Bayern, benannt. Damit der Feind nicht über die Brücke eindringen konnte, hat man in die Mitte der Pegnitz einen Brückenpfeiler gebaut.

Kettensteg. Die älteste Kettenbrücke in Europa. Sie wurde 1824 von Conrad Georg Kuppler gebaut. Sie war eine Hängebrücke und sie schwang aus. Damit man die Pegnitz auch bei Hochwasser überqueren kann, hat man in der Mitte, bei 33 Metern, einen Brückenpfeiler gebaut.

Theodor-Heuss-Brücke. Erster Bundespräsident Deutschlands. – Brackenheim 1884–Stuttgart 1963 – Vom Nordwest Ring bis zur Maximilian Straße.

Innerhalb der Stadtmauern zweigt sich die Pegnitz an drei Stellen und bildet Inseln. Diese sind: 1. Hintere Insel Schütt und Vordere Insel Schütt. 2. Liebesinsel. 3. Haller Insel.

Raubritter Eppelein

Appolonius von Gailingen ist 1320 in der Burg Röllinghausen geboren und 1381 bei Neumarkt in der Oberpfalz gestorben. Er war ein Raubritter von der Art von Sándor Rózsa. Dieser fränkische Raubritter hat die Händler rund um Nürnberg in Angst und Schrecken gehalten. Der Handel und die Industrie erlebten ihre Blütezeit. Da die Burg von Eppelein den Kriegen zum Opfer fiel, hat er aus Rache geplündert. Er hat die Grafen und Adeligen von Nürnberg als Sündenböcke für die Zerstörung seiner Burg gesehen. Die Nürnberger haben ihn geschnappt und in das Burggefängnis gesteckt. Vor seiner Hinrichtung war sein letzter Wille, dass er noch einmal mit seinem Pferd springen möchte.

Der Legende nach hat er mit seinem Pferd den Burggraben – 20 Meter – bis zur äußeren Stadtmauer übersprungen und ist davongeritten, er wurde nicht hingerichtet. Heute sind ein paar Pferdehufen in die Burgmauern geritzt, als Erinnerung an den Raubritter Eppelein.

Nürnberger Trichter

„Fehlt dir's an Weisheit in manchen Dingen. Lass dir von Nürnberg den Trichter bringen."

Wenn ein Kind nicht so klug ist, Weisheit und Wissen aus seinem Kopf fehlt, kann man der Legende nach dies mit dem Nürnberger Trichter nachholen. Man muss sich das so vorstellen, dass das Wissen des Schülers ohne jede Anstrengung beeinflussbar ist, weil man das Wissen nur mit dem Nürnberger Trichter in seinen Kopf gießen kann, und so kann der Lehrer als der Dümmste dargestellt werden.

Diese lustigen Zeilen wurden von Georg Philipp Harsdörffer – Nürnberg 1607–1658 – ein Nürnberger Dichter im „Poetischer Trichter" veröffentlicht. Seiner Meinung nach können die deutschen Gedichte und Reime sechs Stunden lang in die Köpfe gegossen werden. Daraus entstand der „Nürnberger Trichter".

In Nürnberg und in den dazugehörigen Dörfern befinden sich 122 Kirchen. Ich denke hier an die Kirchen des christlichen Glaubens. Es gibt auch Synagogen und Moscheen. Die Hindus und die Buddhisten finden auch ihre Orte der Zusammenkunft.

Der Hinduismus ist die drittgrößte Religion der Welt.

Der Buddhismus ist die viertgrößte Religion der Welt.

Die Sankt Sebalduskirche

Ist eine evangelische Kirche gegenüber vom alten Bürgermeisteramt. Sie wurde 1230 erbaut und bekam ihren Namen nach dem Schutzheiligen von Nürnberg, Sankt Sebaldus. Sein Wunsch war, dass er nach seinem Tod auf die Kutsche gelegt und dort begraben wird, wo das Pferd mit der Kutsche stehen bleibt. Das wurde dann auf dem Platz der Kirche gemacht. Peter Vischer, Erzgießmeister aus Nürnberg, hat seine Grabstätte angefertigt. Sie kann in der Kirche besichtigt werden.

Die Sankt Lorenz Kirche

Ist eine evangelische Kirche im gotischen Stil und befindet sich auf dem Lorenzer Platz, wenn man vom Hauptbahnhof entlang der König Straße Richtung Hauptmarkt geht. Wurde 1250 im gotischen Stil erbaut. Ihren Namen bekam sie von dem Heiligen Laurentius, der ebenfalls ein Schutzheiliger der Stadt war. Den Engelsgruß, die Sehenswürdigkeit der Kirche, hat der Bildhauer Veit Stoss angefertigt.

Frauenkirche

Die Frauenkirche ist eine katholische Kirche, auf deren Platz einst eine Synagoge stand. 1349 wütete die Pest in Nürnberg, die Juden wurden dafür verantwortlich gemacht und beschuldigt, das Wasser in den Brunnen vergiftet sowie so die Seuche verbreitet und den Hauptplatz der Stadt beherrscht zu haben. Karl der IV., deutsch-römischer Kaiser, hat ihre Synagoge abreißen – Pogrom – und an deren Stelle die Frauenkirche bauen lassen. Daraufhin sind die Juden nach Fürth gezogen. Sie lebten bis 1938 dort. An der Frauenkirche kann man eine Spieluhr namens Männleinlaufen sehen. Jeden Mittag um 12 Uhr kommen die sieben Kurfürsten hinaus und huldigen dem sitzenden Kaiser Karl dem IV. Den Vorgänger dieser Uhr hat der Kaiser für seinen Sohn Wenzel zu seinem 4. Geburtstag anfertigen lassen. Das Männleinlaufen erinnert an die Goldene Bulle – das kaiserliche Grundgesetz. Die ersten 23 Teile der Goldenen Bulle wurden zuerst am Hauptmarkt in Nürnberg am 10. Januar 1356 ausgerufen und wurden als Nürnberger Gesetze bekannt.

Die heutige Spieluhr wurde von Jörg Heuss Schlossermeister und Sebastian Lindenast Kupferschmied 1509 angefertigt. Im II. Weltkrieg wurde sie in den Kellern in der Innenstadt aufbewahrt.

Bierkeller und Bunker

Unter der gesamten Innenstadt befinden sich in 24 Meter Tiefe und auf drei Etagen Keller. Wenn in Nürnberg wer Bier brauen wollte, musste er unter seinem Haus einen Keller mit Abgang und Lüftung haben. Die bekanntesten Bierbrauer-Familien waren die Tucher und Lederer. Diese Keller konnten die Biertemperatur auf 5–6 Grad halten. Es haben so viele Keller gebaut, dass sie schlussendlich in drei Etagen zusammengebaut wurden. Die Wände der Keller und der Boden unter Nürnberg bestehen aus Sandstein. Wenn man die Kellerwände mit einem scharfen Werkzeug ankreuzt, bröckelt der Sand von den Wänden. Es ist unglaublich, wie viel Gebäude von diesen Kellern gehalten werden und seit Jahrhunderten nicht eingestürzt sind. Während des II. Weltkriegs haben die Nürnberger sie als Bunker verwendet. Sie brachten Essen nach unten und das Wasser tropfte von den Wänden. Der Abgang befindet sich hinter der Albrecht Dürer Statue. Aber man kann auch in der Bergstraße und in der Schmiedgasse 52 raufkommen.

Der berühmteste Sohn Nürnbergs ist Albrecht Dürer Maler, Grafiker, Radierer, Holzschnitzer – Nürnberg 21. Mai 1471–Nürnberg 6. April 1528. Der ist die bedeutendste Figur der Renaissance. Seine berühmtesten Gemälde: Feldhase. Er hat von sich selbst auch mehrere Porträts in verschiedenen Jahren gemalt. Maria mit der Birnenschnitte. Er hat auch seine Eltern porträtiert. Seine Bilder sind weltweit in mehreren Museen zu sehen.

Das Haus von Albrecht Dürer befindet sich am Fuße der Burg, in der Albrecht-Dürer-Straße 25. Es ist heute ein Museum. Seine Statue befindet sich auf dem Albrecht-Dürer-Platz. Der Legende nach ist seine Jacke an der linken Schulter deshalb zerrissen, weil seine Frau, Agnes Dürer, schlampig war und sie nicht genäht hat. Es gibt Restaurants, die nach ihm benannt sind. Nicht zu vergessen der Flughafen, der seit dem 5. Dezember 2014 Albrecht Dürer Airport heißt.

Die Meistersinger von Nürnberg

Die Meistersingerhalle ist ein Theater in Nürnberg.

Die Meistersinger von Nürnberg ist der Titel einer Richard Wagner Oper. Die Geschichte spielt in Nürnberg. Sie heißen deshalb Meistersinger, weil an der jährlich stattfindenden Johannisnacht – Prophet aus der Bibel –, in der Nacht vom 23. auf den 24. Juni, die Meister singen. Sommersonnenwende, die Nacht ist genauso lang wie der Tag. Unter anderem der Dichter Hans Sachs, der Goldschmied Veit Pogner, der Bäckermeister Fritz Kothner, der Zinkgießer Balthasar Zorn, der Schneidermeister August Moser. Hermann Ortel Seifenfabrikant, Hans Foltz Kupferschmied, Sixtus Beckmesser Stadtschreiber, David ein Lehrling, Walther von Stolzing junger fränkischer Ritter, letzter Nachfahre einer verarmten adeligen Familie. Da nur Meister daran teilnehmen dürfen, nimmt Walther am Probesingen am Vortag bei Hans Sachs teil.

Veit Pogner hat eine Tochter namens Eva, die er verheiraten möchte, und er gibt sie demjenigen, der an diesem Abend am schönsten singt. Sixtus glaubt, dass er der Beste sein wird, aber auf einmal erscheint Walther, der Erster wird und die Hand von Eva gewinnt.

Hans Sachs Schuster, Dichter, Dramatiker, Sänger, Nürnberg 1494–Nürnberg 1576

Der Hans Sachs Brunnen befindet sich beim Weißen Turm. Er wird auch Ehekarussell genannt. Der Bildhauer Jürgen Weber hat ihn 1984 auf Grundlage des Gedichtes von Hans Sachs mit dem Titel „Das bittersüße eh'lich' Leben" gefertigt. In der Mitte des Brunnens befindet sich der Lüftungsschacht der U1. Da der Lüftungsschacht nicht schön aussah, hatte Otto Peter Görl, ein Nürnberger Architekt, die Idee, einen Springbrunnen rundherum zu bauen.

Schöner Brunnen

Der Schöne Brunnen steht vor dem Bürgermeisteramt in der nordwestlichen Ecke des Hauptmarktes und wurde von 1385 bis 1396 von Heinrich Beheim, den Brüdern Georg und Fritz Rupprecht sowie Sebald Schonhofer erbaut. Auf seinem Zaun kann man einen Messingring drehen und dabei an etwas denken, das dann meistens eintrifft.

Ich habe mir gewünscht, dass ich so schnell wie möglich deutsche Staatsbürgerin werde. Es wurde wahr.

Der Legende nach hat ein Lehrjunge die Tochter des Meisterschmieds geliebt, aber sie durften keinen Bund schließen. Daraufhin machte er einen Ring, an dem nicht zu erkennen ist, wo er zusammengelötet wurde. „Ich kann sowas", sagte er und verließ Nürnberg.

Das Heilig Geist Spital

Wurde 1341 von Konrad Groß – einer der reichsten Nürnberger Bürger – erbaut.

Hier wurde fast 500 Jahre lang der kaiserliche Krönungsschmuck aufbewahrt. Einst war es ein Krankenhaus, heute ist es ein Altersheim und Restaurant. Es überspannt einer der Inseln auf der Pegnitz, unter ihm fließt der Fluss. Die Krone des letzten deutschen Kaisers Wilhelm dem II. hat der Hofjuwelier Hugo Schaper angefertigt. Sie hat einen Durchmesser von 21 cm und eine Höhe von 20 cm. Aktuell wird sie in Bisingen, Baden-Württemberg, in der Hohenzollern Burg aufbewahrt. Kein einziger Kaiser trug sie während der Krönung, sie wurde nur für repräsentative Zwecke verwendet.

Stadtpark mit Springbrunnen

Wurde 1349 mit 19 Hektar Bäumen und Büschen angelegt. In der Mitte vom Park befindet sich ein künstlicher See und darin steht der Neptunbrunnen.

Neptun ist der Gott der Meere, der wichtigste Gott im antiken Griechenland. Er ist die Personifizierung von großer Macht und großer Kraft. Er reitet, vom Wasser getragen, in der Mitte des Brunnens auf einem Pferd im Meer, größer als in Lebensgröße, und rund um ihn sieht man eine steinige Meeresküste.

Weitere Statuen des Springbrunnens sind eine Frau, Drachen, Fische und nackte Putten. Die andere Seite des Springbrunnens besteht aus den gleichen Figuren, nur spiegelverkehrt.

Die Besonderheit dieses Brunnens ist, dass sie nach Vorlage des römischen Fortuna del Nettuno Brunnens 1660 von Georg Schweigger Bildhauer, Christoph Ritter Goldschmied, Jeremias Eißler Gestalter und Johann Wolrab Baumeister angefertigt wurde. Der Erzgießer Wolfgang Hieronymus Herold hat ihn 1668 den neun Meter hohen Barockbrunnen gegossen. 1797 hat ihn die Stadt für 66 Tausend Gulden zur Gründung von Sankt Petersburg Zar Paul dem I. verkauft. Bis heute ist er im Peterhof im Betrieb.

1650, zwei Jahre nach Beendigung des Dreißigjährigen Krieges und zu Ehren der Friedensverhandlungen in Nürnberg, dachten die Stadtväter, dass man doch im Zuge des Wiederaufbaus im Zentrum einen neuen Brunnen bauen sollte. Für die Figuren des Brunnens mussten Kanonen geschmolzen werden. Den fertigen Brunnen hätte man am Hauptmarkt aufstellen sollen. Aber die Stadt hatte nicht genug Geld, um die Wasserleitungen zu bauen. Nach dem Dreißigjährigen Krieg waren die Kassen der Stadt leer. So wurde der Brunnen trocken und eingepackt im Peunthof-Gebäude gelagert. 1797 wurde er dem russischen Zaren verkauft. Die mehrere Figuren noch gegossen haben und noch mehr Gold hinzugaben und ihn noch glänzender machten. Bis heute kann man ihn in Sankt Petersburg bestaunen.

1895 wollte das deutsche kaiserliche Außenministerium den Brunnen von Zar Alexander dem II. zurückkaufen. Der Zar hat ihn nicht verkauft, aber er ließ auf Betreiben von Georg Ritter von Schuh, dem Bürgermeister von Nürnberg, zu, dass sie eine Kopie anfertigen. 1901 übernahmen Ludwig Gerngros, ein reicher Nürnberger Bürger, und mehrere Hopfenhändler aus Nürnberg die Kosten für die Anfertigung der Kopie. Den neuen Springbrunnen haben Friedrich Wanderer, Kunsthistoriker, Adalbert Heinrich Karl Ludwig Ernst von Rößler Maler und Johann Adam Delsenbach Kupferschmied angefertigt. Am 22. Oktober 1902 wurde er vor der Frauenkirche, südlich vom Schönen Brunnen am Hauptplatz aufgestellt. Diesen wunderschönen, von Handwerkern angefertigten Brunnen konnten die Menschen bis 1934 bestaunen. Julius Streicher, ein Nürnberger Nazi, hat den Brunnen mit der Begründung, dass er die

Reichstage behindere und dass Gerngros ein Jude sei, entfernen lassen. 1937 wurde er von Hauptplatz auf den heutigen Willy-Brandt-Platz aufgestellt. Zwischen 1942 und 1945 ist ein Wunder geschehen. Der Originalbrunnen aus Sankt Petersburg ist als Kriegsbeute nach Nürnberg zurückgekehrt. Er wurde im Paniersbunker aufbewahrt. Nach dem Krieg wurde er der Sowjetunion zurückgegeben. Ich hätte es nicht zurückgegeben, weil die Sowjets während des Krieges auch viel geraubt haben, nicht nur in Deutschland, sondern überall, wo sie in Europa hinkamen. Der heutige Brunnen ziert seit 1962 den Stadtpark.

Nürnberg hatte auch zahlreiche Henker. Einer von ihnen ist erwähnenswert – Franz Schmidt – weil, nachdem er kein Henker mehr war und keine Menschen hingerichtet hat, er Arzt wurde und bis zu seinem Lebensende praktizierte.

Für empfindliche Leser ist die mittelalterliche Krimigeschichte von Nürnberg am Frühstückstisch keine angenehme Lektüre. Deshalb beschreibe ich nicht, wie man den unangenehmen Nürnbergern das Leben nahm. Wir sollten uns freuen, dass wir in einer Zeit leben, in der wir den Spaziergang Richtung Henkerburg und Henkerwohnung mit Gänsehaut überstehen, wenn der Fremdenführer darüber erzählt. Bevor Sie diesen Ort besuchen, müssen Sie wissen, dass Karl der IV. deutsch-römischer Kaiser am 25. März 1371 den Bürgermeistern und Bürgern der Stadt das Recht verlieh, diejenigen umzubringen, die der Stadt schaden. Der Henker soll mit ihnen machen, was er will, natürlich wenn er/sie vorher vom Gericht zu Tode verurteilt wurde. Die Hinrichtungen konnten alle sehen. Franz Schmidt hat es so perfekt gemacht, dass er die Hingerichteten in die Obere Wörthstraße 10 brachte und sie dort studierte, und danach eine Arztpraxis eröffnete. Vom Henker zum Arzt. Na ja liebe Leser und Leserinnen, in Nürnberg ist nichts unmöglich.

Der letzte deutsche Henker hieß Johann Reichart – 1893–1972. Er hat Menschen in der Weimarer Republik und während der Nazidiktatur hingerichtet, geköpft – unter anderem die Scholl

Brüder. Sogar während der amerikanischen Besatzung und insgesamt hat er 3.165 Menschen hingerichtet. „Bei mir hat kein einziger Hingerichteter durch die Guillotine Qualen erleiden müssen", sagte er. Ein französischer Arzt Joseph-Ignace Guillotin erfand während der Französischen Revolution diese Hinrichtungsmethode.

Über den letzten Nürnberger Henker können Sie im Kapitel „Die Hinrichtung der Nürnberger 10" lesen.

Die Stadtmauer

Nürnbergs Innenstadt, die Burg, das alte Stadtviertel und die Fußgängerstraßen sind mit einer Mauer umgeben.

In der langen Geschichte der Mauer wurde die Stadt nur einmal mit militärischen Mitteln – aber friedlich – eingenommen. 1945 durch die Amerikaner. Das dies vorher noch nie, nicht einmal im Mittelalter geschah, ist der dicken Befestigungsanlage zu verdanken. Die erste Mauer entstand im 11. Jahrhundert und umzäunte die Burg und die heutige Innenstadt. Zu dieser Zeit wurden auch die Türme gebaut, es gab 130 von ihnen. Laufer Schlagturm. Lauf an der Pegnitz ist eine Stadt östlich von Nürnberg. Ein Uhrturm wurde darauf montiert, der stündlich schlug. Von hier kommt der Name.

Es gibt noch den Weißen Turm, Henkerturm, Männerschuldturm, Dicken Turm, davon gibt es 4. Wasserturm. Nach dem II. Weltkrieg blieben 71 Türme erhalten, man musste nicht viel restaurieren. Der Großteil der Türme kann von Touristen besichtigt werden. Mehrere Türme wurden von den unterschiedlichen Organisationen oder Vereinen in Besitz genommen.

Mehrere Türme wurden sogar als Gefängnis genutzt.

Die Türme der Stadtmauer sind seit 1540 mit Farben gekennzeichnet. Bei der Burg beginnen die schwarzen, bis zur Insel Schütt. Danach sind sie blau, bis zum Hauptbahnhof.

Bei den schönen Mädchen sind sie rot. Von dort sind sie bis zur Burg grün.

Es gibt eine äußere Stadtmauer, 5 km lang und 12 Meter hoch. Der Burggraben ist 20 Meter breit und ist im Schatten der Stadtmauer und daneben zu finden.

Was ich unter „Mauer“ gemeint habe, ist die Seite der Frauentormauer Straße parallel zur äußeren Stadtmauer. Die Hausnummern 10–102 befinden sich im Rotlichtmilieu, wo die „Schönen Mädchen“ Tag und Nacht in den Fenstern in Unterwäsche sitzen. Gaffende und sich an die Mauern lehnende Männer glotzen die Frauen an. Es gibt welche, die reingehen, bleiben oder gleich wieder rauskommen. Jeder kann dort spazieren oder aus dem Taxi schauen.

Ich bringe öfter Männer dorthin. Dabei sehe ich oft Männer, die sich an die Mauer lehnen und mit offenem Mund lechzen. Ich glaube, diese Männer haben nur dann einen weiblichen Po gesehen, als sie auf die Welt gekommen sind, aber daran können sie sich auch nicht mehr erinnern. Hier stehen oder sitzen die wunderschönen Frauen ohne Tschador und Schleier vor ihnen. Was die gaffenden Männer in ihren Herkunftsländern nicht erfahren durften – hier denke ich an die Migranten –, wird in Nürnberg ihnen auf dem Silbertablett präsentiert.

Sie sollten sich das nicht entgehen lassen liebe Leser, wenn Sie mal in Nürnberg sind. Früher wurden Frauen, die dort spaziert sind, von den „schönen Mädchen“ mit Wasser bespritzt, egal zu welcher Jahreszeit.

Stadttore

Innerhalb der Stadtmauern kann man mit Autos oder Fahrzeugen durch 13 Tore gelangen. Maxtor, Laufertor Wöhrdertor, Katharinentor, Marientor, Königstor, Sterntor, Färbertor, Ludwigstor, Fürthertor, Westtor, Hallertor, Neutor.

Zu Fuß oder mit dem Fahrrad kann man weitere sieben Tore nehmen. Ich fange bei der Burg an. Tiergärtnertor, Vestnertor oder Burgtor. Es gab nur ein einziges Tor, durch das man in die Burg gelangte. Hier gibt es auch noch einen Tunnel. Rechts steht das Zollhaus, später Hexenhaus. Heute Hexahäusla – Hexenhäuschen Restaurant. Hübnerstor, Frauentor, Karthäusertor, Jakobstor, Spittlertor.

Die Sonne lacht, die Jacke bleibt im Schrank – sagen die Franken. In Anlehnung an die Eröffnung der Volksfeste und Biergärten.

Nürnberg ist sehr reich an Festivals, Festen, Kirtagen, Straßenfesten und Festen in den einzelnen Stadtvierteln.

Volksfest

Ähnlich wie das Münchener Oktoberfest – gibt es das Frühlings-Volksfest, das am Samstag vor Ostern beginnt und zwei Wochen dauert, das Herbst-Volksfest beginnt am letzten Freitag im August und dauert ebenfalls zwei Wochen.

Die Blaue Nacht – die Laternen der Stadt werden durch blaue Glühbirnen ersetzt.

Fränkisches Bierfest
Fränkisches Weinfest, Mittelalterliches Burggrabenfest.

Rock im Park – Zum Rock im Park Festival kommen verschiedenste Bands und geben Konzerte.

Bardentreffen – Ein Treffen, bei dem mittelalterlichen Lieder vorgetragen und Musik gespielt wird.

Pegnitzer Brückenfest.

Altstadtfest. Seit 1970 wird im September das zweiwöchige Altstadtfest in Nürnberg veranstaltet. Auf der Hinteren und Vorderen Insel Schütt in der Pegnitz und auf dem Hans Sachs Platz können sie in Holzhütten die Speisen und die Biere der Nürnberger und Franken kosten. Eröffnet wird das Fest durch das Anzapfen eines Bierfasses durch den Bürgermeister.

Fischer stecken. Spielt sich während des Altstadtfestes bei der Pegnitz ab. Die Fischer fahren stehend in Booten einander entgegen und versuchen sich gegenseitig in das Wasser zu stoßen. Wer als Letzter im Boot bleibt, also nicht in die Pegnitz fällt – der hat gewonnen. Ein Nachmittagsprogramm für die Zuschauer.

Christkindlesmarkt – findet am Hauptplatz und in seiner Umgebung statt. Beginnt am ersten Adventfreitag und dauert bis zum 24. Dezember. Seit 1610 werden in weiß-roten Leintüchern gehüllte Holzhütten Weihnachtsdekorationen und verschiedene Geschenke, die mit Weihnachten zusammenhängen, verkauft. Während des 2. Weltkriegs und bis 1948 wurde der Christkindlesmarkt nicht veranstaltet – Nürnberg wurde als Schmuckkästchen des Deutschen Reiches zu Propagandazwecken benutzt. Am letzten Freitagabend im November um 17:30 Uhr erscheint am Balkon der Frauenkirche das Christkind.

Friedrich Bröger hat ein Gedicht geschrieben, welches das Christkind lernt und am Balkon der Frauenkirche bei der Eröffnung vorträgt.

„Ihr Herrn und Frau'n, die ihr einst Kinder wart,
Seid es heut' wieder,
freut euch in ihrer Art.
Das Christkind lädt zu seinem Markte ein,
Und wer da kommt, der soll willkommen sein."

Mit diesem Gedicht wird der Weihnachtsmarkt eröffnet.

Das Christkind wird alle zwei Jahre gewählt, es muss in Nürnberg geboren, zwischen 16 und 19 Jahren sein und darf keine Höhenangst haben, wenn es von oben auf die Menschenmassen blickt. Sie muss nicht unbedingt die deutsche Staatsbürgerschaft besitzen.

Max-Morlock-Stadion. Maximilian Morlock war ein Stürmer der Fußballmannschaft des 1. FC Nürnberg. Er ist in Nürnberg geboren und hier starb er auch. – 11. Mai 1925–10. September 1994 – Zwischen 1945 und 1963 bestritt er 451 Spiele und schoss 286 Tore. Er hat auch bei der Weltmeisterschaft in Bern 1954 gegen Puskás und Co. gespielt.

Martin Behaim –, Nürnberg 6. Oktober 1459–Lissabon 29. Juli 1507 – hat den ersten Globus gebaut. Er war in Nürnberg Meterwarenhändler und danach Seefahrer. Seine Statue befindet sich am Theresienplatz, in seiner rechten Hand hält er einen Globus.

Peter Henlein, Schlossermeister – Nürnberg 1479–Nürnberg 1542 – war der Erfinder der ersten Taschenuhr, des „Nürnberger Ei"-s. Sie wurde wegen der ovalen Form Ei genannt.

Die Schedelsche Weltchronik. Wurde 1493 von Hartmann Schedel angefertigt. Europa, Asien und Afrika sind darauf zu sehen. Amerika wurde ja bereits 1492 entdeckt, aber vom Aussehen her war es noch nicht abbildbar. Aus diesem Grund befinden sich nur drei Kontinente drauf.

Über Nürnberg war der Himmel auch mal dunkel und bewölkt. Man muss einfach darüber schreiben.

12 Jahre dauerte die Naziherrschaft. Am 2. Januar 1945 fielen die meisten Bomben auf Nürnberg. 90 % der Häuser sind zerstört worden, die Bevölkerung schrumpfte auf die Hälfte nach den sinnlosen Bombardements.

Ich habe öfter eine Dame aus der Breitegasse im Taxi mitgenommen, die das Ganze als Kind im Bunker miterlebt hatte. Da ich interessiert war, erzählte sie mir viel darüber. Ihre Familie hatte Glück, weil ihr Haus verschont blieb, sie lebt bis heute darin.

Hitler hat den Kongress zum Reichsparteitag hier abgehalten und mehrere Gebäude bauen lassen, weil er Nürnberg für die deutscheste Stadt hielt.

Den Namen Zeppelinfeld bekam das Areal nach dem 28. August 1909, an diesem Tag landete Graf Ferdinand von Zeppelin mit seinem Luftschiff in Nürnberg.

Hitler nannte die Nazipartei Zeppelinpartei, am 15. September 1935 hat Hermann Göring das erste Mal die Nürnberger Rassengesetze verkündet.

Die Zeppelintribüne wurde von Albert Speer entworfen. Auf der Anhöhe standen die Nazi-Granden, vor ihnen reihten sich die Soldaten. In den Tribünen wurden die NSDAP-Parteitage abgehalten. Reliquien, die aus Steinen mit braunem Geist gebaut wurden.

Großestraße – hier hat Hitler die Massen begeistert, hier sind die SS-Soldaten marschiert. Wenn sie einen Film über die Nazizeit sehen und Stiefelklopfen der Soldaten hören, können sie sich sicher sein, dass der Film in Nürnberg entstand. Helene, Bertha, Amalie „Leni“ Riefenstahl – 1902–2003, deutsche Regisseurin, Schauspielerin, Drehbuchautorin, Schneiderin, Produzentin und Fotografin – hatte das Stiefelklopfen verewigt. In drei ihrer Filme kann man auch Nazi-Propaganda sehen. 1. Der Sieg des Glaubens, 2. Triumph des Willens, 3. Tag der Freiheit – Unsere Wehrmacht.

Kolosseum

Das größte nicht beendete Bauwerk der Nazis in Deutschland. Im Kongresspalast hätten die Zusammenkünfte der Mitglieder der Zeppelinpartei und Reden der führenden Nazis stattgefunden – Reichsparteitage. 50 000 Leute hätten Platz gehabt. In einer Hufeisenform, außen 275 Meter lang, 265 Meter breit und 60 Meter hoch. Innen 260 x 180 Meter. Die Wände 5 x 5 Meter dick. Es gibt einen inneren und äußeren Kreuzgang wie in den Klöstern. Ludwig Ruff – 1878-1934 – und sein Sohn Franz Ruff – 1905–1979 – haben es geplant und sie haben 1935 unter der Leitung von Albert Speer mit den Bauarbeiten begonnen. Das Ende des Krieges hat dazwischengefunkt und so wurde das Glasdach nicht fertiggestellt.

Seit 2001 ist es ein Museum. Dokumentationszentrum Reichsparteitagsgelände. Das Zuhause der Nürnberger Symphoniker. Innerhalb des Hufeisens werden Serenaden abgehalten.

Das Vorbild des Nürnberger Kolosseums war das Kolosseum in Rom, das Kaiser Vespasian zwischen 72–80 nach Christus erbauen ließ. Das Kolosseum in Nürnberg hatte eine andere Bestimmung als das von Rom. Das Kolosseum von Rom war Schauplatz von grauenhaften und brutalen Veranstaltungen für die Unterhaltung des Kaisers und seiner Familie sowie für die freien Römer.

Märzfeld. War ein Lager für die Gefangenen. Nachdem der Krieg zu Ende war, hat man zunächst an die lebenden Bürger gedacht. Ich denke dabei an die Lebensmittelbesorgung, das Wohnen, Wasser und Strom. Irgendwann Ende Herbst hat der Bürgermeister Hans Ziegler – 1877–1957 – die Bevölkerung angewiesen, dass sie die verstorbenen Gefangenen menschenwürdig beerdigen sollen. Ich sehe den Film vor mir, in dem Nürnberger Damen in Nerzmänteln diese Toten in die Holztröge legen, die als Särge fungierten, und dabei ihre Nasen vor lauter Gestank zuhalten. Ich würde sie auch zuhalten.

Die amerikanischen Truppen haben am 20. April 1945 Nürnberg erreicht. Die Soldaten der Siegermächte haben 1300 Bombentrichter gefunden. Die unendlich erscheinende Arbeit begann nur sehr langsam. Die Beseitigung der Trümmer. Die Stadt kam unter militärische Führung. Jeder Nürnberger über 18 bekam einen Fragebogen mit 131 Fragen. Er musste fehlerfrei und der Wahrheit entsprechend ausgefüllt werden. Welche Funktion man in den 12 Jahren und was man in diesen Jahren alles getan hatte. Bin ich schuldig oder ich fühle mich nicht schuldig.

Die Amerikaner brachten den Deutschen nicht nur den Kaugummi. Sie liebten es zu feiern und tanzen konnten sie auch. Sie haben nach der Reihe Discos aufgemacht. Unter den Soldaten gab es keine Rassentrennung, aber aus irgendeinem Grund gab es in der Luitpold Straße 8 eine Disco mit dem Namen Marilyn, die nur für Schwarze war. Mein Patenkind Lóránt war 1989 ca. 10 Jahre alt, als er mit Ádám in die Disco reingehen konnte, weil der Leiter der Diskothek ein weißer Ungar war. Sie haben den jungen Mann in der Stadt bei einem Autokauf kennengelernt. Er hat sie in die Disco eingeladen. Die Bodyguards waren trainierte, sportliche und große Schwarze, denen sie nur den Namen dieses jungen Mannes nennen mussten und schon durften Ádám und Lóránt in die Disco. Die Musik fing an zu spielen und Lóránt begab sich auf die Tanzfläche zum Tanzen in die Mitte des Raumes. Sie wissen ja, ein Träger von der Latzhose hing runter. In Adidas-Schuhen begann er mit dem Tanz, den die Amis so gut können. Jeder hat applaudiert, alle Schwarzen standen mit offenem Mund da, ihre weißen Zähne haben geleuchtet, sie haben gelacht, solange der „Boy" getanzt hat.

1995 sind die Amis aus Nürnberg weggezogen, aber zum Feiern sind sie sogar aus 100 km Entfernung noch immer hierhergekommen. Sie kommen mit dem Zug und morgens fahren sie mit dem Taxi in die Kasernen zurück – Sie nennen sie Barack. Einmal habe ich vier weiße Soldaten zum Flugstützpunkt nach Grafenwöhr gebracht. Sie hatten weder Euro noch Dollar mit. Beim Tor standen mehrere schwarze Soldaten Wache, sie sagten, dass sie kein Geld mehr hatten, aber ich dürfe nicht in die Kaserne reinfahren. Daraufhin hat ein Neger sofort 150 Euro aus seiner Tasche geholt und mir gegeben. „Thank you very much. Goodbye." Ich fuhr gleich wieder zurück nach Nürnberg.

Hier waren die Nürnberger Prozesse.

Sie haben in der deutschesten Stadt von Hitler über die Nazis geurteilt, weil das Gerichtsgebäude weniger zerbombt war. So konnten nach schnellen Renovierungsarbeiten die ersten Prozesse beginnen. Nur wenige wissen, weswegen die dreiundzwanzig in Nürnberg angeklagt wurden. Ich habe das auch in

Erfahrung gebracht. Den Raum mit der Nummer 600 habe ich mehrmals besucht. Wahrscheinlich war ich die Erste aus Mezőberény – gemeinsam mit meiner Geschäftspartnerin Géza Kátay und meiner Nichte Julcsi Gottschick –, die diesen Raum mit mir gemeinsam 1995 sahen. Die Grundlage der Anklage gegen die Nazis bildeten die so genannten Hoßbach-Notizen und die eigenen Tagebücher der Nazis.

Friedrich Wilhelm Ludwig Hoßbach – Unna 1894–Göttingen 1980 – war Oberst. Am 5. November 1937 hat er in Berlin mit mehreren Nazi Führungspersönlichkeiten an der Besprechung teilgenommen, bei der Hitler und der Außenminister Baron Konstantin von Neurath in einem mehrere Stunden langen Monolog vortrugen, wie sie sich den II. Weltkrieg vorstellen. Am gleichen Tag machte er sich nur stichpunktartige Notizen, nach fünf Tagen hat er die gesamte Besprechung detailliert niedergeschrieben. Die Hoßbach-Notizen sind einer der zentralen Quellen der Vorgeschichte zum II. Weltkrieg und dienten als Anklage im Nürnberger Prozess als Beweis dafür, dass die angeklagten Hauptschuldigen einen Angriffskrieg begonnen hatten. Sie haben es geplant, vorbereitet, eingeführt, durchgeführt und dabei wollten sie das gesamte europäische Judentum auslöschen, was ihnen teilweise auch gelungen ist. Darüber hinaus wurden sie wegen der Abschlachtung der Zivilbevölkerung oder der Kriegsgefangenen sowie der Unterbrechung des Weltfriedens angeklagt.

Die Nürnberger Prozesse umfassen die Prozesse der Hauptschuldigen des Krieges in der Zeit des Deutschen Reiches und weitere 12 Prozesse vor dem Internationalen Militär-Gerichtshof. Die Prozesse fanden nach dem Ende des II. Weltkrieges zwischen dem 20. November 1945 und dem 14 April 1949 im Nürnberger Justizpalast statt. Im Oktober 1943 haben sich die Außenminister der drei Siegermächte Hull, Eden und Molotov in Moskau darüber geeinigt, dass sie sich gegen Nazideutschland verbünden. Danach kam es am 6. Juni 1944 zum D-Day in der Normandie. Am 8. November 1945 wurde in London die Vereinbarung der vier Großmächte unterschrieben. Deutschland wurde in vier Besatzungszonen aufgeteilt. In die englische, französische, amerikanische und russische Zone. Letztere haben sich abgesondert, sie wollte nicht mit den anderen zusammenarbeiten.

Von den 24 Hauptschuldigen des Krieges wurden 12 zum Tode verurteilt. Acht bekamen mehrere Jahre oder lebenslänglich. Drei wurden frei gelassen. Am 25. Oktober 1945 hat Robert Lex in der Luxemburger Gefangenschaft Selbstmord begangen. Gustav Krupp von Bohlen und Halbach wurde aufgrund seines Gesundheitszustandes freigelassen. So blieben die „Nürnberger Zweiundzwanzig". Hermann Göring hatte in seiner Schachtel mit Rasierschaum Zyankapsel aufbewahrt, die er am Vorabend der Hinrichtung einnahm. Auf Rudolf Heß haben vier Nationen – amerikanische, englische, französische und deutsche Gefängniswärter – im Gefängnis von Berlin Spandau aufgepasst. Im August 1987 hat er dort sein Leben beendet. Martin Bormann – Halberstadt 1900 – wurde in Abwesenheit zum Tod durch den Strang verurteilt.

Der letzte Henker von Nürnberg war der einundzwanzigste – 21 – und jüngster Sohn einer sizilianischen Familie, die nach Amerika ausgewandert ist, namens Joseph Malta.

Er ist 1918 in einer Kleinstadt neben Boston geboren – Revere 1918–Revere 1999 – und arbeitete als Parkettverleger. Im II. Weltkrieg hat er Dienst bei der Militärpolizei geleistet. Als man Henker für den Nürnberger Prozess gesucht hat, meldete er sich. 1946 war er 28 Jahre alt. Er hat die Hinrichtung der Nazigrößen folgendermaßen beschrieben. „Diesen Job wollte ich unbedingt haben. Nachdem ich mit eigenen Augen die hungernden Kinder und Frauen in Deutschland sah, die zerbombten Städte, wurde mir ganz klar, was ich tun musste. Ich wollte als Letzter in ihre Augen blicken. Ich konnte es kaum erwarten, zu sagen: Friedrich, Willy; Joachim von Ribbentrop, Herr Graf bitte den Kopf. Am 16. Oktober 1946 um 1:00 Uhr habe ich begonnen und um 2:57 Uhr war ich in der Sporthalle des Nürnberger Gefängnisses mit dem Hängen der Gefangenen fertig. Ich habe den Strang 10 Nazigrößen – Joachim von Ribbentrop, Wilhelm Keitel, Ernst Kaltenbrunner, Julius Streicher, Alfred Rosenberg, Arthur Seyß-Inquart, Fritz Sauckel, Alfred Jodl,

Hans Frank, Wilhelm Frick – um den Hals gebunden. Wie ein Angestellter. John Clarence Woods, ein amerikanischer Henker, war mein Assistent. – Wichita 1911–Marshall-Inseln 1950. Danach bin ich nach Amerika zurückgekehrt."

– Woods ist nicht eines natürlichen Todes gestorben. Ein Stromschlag einer Steckdose hat mit 39 Jahren auf den Pazifischen Inseln seinen Tod verursacht –

Die Hingerichteten wurden auf amerikanische Lastwägen gelegt. Zunächst hatten mehrere Lastwägen das Gelände des Gefängnisses leer verlassen, ihnen folgten die Journalisten. Nachdem kein Journalist zu sehen war, machte sich der Konvoi mit den Hingerichteten auf den Weg nach München. Im Ostfriedhof wurden nochmal die Verbrennungsöfen für die einstigen Nazigrößen eingeheizt, sie wurden eingeäschert und ihre Asche wurde in einem Seitenarm der Isar entsorgt, damit man keine Pilgerstätten schafft.

Die Amerikaner haben ein Vermögen für die Stränge geboten, mit denen Alfred Jodl und seine Kollegen aufgehängt wurden. Alfred Josef Ferdinand Baumgärtler – Würzburg 1890–Nürnberg 1946 – hat alles auf Befehl getan. Er hieß Baumgärtler, weil sein Vater ein hochrangiger Artillerie-Kommandant in der bayrischen Armee war und seine Mutter eine Bauerntochter und unterm Rang konnten sie nicht heiraten. Als sein Vater von der Militärkarriere absah, heirateten sie 1899 und seitdem ist der Familienname Jodl. Jodl wurde in allen vier Anklagepunkten für schuldig befunden. Interessant ist noch, dass Jodl als Oberleutnant im Ersten Weltkrieg 1917 an der Ostfront im 72. Ungarischen Königlichen Kanonenregiment diente.

Befehle können auch missachtet werden

Ein Beispiel dafür ist, was wenige wissen, dass der Wolf im Schaffell – der gefeierte Perestroikaner Michail Sergejewitsch Gorbatschow – den Befehl gab, dass die russische Armee Litauen beschießen und bombardieren soll. Die Panzer sollen über die protestierende Masse in Vilnius drüberfahren. Ein Kommandant, der den Befehl erhalten hat, leistete Widerstand.

Kurze Erinnerung. 1985 hat Litauens Präsident Vytautas Landsbergis an die Sowjets einen Antrag auf die Unabhängigkeit seines Landes gesendet. Nach dem Fall der Berliner Mauer 1990 hat Deutschland die drei baltischen Staaten Estland, Lettland und Litauen als unabhängige Staaten anerkannt. Gorbatschow hat von Landsbergis verlangt, den Antrag zurückzunehmen, weil er die Sowjetunion um jeden Preis erhalten wollte. Am 10. Dezember 1990 war Gorbatschow leise, da er an dem Tag den Friedensnobelpreis in Oslo bekam. Einen Monat später, am 13. Januar 1991, sind die sowjetischen Truppen in Vilnius einmarschiert und durch die protestierende Menge gefahren. 14 Tote und mehrere Hundert Verletzte waren das Ergebnis. Dass es nicht mehr Opfer gab, ist Michail Wassiljewitsch Golowatownak zu verdanken, der nicht zuließ, dass die Soldaten scharfe Munition bei der Besetzung des Fernsehturms vor Vilnius nutzen. Ein halbes Jahr später gab es die Sowjetunion nicht mehr.

Der Marshallplan

Die Harvard Universität ist eine private Universität in Cambridge, in der Nähe von Boston, in den Vereinigten Staaten von Amerika. George Catlett Marshall – 1880–1959 – amerikanischer Außenminister unter dem Präsidenten Harry S. Truman hat am 5. Juli 1947 an der Universität seinen Plan für den Wiederaufbau der europäischen Staaten vorgestellt. Seine Rede dauerte 12 Minuten und wurde zu dem Beginn einer historischen Ära.

Marshall machte sich darüber Gedanken, wie man dem Leben in den zerstörten europäischen Ländern wieder ein Zuhause geben kann. Der Plan bekam seinen Namen und ging als „erfolgreichstes ziviles Wiederaufbauprogramm der USA im 20. Jahrhundert“ in die Geschichte ein.

Der spätere Nobelpreisträger brachte seinen Plan zur Rettung von Europa gegen Hunger, Armut, Verzweiflung und Chaos zu Papier. Sein Ziel war es einen Markt für die amerikanische Überproduktion zu schaffen. Er hat an die europäischen Staaten appelliert, dass sie den USA vertrauen sollen, die alles in ihrer Macht Stehende tun werden, um Europa wirtschaftlich wieder auf die Beine zu helfen. Er hat politische Stabilität und Frieden versprochen. Heute würde es 100 Milliarden Dollar entsprechen, was damals in Waren – siehe Rosinenbomber – und in Geld über den Atlantischen Ozean, unter dem Titel Wiederaufbau Europas, floss. Die Amerikaner verstanden darunter ganz Europa. Westdeutschland, Großbritannien, Frankreich und Italien. Moskaus „Nyet“ hat verhindert, dass die osteuropäischen Staaten auch etwas erhalten. Unter ihnen auch Ungarn.

Niemand bezweifelte, dass nur der wirtschaftlich entwickelte Westen sich gegen den sowjetischen Kommunismus stellen konnte.

Westdeutschland wurde wunderschön wiederaufgebaut. Samt dem Wissen über Demokratie, Kapitalismus und den Schutz des Privatvermögens.

Ich habe in Ungarn folgenden Satz oft gehört: „Ungarn stünde auch so da wie Westdeutschland, wenn Ungarn auch etwas von der Marshall-Hilfe bekommen hätte“. Jetzt weiß ich, wer entschieden hat, dass die Ungarn nichts bekommen. Die Sowjets. Aber heute glaube ich nicht, dass Herr Friedberg, von dem ich das gehört habe, sich dessen im Klaren war, wieso Ungarn nichts bekommen hat. Herr Friedberg war Agronom in einer Produktionsgenossenschaft in Mezőberény und arbeitete danach bei Mezögép als ...? Ich kann mich nicht mehr erinnern, was genau seine Aufgabe war.

Eine kleine Erklärung für den Buchstaben „S“ beim amerikanischen Präsidenten Harry S. Truman – Lamar, Missouri 1884–Kansas City 1972. Der Buchstabe „S“ ist nicht die Abkürzung seines zweiten Vornamens, sondern eine Initiale als

Gedenken an seine beiden Großväter. Der Großvater väterlicherseits hieß Anderson Shipp Truman, mütterlicherseits Solomon Young.

Rosinenbomber wurden Flugzeuge genannt

Da die Sowjets teilweise die Wasserstraßen und Straßen um Westberlin vollständig versperrt hatten, konnten die Waren nur entweder über den Fluss Havel oder aus der Luft nach Westberlin geliefert werden. Mit der Leitung von General William H. Tunner begann die Einrichtung der Luftbrücke. Piloten und Flugzeuge aus mehreren Ländern haben daran teilgenommen. Diese waren die amerikanische Douglas C-54 vier Propeller Maschinen, die auf dem Flughafen landeten, und die englischen Maschinen, die im Alt Kladow Viertel, heute Spandau, auf dem Fluss Havel landeten. Die Idee vom amerikanischen Piloten Gail Halvorsen war, dass sie Schokolade aus den Fenstern der Flugzeuge werfen sollten, wenn sie sich bereits dem Flughafen Tempelhof näherten. Zunächst packte er seinen Schokoladenvorrat, den er von seinen amerikanischen Verwandten bekam, in Taschentücher. Später erfuhren es über Radio die anderen Piloten und so wurde der Kreis der Piloten immer größter, die daran arbeiteten, dass die Kinder in Berlin Schokolade, Süßigkeiten, Kaugummi und Rosinen bekamen.

Die Straßennamen von Nürnberg

Nürnberg hatte 2018 2955 Straßen. Die meisten, 326, fangen mit „S“ an, die wenigsten, 1, mit „X“, Xantener Straße, und „Y“, Yorckstraße.

Ich habe mich lange gewundert, wieso die Studios des bayrischen Radios in Nürnberg in der Marconi Straße sind. Weil Graf Guglielmo Marconi – 1874 Bologna–1937 Rom – als Erster ein Radio baute. Marconi träumte von einem System, der die ungreifbaren Kräfte des Äthers nutzt. Jedes Radio und jeder Fernseher beweisen, dass er nicht umsonst geträumt hat. Vielleicht interessiert es Sie, dass Freunde von Marconi ihn unter ärztliche Beobachtung stellten und sie ließen ihn in einer Psychiatrie untersuchen, als er verkündete, dass er das Prinzip entdeckt hat, das ermöglicht, Nachrichten durch die Luft, ohne Draht oder andere Leitmaterialien, zu senden.

Bessemer und Stahl Straße. Sir Henry Bessemer – Charlton 1813–London 1898 – war ein englischer Ingenieur und Erfinder. Er hat den Stahl perfektioniert, indem er Kohle in den Kessel zum Roheisen warf. Die Kohle verbrannte bei 1150–1538 Grad Celsius und aus dem Roheisen wurde Stahl.

Kaspar-Hauser-Platz. Sein richtiger Name war ein Fürst von Baden. Am 26. Mai 1828 fand ihn der Nürnberger Schuhmacher Weickmann am Unschlittplatz vor dem Haus mit der Nummer 9–11. Er schätzte ihn auf 16 Jahre, geistig behindert, er konnte kaum reden und hielt einen Brief in der Hand, der auf den Namen Friedrich von Wessenig in der Neue Torstraße adressiert war. Der Autor des Briefes war unbekannt. Bei der Polizei in Nürnberg hat man ihm den Namen Kaspar Hauser gegeben.

In Wirklichkeit war er der Thronfolger von Baden, den man für ein krankes Kind ausgetauscht hat. Das kranke Kind würde sowieso sterben und ein Seitenstrang der Familie das Fürstentum Baden erben. Er wurde in einer Burg – mit Brot und Wasser – festgehalten. Der ihn gefüttert hat, trug eine Kutte, und sie badeten ihn mit Hilfe von Opium, wenn er schlief.

Die Straßen von Nürnberg sind sehr sauber, die Häuser sind gepflegt. Es gibt Straßenbahnen, Busse und U-Bahnen. Die unterirdische Bahn – Unten Bahn – U-Bahn 1 verkehrt zwischen Nürnberg Langwasser und Fürth Hardhöhe. Die U2 zwischen

Röthenbach und Albrecht-Dürer-Flughafen. Die U3 zwischen Nordwestring und Gustav-Adolf-Straße. Seit 2010 sitzt in der Fahrerkabine der U2 kein Lokführer, in der U3 sitzt auch kein Lokführer, nur ein Aufpasser, sie fährt automatisch. Sie können Ihren Augen ruhig glauben, Sie haben es richtig gelesen, es gibt keinen Fahrer!!!

Die Namen der nennenswerten Nürnberger Straßen werde ich in meinem Buch „Burgen und Schlösser“ detailliert aufzählen. Dort werde ich noch über die Sehenswürdigkeiten von Nürnberg schreiben, die aus diesem Teil aus Zeitgründen ausgelassen wurden.

In Nürnberg sind drei Ministerien untergebracht.
Bundesanstalt für Arbeit. Regensburger Straße 104.

Bayerisches Staatsministerium der Finanzen, für Landesentwicklung und Heimat.

Bundesanstalt für Migration und Flüchtlinge – BAMF –, Frankenstraße 210.

Norisring

Der Norisring ist eine Rennstrecke für Autos und Motorräder. Die Rennstrecke in der Stadt, weil die Strecke auf den Straßen entlangfährt, auf denen wir Tag für Tag fahren. Am 18. Mai 1947 wurde das erste Motorradrennen, ab 1948 Autorennen veranstaltet. In mehreren Jahren wurden Rennen mit Sportautos veranstaltet.

In Nürnberg wurden die Motorräder und Fahrräder Ardi, Hecker, Mars, Triumph, Viktoria, Hercules und Zündapp hergestellt. Wenn es schon so viele Motorradhersteller gibt, könnte man sie doch gegeneinander in einem Rennen antreten lassen!

Die Länge beträgt 2300 Meter und sie hat acht Kurven.

Ihren Namen bekam sie nach dem Namen von Nürnberg aus dem 17. Jahrhundert. Sie umgibt das Reichsparteigebäude der Zeppelinpartei, das zu den Zeppelinfeldern gehört, die Hitler bauen ließ. Sie wird jedes Jahr am letzten Wochenende im Juni veranstaltet.

In der Geschichte des Norisrings seit 1947 sind zwei Motorradfahrer und drei Autofahrer gestorben. Pedro Rodriguez de la Vega – 1940 Mexikostadt–1971 Nürnberg – war ein berühmter Rennfahrer.

Der letzte tödliche Unfall ereignete sich mit dem ungarischen Rennfahrer namens Csaba Kesjár – Budapest 1962–Nürnberg 1988. Der Grund für seinen Tod ist bis heute nicht geklärt. Wahrscheinlich haben die Bremsen versagt oder es kam zum Black-out – Kurzschluss im Gehirn –, weil er ohne zu bremsen in der Haarnadelkurve die Absperrung durchbrach.

Am ersten Wochenende im September wird das Radrennen veranstaltet. In der Innenstadt und am Ring sowie jedes Jahr durch mehrere Straßen der Stadt.

2015 sind wir auf die Kap Verden geflogen. Wir sind mit dem Zug nach München gefahren, vom Franz-Josef Strauß Flughafen in München flogen wir 6,5 Stunden über Stuttgart, Bern, Lyon, Madrid, Sevilla, Cordoba, Casablanca, Kanaren, Kap Verden nach Boa Vista. Wir haben bereits mehrere Stunden im Flugzeug auf einmal verbracht, aber damals war Laura das erste Mal mit. Wir mussten unsere Uhren drei Stunden zurückstellen.

Der Chauffeur unseres deutschen Reiseleiters wartete auf uns. Er hat unsere Namen auf einen A4-Zettel geschrieben. Wir wunderten uns, wer uns hier kennt. Natürlich hat er unsere Daten per Mail erhalten. Wir kamen mit einem amerikanischen Ford Lieferwagen am Hotel an. Unsere Koffer fuhren auf der Ladefläche mit. Wir wohnten im ersten Stock eines Bungalows, nahe am Atlantischen Ozean. All inclusive – wir durften so viel essen, wie wir nur konnten. Wer wagt es zu sagen, dass es in Afrika nichts zum Essen gibt? Es gab zwanzig unterschiedliche Brote und Semmel. Bier und Sekt flossen wie Wasser oder noch besser, weil Süßwasser teurer war. Außer uns und unserer Reiseleiterin – Kai Andrea Sauthoff – waren alle schwarz. Aber so schwarz wie die Nacht, nicht dumm, sondern schwarz. Einer hat mit Laura getanzt, auf dem Foto sieht man nur Laura. Sie tanzen sogar zum Meeresrauschen und wie schön. Laura wurde schnell zum Liebling des Personals. Sie leben aus dem Tourismus, ein sehr nettes Volk.

15. Januar 2018. Ádi hat sich so gegen Mittag angekündigt. Ági – Dr. Schäfer Ágnes – hat in Szeged Jura studiert und lebt bereits seit sieben Jahren in Nürnberg. Sie und Máté habe ich bereits erwähnt. Ich habe sie gefragt, wie sie in meinem Buch vorkommen möchte. Sie sagte, ich kann erwähnen, dass sie die Feuerwehr gerufen hat.

Ich beginne am Anfang. 2011 hat sie einen Ferialjob bei uns gemacht. Bevor sie nach Potsdam auf die Universität kam, hatte sie zwei Monate bei Kentucky Fried Chicken, meistens nachts, gearbeitet. Ádám gab ihr ein super Männerrad. Ich sagte ihr, dass sie besser einen Umweg Richtung Nürnberger Versicherungsgesellschaft – NBT – machen soll, als nachts oder morgens neben dem Wald zu fahren. Das NBT in Nürnberg ist das zweithöchste Turmgebäude in Nürnberg mit 34 Stockwerken und heißt Business Tower. Der Nürnberger Fernsehturm mit seinen 293 Metern ist höher. Ági hat im Juli angefangen zu arbeiten, damals musste man noch nicht wirklich heizen. Anfang September in der Nacht fährt sie gerade nach Hause und sieht, dass aus dem Gebäude der Nürnberger Versicherungsgesellschaft Rauch aufsteigt. Davor hat sie das noch nie gesehen, obwohl sie fast jeden Abend dort vorbeifährt. Sie hat die Feuerwehr angerufen. Aber nach der Feuerwehr kommen auch noch die Polizei, die Rettung und der Notarzt. Ca. 50 Autos. In einer Kettenreaktion verständigt einer den anderen, dass im Gebäude des NBT Feuer ausgebrochen ist. Die Polizei nimmt die Daten von Ági auf und erklärt ihr, dass es normal ist, dass Rauch aus dem Gebäude aufsteigt, weil im September im Bürogebäude bereits geheizt wird. „Aber machen Sie sich keine Sorgen, wir werden es als gemeinsame Übung verbuchen."

Ich habe auch noch bezüglich Ági erwähnt, dass wir uns selten sehen, weil sie auch viel arbeitet. In den letzten Wochen hat sie extrem viel gearbeitet, weil sie die Arbeit eines Kollegen mitgemacht hat. Der Führerschein des Kollegen wurde wegen wiederholten Schnellfahrens abgenommen. Aber er fuhr weiter, wurde aufgehalten und musste eine Strafe zahlen. Er hat nicht gezahlt.

Eines Vormittags hat der Briefträger geläutet, dass ein Paket gekommen ist, er lässt ihn rein, obwohl sie kein Paket bestellt haben. Der Briefträger sagt: „Drehen Sie sich um", und schon klicken die Handschellen. Es ist ein Polizist, der sich als Briefträger verkleidet hat. Als die Lebensgefährtin bei der Polizei aussagt, dass sie auch unterschreibe, dass er zahle, weil, wenn sie ihn nicht freilassen, sie die Miete alleine nicht zahlen könne, lassen sie ihn frei.

Also liebe Leserin, lieber Leser passen Sie auf, wenn Ihnen der Führerschein abgenommen wurde und Sie kein Paket bestellt haben, lassen Sie den Briefträger nicht rein, egal wie oft er läutet.

Mai 2018. Zwei Wochen Pfingstferien für Laura. Eine Woche wollte sie – wie immer – Ballmädchen bei den WTA-Spielen in Nürnberg sein. – Women's Tennis Association – Verband der Profi Tennisspielerinnen, bei den Männern heißt es ATP – Association of Tennis Professionals. Aber in Nürnberg spielen nur die Frauen. Und eine Woche machten wir Urlaub. Wir flogen nach Sizilien, Catania und wohnten im Hilton Hotel in Giardini Naxos. Wir trafen Marian Kormányos aus Mezőberény, die dort bei TUI – Touristik Union International – deutscher Tourismuskonzern, der beinahe in jedem Land auf der Welt zu finden ist – arbeitet.

Wir haben uns sehr wohl gefühlt. Unweit von Giardini Naxos in den Dörfern von Forza d'Agrò und Savoca wurde der berühmte amerikanische Film „Der Pate" gedreht. In der Hauptrolle mit Marlon Brando als Don Vito Corleone. Es gibt auch eine Ortschaft namens Corleone, wo sich das Nest der Mafia befand, aber sie hat sich schon zu einer Stadt entwickelt, die Regisseure wollten unbedingt auf Sizilien drehen und so kamen sie auf die zwei oben genannten Dörfer, welche die 1950er

Jahre zeitgemäß widerspiegeln. Dort hat Marlon Brando sogar eine Statue bekommen. Da Marlon Brando einer meiner Lieblingsschauspieler ist, haben Ádám und Laura mir ein T-Shirt geschenkt, auf dem das Bild des Paten – Marlon Brando mit der Aufschrift „The Godfather, il Padrino" – zu sehen ist.

In Nürnberg gibt es so viele Restaurants wie Nationalitäten. Auf Sizilien gibt es nur sizilianische Restaurants. Wir haben in verschiedenen Restaurants zu Abend gegessen, aber immer sehr, sehr gut. Irgendwer oder irgendwas wacht darüber, dass kein Schlitzauge oder Farbiger auf der Insel Fuß fassen kann. Auf die Insel gelangen Ausländer nur entweder durch Heirat oder als Interessenvertretung einer Firma. Ich denke dabei, sich langfristig auf der Insel niederzulassen.

Wir waren in der Nähe des Ätna, aktuell 3223 Meter hoch. 1992 ereignete sich der größte Ausbruch im 20. Jahrhundert. Die Lava blieb 200 Meter von einem kleinen Dorf namens Safran stehen. Der geschmolzene Stein floss nicht nur, sondern schob häusergroße Felsen vor sich her. In der Umgebung ist alles aus schwarzem und grauem Stein. Aber die Pistazien-, Orangen-, Zitronen und Weinplantagen blühen. Die Pistazie kann viermal im Jahr geerntet werden. Der Ätna ist aktuell ruhig, aber aktiv. Das Gebiet rund um den Krater ist heute auch noch warm. Wir sahen eine Kirche, von der nur 2 Meter zu sehen waren, weil der Rest von Lava verschüttet wurde.

27. Juni 2018. Mittwoch. Der rabenschwarze Mittwoch. Dieser Tag wird als rabenschwarzer Mittwoch in die Sportgeschichte eingehen. Weil die deutsche Nationalmannschaft in der Gruppenphase bei der Fußball-Weltmeisterschaft in Russland in Kasan, der Hauptstadt der Republik Tatarstan, 0:2 gegen Süd-Korea verloren hat. Damit haben sie automatisch ihr Rückflugticket nach Frankfurt gebucht. Den Rest können sich die Fußballfans vorstellen. Die Trauer war nicht so groß wie bei der goldenen Generation der Ungarn 1954.

Die Leckereien Nürnbergs

Ich muss zwei Nürnberger Leckereien erwähnen, die ich nicht oft genug essen kann.

Die Nürnberger Bratwurst, die man am ehesten im Dreierpack in einem Wecken fertig für unterwegs bekommt. Mit Senf oder Ketchup schmeckt es sehr lecker. Sie ist 7–10 cm lang und nur die in Nürnberg hergestellten Bratwürste dürfen so genannt werden. Wenn Sie so ein Wecken gegessen haben, suchen Sie sofort nach dem nächsten Stand, der Nürnberger Bratwürste verkauft, weil sie so gut schmecken.

Die Nürnberger Lebkuchen entsprechen einem ungarischen Honigteig. Man kann sie das ganze Jahr über kaufen, aber vor allem zur Weihnachtszeit. Es gibt sie in Herz-, Brezel-, Stern- oder Mondform mit verschiedenen Marmeladensorten gefüllt. Wie bei der Pogatsche befindet sich unten eine Oblate. Vergessen Sie nicht sie zu kosten, wenn Sie in Nürnberg sind.

Ich liebe Nürnberg

Nach den 30 Jahren in Nürnberg muss ich mir die Frage nicht stellen, ob ich Nürnberg und Deutschland mag oder nicht? Ich fühle mich hier zu Hause. Würde ich Nürnberg erneut wählen, um mich niederzulassen? Die Antwort auf die Frage weiß ich genau. Ich liebe es, ich fühle mich zu Hause, ich würde erneut hierherkommen. Es ist weitläufig, sauber und geordnet, es sind Städte mit Parks entstanden, die Häuser zeugen von Wohlstand und sie tragen den Segen der Zivilisation. Auf breiten Autobahnen rasen immer bessere, immer schönere Autos zu ihrem Ziel. Ich nehme selber oft die Autobahn mit meinem Tiguan mit Automatikschaltung und Kurvenlicht. Oder ich fahre gerade mit der Mercedes E Klasse Richtung Nürnberg von einer Fahrt aus der Umgebung zurück. Ich liebe die Berge, Seen, die Wälder mit der frischen Luft, die Burgen und die Schlösser.

Ich kann über das deutsche Volk nur mit Anerkennung und Liebe sprechen. Ich beneide die Deutschen auch ein bisschen, dass sie hier, in diesem großartigen Land geboren wurden, das ich selber mit tiefem und reinem Herzen liebe.

Viele konnten mit den Franken keine Bekanntschaft knüpfen oder Freundschaft schließen. Wir sind Ausnahmen. Wenn wir in Urlaub fahren, lassen wir unsere Schlüssel bei der Nachbardame, Maria Schulte. Die es auch von uns treu und mit Liebe erwartet. Aber auch ihre Zwillingstöchter und ihr Sohn, der Atomphysiker ist. Frau Schulte ist 1935 geboren, von ihr habe ich auch viel über die Vergangenheit von Nürnberg erfahren. Frau Schulte arbeitete 40 Jahre auf dem Nürnberger Jugendamt. Die amerikanischen Soldaten waren von 1945 bis 1995 in Nürnberg stationiert. Frau Schultes Aufgabe war, die von hier abgereisten, abgerüsteten oder versetzten amerikanischen Soldaten aufzusuchen. Sie war nur eine Arbeiterin von vielen in Deutschland. Weil diese GIs – General Invasion – ihre Kinder bei den deutschen Müttern ließen und sie sich nicht freiwillig wegen der Unterhaltszahlung gemeldet hatten, wurden sie von Frau Schulte aufgespürt. Den größten Erfolg konnte sie dann verbuchen, wenn die Frauen die Namen der Soldaten, die Kaserne und ihre Nummer wussten. Oder wenn die Nummer der Baracke bekannt war, hatte sie auch leichtes Spiel. Ihr weitester Briefwechsel war auf die Guam Inseln im Pazifischen Ozean. Die Insel ist ein Flugzeugstützpunkt der amerikanischen Armee in Mikronesien. Dort hat sie einen Vater erreicht. Die amerikanischen Unterhaltszahlungen betrugen mehr als das, was der deutsche Staat zahlte.

Verwandte oder Freunde, die uns in Nürnberg besucht haben, konnten sehen, dass egal wohin wir gegangen sind, unter anderem in Restaurants, uns das Personal sofort freundlich empfangen hat. Laura spielt dabei auch eine Rolle. Obwohl wir auch nicht mehr Trinkgeld geben als andere. Ich bin sicher eine gute Arbeiterin, weil die Frau vom Chef mich auch immer freundlich empfängt. Letztens hat sie einen Großeinkauf bei Metro abgesagt und ihre Tochter geschickt, weil wir – Högyéné Marika

Balogh und Károlyiné Lenke Gottschick – dort zu Mittag gegessen haben und sie wollte mit uns quatschen.

In unserem Freundeskreis gibt es sehr viele Nationalitäten. Genau habe ich nicht nachgezählt, aber außer Ungarn und Deutschen haben wir sicher um die fünfzig Nationalitäten. Die Kellner, die mir frühmorgens die besten Fahrten verschaffen, sind Italiener, Rumänen und Tunesier. Mein Auto putzt am besten David aus Ghana. Natürlich denke ich an die Vorwäsche in einer Waschanlage. Mit seinem Mund küsst er mein Taxi oder meinen Tiguan so, dass kein Bremsstaub es wagt sich auf die vorderen Felgen zu legen. Wenn ich rechtzeitig zum Schichtwechsel in der Waschanlage bin, greifen gleich drei Personen an, den Teppich aus dem Auto zu nehmen. Ivan ist der serbische Chef, Raffi ist aus dem Iran und David aus Ghana.

Am Anfang des Buches habe ich erwähnt, dass hinter Leonille zweimal die schwedischen Gardinen geschlossen wurden.

Einmal, noch in Ungarn, wurde ich von den Offiziellen mit 4.800 Ft. Geldstrafe belegt, weil ich sie mit irgendwelchen unangenehmen Ausdrücken beschimpft hatte. Ich hatte meine Gründe, aber sie sahen es anders. Danach bin ich nach Deutschland geflüchtet und ich habe es dann auch versäumt die Strafe einzuzahlen. Als mein Mann mir folgte, habe ich ihm nach ein paar Jahren gesagt, er soll die Strafe zahlen, nicht dass ich später Probleme bekomme.

Jedoch hat er auch vergessen die Strafe einzuzahlen. Ein Bekannter hat erwähnt, ich solle doch, da ich Doppelstaatsbürger bin, meinen abgelaufenen ungarischen Reisepass verlängern. Ich bin dann auch zur Polizei in Békéscsaba, weil sie damals dafür zuständig war. Zurück haben sie mich aber nicht mehr gelassen. Sie haben mich stattdessen mit einem dreckigen Polizeiauto ins Gefängnis nach Gyula gebracht. Auf dem Rücksitz und unter meinen Füßen war so viel Müll, dass ich kaum Platz hatte. Wir sind reingegangen und das Tor hinter mir wurde geschlossen, ein junger Gefängniswärter hat seinen Gürtel gerichtet, seitlich mit einer Pistole und er teilt mir lächelnd mit, dass es zu einer Aufnahme komme. Das bedeutet sicher, dass ich dort sitzen muss. Die Polizistinnen haben mich gefragt, was passiert sei. Ich sagte ihnen, was passiert war und dass ich deutsche Staatsbürgerin bin. „Die Sache wird in Ordnung sein, wenn ich es jetzt bezahle“, haben sie gemeint. „Natürlich zahle ich es, nur bringen Sie mich bitte zu Post.“ Das haben sie auch gemacht und glücklicherweise hatte ich mehrere zehntausend Forint bei mir – so konnte ich die Strafe bezahlen. Aber es interessiert mich, wer interveniert hat, dass mir so etwas geschieht. Es war ja keine hohe Summe, dass ich sofort ins Gefängnis kommen musste. Wer wollte diese Story hören? Ich glaube, der Spion wird sich freiwillig melden.

Zweitens: Ich habe eines Nachts auf dem Taxiparkplatz vor dem Süd-Klinikum gewartet. In der Zwischenzeit habe ich wie immer gelesen. Ich beachtete nicht, dass sich mir zwei junge Männer nähern, ich merkte nur, dass sie rechts hinten beide in mein Taxi stiegen. Darauf bin ich allergisch, weil ihnen drei Türen zur Verfügung stehen. Zu diesem Zeitpunkt wusste ich noch nicht, wieso sie beide eine Tür benutzt hatten. Aber ich habe nichts gesagt. Ich soll sie zur Bärenschanze bringen. Die Bärenschanze ist eine Straße in Nürnberg, die beim Gerichtsgebäude endet. Davor befindet sich noch das Gefängnis. Das ist eine ca. 11 km lange Strecke von der Klinik. Unterwegs redeten sie geschwollen und benutzen ungewöhnliche Wörter, dass ich kaum verstanden habe, worüber sie redeten. Ich war bereits fast beim Tor zum Gerichtsgebäude, und fragte mich, wann sie sagen werden, dass ich stehen bleiben soll. Er hat wen angerufen und mir mitgeteilt, dass ich hier rechts durch dieses offene Tor, das 6 Meter hohe Gefängnistor, fahren solle. Hinter uns schloss sich das Tor, ein anderes öffnete und schloss sich wieder. Ich wollte schon fragen, wie viele Tore es noch gibt, Zwei sind sogar von meinen Zwetschkenknödeln viel, geschweige denn von Gefängnistoren. Da war dann Stopp. Ich schrieb die Rechnung, der eine zahlte, dann sah ich, dass er ein graues Gefängniswärter-Outfit hatte und das Gesicht des anderen schrecklich in Mitleidenschaft gezogen war – verletzt, blutig und lila – und ihre Arme mit Handschellen zusammengebunden waren. Wahrscheinlich habe ich einen Gefangenen aus der Klinik mitgenommen. Sie konnten gar nicht bei zwei Türen einsteigen.

LG: „Lassen Sie mich raus?" Der mit dem grauen Outfit: „Ja, Sie werden rausgelassen, sobald wir aus dem Sichtfeld sind. Die Tore werden genauso öffnen und schließen, nur in gegengesetzter Reihenfolge."

Ich habe mich bedankt und bin rausgefahren.

Meiner Flucht habe ich es zu verdanken, dass ich sehr gut Deutsch spreche, obwohl ich einen Akzent habe.

Ich bin aus der geschlossenen ungarischen Welt mit dem perfekten Erlernen der deutschen Sprache ausgebrochen. Ich habe auch in Ungarn Deutsch gesprochen. Ich las Bücher, die ich in Ungarn nicht besorgen konnte, weil sie vielleicht nicht ins Ungarische übersetzt wurden. Ich habe mir Sicherheit damit verschafft, dass ich mich auf der ganzen Welt verständigen kann, ich kann sagen, wer ich bin, was ich will und kann Bekanntschaften auf acht Kontinenten knüpfen. Deutschland habe ich es zu verdanken, dass ich die Welt kennenlernen durfte. Ich nehme meinen deutschen Pass stolz in die Hand, wenn ich danach gefragt werde. Ich erzähle ihnen sogar von den Sehenswürdigkeiten von Nürnberg.

Dieses Land zeigte mir die Freiheit und die Demokratie. Die Gesellschaftsform, von der ich vor meiner Ankunft nur träumen konnte. Deutschland gab mir den bis dahin unbekannten Schatz, dass ich sowohl innerhalb als auch außerhalb der eigenen vier Wände das Gleiche sagen konnte.

7 Ich fahre mit galoppierenden Pferden durch das Leben

Taxi fahren in Nürnberg

Frage: Wie muss man eine Bruchbude zu einem richtigen Zuhause machen? Fragen Sie in Nürnberg Norbert Wibling, Maler- und Tapeziermeister.

Frage: Wie muss man ein Geschäft abschließen, eröffnen und über Jahre hindurch erfolgreich führen? Fragen Sie in Békéscsaba den Geschäftsmann Géza Kátay.

Frage: Wie bekommen Sie Ihr Lächeln zurück? Fragen Sie in Nürnberg den Zahnarzt Dr. Thomas Wölfel.

Frage: Wie muss man in Nürnberg Taxi fahren? Fragen Sie Leonille Gottschick.

In Deutschland hat man die RAL 1015 Malfarbe 1925 im Gesetz verankert. Elfenbeinfarbe schimmert im Hintergrund. Reichsausschuss für Lieferbedingungen. In mehreren Bundesländern von Deutschland ist Elfenbein gelb-beige die Farbe der Taxis. Es gibt Bundesländer, wo sie schwarz ist. Seit neuestem lackieren sie die Taxis nicht mehr, stattdessen werden sie foliert, aber sie bekommen ebenfalls die Elfenbeinfarbe. Wenn der Eigentümer es nicht als Taxi verkaufen will, muss er nur die Folie runterziehen und schon hat das Auto eine andere Farbe.

Anfang Dezember 1994 hat unser Chef uns mitgeteilt, dass er wegen seiner Krankheit ca. in einem halben Jahr die Konditorei und die Bäckerei schließen wird. Das traf mich insofern, dass ich mir einen neuen Job suchen musste. Aber was? Konditorin wollte ich nicht mehr sein. Das ist einer der schönsten Berufe der Welt, aber nur aus dem Blickwinkel der Kunden. Wir Konditoren müssen unmenschliche Arbeit leisten. Tausende Kuchen, die schönsten Hochzeits- und Geburtstagskuchen, und, und, und. Der Kunde genießt bloß unsere wunderbare Arbeit.

Im März 1995 saß ich eines Nachmittags auf der Toilette und las wie alle die Zeitung. Die Nürnberger Nachrichten bekamen wir immer von der Nachbardame. Frau Schulte kaufte die Zeitung am Vormittag, las sie und bis ich von der Konditorei nach Hause kam, lag die Zeitung bereits vor unserer Tür. Ich fing an die Stellenanzeigen zu lesen. „Wir suchen Taxifahrer." Ich habe mich auch beworben, den Rest können sie später lesen.

1995 habe ich am Nürnberger Hauptbahnhof Recherchen durchgeführt. An mehreren Nachmittagen bin ich aus Fürth von der Arbeit kommend bei den Taxifahrern stehen geblieben. Ich wollte wissen, was ein Taxifahrer verdient. Jeder hat gemeint, dass man nicht wirklich gut damit verdienen könne.

LG: „Seit wie vielen Jahren fährst du Taxi?"

Taxifahrer: Die Antworten waren unterschiedlich. Von ein paar Monaten bis 40 Jahre. LG: „Wieso sitzt du hier seit 40 Jahren herum, wenn du damit nicht gut verdienst?" Natürlich hat jeder gelogen. Weil für jeden Taxifahrer der andere eine Konkurrenz bedeutet. Sie wollen nicht, dass sie noch mehr Konkurrenz bekommen.

Trotzdem habe ich meinen Taxischein gemacht. „Ich liebe es zu fahren", dachte ich mir. „Wie ich die Fahrgäste aushalte, wird sich dann zeigen." Die Bedingungen waren, dass ich seit zwei Jahren ohne Unfall in Nürnberg fahren musste, in die Nähe und in die Weite gut sehen musste –, eine Blut- und Harnprobe beim Arzt – und ich durfte nicht auf der Liste der Insolventen sein, also kein SCHUFA-Eintrag – SCHUFA: Schutzgemeinschaft für allgemeine Kreditsicherung. Diesen Voraussetzungen bin ich gerecht geworden und ich habe meinen Taxischein in zwei Monaten bei der Nürnberger Taxizentrale gemacht. In zwei Monaten Samstag und Sonntag am Vormittag.

Es war für mich ein Kinderspiel, weil ich Nürnberg liebe. Für mich ist es ein großes Erlebnis hier zu leben. Ich kannte die meisten Straßennamen, weil ich damals schon sieben Jahre hier lebte. Nürnberg hatte damals 2925 Straßen, heute – 2020 – gibt es bereits 2955. Davon musste ich 1200 Namen lernen. Bei der Prüfung kamen 800 Straßennamen. Aber welche sind diese

1200 und welche die 800? Es war besser alles zu lernen, mit den Namen der Stadtviertel zusammen. Nürnberg besteht aus 106 Stadtvierteln und den dazugehörigen Dörfern. Ich musste noch die Kirchen, historische Gebäude, Ämter, Altersheime und die Brücken über der Pegnitz lernen. Mein Lehrer war Christian Linz, ein Taxiunternehmer wie mein Chef. Er hat mir sehr einleuchtend erklärt, was ich wissen muss. Zumindest so viel, wie sich in 16 x 2 Stunden ausgeht. Später lernte ich die Geschichte von Nürnberg und ich erzähle sie auch, wenn wer sich dafür in meinem Taxi interessierte. Dann bekomme ich mehr Trinkgeld. Die Gebühr für die Ausbildung musste man nicht auf einmal, sondern in Raten zahlen. Einmal den Arzt, dann für die Stunden und die Prüfungsgebühr. Die gesamten Kosten für die Ausbildung beliefen sich auf ca. 2000 Deutsche Mark. So hatte ich meinen Führerschein zum Personentransport. Ich bekam ihn am Ordnungsamt, Innere Laufer Platz 3. Eine Art Polizeibehörde. Hier bekam ich einen A4-Zettel, in dem stand, wie sich ein Taxifahrer zu benehmen hat. Ordentlich gekleidet, sauber und höflich mit dem König Kunden umgehen. Man darf den Kunden nicht verletzen oder kritisieren. Er darf meine Kehle durchschneiden, aber ich nicht ihm. König Kunde hat immer Recht. Man muss immer den kürzesten Weg wählen. Einmal fragte ein Kunde, ob wir nicht bereits angekommen sein müssten. LG: „Ja, genau, wir haben das Ziel soeben verlassen und müssen das Gebäude nur wegschieben, damit wir am Ziel ankommen oder ich fahre noch eine Runde.“

Taxifahren gehört zu den Berufen, bei denen wir Angestellte sind, aber wir den Chef bezahlen.

Wenn der Kunde etwas im Taxi liegen lässt, gebe ich es dem Chef und er bringt die verlorenen Sachen einmal die Woche, zusammen mit den Sachen aus den anderen Taxis, ins Fundbüro.

Ich benötige zehn unterschiedliche Dokumente, wenn ich Personen befördere. Diese sind: 1. Führerschein, 2. Taxiführerschein 3. Personalausweis 4. Taxi-Zulassungsschein 5. Taxi-Konzession, Lizenz 6. Landkarte von Deutschland 7. Landkarte von Ober-, Mittel und Unterfranken 8. Landkarte von

Nürnberg 9. Preisliste 10. Taxiordnung zur Beförderung von Personen und Verhaltensregeln für Taxifahrer.

Ich habe meinen deutschen Reisepass und meinen deutschen Personalausweis beim Einwohneramt bekommen. Äußere Laufer Gasse 25. Das Bürgermeisteramt ist ein drittes Gebäude. Rathausplatz 1. Dorthin muss beinahe kein Nürnberger Bürger rein, nur wenn er dort arbeitet oder wie ich dort dolmetscht – weil dort keine Einwohneramtsangelegenheiten erledigt werden wie in Mezőberény.

Jetzt kann ich mit dem Taxifahren anfangen.

Zuerst habe ich bei Paula und Paul gearbeitet. Das Ehepaar hat mich ausgenutzt und die verpflichtenden Abgaben nach mir nicht gezahlt. Ich ließ sie sitzen. Seitdem ist Herr Kronburger mein Chef. Neumeyerstraße 4. Seit einer geraumen Zeit heißt mein Wechselfahrer Peter Toffilein. Er ist sehr nett, ruhig und hält das Taxi rein. Wenn ich früher oder später anfangen möchte, regelt er es. Er wohnt in Feucht und ist ca. 45–50 Jahre alt.

In Nürnberg und in den umliegenden Städten und Dörfern gibt es 125 Taxiplätze. Man kann sich nicht auf jedem Stellplatz registrieren, dass die Zentrale einen sieht. Es gibt permanente und provisorische Plätze. Provisorische gibt es während des Volksfestes, das Frühlingsfest fängt vor Ostern an und dauert zwei Wochen, das Herbstfest beginnt am letzten Freitag im August und dauert ebenfalls zwei Wochen. Sonst lohnt es sich nicht sich dort hinzustellen, weil kein Rabe sich in die Gegend verirrt, geschweige denn ein Fahrgast.

Die Taxiplätze sind so angelegt, dass wir von dort in 7 Minuten bei den angegebenen Adressen sein können. Wenn man ins Umland fahren muss, werden die Fahrten schneller vergeben. Wir haben ein Display, auf dem wir die Fahrten bekommen und sämtliche Informationen, die von der Zentrale mitgeteilt werden. Zum Beispiel warten an einem Taxiplatz ein oder mehrere Fahrgäste, dann kann derjenige, der am nächsten steht, dort hinfahren. Jeder sieht, wo der andere steht, genauso wie die Zentrale. Die Fahrgäste fragen oft, für was dieses Gerät ist. Das ist so ein Gerät, wenn sie mir die Kehle durchschneiden, dann weiß die Taxizentrale, wo sie es gemacht haben.

Man muss jeden mitnehmen, außer die ganz Betrunkenen. Aber wenn der Betrunkene verletzt ist, blutet, muss man ihn auch mitnehmen, so lautet das Gesetz. König Kunde kann sich den Taxifahrer aussuchen, aber wir dürfen uns den Kunden nicht aussuchen. Ob uns seine Visage gefällt oder nicht, wir müssen ihn mitnehmen. Wenn jemand ein Taxi bestellt, steht er fast immer an der angegebenen Adresse oder auf dem Weg dorthin. Darauf kann man sich verlassen. Das Gesagte hat hier noch Gewicht. Dieser Beruf beruht auf Vertrauen.

Die Taxipreise sind gesetzlich festgelegt. Innerhalb der Stadt muss man mit Taxameter fahren, dieser verpflichtende Bereich betrifft ca. 40 Kilometer. Außerhalb von Nürnberg kann man sich einen Preis frei ausmachen.

20. Mai 2018, Taxipreise in Euro:
Grundpreis: 3,50
Erster Kilometer: 3,60
Zweiter, dritter, vierter, fünfter Kilometer: 1,85 pro Kilometer.
Jeder weitere Kilometer: 1,55.
Kombi: 2,50, plus Tarif.
Bus für 5–6 Personen: 2,50 plus Tarif.
Bus für 7–8 Personen: 7,50 plus Tarif.
Rollstuhl gerecht: 7,50 plus Tarif.
Zahlen mit Kreditkarte: plus 1,00.

Kommen wir zu den Taxistorys, den Abenden und den Nächten. Es sind keine Wochentage, weil ich nachts arbeite.

Wie ich erwähnt habe, sind die glänzenden Felgen die Visitenkarte des Taxis. An einem Sonntagabend bin ich der Sechste am Flughafen. Vor mir fünf schmutzige Taxis, meines ist auch schmutzig, weil am Sonntag die Waschanlagen und die Handwaschanlagen ebenso geschlossen haben. Zu Mitternacht schalten die Uhren der Waschanlagen auf Montagsbetrieb um. Ein

Ehepaar kommt und begutachtet uns und sie wählen das siebte Taxi, das hinter mir steht und sauber ist. Er hat es am Samstag gewaschen und seitdem nicht gearbeitet, so ist es sauber geblieben. Seitdem putze ich die wunderschönen Alufelgen und das ganze Taxi von innen und von außen.

Den 18-jährigen jungen Mann – über den ich bereits ein paar Zeilen geschrieben habe, dass seine Freunde Geld für ihn zusammengelegt haben, damit er zum ersten Mal mit einer Frau zusammen sein kann, mit dem ich dann anders umgegangen bin, als er es wollte – habe ich zum Klub der schönen Frauen gebracht. Die Fahrt kostet 20 Euro, er zahlt, steigt aus und geht zu den schönen Frauen, sie „arbeiten" im ersten Stock. Wir müssen 5 Minuten warten, dann stellt sich heraus, ob der Fahrgast bleibt oder nicht. Die fünf Minuten sind vergangen und ich trete den Rückweg an. Ich mache die Tür auf, steige in das Taxi, da kommt der junge Mann die Treppe hinunter. „Jetzt konntest du nicht warten, und deine 50 Euro sind in Gefahr", habe ich mir gedacht. So viel bekommen die Taxifahrer für einen Mann, wenn wir ihn zu ihnen bringen. KU: „Wie viel schulde ich Ihnen?", fragt er. „50 Euro." Er gibt mir seiner Meinung nach 50 Euro, 2 x 20er und einen 50er, den er für einen 10er hält. Er schuldet mir nichts, ich habe nur plötzlich geglaubt, dass er nicht bei den schönen Frauen im ersten Stock bleibt, deshalb sagte ich, dass er mir 50 schuldet. Ich habe bereits 110 Euro von diesem Kunden. Die schönen Frauen haben auch erkannt, dass man aus dem Typen mehr Geld rausholen kann, und ihn zum Geldautomaten geschickt, dass er von seiner Kreditkarte noch mehr abheben soll. Er war noch nie an so einem Ort, deshalb macht er es auch. Wenn er sein Geld nicht in den Socken versteckt hat, wird nicht viel übrig bleiben. Der junge Mann geht hoch, ein bisschen später gehe ich auch hoch. Ich habe meine 50 Euro auch bekommen. Jetzt habe ich bereits 160 Euro. Er hat noch nach meiner Telefonnummer gefragt, damit er in einer Stunde anrufen kann, er wohnt ca. 42 km von Nürnberg. Ich bringe ihn heim, 70 Euro. Jetzt habe ich schon 230 Euro. Davon gehören nur 55 % vom

Taxameter – d. h. 49,50 Euro – meinem Chef –, 20 + 70 = 90 –, der Rest gehört mir.

Von Fürth nach Hause bekomme ich eine Fahrt, ebenfalls zu den oben genannten schönen Frauen. Ich dachte, dass ich beim reichsten Mann der Welt, in einem McDonalds, mir einen Kaffee kaufe, weil es auf dem Weg liegt. Ich bekomme schnell meinen Kaffee, steige nicht aus dem Taxi, sondern bekomme ihn durch das Fenster – ich fahre zur Adresse. Ja, aber die Zentrale hat die Fahrt storniert. Weil ich nicht weit weg bin, sehe ich mir an, wieso sie die Fahrt storniert haben. Ich nehme an, dass ein anderes Taxi in der Nähe war und mir die Fahrt vor der Nase weggeschnappt hat. Aber nein. Vor dem Haus im Rotlichtmilieu sitzt ein amerikanischer Soldat im Schneidersitz, es ist Sommer, er muss sich keine Sorgen machen, dass er sich verkühlt. Ich frage ihn, ob er kommt, bleibt, einsteigt und ich ihn mitnehmen soll. KK: No Money, er hat kein Geld, die schönen Frauen haben alles bekommen und er kann nicht einmal mit dem Zug fahren. „Katterbach yes Money?", frage ich ihn. KK: „Yes." Katterbach ist ein amerikanischer Stützpunkt, ca. 50 km von uns. Ich verlange 80 Euro ohne Taxameter. Wir haben uns geeinigt. Unterwegs reden wir, solange er noch munter ist. Ich sage, dass ich aus Ungarn bin. Er liebt Ungarn, während des Bosnienkrieges war er oft in Budapest und er hat nur wunderschöne Frauen auf den Straßen und in den Restaurants gesehen. Wir sind in Katterbach angekommen, ich darf nur bis zu den Sandsäcken, wo mehrere schwarze Soldaten stehen. Mein Fahrgast lässt seine Soldatenmarke bei mir und verschwindet in der Dunkelheit. Danach kommt er mit 80 Euro und ich gebe ihm seine Soldatenmarke.

7. 7. 2007 Samstag. Ein Faber Castell Sprössling, ein Verwandter des Bleistift-Industriellen heiratet eine Schauspielerin. Ich pendle bis morgens um 8 Uhr zwischen dem Schloss und den Hotels. Als Letzte steigen eine schlanke junge Dame und ein Mann ein. Sie sagen mir, wohin sie wollen. Die Dame ist sehr betrunken. Der junge Mann sagt, dass er ein Graf Castell-Castell

sei. Die Frau fragt: „Könntest du mich lieben?“ Sie hat keine Antwort darauf bekommen, weil der junge Mann an einem Hotel schon fast ausgestiegen ist und ich muss die Dame nach Dürrenhembach zum Jagdhaus im Faber-Castell-Wald bringen. Ich bin sicher richtig, weil am Rande des Anwesens ein dicker, grüner 3 Meter hoher Bleistift steht. 51,30 Euro kostet die Fahrt, die Dame geht hoch, um Geld zu holen. Aber sie kommt nicht mehr runter. Da bin ich zurück nach Stein zum Portier des Bleistiftwerks neben dem Schloss. Der Portier ist ein älterer Herr mit gepflegtem Schnurrbart. Ich habe die Rechnung ausgestellt und sie einfach dem Portier gegeben. Der hat nicht gefragt, er hat sich ja noch vor 2 Stunden an mich erinnert. Er hat die Rechnung beglichen und ich habe danke gesagt. Ich denke: „Ich sage den Nürnberger Zeitungen nicht, dass ein Castell-Castell und seine Mitfahrerin nicht gezahlt haben, dafür kann das frisch vermählte Paar nichts und ich hätte nur ihnen geschadet.“

Der Winter 2013–2014 war bei uns sehr hart, Nürnberg war zugeschneit, zwischendurch haben wir Eisregen gehabt, dann wieder Schnee. Flugzeuge starteten und landeten nicht, Züge blieben stehen, mehrere Bäume fielen auf die Schienen. Fast nur wir Taxifahrer fuhren und die U-Bahn eine Weile. Wir sind gerutscht, aber wir haben auch abkassiert. Ich kenne die Taktung der Verkehrsampeln, deshalb wusste ich, wie langsam ich fahren muss, um die grüne Phase zu erwischen. Es gelang mir nicht immer. Dort, wo es keine Kameras gibt, bin ich bei Rot drüber gerutscht. Man musste keine Angst davor haben, dass ein Auto kommt, weil das gerade Grün hat, da nur wir Taxifahrer unterwegs waren.

Am Abend München, gegen Mitternacht Frankfurt, am nächsten Tag Stuttgart, Paderborn, und, und, und. So ist das ein paar Nächte gegangen. Ich bin gerade von Frankfurt zurück, da habe ich eine Fahrt bekommen, ich muss zu McDonald’s, wo ich meistens meinen Kaffee in der Nacht trinke. Sigmundstraße 100. Ich fahre zum Schalter, um meinen Kaffee abzuholen, da sagt mir der Verkäufer, dass der Fahrgast bei der Bushaltestelle sitze. Ich fahre hin, eine Frau kommt, die sehr betrunken ist, sie hat einen wunderschönen Pelz an und einen anderen wunderschönen Pelz zieht sie hinter sich auf dem Boden her. Ich denke mir, sie wurde mit zwei Pelzen irgendwo rausgeschmissen. Aber selbst bei minus 15 Grad reicht ein Pelz. Sie ist die Frau, die ich bereits erwähnt habe, die sich nur an die Hausnummer erinnert hat. Sie steigt hinten ein. „Bitte Alte Fjürtstraße 66." Ich denke mir, das sollte wohl die Alte Fürth Straße sein. Die nächste Straße, die diesen Namen trägt, befindet sich in Cadolzburg, aber ich vermute, sie wohnt in Fürth, und die Straße fängt mit „Alte" an. Wenn sie in Cadolzburg wohnen würde, wäre es sicher irgendwem aufgefallen, dass sie zwei Pelze bei sich hat und sie nicht ganz frisch in der Birne ist. Jemand hätte wohl die Polizei, den Busfahrer, den Schaffner oder irgendjemanden gerufen. Ich sehe nach, welche Straßen in Fürth mit „Alte" beginnen, es gibt 2. Am Altengraben und Alte Reuthstraße. Ich fange mit dem Letzteren an, weil die am nächsten ist. Ich bleibe vor der Adresse Alte Reuthstraße 66 stehen, sie zahlt und stellen Sie sich vor, die Dame macht mit ihrem Schlüssel die Tür auf. Wenn sie nicht aufgemacht hätte, hätte ich die Polizei gerufen, weil ich mir nicht sicher war, ob die Dame genug Geld hatte, um zur anderen Adresse mit mir zu fahren. Wenn ich sie dort gelassen hätte, wäre sie mit der Zeit wahrscheinlich erfroren. Sie würden mich befragen, weil sie von der Zentrale gewusst hätten, dass ich sie hingebracht habe.

Den Mann, der sich an die Straße erinnerte, aber nicht an die Hausnummer, habe ich am Hauptbahnhof aufgeschnappt. Sie waren zu zweit. Sie kommen vom Oktoberfest aus München und sind mit dem Zug in Nürnberg angereist. Der sehr Betrunkene sagt, dass er in der Röthenbacher Hauptstraße wohnt. Ich fahre hin und warte, bis er „Stopp" sagt. Er steigt aus und ich mache eine Runde, damit ich umdrehen kann, weil der andere Kunde woanders wohnt. Martin steht noch immer da und findet das Haus nicht. Der sitzen gebliebene Kunde sagt, dass Martin sein bester Freund ist. LG: „Wenn du sein bester Freund bist, weißt du sicher, wo er wohnt." „Ich weiß, wo meine beste

Freundin wohnt." LG: „Natürlich ist er seit den letzten beiden Maß Bier beim Oktoberfest sein Freund." Wir nehmen Martin wieder mit, fahren mit ihm weiter und auf einmal sagt er, stopp, weil er da wohnt. Wir warten. Er öffnet tatsächlich die Tür, aber nicht auf der Seite, wo er vorher gesagt hat.

Sie haben im Zug sicher noch etwas Hochprozentiges auf das Bier vom Oktoberfest nachgeschenkt, weil die Fahrt eine Stunde zwanzig Minuten von München nach Nürnberg dauert und in der Zeit wäre der Großteil des Alkohols aus ihrem Körper verschwunden.

Es gibt auch Jugendliche in Nürnberg, die sich für sehr schlau halten. Von mir aus können sie schlau sein, aber mich interessieren solche Genies nicht. Einmal steigen vier Jugendliche in Mögeldorf ein und wollen in die Disco. Dann fangen sie an sich über meinen Akzent lustig zu machen und zählen ein paar europäische Länder auf, die meine Heimatländer sein könnten. LG: „Ich komme nicht von dort. Seid ihr echte Nürnberger?" KK: „Natürlich, wir sind hier geboren." LG: „Dann müsst ihr wissen, dass ich aus der Nähe der Stadt komme, wo der Vater von Nürnbergs berühmtestem Sohn geboren ist." Die Neunmalklugen wissen es nicht. Schweigen macht sich breit. Sie zahlen, aber wollen unbedingt noch wissen, wo der Vater von Albrecht Dürer geboren ist? „Ich verrate es euch, wenn ihr mir noch 5 Euro Trinkgeld gibt."

Die Zentrale hat mich zu einem Gebäude im Rotlichtviertel geschickt. Zwei Männer steigen ein, sie sind so um die 40. Einer steigt bei der Allersberger Straße aus, der andere sagt zunächst, dass ich ihn zur Hochschule bringen solle. Als wir bei der Georg Simon Ohm Hochschule sind, soll ich ihn Richtung Universität bringen. „Sagen Sie mir bitte, wo ich stehen bleiben soll, der Taxameter zeigt 14,30 Euro." Er gibt mir 60 Euro. Ich vermute, dass er mir 3 St. 5 Euroscheine geben wollte, aber da er betrunken ist, hat er sich vertan. Ich greife zu meiner Geldtasche, damit ich ihm 45 Euro zurückgebe. KK: „Lassen Sie stecken." LG: „Vielen Dank."

Er steigt aus und sagt zu mir, dass ich ein Schwein sei. LG: „Ich sage, das stimmt, aber ich denke, wenn du mir statt 14,30 Euro 60 Euro gibst, dann fühle ich mich als Schwein gut. Und wieso bin ich eigentlich ein Schwein?“ KK: Weil ich seinen Wohnungsschlüssel gestohlen habe. LG: „Deinen Wohnungsschlüssel haben dir die Damen abgenommen, bei denen ich dich abgeholt habe, weil ich kein Interesse daran habe, wo du wohnst.“ Er steht bei der Tür rechts hinten herum, danach gebe ich Gas und die Tür schließt von selbst. Ich schaue nach hinten und sehe, dass auf dem Rücksitz ein 50 Euroschein liegt.

Die Betrunkenen sind die besten Kunden. Sie wollen nur das eine: ihr Bett und das so schnell es geht. Sie haben einen ordentlichen Kater und sind voll mit Alkohol. Wenn sie sehr betrunken sind, frage ich sie, ob sie Geld haben. KK: Ob sie Geld haben? Daraufhin leeren sie ihre Taschen, um zu zeigen, wie viel Geld sie haben. Es fällt auch öfter mal etwas neben den Sitz und sie vergessen es auch häufig. Wenn sie ausgestiegen sind, sammle ich das Geld ein.

Schinken-Mimmi. Ich stehe am Taxistand am Nordost Bahnhof. Ich bekomme eine Fahrt zur Äußeren Bayreuther Straße 123. Ich muss zur Kneipe Bayreuther Hof fahren. Wenn sie vom Nürnberg Zentrum Richtung Bayreuth die Stadt verlassen, ist diese Kneipe die letzte auf der linken Seite, neben der Bundesstraße 2, wo Sie noch ein Bier trinken könnten. Hier kann man ein Bier trinken und dann noch fahren, außer man fährt Taxi. Das nächste Dorf ist Heroldsberg.

Mit roter Lampe wartend, sehe ich, dass in der Zwischenzeit Schinken-Mimmi mit dem Rücken zu mir die Stufen runtertapst, weil sie einen Betrunkenen stützt. Schinken-Mimmi hat ihren Namen von mir. Sie ist eine Kneipenwirtin und ich habe keine Ahnung, wie sie wirklich heißt. Mimmi hat strohblonde, fast zu den Hüften reichende Haare. Sie hat eine enganliegende schwarze Hose an, die ihre dicken Schenkel gut hervorhebt und hinten verschwindet die Leggins in ihrem Po. Der Pullover rutscht ihr bis zu Taille, weil sie die Hand vom Betrunkenen hält. Mimmi hat ihn bis zum Taxi gestützt. Der Betrunkene steigt ins Auto und sagt, wo er wohnt, die Strecke kostet 5,90, wenn wir länger bei der roten Ampel stehen, dann 6,30. Aber Mimmi hat ihm nur 6 Euro für das Taxi übriggelassen, den Rest hat er Mimmi für Bier gegeben. Von Mimmi habe ich öfter Fahrgäste mitgenommen, wahrscheinlich sind ihre blonden Haare echt, weil man den Nachwuchs nicht sieht. Sie hat die Kosten für das Taxi für die Betrunkenen ausgerechnet, und aus diesem Grund lieben die Betrunkenen Schinken-Mimmi.

Vom Hauptbahnhof habe ich einen Kunden nach Engelthalb, in die Frankenalb Klinik gebracht, 30 km. Wer Probleme mit den Nerven hat, sucht dieses kleine Bergdorf auf oder man wird von den Ärzten eingewiesen. Wir sind angekommen, der Kunde hat gezahlt, ich bin ausgestiegen, um den Koffer des Kunden vom Kofferraum zu holen. Als ich den Koffer rausheben will, klopft mir jemand auf die Schulter. Ich bin wie versteinert. Wer kennt mich hier unter den vielen psychisch Kranken? Ich blicke zurück und dann sehe ich, dass einer der Kellner aus Kroatien, den ich aus Nürnberg kenne, mir auf die Schulter klopft. Er ist für ein paar Wochen hier, weil seine Nerven nicht in Ordnung sind. Seitdem ist er wieder genesen, weil er mit seiner Frau seit Jahren erfolgreich eine Kneipe betreibt.

Ich habe entschieden, dass ich bei einem Einkommen von 200 Euro mit der Arbeit aufhöre und nach Hause fahre. Mir fehlen noch 50 Euro. Ich bin zum Flughafen gefahren. Eine Maschine aus Amsterdam ist gelandet. Den Kunden habe ich nach Herzogenaurach zum Gästehaus der Firma Schaeffler gebracht. 37,70 Euro hat die Fahrt gekostet, er gibt mir 40,- Euro. Ich warte ein bisschen, weil ich sehe, dass er mit dem Code, den er per Mail bekommen hat, die Tür nicht aufmachen kann. Ich sagte ihm: „Lass es, du hast einen falschen Code bekommen.“ Ich versuche jemanden zu erreichen, aber um Mitternacht schlafen sogar die Hotelbesitzer. Was kein Wunder ist. „Ich bringe dich zum PUMA Hotel.“ Er steigt erneut ein. Er gibt mir 10 Euro. Fast 50 Euro, ich fahre nach Hause.

Ich habe auch wahrscheinlich mehrere Analphabeten mitgenommen. Ich denke, dass sie Analphabeten oder Farbenblinde sind, weil sie mir sehr viel Geld gegeben haben. Einer dieser Fälle: Am Flughafen ist ein älterer Fahrgast eingestiegen. Er kam aus Izmir in der Türkei – Smyrna, Sie wissen, wo Aristoteles Onassis, der griechische Reedereimogul, geboren ist, damals war es noch Griechenland. Er möchte nach Allersberg. Wir sind beim Haus angekommen. Die Fahrt kostet 71,50 Euro, er gibt mir einen Hunderter. Ich greife zur Geldtasche, um ihm 30 Euro zurückzugeben, weil ich bei solchen Summen die 1,50 Euro schlucke. KK: „Geben Sie mir nicht zurück, warten Sie." Und er gibt mir noch einen Fünfziger. Entweder ist er Analphabet oder er dachte, dass er noch in Izmir ist und mit türkischer Lire zahlt.

Das meiste Trinkgeld hat mir ein junger Mann gegeben, 500 Euro. Ich habe ihn von der Regensburger Straße nach Eibach und zurück in die Disco gebracht. Eibach ist ein Viertel im Süden von Nürnberg. Unterwegs hat er seine Oma angerufen, dass sie ihm bitte 20 Stück grüne Scheine vorbereiten solle. Das sind 100 Euroscheine, und das bedeutet 2000 Euro. Wir sind in Eibach angekommen, er hat sein Handy im Taxi gelassen und ist zu seiner Oma ins Haus gegangen. Ich denke, er wohnt nicht mit seinen Eltern. Er kommt zurück, aber nicht mit grünen, sondern mit blauen 20 Euroscheinen. Er hält sie in der Hand und kann die Hand kaum schließen. Vielleicht sind es 100 Stück, wenn es 2000 Euro sind. – Probieren Sie, liebe Leser, es auch mal aus, welch ein Gewicht 100 Stück Geldscheine besitzen. – Wir fahren zurück in die Disco. KK: Sein Vater ist der mächtigste Mann in Nürnberg, und er hat ihm gesagt, dass er bis 35 sich nur mit den Frauen beschäftigen soll. Ich löchere ihn mit Fragen und sage ihm dies und das. Wenn ich ihm etwas sage, was er sich zu Herzen nimmt, legt er jedes Mal 100 Euro auf die Mittelkonsole des Taxis. Bis er aussteigt, besitze ich 500 Euro plus den Preis für die Fahrt. Bis dahin dachte ich, dass der Oberbürgermeister der mächtigste Mann in Nürnberg ist, aber ihn kenne ich, und der wohnt nicht da, wo ich den Jungen hingebracht habe. Der Vater könnte irgendein Mafiaboss oder Geschäftsmann sein.

Wenn ich schon beim Oberbürgermeister von Nürnberg bin, muss ich zwei Geschichten erzählen.

Die erste Geschichte: Den Oberbürgermeister – Ulrich Maly – habe ich öfter gefahren. Er wohnt in einem Außenbezirk, man muss nicht die Autobahn nehmen, wenn er vor dem Rathaus ins Taxi steigt. Aber er sagt, dass ich ihn über den Frankenschnellweg – einer der städtischen Autobahnen – fahren soll. Das ist ein Umweg, aber er weiß, dass ich aus Ungarn bin und er mag die Ungarn. Wir quatschen bis zu seinem Haus, er gibt gutes Trinkgeld.

Die andere Geschichte: Es regnet wie aus Kübeln und ich muss zur Johann Krieger Straße 50. Das ist in einem Außenbezirk, ich muss nicht läuten, sie kommen raus. Ich warte fast 10 Minuten, bis ein junger Mann mit Kapuze rauskommt. Was sollte er denn auf seinem Kopf haben bei dem Regen? Er steigt hinten ein, er zieht die Kapuze runter und ich muss noch warten, weil sein Freund noch kommt. Ich warte erneut fasst 10 Minuten, der Freund kommt, steigt vorne ein, aber nimmt die Kapuze nicht ab. Sie sagen, wo ich hinfahren soll, und wir fahren los. Ich: Solche wie die hier vorne zahlen meistens nicht, sie nehmen ihre Kapuze nicht ab, damit ich ihr Gesicht nicht sehen kann und bei der Ankunft springen sie raus. Der Hintere redet dazwischen: Er wird zahlen, weil der der Sohn des Oberbürgermeisters ist. Er hat auch gezahlt, er hat auch Geld dabei.

Nopitschstraße 71. Das ist eine Gießerei. Ein junger Mann, der fürchterlich stinkt, steigt ein. Seinen fürchterlich stinkenden Pullover legt er vor sich auf das Cockpit. Ich öffne das Fenster, weil es ja doch sehr stinkt. Währenddessen quatscht er ununterbrochen. Er kapiert nicht, wieso ich mein Fenster auf der Autobahn bei 150 km/h offen habe. Wir sind in Neumarkt in der Oberpfalz angekommen. Was er bis dahin geredet hat, weiß ich nicht mehr, ich habe ihn wegen des Lärms nicht gehört. Ich bin darauf aufmerksam geworden, dass er wahrscheinlich

Österreicher ist, weil er gesagt hat, dass es „im Kapuzinerfriedhof von Wien eine Krypta gibt, von der niemand weiß, wer dort beerdigt ist". Er hat nicht gezahlt, es war eine Fahrt auf Rechnung, er steigt endlich aus.

Es ist allseits bekannt, dass die Deutschen Tierfreunde sind. Sie reden mit ihren Hunden und Katzen, aber zu mir vergessen sie manchmal Grüß Gott oder Auf Wiedersehen zu sagen. Einmal nahm ich eine Dame mit einem kleinen Hund mit. Sie sagte, dass der kleine Schatz eine ärztliche Untersuchung benötige. Also der Hund.

Ich nehme jedes Tier mit, auch einen Babyelefanten, wenn er ins Taxi passt. Sie sind zu viert ins Taxi gestiegen und der große Hund hatte nur im Kofferraum Platz. Das wollte ich nicht zulassen und habe ihnen empfohlen ein größeres Taxi zu bestellen. Ich hatte Angst, dass er mein Abendessen frisst. Die Kundin sagt: „Der Hund hat bereits gegessen und ist nicht hungrig." Unterwegs riecht es nach ungarischer Wurst, weil ich mir etwas zum Abendessen davon eingepackt habe. Der Hund hat es gegessen. Ich sagte zur Kundin, sie solle mir ein Abendessen zahlen. Sie gab mir 10 Euro. Seitdem lasse ich nicht mehr zu, dass Kunden ihre Hunde in den Kofferraum geben.

Ich muss am Sonntagabend in die Pirckheimer Straße 11 zu einer wunderschönen Villa. Eine Dame und zwei Kinder kommen raus. Die Tochter war ca. 8, der Sohn ca. 5. Die Mutti legt einen Katzenkäfig samt Katze in mein Taxi. Sie sagt, ich solle sie zum Tierarzt Dr. Gudbrod bringen. Er befindet sich mindesten 20 km von hier am Hafen, er ist der praktizierende Tierarzt in der Tierklinik. Ich solle den Käfig samt Katze dort lassen und die Kinder wieder zurückbringen. Mit dem Tierarzt ist alles besprochen. Auf einmal fängt der Junge an zu weinen, aber so richtig zu schreien. Er fragt seine Schwester: „Marga, kann Dr. Gudbrod Kater Mico heilen?"

Marga: „Sicher, Dr. Gudbrod ist ein sehr guter Tierarzt." Wir fahren weiter, der Junge schreit wieder. Ich frage sie, was mit der Katze passiert sei, dass man Sonntag am Abend in die Tierklinik müsse. Marga: „Sie wurde von einem Auto überfahren." Wir geben die Katze ab und ich bringe die zwei Kinder zurück zu ihrer Mutter. Mutti kommt, zahlt und die Kinder gehen rein. Mutti: „Die Katze war schon tot, ich wollte nicht, dass die Kinder sehen, wie ich sie in die Mülltonne schmeiße, so bringt Dr. Gudbrod sie zu einem Platz, wo man Kleintiere hinbringen kann. Die Kinder werden hören, dass Kater Mico die Operation nicht überlebt hat und in ein paar Wochen werden sie nicht mehr nach ihr fragen."

Kommt Ihnen die Geschichte bekannt vor: Ein Bauernsohn fährt nach Budapest zum Lernen, weil er klug ist und die Eltern sich es erlauben können, und seine Herkunft ist auch die richtige. Nach ein, eineinhalb Monaten fährt er zu seinen Eltern aufs Land, weil die gemästete Ente und die gestopfte Gans alle waren. Er hat nicht vergessen, von wo diese Köstlichkeiten kommen, nur von wo er kommt. Es sind gerade die Herbstarbeiten bei den Eltern zu verrichten, das gemähte Gras muss zusammengerecht werden, weil daraus das Heu wird, wenn es trocknet. Der Bauernsohn fragt, wo der Rechen ist. Er ist in seiner Nähe, aber er tut so, als ob er nicht mehr wüsste, wie er aussieht. Danach steigt er drauf und der Rechen trifft ihn am Kopf. Er nennt das Gartengerät sofort beim Namen.

Ich hatte mal eine Bekanntschaft mit dem Rechen, wobei ich nicht wusste, wie man Deutsch zum Rechen sagt. Ich habe nicht vergessen, wie er aussieht, und auch nicht, von wo ich herkomme. Ich hätte zu Hause im Wörterbuch nachsehen können. Mein Handy habe ich im Auto gelassen, mit dessen Hilfe ich bei Google Translate nachgesehen hätte. Aber fangen wir mit der Geschichte an, weil Sie sich sowieso dafür interessieren.

Um 2 Uhr in der Früh habe ich eine Fahrt nach Weiherhaus bekommen, es liegt auch südlich von Nürnberg. Ich komme bei der Adresse an und muss durch eine schmale Einfahrt zur Hausnummer 10/D. Sie können sich denken, dass D ganz hinten ist. Sie bauen sich ein Schloss und die Einfahrt ist so schmal, dass man nur mit Zentimeterarbeit reinkommt. Im

Hof angekommen, kommen mir die Fahrgäste entgegen, ich denke, dass ich so lange umdrehe. Dann habe ich übersehen, dass der Platz zum Umdrehen nicht Asphalt, sondern ein frisch gepflügter Garten ist. Natürlich hat der Schnee beide gleichermaßen bedeckt. Ich hätte ihren Hof nur rückwärts verlassen können. Ich bleibe samt Taxi stecken. Für die Fahrgäste rufe ich einen anderen Taxifahrer, der sich zu Tode lacht, als er ankommt, und ich benachrichtige den ADAC. Ich bin sowieso Mitglied, zusammen mit Ádám für 120 Euro im Jahr. Ich denke, dass er mich jetzt auch gratis rauszieht, wie bei einer Panne, ich gebe demjenigen, der meine Reifen tauscht, einen Zehner. Nicht gerade gratis. Ich habe ihm versprechen müssen, dass ich 300 Euro zahle, bis er mit einem kleineren Auto zurückkommt, weil der Trailer nicht durch die Einfahrt passt. Ich verspreche ihm alles, er soll mich nur rausholen. Er kommt dann erneut, jetzt mit einem Jeep. Er hat mich rausgezogen, ich gebe ihm die 300 Euro und sage ihm: „Nicht auf Wiedersehen. Wenn ich Sie in Zukunft sehe, werde ich beten, dass es nicht so eine Situation sein wird."

Also zurück zum Rechen. Ich habe ihren Garten hässlich demoliert. Ich habe mir auch geschworen, dass ich die 300 Euro doppelt zurückbekomme. Das würde ich Anziehung nennen. Ich habe das Taxi abgestellt, es war bereits so gegen 6 Uhr morgens, ich habe nicht viel verdient und bin nach Hause gegangen, um zu schlafen.

Ich habe bereits 190 Euro von den 600.

In der Früh hole ich eine Dame von der Pestalozzi Str. 3 ab. Sie möchte auch nach Fürth. Sie ist sehr betrunken. Die Rechnung beträgt 7,90 Euro. Sie sucht ihr Portemonnaie in ihrer großen Handtasche, aber irgendwie findet sie es nicht. KK: „Aber ich habe Geld, meine Eltern sind Wirte und wir sind wohlhabend." LG: „Du kannst noch so wohlhabend sein, wenn du 7,90 Euro nicht zahlen kannst." Ich gebe ihr eine Rechnung, die sie noch am selben Tag bei meinem Chef begleichen soll. „Du denkst wohl nicht, dass ich dich gratis kutschiere oder?" KK: „Ich bringe es hin, ich schwöre es." Sie ist ausgestiegen, aber die

Tür hat sie nicht zugemacht. Ich suche eine Möglichkeit zum Parken, steige aus, um nachzusehen, wieso die Tür nicht zugeht. Da war ihr fettes Portemonnaie. Sie hatte darin 200 Euro an Scheinen und Kleingeld. Ich konnte wegen der Einbahnstraße nicht zurückfahren und sie ist sowieso verschwunden, wer weiß, wo sie wohnt. Sie hat sich wegen den 7,90 Euro nicht gemeldet, ich habe vom Fund auch niemandem etwas erzählt. Jetzt habe ich bereits 390 Euro von den 600, das Kleingeld hat für die 7,90 Euro gereicht.

Als Nächstes steigt ein Muttersöhnchen – der im Hotel Mama lebt und ein Schmarotzer ist – gemeinsam mit der Mutter ein. Das Muttersöhnchen nimmt vorne, die Mutti hinten Platz. Ich habe sie zur gewünschten Adresse gebracht, das Muttersöhnchen zahlt, sucht nach seinem Geld in seiner Hosentasche, aber zahlt. Sie steigen aus. Danach schaue ich auf den Gummiteppich und sehe etwas Grünes. Da waren 3 St. 100 Euroscheine. Meinen Verlust habe ich mehr als doppelt zurück. Das nenne ich Anziehungskraft.

25. Februar 2015. Ich bin beim Taxistand in der Virnsberger Straße. Die zur Verfügung stehende Fahrt führt nach Zirndorf-Oberasbach. Ecke Adlerstraße und Hainberg Straße steht ein INFRA-Busfahrer. INFRA ist das Fürther Busunternehmen. Nach ihm musste ich noch drei andere Busfahrer abholen. Der erste Busfahrer ist ein kleiner, schmaler mit krummem Rücken, bald 50 mit kleinem Kopf. Aber sein Mund hat gestunken, als ob er frühmorgens eine tote Maus gegessen hätte. Ich dachte mir, jetzt werde ich wieder tagelang keinen Appetit haben, obwohl mein Mann gestern einer meiner Lieblingsspeisen, Kartoffelgulasch mit Klößchen mit Paprikawurst aus Mezőberény, gekocht hat. Das kann ich Tag und Nacht, am Morgen oder zu Mittag, am Abend, in der Früh, kalt oder warm essen.

Zurück zum INFRA-Fahrer; Wie passte so viel Gestank in diesen kleinen Kopf? Wo sitzt er? Hat er weniger Gehirnvolumen? Ich habe mich umsonst gefragt, ich werde es nicht erfahren. Und er hat ständig geredet. Ich musste mit offenem Fenster bei minus 2 Grad fahren. Der zweite Busfahrer ist rechts hinten eingestiegen. Jetzt redete er Richtung Fenster und nicht zu mir. Als der dritte und vierte Busfahrer auch eingestiegen sind, wendete er sich wieder zu mir und redete so zu den hinten Sitzenden. Ich wollte ihn, so schnell es geht, aus dem Auto raushaben.

7. April 2015, 21:30 Uhr am Abend. Ich bringe einen Fahrgast aus Röthenbach zur Firma Bosch. Neben mir winken andere Leute aus einem Auto und einer der fünf jungen Männer möchte etwas fragen. „Wo finden wir den TÜV?" Dort kann man die technische Prüfung der Autos erledigen lassen und noch vieles mehr. LG: Ich habe blitzschnell geschaltet. „Folgt mir, der TÜV hat schon geschlossen, aber die schönen Frauen sind gleich daneben und die wären eher etwas für euch als verschlossene Tore." Natürlich wollten sie zu den schönen Frauen, aber sie wussten nicht, wie sie fragen sollten.

4. September 2015, 17 Uhr. Meine Fahrt befindet sich in Ziegelstein, in der Uttenreuther Straße. Ein älteres Pärchen wartet bereits auf der Straße. Sie steigen ein, Erlenstegenstraße 95 Goldener Stern heißt das Restaurant. Es sind ca. 5 km, ich muss einen Umweg fahren, weil sie in Ziegelstein bei der Eisenbahnunterführung die Straße sanieren. Der Mann sitzt vorne und sagt die ganze Strecke hindurch, dass es ein scheiß Mercedes ist. Ich: „Welches Auto fahren Sie denn?" Er verrät es nicht. Er sagt nur: „Das ist ein scheiß Mercedes." Ich schwöre mir, dass ich das nächste Mal nur seine Frau mitnehme.

4. September 2015, Innere Laufer Platz 10, Spalter Kneipe. Spalt ist eine Stadt 50 km südlich von uns. Es gibt eine Brauerei dort und die Adresse führt zur Kneipe der Brauerei. Der Kunde sitzt draußen auf der Straße an einem Tisch, es ist ein angenehmer Abend. Er setzt sich rein und ist mittelmäßig betrunken. Er stellt sich vor: „Ich heiße Manfred. Wie heißen Sie denn?" „Ich bin Leonille." Als ob er ein Parfum riechen würde, schwärmt er. KK: „Das klingt so schön und unfassbar wie ein

Musikstück auf dem Klavier. Diesen Namen hat er noch nie gehört." LG: „Das konntest du auch nicht hören, weil ich einzigartig bin, es gibt keine andere Leonille auf der Welt." Sein Gesicht zeugt von größerer Intelligenz als sein Aussehen. Er gibt gutes Trinkgeld. Und er weiß sogar noch, wo er wohnt.

Nachdem mein Buch veröffentlicht ist, werden sicher ein paar Mädchen Leonille heißen.

4. September 2015, die Uhr zeigt 4:30 Uhr. In der Nachtschicht bringe ich ein Pärchen von der Disco nach Roth, ca. 40 km. Sie streiten bis Roth und stinken. Eine Taxiregel haben sie sehr genau geschrieben: Wenn du stinkst, hast du hinten zu sitzen.

5. September 2015, Samstag. Ich fahre vom Flughafen nach Regensburg, zum Hotel Held IRL 11. 181,60 Euro.

8. bis 9. September 2015, Dienstag – Mittwoch. Die Lufthansapiloten streiken deutschlandweit.

10. September 2015, 4:30 Uhr musste ich in der Kettelerstraße 8/A sein. Ich sei pünktlich wie eine Schweizer Uhr, sagt eine ältere Dame und steigt gemeinsam mit ihrem Mann ein. KK: Ich solle mich beeilen, weil sie das Flugzeug nicht verpassen wollen. Ich: „Wohin fliegen sie denn?" KK: „Sie werden neidisch, aber wir fliegen auf Kreta." Ich: „Ich bin nicht neidisch, denn ich habe die Kontinente schon bereist." Auf den 10 Kilometern sagen sie kein Wort.

21. September 2015, Montag. Heute ist die Steiner Kirchweih zu Ende. Eine nach Gott zweitwichtigste Krone der Schöpfung von einem Mann schließt sein BMW X6 ab. Er kommt in meine Richtung und steigt ein. Er hat viel getrunken und es ist ratsam für ihn, dass er nicht selber fährt. Er wohnt nicht weit, 7,20 Euro. Er gibt mir 2 St. 5 Euroscheine. Ich soll ihm einen Euro zurückgeben. Ich habe ihm zurückgegeben und dann ist mir aufgefallen, dass der eine Schein ein 100 Euroschein ist. Wie gut, dass du viel getrunken hast, denke ich und fahre weiter.

23. Februar 2016, Freitag. Heute sind wir zu dritt – Laura, Ádám und ich – in den VW-Salon in die Marienbergstraße 90 gefahren, um meinen neuen Tiguan abzuholen. Dort haben wir einen meiner tunesischen Bekannten Farhatmet Quassaief getroffen, der seit einer Weile dort arbeitet. Er putzt meinen Golf von außen und innen und ich soll seine Frau vom Flughafen München abholen, wenn sie die Einreisegenehmigung nach Deutschland bekommt. Ich: „Ok, einverstanden." Die komplette Reinigung eines Autos kostet um die 100 Euro, und die Fahrt nach München und Retoure kommt ca. auf das Gleiche. Ja, aber ich habe meinen Golf Annamarie, meinem Patenkind, verkauft und am Samstag, den 24. haben sie ihn auch mitgenommen. Er war nicht so schmutzig von innen. Stellen Sie sich vor: Ich war die erste Besitzerin, habe es meistens alleine genutzt und es ist selten wer vorne oder hinten gesessen. Ich habe ihn mit 135 tausend Kilometern und 14 Jahren verkauft. Er war in einem sehr guten Zustand, obwohl mir ein kroatischer junger Mann von hinten reingedonnert ist, einmal ein spanischer LKW-Fahrer uns von links geschnitten hatte und ich in einem Kleinbus mit Anhängerkupplung von hinten reinfuhr. Ich war nicht der Schadensverursacher und der 4er Golf wurde schön repariert. Farhatmet hatte nicht die Gelegenheit, dass er es putzt, aber ich muss später seine Frau abholen.

5. Juli 2016 Ramadan – am letzten Tag des muslimischen Fastens fahre ich mit Farhatmet zum Flughafen nach München. Er hat zwei Kaffee und ich drei Brezel gekauft. Farhatmet und ich essen unsere Brezel, für seine Frau habe ich sie auf den Rücksitz gelegt.

Zenobia ist angekommen, wir verladen ihre Koffer und fahren zurück nach Nürnberg. Ich tanke bei der Tankstelle in der Nähe des Franz-Josef Strauß Flughafens. Zenobia muss auf die Toilette. Farhatmet sagt, ich solle doch zu seiner Frau in die Toilette, weil irgendetwas nicht stimmen könne.

Da schießt mir ein, dass Zenobia so einen WC wahrscheinlich noch nie gesehen hat, wieso sollte ich sonst zu ihr reingehen. Tatsächlich steht sie da und macht sich fast in die Hose … Ich lege Toilettenpapier auf die Klobrille und zeige ihr, dass sie die Hose und das Höschen ausziehen und sich hinsetzen muss. Glauben Sie, dass sie sich hingesetzt hat? Ich spreche weder Arabisch noch Französisch, deshalb habe ich es ihr gezeigt. Sie steht nur da und wird hysterisch. „Weißt du was Zenobia, mach dir in die Hose, wenn du nicht kapierst, was du machen sollst." Und ich schmeiße die WC-Tür zu. Das macht mich nachdenklich. Wir schreiben das 21. Jahrhundert, sie hat das gleiche Handy wie ich, wenn sie in Tunesien so etwas nicht gesehen hat, hätte sie im Internet nachschauen können. Aber meiner Meinung nach ist es einleuchtend, dass man sich bei uns draufsetzen und man sich bei ihnen zu einem Loch bücken muss. Sie hat sich sicher draufgesetzt, weil sie nach einer Weile rausgekommen ist.

Den Ramadan hat sie so streng eingehalten, dass ich nach drei Tagen die Brezel in meinem Tiguan gefunden habe.

16. Mai 2018. Ich habe die Mutter von Farhatmet zum Münchener Flughafen gebracht. Morgen um 8 Uhr wartet Zenobia auf mich beim Eingang, sie haben bereits zwei Söhne, einer ist 1, der andere zwei Monate alt.

Mir ist bewusst, dass

ich die Fundsachen, das gefundene Geld im Fundbüro oder bei meinem Chef abgeben muss. Wenn ich es abgebe, kann ich keine genaue Uhrzeit nennen, wann ich welchen Kunden von wo wohin gebracht habe. Wenn man danach suchen würde, wüsste ich auch nicht, seit wann die Wertsache in meinem Taxi liegt. Nach einer Weile und wenn der Besitzer sich nicht meldet, gehört das Geld sowieso mir. Eine Wertsache nicht. Wer braucht 20 Regenschirme?

Ich habe keine Gewissensbisse, ich schädige damit niemanden, weil mehrere ohne zu bezahlen aussteigen. Nicht bei großen Summen, zu meinem Glück. In diesen Fällen bekommt mein Chef das Geld von meinem Anteil. Einmal, zweimal würde er mir glauben, dass man nicht gezahlt hat, aber so oft nicht mehr.

Bis mein Buch erscheint, ist die Geschichte schon verjährt.

Kahler Weihnachtsbaum

Es kann sein, dass es König Kunden gibt, die ich so aus dem Taxi schmeißen würde, wie der kahle Weihnachtsbaum am 7. Januar aus den Wohnungen fliegt. Kennen Sie das? Auf denen das Papier vom „Szaloncukor" (ungarische Süßigkeit) hängen geblieben ist, weil die Kinder die Schokolade gegessen, aber die Verpackung in den Originalzustand zurückgedreht haben, damit es nicht auffällt. Weil die Eltern es ja gar nicht vermuten, dass die Kinder Schokolade mögen. Die Eltern wundern sich nicht, sondern greifen nur die leeren Szaloncukor-Verpackungen an, damit sie sicher gehen, dass alle leer sind.

Sie würden aus dem Taxi fliegen, weil sie meckern und ihnen nichts gut genug ist. Zum Beispiel fragt ein KK, wieso ich 20 Meter vor der roten Ampel bremse?

LG: „Nein, ich habe 20 Meter davor nur die Geschwindigkeit verringert."

KK: Wieso ich so weit vom anderen Auto bereits bremse?

LG: Ich war bereits nahe dran, nur der KK ist so betrunken, dass er es nicht mehr einschätzen kann. Er ist erst jetzt eingestiegen und schon zeigt das Taxameter 3,50 Euro?

LG: „Ja, es gibt einen Grundpreis auf dieser Welt."

Hier möchte ich erwähnen, dass meine Kollegin Miranda wirklich einmal eine Dame rausgeworfen hat. Sie sollte eine „adelige Schlampe" von Nürnberg Langwasser nach Bamberg bringen. Ich weiß nicht mehr, wieso sie die Dame bei strömendem Regen auf der A9 rausgeschmissen hat, aber ich weiß, dass man ihr den Taxischein entzog und sie eine Weile nicht fahren durfte.

Ebenfalls Miranda – noch bevor ihr der Taxischein weggenommen wurde – hat einmal eine andere Taxifahrerin namens Justizia am Flughafenparkplatz hinter dem Mövenpick Hotel verprügelt. Ich habe es nicht gesehen, aber die es gesehen haben, sagten, dass sie aus dem kleinen Häuschen – in dem man Kaffee, Getränke und Süßigkeiten kaufen konnte – durch die Tür auf den Taxiplatz geflogen ist. Sie hat ihre Haare gepackt und Justizia ist einfach geflogen. Jemand hat die

Polizei verständigt, aber bis sie da war, hat niemand etwas gesehen. Zum Zeitpunkt des Vorfalls standen mindestens 100 Taxis dort. Ich nehme an, dass kein Taxifahrer sich weder auf die Seite von Miranda noch Justizia stellen wollte. Die Polizisten wussten auch, dass der Taxiplatz nicht innerhalb von 5 Minuten voll wurde.

Die Bürger von Nürnberg sind fitte und gute gelaunt Leute, sie lachen auf der Straße, in den Restaurants, in den Biergärten, sie sind sportlich, lassen sich nicht gehen und genießen das Leben. Sie versaufen nicht das Geld für die letzte Stromrechnung um zwei in der Nacht.

Die nächste Story handelt über drei ältere Damen.

An einem Nachmittag bringe ich Laura zum Tennis. Wir stehen bei einer roten Ampel. Laura fällt auf, dass vor uns auf dem Zebrastreifen eine alte Dame mit 70 Jahren mit einem Roller vor unserer Nase quert. Sie wissen ja, mit zwei Rädern und einem Lenker.

Das ist noch nichts. Später stehe ich mit meinem Taxi bei Rot, eine andere Dame quert den Zebrastreifen mit Inline-Skates. Geschätzt 80. Sie wissen ja, wie Räder in einer Reihe an der Unterseite der Schuhe.

Das ist noch immer nichts. Am selben Abend höre ich ein Telefon in meinem Taxi läuten, aber nicht meines. Ich bleibe stehen, steige aus und begann nach dem Ton zu suchen. Unter dem Sitz finde ich ein iPhone. Ich habe abgehoben. Die Dame, die anrief, ist aufgebracht und fragt, wie ihr Handy zu mir kommt, weil sie ja mit einem männlichen Taxifahrer nach Hause gefahren ist. Und wer sei ich eigentlich, ich hätte das Handy sicher gestohlen,

LG: „Meine Dame, ich bin die Taxifahrerin für die Nachtschicht und Sie sind mit dem Taxifahrer für die Tagesschicht gefahren. Wenn ich ihr Handy gestohlen hätte, glauben Sie, dass ich abgehoben hätte? Glauben Sie, dass ein Taxifahrer Tag und Nacht arbeitet? Möchten Sie Ihr Handy wiederhaben oder nicht? Wenn ja, zahlen Sie mir die Fahrt zu Ihnen, wenn nicht, dann vergessen Sie es. Tschüss."

Sie will es haben, ich soll es ihr bringen und sie nennt mir die Straße. Sie wohnt am Rosenhügel von Nürnberg. Ich komme bei der Adresse an, die ältere Dame kommt mir entgegen, sie gibt mir den Zwanziger und ich gebe ihr dafür das Handy im Wert von 600 Euro.

LG: „Darf ich fragen, wie alt Sie sind?"

Die mit dem iPhone: „Ja, 92."

LG. Sie hat ein iPhone und ist frisch im Kopf. „Ich kann Ihnen nur gratulieren", und bin gefahren.

13. Juni 2016, 21 Uhr am Abend. Ich habe eine Fahrt am Celtis Platz bekommen und muss zur Kneipe Grüner Baum fahren. Ich warte und warte und warte. Endlich bringen die Wirtin und ein Gast einen Betrunkenen aus der Kneipe. Sie stopfen ihn irgendwie in das Taxi. Er will in die Leipziger Straße. Auf der Fahrt sage ich ihm öfter, er soll nicht einschlafen. KK: „Nein, er schläft nicht!"

LG: „Wer schnarcht dann?" Wir kommen an, die Fahrt kostet 14,50.

Er fängt an Englisch zu sprechen. Er gibt mir einen Fünfziger, ich gebe ihm einen Zehner und einen Zwanziger. Ich denke, er wird mir schon noch sagen, wenn er die 5,50 Euro noch haben will. Aber er sagt nichts, ist ausgestiegen und hat sich auf Englisch verabschiedet. Am nächsten Taxiplatz will ich den Gummiteppich mit einem nassen Fetzen putzen und dort sehe ich, dass er noch einen Fünfziger auf dem Sitz gelassen hat.

15. Juni 2016. Ich bin die Erste am Friedrich-Ebert-Taxiplatz. Hinter mir steht eine Taxifahrerin, mit der ich mich keine Sekunde lang unterhalten könnte, weil ich weiß, dass sie keinen einzigen normalen Satz sagen könnte. Einer meiner Kollegen redet mit ihr seit 43 Minuten.

23. Juli 2016. Eine warme Nacht. Ich kenne die Tage deshalb so gut, weil ich mich schon seit langem auf mein Buch vorbereitet und mir Notizen gemacht habe. In dieser Nacht ist ein Ehepaar am Flughafen eingestiegen und ich fahre sie in ein

Dorf Richtung Bamberg. KK: „Bitte schalten Sie die Klimaanlage aus, weil er nur die natürliche Luft aushalten kann." Wir sind auf der Autobahn fast erstickt, als wir endlich ankommen. Ich öffne den Kofferraum und die Tür, ich will aussteigen, aber falle von dem fürchterlichen Geruch der Schweinegülle zurück ins Taxi. KK: „Dieser Gestank ist hier nicht immer so", erklärt er. Ich: Genau, dieser Wind hat sie nicht erwischt.

13. Juli 2016. Neutormauer 6. 10 Schlitzaugen kommen mir entgegen, vier davon haben Plastikbehälter voll mit Töpfen und Küchenmaschinen in der Hand. Sie packen alles in den Kofferraum und verschwinden. Danach kommt eine gepflegte, gutaussehende Dame. Sie will in die Willstraße 14 zum Café Fernweh. Sie sagt, dass sie ein Abendessen für amerikanische Austauschstudenten gemacht hat. Beim Aussteigen verlangt sie nach der Visitenkarte. Auf der einen Seite ist meine Handynummer, auf der anderen ein Foto von Laura. Ich sage ihr, da Laura Tennis spielt, dass sie die zukünftige Serena Williams sein werde. KK: „Wer ist das denn?", fragt sie. Es ist interessant, dass sie im 21. Jahrhundert ein Café besitzt, in dem mehrere Nationalitäten vorbeischauen, sie verfügt über internationale Beziehungen und weiß nicht, wer Serena Williams ist.

11. September 2016. Zwei Taxis wurden bestellt. Schleswiger Straße 101. Restaurant Glashaus. War eine Hochzeit. Zu mir stiegen drei Frauen ein. Eine von ihnen war die Braut, eine andere trug auch weiß. Da es 13 Grad gehabt hat, hat sie sich ein Männersakko drübergelegt. Die dritte war normal gekleidet, wie es sich für eine Hochzeit gehört. In das andere Taxi sind ein Mann und eine Frau eingestiegen. Ich dachte mir, die schlafen bereits in der ersten Nacht getrennt. LG: Ich fragte, wieso der Ehemann nicht mit uns fährt. KU: „Hier gibt es keinen Ehemann!" Sie waren Lesben, die Frau hat eine Frau geheiratet.

Wenn ich schon bei dem Duft der Tiere bin, muss ich auch noch folgende wahre Geschichte erzählen. Eine Frau steigt hinten ein. Nach einer Weile erreicht mich der Gestank. Ich schätzte, dass sie dieses Jahr noch nicht im Badezimmer war, es war Februar. Es war so eine Frau, wenn ich bei ihr nachgefragt hätte, wann sie sich das letzte Mal gewaschen hat, würde sie antworten: „Ich kann mich noch gut an den Frühlingstag erinnern, die Sonne schien und der Wind kam von den Müllers." Müllers gibt es in jede Richtung. Sie hat sich also sicher seit einem Jahr nicht gebadet. Eine Woche habe ich den Hintersitz geputzt und ich habe den Geruch noch immer in der Nase gehabt. Danach kann ich mich nicht mehr genau erinnern, aber es hat sehr lange gedauert, bis der Gestank weg war.

Als ich mein neues Taxi bekam, hatte es 2000 km. Wenn Peter frei hat, arbeitet immer irgendwer anders damit. Ich bin sehr empfindlich bei diesen Lufterfrischern. Der Fahrer der Tagesschicht hat so einen ins Taxi gehängt, zumindest dachte ich es. Ich suchte ihn überall im Taxi. Ich bat Spitzenverstand mir zu helfen, weil ich ihn nicht gesehen habe und mir schon schlecht wurde. Ich stand am Flughafen und wollte diesen Gestank noch loswerden, bevor der erste Fahrgast kommt. Ich habe es nicht gefunden. Wir konnten ihn auch nicht finden, weil er das Lenkrad mit einem Zitronenduft eingeschmiert hat. Ein Fahrgast stieg ein und wir fuhren nach Marktredwitz, ca. 100 km. Unterwegs war mir schon so schlecht, dass ich an einer Tankstelle halten musste, um mich zu übergeben. Der Kunde hat nur so geschaut, als mir schlecht geworden ist. Am nächsten Tag ging ich in das Vorzimmer des Büros, bis dorthin habe ich herausgefunden, wer dieser Duftspender war. Ich sagte zu Adeltraud: „Deinen Hintern wäschst du nicht, das Taxi stinkt immer nach dir, du putzt das Taxi nie, wieso schmierst du das Lenkrad ein? Ich will nicht nochmal sehen, dass du so etwas machst." Ich sagte ihr, dass gestern nicht der Fahrgast, sondern ich mich übergeben musste, dank ihr.

Die „Baby Disco" ist eine Disco, die unter 18-Jährige in Begleitung einer Person über 18 auch besuchen können, und sie dürfen bis 22:00 Uhr bleiben. Die Disco war zu Ende und ein „Baby" namens Vincent 15 Jahre stieg in das Taxi. Beziehungsweise setzte er sich kurz auf den Vordersitz und lehnte sich sofort nach draußen, weil er sich übergeben musste. Ich dachte mir, er bekam das erste Mal Alkohol und wusste nicht, wann es genug ist. Er hat alles ausgekotzt und nicht einmal seinen Mund abgeputzt, hat sich wieder hingesetzt und wir fuhren 30 km von Nürnberg entfernt. Ein Freund von ihm saß noch hinten und der ältere Bruder von Vincent, der die medizinische Uni in Erlangen besuchte. Vincent beugte sich zurück, aber in meine Richtung, und erzählte von seinen Erlebnissen, dabei stank er fürchterlich. Mit meiner linken Hand hielt ich das Steuer und mit der rechten Hand den Kopf von Vincent, damit er nicht in meine Richtung spukt, das alles über 30 km. Der Freund stieg in Erlangen aus und die Brüder fuhren weiter. Ich fragte Vincent, ob er eine Mutter hat. Der Bruder antwortete, dass er eine Mutter hat. LG: „Schade, dass sie dir keine Manieren beigebracht hat. Du weißt nicht, wie man sich benimmt und wie viel du trinken darfst auch nicht."

KU: „Wie viel muss man zahlen, wenn man ins Taxi kotzt?" LG: „Wenn du die Lüftungsklappen mit der Kotze triffst, werden es 1000 Euro." KK: „Übertreib doch nicht!"

LG: „Fährst du Auto?" KK: „Ja, einen Audi Q7." LG: „Ich habe nicht gefragt, welches Auto, nur ob du Auto fährst?"

LG: „Schau her, wenn ich mich in deinem Q7 übergebe, wette ich mit dir, dass niemand dir dein Auto für 1000 Euro putzt, und du kannst den Gestank länger als eine Woche im Auto riechen. Mit 1000 Euro können sie die Lüftungsgänge der Klimaanlage auch nicht putzten. Stell dir vor, dass die Fahrgäste 10 Tage lang deine Kotze in meinem Taxi riechen."

Ich habe bereits erwähnt, dass ich dreimal dachte, dass mir die Fahrgäste die Kehle durchschneiden. Sie wollten so etwas nicht machen, aber dreimal endete unsere Fahrt im Wald. Wieso will jemand um 2,3 und 4 Uhr nachts in den Wald fahren? – „Weil er mich umbringen will", dachte ich mir. Aber lesen Sie die Geschichten.

2 Uhr nachts, es gibt eine Fahrt vom Taxiplatz am Südfriedhof. Ich schaue auf das Display, ich bin alleine in der Umgebung.

Ich fahre hin, ein älterer Herr um die 80 steigt ein. Außer, dass ich geradeaus, rechts und links fahren soll, sagt er mir nichts. Nach Schwabach fahren wir in den Wald. Der Schotterweg ist so eng, dass die Büsche die Spiegel streifen und ich muss sehr vorsichtig fahren, damit ich vorbeikomme. Wenn er mir die Kehle durchschneiden will, kann ich nicht flüchten, weil es keinen Platz gibt. Währenddessen frage ich mich, wieso er mich töten will, ich habe ihm ja nichts getan. Wir sind im Wald vor einem wunderschönen Tor stehen geblieben, ich machte das Licht an und sehe kleine Gärten und Häuschen. Der Mann zahlt und erzählt mir, dass in der Nacht seine Frau gestorben ist und er nicht in Nürnberg im Haus übernachten wollte, sondern in ihrem Gartenhäuschen. Nachträglich kann ich gut verstehen, dass seine Gedanken nicht bei mir waren.

Der zweite angenommene Angriff auf mein Leben: 3:00 Uhr Nacht, heißer Augusttag mit 28 Grad. Ich fahre zu einer Adresse im Nibelungenviertel. Sie wissen ja, benannt nach der Wagner-Oper. Ein junger Mann steigt ein, ich würde ihn auf ca. 30 schätzen. Er möchte schwimmen. LG: „Dein Gehirn tickt nicht richtig, weil die Schwimmbäder alle geschlossen sind", sage ich ihm. KK: Sein Bad schließe nie, und wir fahren Richtung Bayreuth, bei Plech fahren wir von der A9, dann zu einem Wald und in der Mitte des Waldes zu einem See. Ich warte eine halbe Stunde, solange er schwimmt. Dazwischen habe ich auch Angst, dass er mir die Kehle durchschneidet und mich in den See schmeißt. Im Kopf habe ich bereits mein Testament gemacht, aber den Gedanken habe ich dann verworfen, weil niemand erfahren wird, wie ich verfügt habe. Der junge Mann kommt vom Schwimmen. Er war sicher schwimmen, weil seine Haare nass sind. Wir sind nach Nürnberg zurück, er zahlt 200 Euro und erzählt, dass das sein Hobby ist. In heißen Sommernächten alleine, nackt in diesem See schwimmen. Na ja, Hobbys sind ja teuer.

Beim dritten Mal habe ich um 4:00 Uhr einen jungen Mann von der Disco nach Bamberg gefahren. Dann von der A 73 mitten in den Wald. Da habe ich mich auch sehr erschrocken. Auf einmal sind wir vor einem Jagdschloss stehen geblieben. Er war der Förster und der Jäger. Wo soll er denn sonst wohnen, wenn nicht in der Mitte des Waldes? Auf dem Rückweg habe ich die Länge der Strecke vom Jagdschloss bis zur Bundesstraße gemessen: Nur 600 Meter, aber mir erschien sie wie 10 km.

Beim vierten Mal war ich mir nicht sicher, ob die Dame mich mit meinem Schal ersticken oder meine Kehle durchschneiden will. Es war Februar, internationale Spielwarenmesse. Angeblich ist sie die größte auf der Welt. Die ganze Welt blickt auf Nürnberg. Leute, die Spiele produzieren und vertreiben wollen, kommen aus der ganzen Welt. Natürlich dürfen Kinder nicht rein, weil sie die Endverbraucher sind, die Produktion gehört den Erwachsenen. Ich bringe vier ungarische Damen von der Messe zu ihrem Hotel. Ich rede nicht ungarisch, damit sie sich ungezwungener unterhalten können und über ihren Chef schimpfen können. Sie sind von meinem Parfum hin und weg und sie können über alles reden, weil ich sie ja nicht verstehe. Denken sie. Die Dame vorne und zwei weitere Damen von hinten steigen aus, die mittlere hinten bleibt, ich beginne Angst zu haben. Sie wartet, bis die anderen die Türen zumachen. Danach fängt sie an, an meinem Schal zu ziehen, und fragt mich, wie mein Parfum heißt, weil ihr der Duft sehr gut gefällt. Ich verrate ihn ihr auf Ungarisch. Von Thierry Mugler: Angel und von Estée Lauder: Speellbound. Beide muss man gleichzeitig auf die Haare oder auf die Haut auftragen, einzeln ergeben sie einen anderen Duft, zumindest auf meiner Haut. Mit diesem Duft wird sie dann ihre Gesellschaft überraschen. Sie wollte nicht, dass die anderen dieses Geheimnis auch erfahren. Ich kann die Dame gut verstehen und ich bin froh, dass sie nur die Namen des Parfums wissen wollte.

In Reichelsdorf ist ein König Kunde eingestiegen. Ich habe ihn nach Schwaig gebracht. Beim Südfriedhof ist die Straße bei der Bahnunterführung enger geworden. Vorher kann man noch in zwei Spuren an der roten Ampel stehen, danach wird es enger.

Wir stehen in der rechten Spur, die vor der Unterführung in die linke übergeht. Links von uns steht eine wunderschöne Mercedes S-Klasse. Ich sehe, dass der Fahrer ein doch recht alter Mann ist. KK: So einen blöden Taxifahrer habe er noch nie gesehen, wieso stehe ich in der Spur, die nachher in die andere übergeht. Ich gebe ehrlich zu, dass es mich überrascht hat, wie sich ein Kunde so etwas zu sagen traut. LG: „Weil der Mercedesfahrer mit Jopi gleichzeitig eingeschult wurde", sage ich. Wer näher zu seinem hundertsten Geburtstag als zu seinem neunzigsten ist, hat auch langsamere Reflexe als ich. Auf jedem Fall wird er später merken, dass es bereits Grün ist, als ich. Wir haben bereits die Unterführung passiert, was ca. 200 Meter lang ist, bis der Mercedesfahrer den Gang gefunden hat. LG: Was sagen Sie dazu? König Kunde hat bis Schwaig kein Wort mehr gesagt.

Jopi – Johan, Marius, Nikolaas – Heesters ist ein Schauspieler, der in Deutschland wohnte und aus Holland stammte. Er lebte 108 Jahre. – 1903–2011. Ich habe deshalb gesagt, dass der Mercedesfahrer mit Jopi gleichzeitig eingeschult wurde, weil das schon recht lange her ist, und daraus konnte man schließen, dass der Herr im Mercedes recht alt war.

„Hirsch" und „Rakete" sind zwei Discos gegenüber von der M. A. N. Fahrzeugfabrik. Wahrscheinlich waren die Brüder, die ein Taxi bestellt haben, dort, aber ich habe sie bei der Tankstelle in der Nähe aufgeschnappt. Sie steigen ein und sagen, dass ich sie nach Lagwasser bringen soll. Unterwegs fällt ihnen ein, dass ich noch zu einer Tankstelle fahren soll, weil sie nichts mehr zu trinken haben und sie haben noch nicht genug getrunken. Aber ich denke, sie sind schon sehr betrunken. Sie kaufen Bier, wir fahren weiter, sie zahlen und einer verlangt nach meiner Visitenkarte. Das ist um 5:00 Uhr in der Früh. Ich fahre nach Hause und schlafe bis ca. Mittag. Schalte mein Handy ein und sehe, dass ich um 9:00 Uhr eine SMS bekommen habe. Einer der Brüder schreibt mir, dass er sich nicht erinnern kann, wie er zu meiner Telefonnummer gekommen ist, aber es sei ein cooles Konzert gewesen. Ich schreibe zurück. „Von der Aral Tankstelle habe ich euch nach Langwasser gefahren." Er hat sich nach vier Stunden nicht mehr erinnern können, woher er die Visitenkarte hat. Ich habe 34 Fahrten in der Nacht gehabt. Wenn ich nur zwei Personen pro Fahrt rechne, sind es 68 Personen. Aber es waren viel mehr, weil ich auch drei oder vier Personen pro Fahrt mitgenommen habe, aber auch mal eine einzige Person. Ich konnte mich daran erinnern, wo sie eingestiegen sind, wohin ich sie gebracht habe und auch an die Details unterwegs. Aber sie waren ja voller Alkohol und ich hatte nicht einmal Zeit, um Wasser zu trinken.

Zwischen 2:00 und 4:00 Uhr in der Früh fahren diejenigen nach Hause, die die Nacht nicht zu Hause verbracht haben, aber nach Hause müssen, bevor das Kind aufwacht oder sie haben andere Gründe für ihre Heimfahrt. Vielleicht wollen sie schneller zu Hause sein als der Mann oder die Frau, der Freund oder die Freundin, der Lebensgefährte oder die Lebensgefährtin.

Ich vermute nur, dass ich auch Dealer mitnehme, weil sie eine Adresse sagen, aber unterwegs ändert sich diese dann immer. Sie sind gute Fahrgäste, zahlen gut, haben Geld und ich fahre mit ihnen gerne spazieren. Sie gehen an der Adresse rein, ich warte draußen, in zwei Minuten kommen sie bereits und sagen, dass niemand zu Hause war. Natürlich lügen sie, weil beim Drogengeschäft die zwei Parteien nur so viel Zeit miteinander verbringen, bis der eine das Geld gezählt hat. Der die Drogen gekauft hat, wohnt gar nicht da. Vielleicht in der Umgebung, aber nicht unter der mitgeteilten Adresse.

Es gibt Nächte, an denen ich junge Männer zu fünf bis sechs Adressen fahre.

Ein älteres Ehepaar steigt so gegen Mitternacht am Hauptmarkt in mein Taxi. Dass sie ein Ehepaar sind, habe ich erst später erfahren. Sie sprechen Englisch. For Castle Basz. Ich vermute, dass sie zur Burg wollen, wo die Busse der Touristen parken. Aber ich weiß zu Tausendprozent, dass zu dieser Zeit kein einziger Touristenbus dort parkt, weil das Parken nur so lange gestattet ist, bis die Touristen sich die Burg angesehen haben und danach kommen die anderen. Aber über Nacht bleibt kein einziger Bus dort stehen. Dieser Bereich der Burg ist ab dem Abend für die Spaziergänger, Flanierer und Liebespärchen freigehalten. Die Dame sitzt vorne und kommandiert, sie sagt, rechts, links, geradeaus, aber sie glaubt, wir fahren nicht richtig. Seit einer halben Stunde drehen wir unsere Runden in der Innenstadt, da sagt sie Stopp. Es wäre besser so zu fahren, wie ich sage, weil dies richtig wäre. Weil ich ja die Umgebung der Burg kenne. Nach einer Weile sage ich ihnen auf Ungarisch: „Scheiß drauf, ich weiß nicht, was ihr wollt, steigt endlich aus!" Daraufhin reden sie auf Ungarisch, aber nicht beleidigt, weiter. Vor 70 Jahren sind sie aus Kőrösladány noch als Kinder mit den Eltern nach Amerika ausgewandert. Als ich ihnen mitteile, dass ich aus Mezőberény bin, glauben sie ihren Ohren nicht. Danach hat es sich herausgestellt, dass sie recht hatten, weil der Page ihre Koffer nicht aus dem Bus genommen hat und sie treffen den Busfahrer hinter der Burg, und danach soll ich sie ins Hotel bringen.

1. August 2017, um 1:00 Uhr in der Nacht wäre die Maschine einer 4-köpfigen Familie gestartet, die dachten, dass sie um 13:00 Uhr abfliegt. Sie dachten aus Nürnberg, aber sie startet in München. Ich freue mich, weil ich eine 40 Euro Fahrt vor mir habe. Ich bringe sie vom Flughafen nach Herpesrsdorf. Sie fahren nach Hause und dann müssen sie die Flugtickets umbuchen. Für mich ist es unbegreiflich, dass sie nicht ein paar Tage vorher nochmal nachgesehen haben, wenn sie die Tickets ein halbes Jahr vorher gekauft haben.

Ich habe meinen Sommerurlaub in Mezőberény verbracht. Das deutsche Handy habe ich meistens ausgeschaltet, ich sehe am Abend nach, ob mich wer angerufen hat. Ich sehe eine deutsche Handynummer, die mich seit zwei Wochen versucht zu erreichen. Ich rufe an, um zu sehen, was so wichtig sein kann.

LG: „Sie rufen seit einer Weile bei mir an. Wer sind Sie und woher haben Sie meine Nummer?"

KK: „Bist du Leonille?"

LG: „Ja, ich bin es, wie kann ich helfen?"

KK: „Dann bist du die Freundin von Dominic?“

LG: „Ich schwöre, dass ich keinen Dominic in meinem Freundeskreis habe.“

KK: „Ich habe deine Visitenkarte in der Tasche meines Freundes gefunden.“

LG: „Ich bin Taxifahrerin, wahrscheinlich hat er nach meiner Telefonnummer verlangt. Ansonsten gebe ich sie

nicht her.“

KK: „Ah soo. Dann ist alles klar.“

LG: „Wie alt ist dein Dominic?“

KK: „20 Jahre.“

LG: „Ich bin dreimal so alt, also kann Dominic nicht mein Freund sein.

Aber ich bereue es bereits, dass ich dich zurückgerufen habe. Weil es sich nicht gehört, die Taschen der Jungs zu durchsuchen. Ich hätte dich noch ein wenig in deiner Unsicherheit lassen sollen. Nur als guter Rat: Durchsuche nicht mehr die Taschen von Dominic. Kann sein, dass du etwas anderes findest. Vielleicht wird es beim zweiten Mal nicht mit einem Happy End enden wie diesmal.“

8. August 2017. Ich habe kein Abendessen mitgenommen. Ich war hungrig. Am Hauptmarkt in der Gellers Bäckerei schaute ich, was ich essen könnte ... Der Verkäufer hat eine Halbglatze. Er ist sehr nett. Ich dachte mir: „Was kann mir der mit der Glatze empfehlen?“ Ich habe ein Sandwich gekauft. Schinken, Käse, Salat, Mayonnaise in Ofenbrötchen. Ich habe das beste Sandwich meines Lebens gegessen.

Im August 2016 habe ich einen jungen Mann aus Oberasbach, das ist die nächste Ortschaft südwestlich von Nürnberg, zum Flughafen gebracht. Er zahlte, stieg aus, nahm seinen Koffer mit und ging in die Abflughalle. Ich habe mich eingereiht, ich war der erste in der „B-Reihe“ – Nach einer Weile kam der junge Mann zu mir, aber ohne Koffer.

Er hat seinen Personalausweis zu Hause vergessen, ich solle ihn nach Hause und dann wieder zum Flughafen bringen.

Ich habe 20 Minuten vor seinem Haus in Oberasbach gewartet, aber er hat den Personalausweis nicht gefunden. Er vermutete, dass seine Katze ihn irgendwo verschleppt hat, weil sie sehr gerne glitzernde Dinge mitnehme.

Da er keinen Personalausweis hatte – ich denke, dass er auch keinen Reisepass hatte –, flog er nicht.

Ich brachte ihn nach Hause. Insgesamt habe ich 120 Euro von ihm bekommen.

August 2017.

Nach fast einem Jahr fragt Anna, meine Fitnesstrainerin, nach meiner Telefonnummer, ob ich sie und ihren Mann und die zwei Kinder irgendwann in den Morgenstunden vom Flughafen abholen könne. Sie kommen aus dem Urlaub zurück. Anna stammt aus Tschechien. Natürlich kann ich euch abholen. „Ruf mich an, wenn ihr gelandet seid und ich sage euch, wo ich parke."

Die Familie kommt in meine Richtung, aber ich habe mich nur auf Anna fokussiert. Nachdem er die Adresse in Oberasbach sagt und ich ihn ansehe, erkenne ich den jungen Mann, den ich vor einem Jahr gefahren habe. Ihm fällt auch gleichzeitig ein, was vor einem Jahr passiert ist. Schließlich hat nicht die Katze seine Papiere versteckt, sondern der Personalausweis lag vor dem Computer unter einem Papier. Vor einem Jahr wohnte er noch alleine, sie sind sicher danach erst zusammengezogen. Ich habe ihn nicht gefragt, ob er letztes Jahr seinen Personalausweis rechtzeitig gefunden hat oder nicht. Konnte er am nächsten Tag fliegen?

18. August 2017. Ich bin vom Albrecht-Dürer-Flughafen zum Franz Josef Strauß Flughafen nach München gefahren. Eigentlich ist der Flughafen München nicht in München, sondern 50 km weiter in Freising. In München stürmte es, so landeten die Flugzeuge nach Mitternacht in Nürnberg. Für uns Taxifahrer ist gut, dass die Flugzeuge in Nürnberg auch nach Mitternacht starten und landen dürfen. An den anderen Flughäfen sind nur Notlandungen erlaubt. Ich grinste.

Tauchanzugträgerinnen

Sonntag, der 10. Dezember 2017. Zwei Damen mit Tauchanzügen steigen ins Taxi. In Wahrheit haben sie keine Tauchanzüge an, sie sind ordentlich gekleidet, aber ich habe die zwei königlichen Kundinnen so genannt, weil ihr IQ so niedrig ist, dass sie ständig in Tauchanzügen unterwegs sein sollten, damit sie sich über Wasser halten können.

Einer der Tauchanzugträgerinnen fragt: „Auf welchen Tag fällt denn heuer Weihnachten?" Die zweite Tauchanzugträgerin: „Montag, Dienstag." Die erste Tauchanzugträgerin: „Nicht auf welchen Tag, sondern auf den wievielten?"

Glauben Sie mir, liebe Leser, ich bin fast aus dem fahrenden Auto gestiegen, obwohl ich das Lenkrad in der Hand hatte.

Weihnachten ist immer am 25., 26 Dezember. Das Geburtsdatum von Jesus Christus ist Bethlehem, am 25. Dezember, Jahr 1. Es gibt kein Jahr 0, also wird die christliche Zeitrechnung ab 1 gerechnet. Man hat mehrere Kalender zur Grundlage genommen. Den jüdischen Kalender, den Julianischen Kalender, den Gregorianischen Kalender. Die drei zusammen ergaben, dass Christus im Jahre vier vor unserer Zeitrechnung geboren wurde. Das bedeutet, dass sein Geburtsdatum vier Jahre vor dem Beginn unserer heutigen Zeitrechnung war.

Jesus Christus: Sohn Gottes, Prophet, Herr, ein Teil des Volkes hielt ihn für den König der Juden, Erlöser, Heiland, Messias, Allmächtiger. Der Begründer der zwei großen Religionen: Christentum Judentum. Den Islam hat Mohammed 595, im 6. Jahrhundert gegründet. Er lebte in Mekka und sein Name bedeutet „sei gelobt". In der islamischen Religion begann er die göttliche Nachricht Allahs dem Volk weiterzugeben.

Christus wurde am 6. Januar gekreuzigt. Am Tag der drei Könige. Die drei Könige waren Caspar + Melchior + Balthasar.

Wenn die königlichen Kundinnen gefragt hätten, wann Karfreitag ist? – Dann hätte ich sie nicht für Tauchanzugträgerinnen gehalten, weil der Tod von Christus nicht immer auf den gleichen Tag fällt. Nicht weil niemand weiß, wann er gestorben ist, sondern weil sie erst später mit der Zeitrechnung begonnen haben. Er ist 30 nach unserer Zeitrechnung mit 33 Jahren in Jerusalem gestorben. Er wurde am Karfreitag, unter der Herrschaft von Quintus Pontius Pilatus, dem Stadthalter von Judäa, gekreuzigt. Jesus ist zu ihm gegangen, um Gnade zu bitten. Von hier stammt die Redewendung, „Du kannst auch zu Pontius Pilatus gehen"–. Am dritten Tag, Ostersonntag, ist er auferstanden. Laut Pontius Pilatus war Jesus gefährlich für das Volk, weil er sie zu Ungehorsam anstachelte. Weil er kein Bürger Roms war, durfte er sich nicht König nennen, weil im Römischen Reich nur der Kaiser die Macht hat, Könige zu ernennen. Damals war die Kreuzigung die schwerwiegendste Bestrafung.

Am Abend vor Karfreitag war sein letztes Mahl. Jesus war ein Jude, als er darüber sprach, dass Gott zu euch kommen wird, dem Volk, aber die Juden glaubten ihm nicht, sie blieben Juden; die ihm glaubten, wurden zu Christen. So entwickelte sich das Christentum als Glauben.

Kleine Erklärung:

Ostern ist der Sonntag nach dem ersten Frühlingsvollmond nach dem Äquinoktium.

Äquinoktium: wenn die Sonne zu Mittag 90 Grad über dem Äquator steht. Auf der einen Seite der Erde ist Tag, auf der anderen Nacht – Es geht nicht um die nördliche und südliche Halbkugel, sondern um die Längengrade. – Dieser Längengrad heißt „Terminator".

Wenn wir am 20. März die Frühlings-Tagundnachtgleiche haben, den astronomischen Frühlingsbeginn, ist auf der Südhalbkugel die Herbst-Tagundnachtgleiche, der astronomische Herbstbeginn. Wenn wir am 23. September die Herbst-Tagundnachtgleiche haben, den astronomischen Frühlingsbeginn, ist auf der Südhalbkugel die Frühlings-Tagundnachtgleiche, der astronomische Herbstbeginn.

Sommersonnenwende: Der 21. Juni, der astronomische Sommeranfang ist auf der Südhalbkugel der astronomische Winteranfang.

Wintersonnenwende: Der 21. Dezember, der astronomische Winteranfang, ist auf der Südhalbkugel der astronomische Sommeranfang.

Ich schreibe deshalb „astronomisch", weil das Wetter nicht immer mit der Jahreszeit zusammenpasst. Meine Mutter hat erzählt, dass sie mal in Winterjacken und im Schnee Weizen geerntet haben. Obwohl es warm sein sollte.

Vollmond: Alle 28 Tage wiederholt sich die Phase der Lichtveränderung des Mondes, in der die Sonne den Teil des Mondes, der Richtung Erde gewandt ist, beleuchtet. Der Mond selber stößt kein Licht aus. Der Mond wird voll oder finster, er hat vier Phasen. Die Mondphasen: Beginnt mit Neumond, eine Woche später kommt es zum Halbmond. Noch eine Woche später Vollmond, danach Mondfinsternis. Man kann es sich mit den ungarischen Anfangsbuchstaben für zunehmender „D" – dagad – und abnehmender „C" – csökken – gut merken. Den zunehmenden Mond sieht man abends am Himmel Richtung Westen blickend, den abnehmenden Mond sieht man morgens am Himmel Richtung Osten blickend.

Christi Himmelfahrt

Am 40. Tag nach Ostern feiert die christliche Welt Christi Himmelfahrt, dass Jesus nach seiner Auferstehung endgültig das irdische Leben verlassen hat.

Der Julianische Kalender wurde 45 vor unserer Zeitrechnung nach der Gründung von Rom durch Julius Cäsar eingeführt. Darin besteht ein Jahr aus 365 Tagen und in jedem vierten Jahr gibt es einen Schalttag. Wegen des Schalttags war die Abweichung in tausend Jahren acht Tage, aus diesem Grund wurde aus jeder Richtung darauf gedrängt, den Kalender zu ändern. Es gab mehrere Pläne, bis schlussendlich die internationale Kommission, aufgestellt von Papst Gregor dem XIII., 1576 erfolgreich war. Den neuen Kalender hat 1577 der italienische Arzt und Astronom Aloysius Lilius ausgearbeitet, er wurde von der Kommission überprüft und gutgeheißen, schlussendlich wurde der Entwurf jedem europäischen Herrscher, Kaiser,

König und jeder Kirche zur Bewertung geschickt. Auf Grundlage der eingelangten Vorschläge hat der Mathematiker und Astronom deutscher Herkunft Christophorus Clavius, die endgültige Form erstellt. Die Durchführung beschloss der Papst am 24. Februar 1582 durch „Inter gravissimas“ – Liste päpstlicher Gesetze – mit der Bulle.

Das wurde der Gregorianische Kalender.

Nach der Verordnung von Gregor dem XIII. ist der neue Kalender am 4. Oktober 1582 so in Kraft getreten, dass der darauffolgende Tag, der 15 Oktober, ein Freitag wurde und die dazwischenliegenden Tage in diesem Jahr ausblieben. Die Einführung des neuen Kalenders jedoch wurde nicht in jedem Land sofort und ohne Probleme anerkannt, seine Verbreitung war ein mehrere Jahrhunderte langer Prozess.

In Spanien, Portugal und Polen wurde er sofort eingeführt.

In Ungarn begann man mit der Einführung 1583. In den Provinzen des Deutsch-Römischen Reiches zwischen 1583–85, in Preußen 1610. In Großbritannien und in seinen Kolonien in Übersee wurde er erst 1752 anerkannt. Unter den letzten in Europa war Russland, das 1918 den Kalender einführte.

Advent

Latein, Adventus Domini – Die Ankunft des Herren. Jeweils ein Feiertag beim Warten auf Christi Geburt. Bei den Christen gibt es vier Adventtage. Er beginnt mit den ersten vier Sonntagen vor Weihnachten. Bei den Orthodoxen gibt es sechs Adventtage. Sie feiern Weihnachten zwei Wochen später.

Den Adventskranz hat Johann Hinrich Wichern, ein evangelischer Pfarrer und Lehrer, 1839 in Hamburg eingeführt. Seine Gelehrten fragten ihn, wann endlich Weihnachten ist.

Daraufhin hat der Pfarrer ein Wagenrad mit einem Holzkreuz genommen und 20 kleine rote und vier große weiße Kerzen darauf befestigt. Nach jeder sechsten roten Kerze zündet ihr eine weiße Kerze an. „Wenn ihr die letzte weiße Kerze angezündet habt, dann ist Weihnachten."

Ich bin vom Gregorianischen Kalender schon bis nach Weihnachten abgedriftet.

Wenn ich bereits drei große Religionen 1. Christentum – 31 % der Weltbevölkerung – 2. Islam – 23 % –, 5. Judentum – 6 % – erwähnt habe, muss ich die Liste noch mit den zwei großen Religionen ergänzen. 3. Hinduismus – 15 % – und 4. Buddhismus – 7,2 %.

Der Hinduismus ist die drittgrößte Religion der Welt. Sie entstand in Indien und Nepal im letzten Jahrtausend vor Christus. Es ist der Sammelbegriff für die verschiedenen, oft sehr weit voneinander entfernten Glaubensrichtungen und den Übungen aus den heiligen Schriften, deren grundlegende Weltanschauung von der „ewigen Ordnung", „dem ewigen Gesetz" bestimmt wird. In den Augen der meisten Hindus bedeutet ihr Glaube das Streben danach, ihr Leben in Einklang mit den Prinzipien und Übungen zu bringen, die zu einer Reinkarnation oder sogar zur Freiheit führen.

Sie ist die einzige Weltreligion, die keinen identifizierten Begründer hat, nicht nur ein einziges Glaubensbekenntnis und eine zentrale Behörde hat, keine allgemein anerkannte heilige Schrift besitzt und ihr Glaubenssystem ist auch nicht frei von Gegensätzen.

Sie sticht aus den großen Weltreligionen mit ihrer Dogmenfreiheit, großer Toleranz und der fehlenden Missionierungstätigkeit heraus. Ihr Anschauungssystem und ihre Philosophie versuchen beinahe jeden Aspekt des Daseins zu erforschen. Die Hindus haben in Indien das Kastensystem, eine Art Einstufung in bestimmte Klassen, erschaffen.

Der Buddhismus ist die viertgrößte Religion der Welt. Sie ist im 6. Jahrhundert vor unserer Zeitrechnung in Indien entstanden. Sie wird in den folgenden Ländern praktiziert: Tibet, Mongolei, Nepal, Myanmar, Thailand, Laos, Kambodscha, Vietnam, Japan, China, Indien und Sri Lanka. Der Buddhismus gründet auf den Lehren des Buddha „dem Erleuchteten“, der in Indien lebte und lehrte. Er versuchte seine Erfahrungen mit anderen zu teilen, mit dem Ziel, dass sie sich von den Qualen befreien, das Nirwana erreichen und sie aus dem ewigen Kreislauf der Reinkarnation austreten können. Sie betrachteten diesen Glauben als Weg der Befreiung, den man mit dem Kennenlernen der letzten Natur der Wahrheit erreichen kann. Der Buddhismus beschreibt die Natur der Wahrheit durch drei Charakteristika: Vergänglichkeit, Achtlosigkeit, Leid. Die erste und wichtigste Aufgabe ist es, die Lehren zu bewahren und ihre Regeln zu befolgen. Sie müssen der Weltgemeinschaft ein Beispiel sein, und sie müssen den weltlichen Menschen dabei helfen, dass sie auch diese Tugenden erreichen können. Sie können es erreichen, indem sie den Geistlichen Geschenke geben. Im Gegenzug erwartet man von den Mönchen und Nonnen, dass sie asketisch leben und meditieren.

Die Jungen werden mit sieben Jahren für einige Jahre Zöglinge. Sie müssen bestimmten Anforderungen gerecht werden, bevor sie in die buddhistische Gemeinschaft aufgenommen werden.

Montag, der 18. Dezember 2017. Es ist der 104. Geburtstag meines Vaters.

Heute fange ich früher an, weil ich Laura zum Tennis in den Noris-weiß-blau-Tennisklub bringe. Danach fahre ich nicht nach Hause, weil gerade Stoßverkehr ist und bis ich zu Hause wäre, könnte ich wieder umdrehen und zu meinem Taxi fahren. Ich stelle mein Taxi am Nordost Bahnhof Taxiplatz ab. Um 16:45 Uhr bekomme ich eine Fahrt. Verfügbare Fahrt: Ziegelsteinstraße 161. Ich nähere mich dem Ziel und sehe nur einen Krankenwagen mit Blaulicht. Ich drehe um und stelle mich hinter ihm. Ein Negerarzt steigt aus – ich denke, dass er der Arzt ist, weil der Fahrer auf der anderen Seite sitzt. Danach hilft er einem älteren Mann aus dem Krankenwagen, dessen Gesicht vorher voller Blut war und seine Nase mit Pflastern vollgeklebt ist. Bevor der alte Mann in mein Taxi steigt, umarmt er den Arzt. Er steigt in mein Taxi und sagt, dass er in Mögeldorf wohnt. 7

km von dort schalte ich das Taxameter ein und wir schnallen uns an. „In welcher Straße wohnen Sie?“ König Kunde: „Mir fällt es nicht ein.“ Ich: „Was ist passiert?“ KK: „Ich habe ein bisschen mehr getrunken, als ich sollte, und bin gefallen.“ Ich: „Wo wohnen Sie?“ KK: „Ich schreibe es Ihnen auf.“ Ich: „Das müssen Sie nicht, ich wohne auch in Mögeldorf, ich kenne mich da gut aus.“ KK: „Wo wohnen Sie in Mögeldorf?“ Ich: „Richtung Zoo. Es wäre gut, wenn Sie mir endlich sagen würden, wo Sie wohnen, ich frage zum fünften Mal.“ KK: „Ihre arrogante Stimme gefällt mir gar nicht, Sie sind sicher ein Migrant aus Russland oder aus der Ukraine.“ Ich: „Ich bin kein Migrant, sondern ein Aussiedler und deutscher Herkunft.“ KK: „Oder Sie kommen aus Polen. Kanzler Schröder ist dafür verantwortlich, ich hasse ihn dafür sehr, weil er den ganzen Ostblock in die EU gelassen hat. Ich mag ihresgleichen wirklich nicht.“ Er erzählt unzählige Male, wie sehr er Ausländer hasst, er wollte mir auch Trinkgeld geben, aber er gibt mir nichts, weil ihm nicht gefällt, wie ich mit ihm rede. Und mich zu benehmen, habe ich auch nicht gelernt, weil ich das Wort Benehmen gar nicht kenne. Ich: „Sie hassen die Ausländer, aber wie erklären Sie mir, dass Sie den Negerarzt geküsst haben?“ Er hat nicht geantwortet. Dann will ich wissen, ob er Deutschland schon mal mit dem Flugzeug verlassen habe. Wenn er das nämlich bereits gemacht habe, dann ist man nach einer halben oder ganzen Stunde bereits im Ausland. Dort ist er dann Ausländer. Liebe Leser, probieren Sie aus, wie viel obszöne Sätze man bei einer Fahrt von 7 Kilometern sagen kann. Wir befinden uns bereits bei den Mögeldorfer Plärrern und ich weiß noch immer nicht, wo er wohnt. Auf einmal trifft es ihn wie ein Blitz und er sagt, dass er in der Ziegenstraße 19/A wohne. LG: Ich verrate ihm, dass ich aus Ungarn komme. Er liebt die Ungarn. Diese Dankbarkeit, die er ab dem Augenblick verspürte, er küsste meine Hand. Seine Hand ist weich, wie ein Babypopo. Er hat sogar Trinkgeld gegeben. KK: „Ich war wütend auf Sie, aber dass Sie Ungarin sind, hat mich besänftigt.“

Ich habe ein polnisches Pärchen vom Nürnberger Hauptbahnhof zum Hauptbahnhof nach Fürth gebracht. Das sind 7 km.

Der „Adler“ ist auch auf dieser Strecke gefahren. Das Pärchen beginnt zu reden. In jedem Satz kommt zweimal „kurva“ (Ungarisch für Schlampe) vor. Zunächst dachte ich, dass sie es zu mir sagen. Aber ich habe ihnen doch keinen Grund dafür gegeben. Es hat sich herausgestellt, dass es eine Konjunktion bei den Polen ist. Sie haben 42-mal „kurva“ gesagt.

Weihnachten, der 25. Dezember 2017. Ich fahre eine Dame. Sie sagt, dass sie zu einem Verwandten fährt und sie trinken ein paar Bier. Die ist Nürnbergerin, aber hat in Amerika geheiratet und ist jetzt nur zu Besuch. Sie fragt mich, ob ich weiß, dass 2016 der Titel des besten Biers der Welt die amerikanische Brauerei namens Trumer in Kalifornien erhielt? Laut deutschen Bierbraugesetzen hat er das beste Pils auf der Welt gebraut. Ich sage ihr, seitdem ich den Magier David Copperfield fliegen sah, er hat sogar eine junge Frau mitgenommen, glaube ich alles, aber das sicher nicht. Beziehungsweise so, dass kein einziges deutsches Bier beim dortigen Wettbewerb vor Ort war. Weil es auf der Welt keine besseren Biere gibt als deutsche.

Weihnachten, der 26. Dezember 2017. Ich bekomme eine Fahrt in die Rankestraße 66. Ich muss ein bisschen warten, aber ich sehe, dass sie kommen werden, weil die Lichter brennen. Es ist eine wunderschöne Villa. Mutter und Tochter steigen ein. Mutti sitzt hinten, die Tochter vorne. Unterwegs stellt die Tochter Fragen über das Taxifahren und was mir das Christkind gebracht hat. Ich erzähle ihr, was Ádám und ich gemeinsam von Laura bekommen haben. Fertig. Mich hat nicht interessiert, was sie bekommen hat, aber sie hat es von alleine erzählt. Eine leere Mappe und Kugelschreiber dazu, damit sie ein Buch schreibt. Sie hat es von ihrer Freundin bekommen, weil sie Ideen hat, man müsste sie einfach nur niederschreiben. Aber sie weiß nicht, worüber sie schreiben soll. Ich erzähle ihr, dass ich auch ein Buch schreibe, über das Geld, und ich habe es bereits geschrieben, ich muss es nur noch abtippen und ausdrucken. KK: „Was kann man über das Geld schreiben?“ Ich: „Sehr viel.“ Sie fragt mich bis nach Hause und es lässt sie nicht in Ruhe, dass ich weiß, worüber ich schreiben will, aber sie noch nicht. Vielleicht schreibt sie seitdem schon.

29. Dezember 2017. Ich fahre vier junge Männer vom Hauptbahnhof in die Disco „Resi", ehemalige Margarinefabrik, in der Klingenhofstraße 56. Der Sitz neben mir ist weit nach hinten gelehnt, ein junger Mann mit langen Beinen sitzt darin. Hinten bleib wenig Platz, weil alle vier Fahrgäste groß sind.

LG: Ich sage dem, der neben mir sitzt, dass er bitte seinen Sitz nach vorne ziehen soll, damit der hinter ihm vielleicht auch bequem sitzen kann.

KK: Er sucht den Hebel, aber findet ihn nicht. Wir fahren schon einen Kilometer, aber der Junge sucht immer noch unter dem Sitz.

LG: „Hast du bisher nur russische Mercedes gefahren?" KK: „Ja genau, ich bin Russe, welcher Nationalität gehören Sie denn an?" József Dóry ertönt – das ungarische Lied mit dem Titel „Du hast eine Nachricht geschickt" – in meinem CD-Player, aber bisher spielt erst der Zigeuner.

LG: „Nach dem Geigenspieler wird der Sänger singen, das ist meine Muttersprache." Einer am Rücksitz sagt: „Ungarisch." Greift nach seinem Handy, damit er das Lied aufnehmen kann, weil seine Großmutter aus der Slowakei diesen Sänger liebt. Der Russe redet dazwischen, ob ich auch russische Lieder habe. Bevor ich sagen konnte, dass ich auch russische Lieder habe, bekommt er vom Ungarn eine Rüge, dass er den Abend nicht versauen und still bleiben soll, weil diese Musik so wunderbar ist, dabei kann man so schön dahinträumen.

LG: Ich würde hinzufügen: Wer das Wort dahinträumen (Ung.: „merengeni") verwendet, der hat Ungarisch sicher mit der Muttermilch bekommen.

Früher hatte ich mal einen Fahrgast, der sagte, dass er Schwede sei und nur ein paar Wörter Ungarisch könne. Ich habe ihn von der Disco nach Hause gebracht. Die Dämmerung brach an. Man konnte sehen, dass die Sonne bald aufgeht. Ich frage den KK, ob er sieht, dass die Dämmerung bereits eingebrochen ist

(Ung.: „pittymallik“). Wir fuhren Richtung Osten. KK: Ja er sieht, dass die Morgendämmerung eingebrochen hat (Ung.: „pirkad“). Wer diese zwei Wörter kennt, kennt nicht nur ein paar Wörter auf Ungarisch, sondern hat die ungarische Sprache mit der Muttermilch aufgesogen. Weder „pirkad“ noch „pittymallik“ sind die ersten Wörter, die der Ausländer, der Ungarisch lernt, kennt, da bin ich mir sicher. Ich empfehle jedem, der eine Fremdsprache lernen will, zunächst die obszönen Wörter zu lernen, weil man sowieso diese als Erste hört.

Silvester 2017. Ich habe eine Fahrt zur Gugelstraße 121 bekommen. Es kam auch eine Frau, sie stieg ein und sagte, dass ich sie in das Barfüßler Restaurant bringen soll. Nach kurzem Schweigen erzählt sie, dass sie auch Taxi fährt, aber die Tagesschicht. LG: „Die von der Tagesschicht sehe ich nie, weil ich immer die Nachtschicht mache.“ KK: Sie sagt, dass sie jeden Tag 400 Euro Umsatz mache. So hatten wir beide eine lustige Fahrt bis zum Restaurant.

Dienstag, der 2. Januar 2018. Ádám hat Laura zum Bus gebracht, der zwischen Szeged und Miskolc fährt. Er bleibt auch in Mezőberény stehen. Die Urgroßmutter in Miskolc ist sehr krank und sie möchte sie besuchen. Vorher habe ich ihr gesagt, dass sie nach links und rechts schauen soll, wenn sie Debrecen verlassen, weil die Autobahn quer durch die Puszta fährt. Sie soll genau schauen, obwohl sie nichts sehen wird, aber für dieses Nichts zahlen Touristen einen Haufen Geld, damit sie die Puszta sehen können. Und du kannst sie jederzeit sehen, für den Preis eines Bustickets.

Mittwoch, 3. Januar 2018. In der Nacht landete eine Maschine aus Porto, Portugal. Zu mir sind eine ältere Dame und ihre Tochter eingestiegen. Sie sind von Madeira nach Porto und von dort nach Nürnberg geflogen. Die Tochter findet den Wohnungsschlüssel sofort, aber die Mutti nicht und sie sucht, sucht und sucht, packt aus, packt um, packt ein, leert den Inhalt der Tasche auf den Boden, nimmt alles wieder auf und packt alles wieder ein. Öffnet und schließt den Reißverschluss. Erinnern Sie sich an das Lied von László Kazal mit dem Titel „Cipzár“ (Reißverschluss), in dem er darüber singt, dass er in Budapest mit der Straßenbahn fährt und neben ihm eine Frau sitzt, die in ihrer Tasche wühlt und mehrmals – 24 mal – den Reißverschluss bei der kleinen und großen Tasche auf- und zumacht, damit sie dem Schaffner ihr Ticket zeigen kann. Kazal nervt das so sehr, dass sie ihr eine Ohrfeige gibt. Die Frau zeigt ihn an und sie landen vor Gericht. Der Richter verurteilt Kazal dafür, dass er ihr nur eine Ohrfeige verpasst hat.

Diese Mutti hat neben mir auch einen Rucksack und zwei Handtaschen auf- und zugemacht und darin sind noch jeweils zwei kleine Taschen in der großen Tasche. Stellen Sie sich das über 25 km vor. Schlussendlich findet sie den Schlüssel nicht, sie wohnen in einem Dorf, wir fahren zunächst zur Tochter, wegen des Ersatzschlüssels, danach zu ihr.

LG: „Erinnern Sie sich daran, wie Sie vor zwei Wochen die Tür abgeschlossen haben und das Taxi Sie zum Flughafen brachte? Wo haben Sie Ihren Schlüssel hingelegt?“ KK: „Ich habe sie in die Tasche meiner roten Winterjacke gesteckt.“

LG: „Dann wird sie sicher dort in Ihrem Koffer sein, weil ich nicht glaube, dass Sie bei 28 Grad auch nur einmal Ihre rote Winterjacke angezogen haben und der Schlüssel eventuell rausgefallen wäre.“ Ich habe ihr keine Ohrfeige gegeben, weil der Kunde König ist, und Königen gibt man keine Ohrfeige.

Ich weiß, dass alle Berufe auf der Welt notwendig sind. Mir ist dieser Beruf geblieben, ich fühle mich so wohl. Es gibt viele Berufe, für die man auch ein Diplom braucht, aber die ich nicht machen würde. Nur ein Beispiel. Ich hatte Hämorriden. Natürlich musste ich zu einem Internisten, der diese rausschneidet. Stellen Sie sich vor, dass dieser Arzt jeden Tag nur Hintern sieht. Ich war sehr glücklich darüber, dass es so einen Arzt gibt, der mich von meinen Schmerzen befreit. Ich bin nach der kleinen OP mit dem Fahrrad nach Hause gefahren, es waren ca. 5 km. Ich hatte schon ein Auto, aber in der Innenstadt durfte man nur eine Stunde lang parken.

Freitag, der 5. Januar 2018. Im Terminal 90 am Flughafen findet eine Disco statt. Samstag Früh fahre ich in diese Richtung. Es stehen ungefähr zehn Autos am Taxiplatz, unter ihnen auch Frauen, aber nur ich bin Taxifahrerin. Ich: „Ladys First." Aber ein Mann mit Bart schiebt alle auf die Seite, macht die Tür auf und setzt sich ins Taxi. Ich solle ihn zur Mauer bringen. Ich höre, dass irgendetwas klappert, als ob er sein Handy neben dem Sitz fallen gelassen hätte. Ich suche danach nach der Schicht, aber finde nichts.

Am Abend sagt Peter, dass er ein Handy gefunden hat, sei weit unter dem Sitz gewesen. Dann kommt mir der Gedanke, dass es der junge Mann in der Früh vergessen hat. Aber ich kann es dem Eigentümer nicht zurückgeben, weil ich nicht weiß, wer er ist und wo er wohnt. Ich lasse es im Taxi. Am Samstag ist beim Terminal 90 erneut Disco und ich bringe am Sonntag in der Früh Gäste dorthin. Danach stelle ich mich in die Reihe und warte auf Fahrgäste. Auf einmal geht die Tür auf und der Iraker von gestern mit Bart steigt ein. Er fragt, ob ich ihn erkenne. LG: „Ja, dein Handy ist dort im Handschuhfach", bevor er damit beginnt, dass er sein Handy verloren hat. Jetzt fahre ich ihn nach Langwasser. Er arbeitet bei der Deutschen Bank und es ist ein Firmenhandy, es sind viele DB-Programme darauf. Wenn er es verliert, muss er es zahlen. Zufälle gibt's.

Mittwoch, der 10. Januar 2018. In Nürnberg findet die Messe für Gebäudesicherheit statt. Von einem Restaurant fahre ich drei Männer in das Novotel, Münchener Straße 340 in der Nähe der Messe. Sie reden und ich höre, dass sie aus Leipzig kommen. Der eine zappelt herum und sagt, dass dieser Mercedes so klein ist, dass aus seiner Schuhgröße 43 38 wird. LG: „Als du im Trabanten gesessen bist, ist dein Fuß auf Schuhgröße 30 geschrumpft?" Er hat nicht geantwortet. Bisher hat noch niemand gesagt, dass die Mercedes E-Klasse klein ist. Alle haben ihn eher als geräumig und bequem empfunden. Die Verliebten und sich heftig Küssenden legen sich sogar am Rücksitz hin.

15. Januar 2018, 23 Uhr. Ich sitze als Erste am Flughafen in meinem Taxi. Eine Maschine aus Budapest landet. Ein junger Mann kommt in meine Richtung. Irgendwann waren seine Vorfahren Neger, weil seine Haare so lockig sind und seine Haut ein wenig heller als die Farbe vom Cappuccino ist. Er steigt ein und sucht auf seinem Handy nach der Adresse. Er möchte nach Herzogenaurach. Aber er sagt weder eine Straße noch ein Hotel. Ich frage: „PUMA oder ADIDAS?" KU: „ADIDAS." Ich nehme ungern die Leute von Adidas mit, später erzähle ich wieso. Er sucht nach seinem Geld, ich schaue ihn mir von der Seite an und irgendwas an ihm ist komisch. Auf seinem Nacken, Hals und Kopf ist jeweils ein ADIDAS Fußball tätowiert. Hinten sind seine Haare bis zur Mitte seines Kopfes kurz geschoren, hinter seinen Ohren sieht es so aus, wie es aussehen muss. Er hat sich voll und ganz ADIDAS verschrieben.

Wie kann man einen „Ungarn" erkennen?

1. Januar 2018. Ich habe mich am Hauptmarkt eingereiht, bekomme eine Fahrt zum Kaspar-Hauser-Platz 12 als zweites Taxi – unter der Adresse befinden sich die Repräsentationsräume der Stadt Nürnberg. Von dort fahre ich vier Kunden zum Südwest Park 5 ins Hotel Novina. Ich sehe, dass vor mir Spitzenverstand vier KUs mitnimmt. Er ist schon losgefahren und ich sehe ihn gar nicht mehr, als sich die vier dicken Kunden zu mir ins Taxi quetschen. Unterwegs überhole ich Spitzenverstand.

Nach der Fahrt ist der Taxiplatz in der Wallenstein Straße am nächsten. Dorthin stelle ich mich. Nach einer Weile steht auch Spitzenverstand hinter mir. Er kommt zu mir: „Leonille, du lenkst dein Taxi noch immer so sportlich wie vor fünf Jahren, als ich zu Kronburger kam und versucht habe dir zu folgen. Aber nur versucht. Jetzt habe ich dich auch verfolgt, aber bei den Plärrern habe ich dich aus den Augen verloren." – Die Plärrer haben sechs Fahrstreifen. Zwei Streifen führen nach Fürth, zwei zum

Hauptbahnhof, die zwei mittleren Streifen führen zur Rothenburger Straße. – Normalerweise hätte ich in einem der zuletzt genannten Streifen bei der roten Ampel stehen müssen. Aber ich habe die Situation nach den Kennzeichen der Autos blitzschnell erfasst. Rechts stand jeweils ein Nürnberger Taxi und ein Auto mit dem Kennzeichen N für Nürnberg. Diese beiden Spuren führen nach Fürth, in der Mitte ein Auto mit RH-Kennzeichen für Roth und ein Auto mit HEB für Hersbruck. Diese zwei Spuren führen in die Rothenburger Straße, wo auch wir hinmüssen. In der linken Spur, Richtung Bahnhof, steht ein Auto mit SC für Schwabach und ein Auto mit FÜ für Fürth. Ich habe mich hinter dem Nürnberg Taxi eingereiht, weil von den sechs Autos er am schnellsten losfahren wird. Der Plan ist auch aufgegangen. Wir sind losgedüst. Ich hätte mich hinter dem RH stellen müssen –, Spitzenverstand hat sich hinter HEB gestellt – aber ich weiß, ein Fremder ist überall ein Fremder, sonst würde er nicht Fremder heißen. Ich habe RH auch von rechts überholt. Auch Spitzenverstand ist vom Horizont hinter mir verschwunden, alles bei 55 km/h in der Stadt. Ich habe bereits die Rechnung geschrieben, bis Spitzenverstand auch angekommen ist.

„Vielen Dank, dass du es auch so siehst, du weiß, dass ich das Fahren liebe. Weißt du vielleicht, wie man einen Ungarn, Ungarndeutschen wie mich erkennt, die in Ungarn aufgewachsen ist?“ „Ich weiß nicht“, sagt Spitzenverstand. LG: „Wenn jemand in einer engen Drehtür hinter dir reingeht, aber vor dir rauskommt, kannst du dir sicher sein, dass es ein Ungar ist oder ich.“

Spitzenverstand hat auch einen ordentlichen Namen, aber den kenne ich nicht. Ich habe ihn so genannt, als er vor fünf Jahren zu Kronburger gekommen ist. Er hat viel über das Taxifahren gefragt und ich habe ihm ehrliche Antworten gegeben, worauf er achten muss. Er hat schnell gelernt, deshalb habe ich ihn Spitzenverstand genannt. Seitdem gibt es Dinge, die er besser kann als ich. Eigentlich ist er Maschinenbauingenieur, aber aus irgendeinem Grund wollte er es nicht mehr sein. Seitdem habe ich ihn so in meinem Handy gespeichert. Wenn wir eine gute Fahrt in Aussicht haben, sagen wir einander Bescheid. Zum

Beispiel, wenn Flugzeuge landen, die eigentlich nach Flugplan nicht hier landen sollten. Dann fahren wir beide nach Frankfurt, München, Stuttgart oder Paderborn.

Ein Autofahrer mit fremdem Kennzeichen kann sich ebenfalls in Nürnberg auskennen, weil er vielleicht schon lange hier wohnt oder gewohnt hat und verzogen ist.

Aber ich bin mir im Klaren, dass ich in Frankfurt auch nicht gleich fahre wie in Nürnberg. Mein Navigationssystem ist im Betrieb, ich sehe auf dem blauen Schild, dass ich Richtung Nürnberg in 500 Metern nach rechts fahren muss. Aber wenn man die Ausfahrt bei acht Spuren suchen muss, dauert das. Ich kann dann auch nicht schnell losfahren.

Ich nehme selten einen Fahrgast zweimal mit, dreimal noch seltener und viermal fast gar nicht. Eine Ausnahme bildet die Dame, über die ich jetzt schreibe. Die 2. Ausnahme ist, wenn ich jemanden meine Visitenkarte gebe. Die 3. Ausnahme ist, wenn ich Patienten zur Dialyse bringe oder Menschen mit Gehbehinderung transportiere. Die 4. Ausnahme ist, wenn ich den VAG-Fahrer nach Hause fahre oder frühmorgens von zu Hause zur U-Bahn, Bus oder zum Straßenbahndepot bringe. Mit einigen von ihnen haben wir nach einer gewissen Zeit Freundschaft geschlossen. Sie erzählen auch zahlreiche Storys über Kunden.

Diese alte Dame habe ich immer nach 18 Uhr gefahren, meistens vom Kaffeehaus ins Altersheim. Ich nehme an, dass sie dort wohnt. Zunächst hatte sie kritisiert, dass ich nicht mit einer Mercedes B-Klasse gekommen bin. Beim zweiten Mal hat sie sich beschwert, dass ich ihr beim Einsteigen nicht geholfen habe. Aber ich bin noch gar nicht stehen geblieben, das Taxi rollte noch und sie hat bereits die Tür aufgemacht. So schnell kann ich auch nicht rausspringen. Beim dritten Mal hat es keine Minute gedauert, bis ich die Fahrt auf meinem Display hatte und ich vor dem Kaffeehaus stand. KK: „Dass Sie sich aber immer verspäten müssen, ich warte schon eine halbe Stunde." LG: „Auf mich sicher nicht, weil ich erst vor einer halben Minute die Fahrt bekommen habe, vielleicht hat die Zentrale spät reagiert oder es gab kein Taxi in der Nähe, weil ja zwischen 17–18 Uhr Schichtwechsel ist." KK: „Ihre Zentrale ist in Ordnung, sie, die Taxifahrer sind einfach faul." Sie saß ca. 2 km neben mir, aber sie schimpfte die ganze Zeit. Ich konnte mir nicht vorstellen, was sie im Altersheim verpassen kann. Sie zahlte, stieg aus und ich sagte ihr, dass sie sich einen chinesischen Maler suchen soll. KK: „Wieso einen chinesischen Maler?" LG: „Weil die gerne Drachen malen." Danach war ich weg. Ich habe mir gedacht, dass sie so beleidigt ist, dass sie sich nie mehr neben mich setzen wird. Ich habe mich geirrt. Ich durfte sie ein viertes Mal mitnehmen. KK: „Bitte zum Polizeipräsidium." LG: Was will die Drachenlady um 19 Uhr im Polizeipräsidium? Sie wollte nicht zur Polizei, sondern zum gegenüberliegenden Altersheim. Sie hat mich wahrscheinlich erkannt und sie wollte mich damit erschrecken, dass sie als Ziel die Polizei nennt.

Verkehrs Aktien Gesellschaft. In Nürnberg gibt es U-Bahnen, Busse und Straßenbahnen. In meinen Augen sind die VAG-Mitarbeiter sehr höflich und gut gekleidet – VAG-Bekleidung mit glänzenden Streifen. Nach Mitternacht bringen wir die letzten VAG-Fahrer nach Hause, die nicht mit dem Auto zur Arbeit fahren. Frühmorgens holen wir genauso die ersten Fahrer von zu Hause ab. Da sie die Ersten und die Letzten sind, gibt es keine öffentlichen Verkehrsmittel und die VAG. zahlt ihnen die Taxifahrt. Oder wenn wer in Fürth Hardhöhe beginnt, das Auto dalässt und die Schicht in Langwasser Süd beendet. Natürlich bringen wir Taxifahrer sie zurück zu ihren Autos. Sie müssen immer in einer Bushaltestelle oder Straßenbahnhaltestelle auf uns warten. Wenn sie noch nicht da sind, schalte ich die Straßenbeleuchtung ein, damit ich sehe, ob sie von irgendwo mit ihrer leuchtenden Bekleidung kommen. Wenn ich weiß, wo sie wohnen, fahre ich bis zu ihrem Haus. Luxus pur.

Brunnengasse. Millionärsklub, eine Bar. Ich muss hierher. Ein Kunde steigt ein und sagt, ich solle ihn „nach Hause fahren". Ob Sie glauben oder nicht, liebe Leser, ich habe ihn nach Hause gebracht.

Vor Jahren hat man zum Steakhaus – ein Restaurant – in der Steinplatten Straße zwei Taxis bestellt. Ein Mann kommt raus und fragt laut, wo er mit dem Ferrari geparkt habe. Ich habe mir gedacht, er hat ordentlich getrunken, ihm reicht nicht einmal ein Taxi und er glaubt, dass so lange er getrunken hat, bis der Trabant zu einem Ferrari geworden ist. Er hat zwei Taxis gebraucht, weil mein Taxifahrerkollege samt Kunde in seinem Ferrari gefahren ist und ich ihnen hinterher, damit ich meinen Kollegen zurück nach Nürnberg bringen kann. Mein Kollege hat sein Taxi vor dem Steakhaus stehen lassen. Der Kunde wohnte nach Neumarkt in der Oberpfalz in einem kleinen Dorf. Ich habe mir den Namen der Ortschaft und das Haus deshalb gemerkt, weil Sie so etwas nur in Rom oder Florenz sehen können. Die riesige Parkanlage vor seinem Haus war voller antiker Statuen, Springbrunnen und Marmortöpfen mit wunderschönen Blumen darin, Stein, Bronze und was weiß ich noch was für Gussstücke. So etwas Schönes vergisst man nicht so schnell.

Samstag, der 20 Januar 2018. 1:30 Uhr und ich brachte den Fahrer der Straßenbahnlinie 3 und einen Busfahrer in die Nähe ihres Hauses. Sie sind die namenlosen Visitenkarten der Stadt Nürnberg. Der Erste wohnte in Schwaig, der Zweite in Großgründlach, der Dritte in Fürth und der Vierte in Zirndorf. Die aus Zirndorf und Fürth haben sich über die ersten zwei beschwert, dass sie so einen großen Umweg fahren mussten. Sie haben gestritten, gestritten und gestritten. Ich sagte ihnen: „Meine Herren, bitte streiten Sie nicht, an der Reihenfolge kann man nichts mehr ändern." Der Erste stieg in Schwaig aus. Blieben noch drei. Ich mache weiter: „Erzählen Sie lieber einen Witz."

Der erste Kunde fängt mit einem Blondinenwitz an, er hat geglaubt, dass er mich damit beleidigen kann. Sie und ich haben mehrere Witze erzählt, folgende habe ich mir gemerkt, also:

Eine wunderschöne Blondine fragt eine hässlichere Blondine. „Wieso lernst du Taekwondo – Kampfsport –, das ist ja kein weiblicher Sport?" Die hässliche Blondine: „Wenn mich jemand in der Nacht im Dunkeln vergewaltigen will, kann ich mich wehren.“ Die wunderschöne Blondine: „So dunkel wird es nie sein.“

Eine Blondine ruft den Arzt. „Herr Doktor, mein Bruder hat Fieber.“ Doktor: „Wie hoch?“ Blondine: „Er ist ein Kopf größer als ich.“ Der Doktor wollte wissen, wie hoch sein Fieber ist.

Eine Blondine: „Was ist weiter weg, der Mond oder London?“ Die andere Blondine: „Du bist ja dumm, kannst du London von hier sehen? Den Mond kann man sehen.“

Wieso freut sich eine Blondine, wenn sie in sechs Monaten ein Puzzle zusammenbauen kann? Weil auf der Verpackung 2–4 Jahre steht.

Ein alter Winzer liegt im Sterben. Er bestellt seine Söhne zu seinem Sterbebett. „Meine Söhne, ich verrate euch ein Geheimnis: Man kann sogar aus Trauben Wein machen.“

Eine wunderschöne, aber etwas dümmliche Frau sagt zu Einstein: „Maestro, wir sollten heiraten, stellen Sie sich vor, welch wunderbare Kinder wir bekommen würden, wenn Sie Ihren Verstand und meine Schönheit erben würden.“ „Jaja“, sagt Einstein, „und was, wenn es umgekehrt passiert und Sie meine Schönheit und Ihren Verstand erben?“ Es ist ja allseits bekannt, dass Einstein nicht das Gesicht von Marlon Brando hatte.

Eine Blondine beschwert sich bei ihrer Freundin, weil sie von ihr verarscht wurde. Sie sagte, dass Günther sehr reich sei und sie ihn geheiratet habe. Es hat sich aber herausgestellt, dass er ärmer ist als die Kirchenmaus.

Freundin: „Du kannst dich nicht mehr erinnern, ich sagte, dass er mehr Geld als Verstand hat.“

Der Mann kommt hungrig nach Hause und fragt seine Frau, was sie gekocht hat. Frau: „Nichts.“ Mann: „Bring es nicht herein, weil sonst schmeiße ich es raus.“

Das Schulkind fragt die Mutter, wieso man Muttersprache sagt. Mutter: „Weil dein Vater zu Hause nichts zu sagen hat."

Ein musikalischer Mann mit gutem Gehör besucht ein befreundetes Ehepaar. Er hört, dass die Ehefrau Klavier spielt, aber sie trifft häufig die Töne nicht. Er fragt ihren Mann, wieso er zulässt, dass seine Frau Klavier spielt, wieso kocht sie nicht. Mann: „Weil sie noch schlechter kocht, als sie Klavier spielt."

Anmerkung von Leonille: „Wieso hat er sie dann geheiratet?"

Ein Fahrer: „Weil sie Geld hat."

Was kann der Pilot von einer nackten Stewardess noch runternehmen? Den Co-Piloten.

„Seit wann arbeiten Sie bei uns?", fragt der Direktor den jungen Mann. „Seitdem Sie mir mit Rauswurf gedroht haben. – Vorher habe ich nicht gearbeitet, sondern bin nur zur Arbeit gegangen."

Wenn Bonaparte Napoleon noch leben würde, würde er sagen: „Wenn es damals das ungarische Fernsehen gegeben hätte, wüsste niemand, dass ich am 18. Juni 1815 in Waterloo gegen Holland, Nassau, das Vereinigte Königreich, Hannover, Braunschweig und die Preußen verloren habe."

Donnerstag, der 25. Januar 2018. Heute gebe ich das Taxi früher ab, weil ich um halb 4 beim Chef sein muss. Peter hat frei, das Taxi von einem anderen Fahrer ist im Service, er bekommt mein Auto und seine Schicht dauert von 4:00 bis 16:00 Uhr. Ich warte bei der Südklinik und bekomme eine Fahrt nach Altenfurt. Der Kunde steht auf der Straße mit einem schweren Rucksack und einem Koffer. Zuerst denke ich, dass er zum Hafen will oder zu einem seiner Züge am Rangierbahnhof. Nichts davon. Ich bringe ihn zur Nordklinik. 2:00 Uhr nachts ist eine ungewöhnliche Zeit, um in einem Krankenhaus aufgenommen zu werden. Aber wir fahren los. Er fragt, ob ich ein alkoholisches Getränk habe, dass ich am liebsten trinke und ob ich manchmal Alkohol trinke. Das hat noch nie wer von mir gefragt, aber ich antworte, denn wir haben 17 km vor uns, ich werde Zeit haben, um zu erzählen. Morgens, bevor ich schlafen gehe, trinke ich manchmal ein Bier. Aber mein Lieblingswein sind der von Tokaij und die Weine vom Fuße des Tokaij-Berges. Wenn der Wein aus Tokaij nicht so eine Wirkung hätte, würde ich lange unter dem Zapfhahn des Weinfasses liegen. Aber da ein halber Liter schon zu viel ist, mache ich es nicht. Die Weine meines Mannes sind mir auch sehr lieb. Ich habe auch bereits sehr gute leichte Gartenweine aus Lapos getrunken. – Die Gärten von Lapos befinden sich zwischen Mezőberény und dem Fluss Kőrös. – KK: Er gehe jetzt auf Entziehungskur, weil er so viel getrunken habe, dass seine Frau aus Thailand ihn auch verlassen hat, und, und, und ...

LG: „Du bist leider selber schuld, wenn du nicht weißt, wann es genug ist."

LG: Ich erzähle ihm einen Witz.

Wenn ich keinen Hunger habe, trinke ich Weißwein.

Wenn ich satt bin, trinke ich Bier.

Wenn ich hohen Blutdruck habe, trinke ich Törkölyschnaps von unserem Gartenwinkel in Mezöberény.

Wenn ich niedrigen Blutdruck habe, trinke ich Cognac.

KK: „Und wann trinkst du Wasser?"

LG: „Solche Krankheiten habe ich noch nie gehabt."

Freitag, der 26. Januar 2018. Vom Restaurant der Lederer Brauerei fahre ich einen Taxikollegen nach Schwaig. Beim Hauptbahnhof muss ich stehen bleiben, weil seine Frau mit der U-Bahn aus Fürth kommt, sie arbeite dort in einem asiatischen Restaurant.

LG: „Wieso hast du ein Schlitzauge geheiratet?"

Kollege: „Weil ich Asien liebe, mir geschmeckt hat, was sie gekocht hat, und ich sie geheiratet habe."

LG: „Ich denke, dass du jetzt schön in der Patsche bist, weil du ein Leben lang asiatisch essen musst."

Meine Freundin Wilma Knebel lebt in Denver – Colorado. Sie erzählte mir, dass sie keinen guten Kartoffelgulasch mehr kochen könne, weil die gemahlene Paprika im Supermarkt bereits braun sei. Aus Ungarn oder aus Europa dürfe sie nichts mitnehmen, nur offiziell plombiert. Das ist dann ebenfalls braun.

20. März 2018. Dr. Ági schickte mir per SMS folgende Taxi-Story:

Ein Türke steigt in Nürnberg ins Taxi. Er hat sich gerade hingesetzt, sofort fordert er den Taxifahrer auf, das Radio auszuschalten. „Ich will diese Musik nicht hören. Unsere Religion verbietet uns das, und zur Zeit der Propheten gab es noch keine Musik, vor allem keine Blasmusik, das ist nur etwas für euch Ungläubige", sagt der Türke.

Der Taxifahrer schaltet das Radio aus, bleibt stehen, steigt aus und öffnet hinten die Tür. Der Moslem glotzt, schaut ihn an und fragt, wieso er stehen geblieben sei. Der Taxifahrer antwortet: „Zur Zeit der Propheten gab es noch keine Taxis, steig aus und warte auf das nächste Kamel."

20. März 2018. Ich habe noch nie einen Fahrer aussteigen lassen, aber meine Freundin Irénke schon. Sie hat mich ca. vor einer Woche aus Budapest angerufen, dass sie am 20. März um 23:55 Uhr in der Nacht am Flughafen landet und wenn es geht, solle ich auf sie warten. Um 23:45 Uhr bin ich zum Albrecht-Dürer-Flughafen gefahren, sehe am Flugplan, dass sich die Maschine verspäten wird, aber sie haben nicht angezeigt, wie viel später sie landet. Gegen 00:45 Uhr zeigen sie an, dass die Maschine um 00:55 Uhr am nächsten Tag landen wird, am 21 März nach Mitternacht. Über das Taxiradio höre ich, dass sich Günther beschwert, dass er nicht zum Flughafen fährt, weil die Passagiere aus Budapest keine 30 Euro für die Taxifahrt ausgeben. Aber es fahren keine öffentlichen Verkehrsmittel mehr, weder U-Bahnen noch Busse, nur wir Taxifahrer sind hier. Günther ist trotzdem nicht weggefahren. Ich warte und warte, es kommen ca. hundert Leute, alle Taxis sind schon weg, es bildet sich eine Schlange und alle wollen bei mir einsteigen, es ist bereits 01:23 Uhr. Endlich kommt Irénke und steigt ein. Wir sind bei der Ampel, als die Taxizentrale eine Fahrt schickt, da ich am nächsten zum Taxiplatz beim Flughafen bin. Ich habe

aus Gewohnheit den Bildschirm berührt und somit bekomme ich die Fahrt. Ich habe nachgesehen, es ist eine VAG-Fahrt, die man nicht zurückgeben kann. Wenn ich es zurückgebe, bekomme ich ein Jahr nicht einmal eine annähernd ähnliche Fahrt. Ich muss den letzten U-Bahn-Fahrer vom Flughafen abholen und nach Hause bringen. Es bleibt mir nichts anderes übrig. Ich sage zu Irénke, dass sie mir bitte nicht böse sein solle, aber ich müsse zurück zum Flughafen, damit ich ihn nach Hause bringen könne. Sie hat es verstanden.

Ich habe Irénke aussteigen lassen und es kommt auch gleich ein anderer Taxifahrer, der sie mitnimmt.

Samstag, der 28 April 2018. Ich musste zu einer „Ich-mag-von-dort-keinen-Kunden-abholen“ Kneipe. Ich warte diesmal auch 10 Minuten, bis ein komplett Betrunkener rauskommt. Er fährt nicht weit, der Preis beträgt 9,30 Euro. Er gibt mir nur 5 Euro. Ich diskutiere mit ihm nicht, weil er so betrunken ist, dass er nicht einmal weiß, was er macht und wo er wohnt. Ich lasse ihn aussteigen, aber schwöre mir, dass ich die 4,30 hundertfach zurückbekommen werde. Bevor ich das Taxi zurückgebe, rutscht irgendetwas auf dem Teppich vor dem Beifahrersitz. Ein Portmonee. Ich traue meinen Augen nicht. Es befinden sich 430 Euro darin. Das nenne ich Glück.

Freitag, der 4. Mai 2018. Das ist eine andere „Ich-mag-von-dort-keinen-Kunden-abholen“ Kneipe. Diesmal warte ich auch 15 Minuten, will schon fahren, als drei Betrunkene zu meinem Taxi kommen und einsteigen. Sie fahren nicht weit, nur bis zur nächsten Kneipe. 9,70 Euro beträgt der Preis, aber keiner zahlt, sie klettern nur raus, weil aussteigen kann man das nicht nennen. Jetzt will ich den Preis auch hundertfach zurückbekommen. Bis jetzt ist in dieser Angelegenheit nichts passiert, aber sobald ich die ersten Hunderter habe, werde ich die Story weiterschreiben.

Samstag, der 5. Mai 2018. Meine männlichen königlichen Fahrgäste wollen wissen, wie sie eine Frau dazu bringen, sie zu lieben. Also das Geheimnis scheint nützlich zu sein. Ist nicht meine Idee. Ein König Kunde hat es mir verraten.

Von Fürth nach Hause habe ich entschieden, dass es für heute reicht, ich fahre heim. Es ist Samstagmorgen so gegen 7:00 Uhr. Ich vergesse das Display auszuschalten, habe automatisch mit dem Finger eine Fahrt angenommen. Ich muss in die Mannertstraße 6, zum Gefängnis in Nürnberg. Ein Mann um die 50 steigt ein. Wenn ich nicht gewusst hätte, dass es unmöglich ist, hätte ich gesagt, dass der junge Marlon Brando neben mir sitzt. Ich soll ihn zum Hauptbahnhof bringen und ich rase los. Während der Fahrt interessiert mich, wer diese Schönheit ist,

LG: „Das ist eine ungewöhnliche Zeit für einen Gefängnisbesuch."

KK: Er sei nicht zu Besuch, sondern wohne eine Weile da, jetzt habe er nur Ausgang.

LG: Ich bin neugierig: „Wieso sind Sie da reingekommen, würde Sie es verraten?"

KK: Außer, dass er viermal verheiratet gewesen sei, habe er nicht nur die Herzen dieser Frauen gebrochen und ihnen die gute Laune genommen, sondern ihr gesamtes Vermögen geplündert.

LG: „Es wundert mich nicht, dass so viele Frauen Ihnen erlegen sind, weil Sie sehr gut aussehen, aber dass sie mit Ihnen auch noch eine Heirat eingehen?"

KK: „Es war keine große Kunst, ich habe sie nur über sich selbst reden lassen, mehr habe ich nicht gemacht. Es kamen nur Frauen in Frage, die hinter der ersten Zahl auf ihrem Bankkonto mindestens fünf oder sechs Ziffern hatten. – Also Hunderttausende oder Millionen. – Das haben die Frauen schnell ausgeplaudert. Ich hatte nur in einer Ehe Zugriff auf ihr Konto. Das Bett neben den Frauen war nur so lange belegt, solange ihr Konto noch voll war. Nachdem ihr Konto durch mich geplündert wurde, wurde auch das Bett neben ihnen leer. Von den vier Frauen hat mich nur eine angezeigt."

LG: „Entweder schämen sich die anderen Frauen oder der Verlust von so viel Geld spielt bei ihnen keine große Rolle."

KK: „Dass Sie als Taxifahrerin so eine Menschenkennerin sind?"

LG: „Dann sind wir bereits zwei."

Er zahlt und steigt aus.

Montag, der 7. Mai 2018. Interzoo – die Internationale Tiernahrungsmesse beginnt Dienstag am Messegelände in Nürnberg. Von den Pavillons aufbauenden Fahrgästen weiß ich, dass die Messe sehr groß wird, weil jede Halle voll ist mit Ausstellern und Verkäufern. Die Aussteller haben ihre Stände schon vorbereitet, die Käufer kommen heute. Einige mit dem Zug; andere mit dem Firmenwagen oder mit dem Flugzeug. Es ist bereits 22:00 Uhr, 12 Flugzeuge landen noch bis 2:00 Uhr. Ich beeile mich deshalb zum Flughafen. Ich sehe, dass nicht viele Taxis hier stehen und ich bin Nummer 11. Ich bin gerade rechts, dann links in der letzten Kurve in Richtung der „B" Taxireihe eingebogen, da sehe ich, dass von rechts ein Pilot winkt. Wenn am Samstag der Fahrgast Marlon Brando ähnlich sah, dann würde ich den Piloten als Paul Newman bezeichnen. Groß, schlank, gutaussehend mit einem angenehmen Duft. Etwas ist komisch an ihm. Aber mir fällt es nur später auf, was es ist. Er nennt mir zwei Hotels, zuerst muss ich in das Azimut Hotel und im Anschluss in das Centro Hotel fahren. Das Centro Hotel ist näher, aber da die Reihenfolge anders ist, fahre ich zuerst ins Azimut. Er steigt aus, zieht sein Sakko aus und wartet in der Eingangstür des Hotels auf jemanden. Dann ist klar geworden, dass er das Sakko von jemandem mitgenommen hat, er zeigt auch, dass er es bemerkt hatte, als er dieses Sakko angezogen hat. Aus dem Hotel kommt ein kleiner Pilot. Natürlich passt der Anzug von diesem Gartenzwerg meinem Paul Newman nicht. Ich kann mir nicht vorstellen, wie es vorkommen konnte, dass er das Sakko vom größeren Piloten genommen hat und es ihm nicht aufgefallen ist. Und es ist mir ein Rätsel, wie er gewusst hat, wer sein Sakko mitgenommen hat? Wahrscheinlich waren sie nur zu dritt – seit neuestem müssen drei Piloten im Cockpit Platz nehmen. Wenn nicht der eine, dann muss der andere ihn mitgenommen haben.

Mittwoch, der 9. Mai 2018. Am Nachmittag gab es einen Wolkenbruch in Nürnberg. Überall nur Wasser, Wasser und nochmal Wasser. Die Bahnunterführungen wurden an zwei Stellen überflutet. Bei der Zerzabelhofstraße ist ein Autofahrer reingefahren und man sah vom Auto nur noch 20 cm. In der Meistersingerhalle war irgendeine Theateraufführung. Um 22:30 Uhr war sie vorbei. Wie es sich gehört, standen die Leute elegant gekleidet an der Straßenbahnhaltestelle Schultheißallee. Ich wusste nicht, dass es dort ein tiefes Schlagloch gab, ich bin hineingerast und habe die Leute mit ihren Festkleidern nass gemacht. Im Rückspiegel sah ich, wie sie ihre Fäuste ballten. Zum Glück haben sie sich meine Nummerntafel nicht gemerkt. Aber es war wirklich ein Versehen.

Donnerstag, der 29. Juni 2018. Ich bringe ein Ehepaar vom Restaurant zu ihrem Hotel. Der Mann sitzt vorne, die Dame hinten. KU: „Wie weit fahren Sie mit dem Taxi von Nürnberg?“, möchte der Mann wissen.

LG: Das Hotel ist noch weit weg, so kann ich ausführlich auf die Frage antworten. „Mit dem Taxi habe ich bereits ganz Deutschland bereist, auch die Nachbarländer, außer Dänemark, aber ich war schon mal in Kiel. Ich war fünfmal in Südtirol – Norditalien. Die Flughäfen von Frankfurt, München, Stuttgart fahre ich fast jeden Monat an. Ich war auch bereits in Berlin.“

KK: Ihm habe man schon viel vorgegaukelt, aber so viel noch nie.

LG: Ich rede weiter: „Sie denken, das ist Angeberei, aber ich weiß, dass ich wirklich dort war. Ich habe mal einen Fahrgast nach Straßburg zum Europäischen Parlament gebracht. Die Adresse lautete Avenue du Prèsident Robert Schuman 1. Die Flugzeuge flogen nicht und er musste unbedingt anwesend sein. Es waren 350 km, 650 Euro, wenn ich mich recht erinnere.

LG: In Südtirol wollten sie Skifahren – das waren immer junge Leute. Wegen der großen Schneemassen fuhren die Züge nicht und die Flugzeuge flogen auch nicht. 500 km – 900 Euro.

Die Kieler Woche ist ein zehntägiges Fest in der Ostseehafenstadt. Es gibt sehr viele Veranstaltungen, unter anderem das

Rennen der Schiffe mit mehreren Masten. In so einem Schiff ist die Pumpe kaputt gegangen, die von der Nürnberger Firma Leistritz hergestellt werden. Ich musste in der Nacht die Pumpe liefern, damit dieser Kunde am nächsten Tag am Rennen teilnehmen konnte. 700 km, 1.500 Euro. Ich habe nie erfahren, ob er gewonnen hat oder nicht."

KK: „So viel hat er Ihnen gezahlt?"

LG: „Wer ein Schiff mit mehreren Masten besitzt, spielt Geld keine Rolle.

Eine Ärztin hat in einem Hotel in Prag ihren Koffer vergessen. Sie vergaß Papiere darin, die sie für ihren Vortrag am Nürnberger Ärztekongress benötigte. 260 km, 500 Euro."

Ich würde ja weiter aufzählen, aber wir sind am Hotel angekommen.

Von meiner Fahrt aufs Land war ich auf der B2 Richtung Nürnberg unterwegs. Ich bin beim Ortsschild auf ein Auto aufmerksam geworden. Als ich neben ihnen stand, sah ich, dass die Scheibe auf der linken Seite runtergelassen ist – damals dachte ich, dass es die Fahrerseite ist. Ich sah ein neun Jahre altes Kind im Auto sitzen, sonst niemanden. Das Blut gefror in meinen Adern, ist dieses Kind alleine? Die hinteren Fenster waren verdunkelt, so konnte ich die Mutter nicht sehen, die das kleinere Kind gerade wickelte. Die Frau kam zu mir und zeigte mir einen Straßennamen, wo sie hinmöchte. Sie kommen aus England, da sei das Lenkrad auf der anderen Seite. Die Straße ist im Süden von Nürnberg und sie sind im Norden von der Autobahn abgefahren. Ich habe sie auf den Scharfreiterring gelotst. Es gibt auch eine U-Bahn-Station mit dem Namen, aber die U1 fährt da überirdisch.

Donnerstag, der 26. Juli 2018. – Anna Tag – Ich muss einen Lokführer aus Markt Erlbach abholen. Ich rufe ihn an, aber er hebt nicht ab. Das ist auch kein Problem, weil ich weiß, dass er „fährt". Einige Minuten später nähert sich der Zug der Bahnstation. Er ruft mich an und sagt mir, dass ich ihn angerufen habe. LG: „Ja, ich warte auf Sie." Genau um 01:00 Uhr, Freitagnacht – steigt er in mein Taxi. Wir fahren zurück nach Nürnberg.

KK: „Es ist so angenehm zu fahren, die Straße ist frei, es ist eine heiße Sommernacht, niemand kommt entgegen. Genauso wie beim Zugfahren, dort kommt auch niemand entgegen."

LG: „Nur gut, dass Ihnen niemand entgegenkommt, ansonsten würden Sie nicht neben mir sitzen, wenn Ihnen jemand schon entgegengekommen wäre." Natürlich wissen wir beide, dass er parallel verlaufende Schienen meint, wenn er über „Gegenverkehr" redet, aber wir denken nur an die Schienen, auf denen er fährt. Danach erzählen wir uns gegenseitig Witze, damit die Fahrt nicht langweilig wird. Wir lachen 35 km bis nach Nürnberg.

Schule für den König Kunde

Ich bin nur eine von den mehreren Tausend Nürnberger Taxifahrern. Es gab zwei Vorfälle, bei denen die Kehle von Taxifahrern durchgeschnitten wurde. Aber zu der Zeit fuhr ich noch nicht Taxi. Wie viele Erlebnisse und Storys müssen diejenigen haben, die bereits seit 40 Jahren den Beruf ausüben?

Ich finde, dass der König Kunde auch eine Ausbildung vertragen könnte. Er müsste lernen, wie man sich in einem Taxi benimmt. Vielleicht eröffne ich eine Schule.

Ich würde ihnen klar zu verstehen geben, dass sie ihren Mund nur dann aufmachen sollen, wenn sie gesagt werden, wo wir hinmüssen und wie viel Geld ich zurückgeben muss. Ausgenommen, wenn sie mir etwas Interessantes oder Nützliches mitteilen wollen.

Sie sollten auch immer Kleingeld eingesteckt haben.

Wie sie in mein Taxi ein- und wieder aussteigen sollen.

Sie sollen der Tageszeit entsprechend grüßen und Auf Wiedersehen sagen. Egal in welcher Sprache.

Wie sie die Tür meines Taxis zumachen sollen, damit sie nicht nur halb geschlossen ist, aber auch nicht so, dass sich sogar die Randsteine in der Straße bersten.

Sie müssen lernen, dass sie den Kofferraum nie auf- oder zumachen müssen, dafür bin ich zuständig und die automatische Schließvorrichtung per Knopfdruck. Erstens, weil sie noch nie einen Mercedes Kofferraumdeckel gesehen haben, zweitens, weil wenn sie es nicht gesehen haben, können sie gar nicht wissen, wie man ihn zumacht.

Außerdem funktioniert die Schließvorrichtung per Knopfdruck. Das ist ein Mercedes!

Bevor Sie etwas in den Kofferraum legen wollen und ich sehe es nicht, weil Sie von hinten kommen, fragen Sie vorher um Erlaubnis! Reißen Sie den Kofferraumdeckel meines schönen Mercedes Taxis nicht auf wie ein Raubtier.

Wenn Sie von hinten kommen, schauen Sie vorher rein oder klopfen Sie am Fenster vorne rechts. Vielleicht lese ich. Schlussendlich verbringe ich die Zeit, in der ich auf den Kunden warte, auch nützlich.

Essen Sie im griechischen Restaurant nicht nur den Knoblauch aus dem Tsatsiki.

Nutzen Sie lieber Ihr eigenes Auto, um sich zu übergeben, und nicht mein Taxi.

Wenn Sie sich übergeben müssen, öffnen Sie die Hintertür vollständig und lehnen Sie sich ein wenig hinaus. Ich putze meinen Mercedes wirklich gerne, aber nicht das, was Sie auf die Türschwelle gekotzt haben.

Wann sollen Sie sich nach vorne und wann nach hinten setzen. Neben mir: Wenn Sie gepflegt sind, einen angenehmen Duft tragen und die Parfumflasche geleert haben, gut aussehen und ein hübsches Gesicht haben. Wenn Sie kultiviert sitzen.

Setzen Sie sich nach hinten: Wenn Sie stinken, ungepflegt sind, aus Ihren Kleidern der Gestank nicht einmal gekocht rausgeht, geschweige denn mit einer Waschmaschine. Wenn Sie nach Alkohol riechen. Das Problem ist aber, dass diejenigen meistens nicht wissen, wann sie das letzte Mal geduscht haben, und ob sie jetzt in die Stinkeklasse gehören oder nicht. Und in welchem Stadium sich ihre Alkoholaufnahmefähigkeit befindet, wissen sie auch nicht.

Vergessen Sie, dass Sie mich in der Arbeitszeit auf einen Kaffee einladen. Ich vergeude meine kostbare Zeit nicht fürs Kaffeetrinken, wenn ich Geld verdienen kann. Was glauben Sie, wie viel Kaffee ich in der Nacht trinke? Keinen, nur wenn ich von Nürnberg weiter wegfahre, dann einen.

Gewöhnen Sie sich solche Fragen ab wie, woher kommen Sie?

LG: „Wo der Vater von Albrecht Dürer."

KK: „Aber der war ja Nürnberger."

LG: „Kein Nürnberger, der berühmteste Sohn von Nürnberg ist ein halber Migrant."

KK: „Wie lange wollen Sie noch die Betrunkenen herumfahren?"

LG: „Bis zum Grab, aber es gibt auch Fahrgäste wie Sie. Oder sind Sie auch betrunken?"

KK: „Wieso haben Sie keinen nützlicheren Beruf erlernt?"

LG: „Wenn Ihnen der Nutzen nicht groß genug ist, dass Sie rechtzeitig zu Ihrem Zug kommen, dann steigen Sie früher aus und gehen Sie einfach zu Fuß."

Auf meine Frage, was sie gelernt haben, was so nützlich ist, können Sie nur nachdenklich antworten. Meine Meinung dazu: Entweder haben Sie nichts gelernt oder Sie lügen oder Sie schämen sich dafür, was Sie machen.

Es ist allseits bekannt, dass man in Amerika einen Beruf nicht jahrelang erlernen muss, sondern wenn man etwas bereits kann, wird man getestet, wenn man besteht, kann man in dem Beruf arbeiten und man bekommt die Stelle, wofür man sich beworben hat.

Ich werde mal aufzählen, was ich alles kann. 1. Landwirtschaftliche Arbeiten, 2. Gartenarbeiten, folieren, ich kann nicht alles, aber ich bin mir sicher, wenn ich etwas säen würde, würde ich es auch ernten. Heute arbeitet man auf der ganzen Welt mit modernen, computergesteuerten landwirtschaftlichen Maschinen. 3. Computer, ich beherrsche das Tippen blind. 4. Herstellung und Schmücken von Porzellan. 5. Sticken, häkeln, stricken, schneiden und nähen. 6. Konditorin. 7. Fremdenführerin. 8. Dolmetscherin. 9. Fahrerin. 10. Taxifahrerin.

Es gibt Leute, die sich Fremdenführer nennen. Sie nehmen neben mir Platz, diejenigen, für die sie vortragen, sitzen hinten. Nach ihrem ersten Satz hätte ich sie bereits ausgebessert. Sie hat die Geschichte von Nürnberg fehlerhaft gelernt. Aber die Zuhörer kleben an ihren Lippen.

Sie müssen mich nicht im Rückspiegel beobachte, sie können am Rücksitz beruhigt übereinander herfallen. Die Liebenden kennen keinen Ort und keine Zeit.

Wenn sie sich im Taxi küssen wollen, dann sollen sie sich dort küssen.

Wenn man zu Gast ist, sollte man nicht den eigenen Namen bei der Taxizentrale angeben, weil der nicht auf dem Schild bei der Türklingel steht. Wenn Sie nicht rechtzeitig runterkommen, kann es vorkommen, dass Sie nicht oder nur verspätet abgeholt werden.

Ich würde den Kunden klar mitteilen, wieso sie dem Taxifahrer zu Dank verpflichtet sind. Zum Beispiel: Sie haben trotz Stau ihr Flugzeug, ihren Zug, ihren Bus, ihre Straßenbahn erreicht, sind rechtzeitig ins Theater, in die Oper oder ins Kino gekommen. Zu Geburtstagen, Partys, Verlobungen und Hochzeiten sind sie auch rechtzeitig angekommen. Ich habe den Sprössling heil vom Kindergarten, von der Schule, von der Disco nach Hause gebracht – Mutti zahlt dann schon als Gegenleistung.

Ich habe ihren Mann, ihre Frau, ihren Lebensgefährten, ihre Ehefrau, ihren Ehemann, ihre Liebe nach Hause gebracht.

Ich habe ihnen besorgt, was sie in der Nacht benötigt haben – meistens Alkohol von der Tankstelle, Blumenstrauß oder Autoschlüssel. Für Medikamente in die Apotheke schicken sie mich selten.

Sie müssen mir danken, dass ich auf mein Geld gewartet habe, 10 Minuten, 1 Tag, 1 Woche, 1 Jahr oder noch immer.

Dass ich Geld von ihrem Konto in ihrem Auftrag abgehoben habe.

Ich schweige wie ein Grab, wenn es darum geht, wo sie die Nacht verbracht haben, wo ich sie aufgeschnappt habe, wenn sie beim nächsten Mal mit einer anderen Partnerin einsteigen sind als mit ihrer Frau oder mit ihrem Mann. Oder ich bringe bereits die zehnte Frau oder den zehnten Mann zur selben Adresse, immer irgendwen anders. Ich verplappere mich nicht und sage, pass mal auf, vergangenen Freitag habe ich eine Farbige, davor eine Asiatin, davor eine Deutsche hierhergebracht und jetzt dich.

Wir würden gemeinsam diese Dinge im Seminar für König Kunden besprechen und wir würden eine Lösung dazu finden, wieso dieser Beruf einen schlechten Ruf hat. Ich bin mir sicher, dass nicht die Taxifahrerinnen in meinem Alter diesen Ruf ruiniert haben. Es ist schon vorgekommen, aber selten, dass männliche Kunden, nachdem ihre Ehefrau geschäftlich nach Brasilien, Amerika, ans andere Ende der Welt geflogen ist, mir mitgeteilt haben, dass ihr Bett leer sei.

LG: „In Nürnberg gibt es eine ganze Straße für diejenigen, die dein Bett mit dir teilen würden."

Ich habe von männlichen Kollegen gehört, dass weibliche Kunden nicht mit Geld gezahlt haben, sie haben den Preis anders beglichen und schon hat der schlechte Ruf der Taxifahrer die Runde gemacht.

Wenn bei mir wer ohne zu bezahlen aussteigt, sage ich mir nur so viel, dass ich es hundertfach zurückbekommen werde.

Ich würde den Kunden sogar beibringen, sich zu orientieren. Weil es einige gibt, die nicht einmal zu Fuß mit Navigationsgerät in der Hand ihr Ziel nicht finden. Solche Sachen und noch vieles mehr würde die Schule für König Kunden füllen. Am Ende würde es eine Prüfung geben, wo ich die Vorsitzende der Prüfungskommission wäre und Spitzenverstand der technische Sachverständige. Miron wäre mein praktischer Assistent. Wenn sie die Prüfung erfolgreich absolviert haben, dürfen sie neben uns Platz nehmen und ab diesem Moment könnte man sie König Kunde nennen.

21. Mai 2018. Pfingstmontag. Eine Maschine aus Fuerteventura voll mit Urlaubern landet. Ein älteres Ehepaar steigt ein, sie wollen nach Fürth. Nach einer Weile wollen sie wissen, woher ich bin. Ich sage ihnen, dass sie raten sollen. KK: „Nach ihrem Akzent würde ich sagen Kasachstan." LG: „Ich komme nicht aus Kasachstan. Ich komme unweit von dem Ort, wo der Vater von Albrecht Dürer geboren ist. Sie wissen es nicht, aber ich verrate es Ihnen: Ungarn." Daraufhin beginnt der Mann den Lebenslauf des älteren Albrecht Dürers fehlerhaft vorzutragen. Dass er Tischler gewesen sei und dass der Name daher komme. LG: „Ich muss Sie korrigieren, weil er den Namen von seinem Geburtsort hat, und er war Goldschmied." KK: Er weiß es besser, weil er Anwalt ist, und er hat bereits so viele Bücher geschrieben, wenn er sie aufeinanderlegt, ist der Haufen größer als er. Und er ist 1,80 m. Ich habe nicht mit ihnen diskutiert, weil ich mein Trinkgeld schwinden sehe, deshalb gebe ich ihnen meine Visitenkarte. Ich bekomme 3 Euro Trinkgeld. „Sie können mich jederzeit anrufen, wenn sie Recht haben. Aber ich weiß, dass Sie mich nie anrufen werden, weil ich Recht habe." Seitdem warte ich auf den Anruf.

6. Juni 2018. Ein Unwetter tobt 30 km von Nürnberg bei Hersbruck. Der Sturm hat mehrere Bäume umgestürzt, die auf die Schienen gefallen sind. Solange diese von der Feuerwehr und dem Technischen Hilfswerk – THW – nicht beseitigt wurden, musste ich und noch weitere neu Taxifahrer zwischen den Bahnhöfen von Hersbruck, der linken Seite der Pegnitz –, Happurg – Pommelsbrunn – Hartmannshof, pendeln. Um 20:00 Uhr bekamen wir die Fahrt und gegen Mitternacht war der Bahnverkehr zwischen den Städten und den Dörfern wiederhergestellt. Ich habe die Truppe zweimal hin und zweimal zurück angeführt. Ich habe mit Hilfe von Google die Bahnhöfe gefunden, danach habe ich die erste Position einem Kollegen übergeben. Er fuhr vorne, weil er in dieser Gegend aufgewachsen ist, und wir folgten ihm. Auf einer Seite der Schienen hin – weil ja überall zwei Stationen sind – zurück auf der anderen Seite. Wir haben die Leute vier Stunden lang mitgenommen.

Es gehört nicht zu den Traumfahrten. Aber zurückweisen kann man sie nicht, ansonsten bekomme ich keine Fahrt auf Rechnung für ein Jahr. Essen und trinken kann man auch nur unterwegs. An den Bahnhöfen bleiben wir nur ein paar Minuten stehen, dann geht es schon weiter.

9. Juli 2018. Heute geht die Kirmes in Oberasbach zu Ende. Ich bekomme am 10 Juli um 2:00 Uhr in der Früh eine Fahrt zum Kärwa Platz. Vorher muss ich den Kunden anrufen, das steht bei der Information am Bordcomputer. Ich rufe an und sage, dass ich in 16 Minuten da bin.

KK: „Rufen Sie mich an, wenn Sie fast da sind."

LG: „In Ordnung." Ich komme an und ein großer, gutaussehender junger Mann, braun gebrannt, ich glaube, er hat diese Bräune in diesem Jahr bekommen – das ist für die Leser wichtig zu merken – kommt mir entgegen. In Lederhose, mit weißem, dazu passendem Hemd, so wie ein Kirchwäer Bursche aussehen muss.

KK: Er möchte nach Nürnberg, zur Ecke Hafen Straße und Bremer Straße.

LG: „Dort wohnt niemand, das ist der Hafen, da sind nur Firmen, Containerberge." KU: Ich habe Unrecht, weil dort viele wohnen. Er wohnt mit seiner Frau und seinen Kindern auch da, die ein paar Stunden früher nach Hause gegangen sind, weil Morgen Schule ist. Ich habe dich deshalb gerufen, weil du nicht schläfst.

LG: „Wäre ja noch schöner, wenn ich beim Fahren schlafen würde. Hast du deine Frau und die Kinder früher nach Hause geschickt, damit du weitersaufen kannst?

Wohnt ihr vielleicht gegenüber, in Mayach?"

KK: Er sagt mir schon wohin, ich soll nur fahren.

LG: „Ich schalte das Navi ein, weil wie ich sehe, wirst du einschlafen."

KK: „Du hast ein scheiß Navi, schalte es nicht ein."

LG: „Ist nicht scheiße, weil es mich, als ich von Stuttgart zurückfuhr und in Richtung Nürnberg 40 km Stau auf der A6 war, mich über die Maisfelder gelotst hat. Damit ich den Stau umfahren kann, hat es mich automatisch über die Maisfelder umgeleitet. Warte nur du Schlingel, wenn du so mit mir redest, bekommst du alles zurück, dass du nur so nach Luft schnappen musst."

KK: Er fängt an aufzustoßen. „Sorry, aber ich habe Knoblauch gegessen."

LG: „Dir würde ein wenig Leonille-Schule nicht schaden, ‚Seminar für König Kunden'. Dort könnte man dir beibringen, dass du vom Essen nicht nur den Knoblauch essen sollst."

Wir lachen beide.

In Unterasbach will er, dass ich auf der Bahnhofstraße fahre, aber ich weiß, dass die Jahnstraße der richtige Weg ist.

LG: „Als du dich für die Orientierung anstellen solltest, hast du dich bereits auf dem Weg dorthin verirrt."

Wir nähern uns dem Hafen, er fängt an nach seinem Portmonee zu suchen und lässt sein Handy fallen.

Er will es suchen.

LG: „Lass es, wenn du aussteigst, werde ich es dir unter dem Sitz herausholen. Wenn du deinen Kopf beim Suchen in meinen Schoß legst, wirst du das Handy nicht finden."

KK: „Wann gebe ich es zurück?", sagt er, weil er bereits einmal ein Handy im Taxi gelassen und es nie wiederbekommen hat.

LG: „Das war nicht ich. Ich sammle keine Handys, mein eigenes reicht mir. Rot ist meine Lieblingsfarbe, aber nicht bei Handyhüllen, wie bei deinem. Wie kann ein gutaussehender Typ wie du – so ein Richard Genre Typ – mit roter Handyhülle herumlaufen? Ist noch niemanden außer mir aufgefallen, dass irgendetwas mit dir nicht stimmt?"

Wir lachen beide. Nachdem er ausgestiegen ist, habe ich seinen Sitz nach hinten geschoben und sein Handy rausgeholt. „Siehst du, du hast es sofort zurückbekommen!"

KK: „Du bist eine nette Taxifahrerin, mit dir würde ich öfter fahren."

LG: „Ich mit dir auch, aber nur, wenn du die Schule für König Kunden erfolgreich absolviert hast. Danach dürftest du dich neben mich setzen."

Izabella erzählte, als sie noch in Fürth, im Hotel Pyramide gekellnert hat, war eines Abends eine Hochzeit. Das Personal sah, dass mehrere in ungepflegter, sportlicher Kleidung in mittelalterlicher Art und Weise anfingen mit Händen zu essen. Als ob sie sie vorher nicht wahrgenommen hätten. Sie haben den einen Teil der Hochzeitsgesellschaft gefragt, ob diese Jungs zu ihnen gehören. Sicher nicht zu ihnen, bestimmt gehören sie zur Verwandtschaft der anderen Seite. Aber zu ihnen haben sie auch nicht gehört. Sie haben die Polizei gerufen. Es hat sich herausgestellt, dass Migranten durch die Kellerfenster geklettert sind und sich an den Festtisch gesetzt haben.

Es steigen auch Kunden ein, die im Gesicht kaum Tattoos haben, aber deren Beine und Arme reichlich bunt sind. Es ist Sommer, man zieht sich weniger an. LG: „Fühlst du dich gut so bunt bemalt?“ KK: Er habe es aus Langeweile im Gefängnis gemacht, er saß fünf Jahre. Ich hätte ihm beim Ansehen nochmal fünf gegeben, aber er weiß noch nicht, wie viele Jahre er noch im Gefängnis sitzen wird.

Die Taxizentrale – TZ – ruft an, ich fahre langsamer und hebe am Handy ab. „163, bei Ihnen ist ein Handy eines Kunden, den Sie in die Engelhardsgasse gebracht haben.“ Ich schaue nach hinten und tatsächlich liegt da ein Handy, aber ich war nicht in der Engelhardsgasse.

TZ: „Drehen Sie um, der Kunde wartet auf Sie unter der Adresse 33.“

LG: Ich drehe um, tatsächlich wartet ein Typ da, den ich bei der Frauentormauer 80, bei den schönen Frauen aussteigen ließ. Er wollte in der TZ sicher nicht sagen, dass er bei den Damen war.

Montag, der 13. August 2018. Heute habe ich mein Taxi bei Mister Wash waschen lassen. Sie waschen wunderbar. Ich komme hierher, wenn ich in dieser Gegend bin und wenig Zeit habe. Weil ich die Teppiche selber waschen muss. Deshalb ist David aus Ghana besser, er wäscht sie für mich. Ich stehe am

Frankenschnellweg im Stau. Man kann die Sirenen der Feuerwehr hören, dann sind die Ampeln mindestens 10 Minuten auf Rot. Nur sie dürfen fahren. Ich blicke nach vorne und sehe, dass ich vergessen habe, nach dem Waschen den Mercedes-Stern hochzuklappen. Links neben mir steht ein Bus. Ich schaue rüber, ob er aufpasst. Er öffnet die Tür und steigt aus, klappt den Mercedes-Stern hoch – die anderen Autofahrer schauen nur und er kommt zu mir. Wir geben uns die Hand, ich bedanke mich bei ihm, er ist unser Nachbar Herr Goldmann – er ist aus Kasachstan ausgewandert. Ich bringe ihn häufig frühmorgens zur Arbeit und in der Nacht nach Hause. Einmal hat er verschlafen und ist erst aufgewacht, als er bereits längst in meinem Taxi sitzen sollte. Da ich weiß, wo er wohnt, habe ich mich unter sein Fenster gestellt. Er hat gerufen, dass ich warten solle, er komme gleich. Seitdem erzählt er immer davon.

Mister Wash ist ein sehr guter Waschsalon. Ein junger Mann aus Nürnberg hat es von seinen Eltern zu seinem 20. Geburtstag geschenkt bekommen.

27. September 2018. Bevor ich zum Ende meiner Taxigeschichten komme, das Gefängnistor ist ein drittes Mal in Nürnberg hinter mir geschlossen worden, und man wollte mich ein zweites Mal erwürgen. Zunächst das Gefängnistor, ich möchte betonen: nicht die Zellentür.

Ich wartet ebenfalls am Taxiplatz bei der Südklinik und lese. Drei Leute kommen. Am Arm der ersten Person ist auf seinem schwarzen Hemd Justizvollzugsanstalt gestickt. Der Kunde fragt, ob sie einsteigen können?

LG: Ich habe sofort gemerkt, was los ist. „Wenn Sie keine Handschellen haben, können Sie alle drei Türen benutzen." Zwei Gefängniswärter und ein Sträfling steigen ein und sagen: „Zum Gefängnis in der Bärenschanzstraße 68." Wenn er nichts gesagt hätte, hätte ich es trotzdem gewusst, wohin ich fahren soll. Der Sträfling fragt, wie viel Jahre er bekommen kann. KU: „Wenn du dich ordentlich benimmst, die Anweisungen befolgst, kommst du nach 1–2 Jahren raus, weil du zwei kleine Kinder hast."

KK: Sie sind wegen meines Akzents neugierig, von wo ich komme, aber ich solle es nicht verraten. Sie raten und sind bereits beim dreißigsten europäischen Land, bis sie mich bitten, etwas über das Land zu sagen. LG: „Ich komme unweit von der Stadt, in der Albrecht Dürers Vater geboren wurde." Der Sträfling sagt: „Ungarn." Währenddessen beobachte ich sein Gesicht bei der roten Ampel im Rückspiegel. Ein sehr attraktiver Mann, gepflegtes brünettes Haar, nettes Gesicht, wie der deutsche Schauspieler Horst Buchholz.

KK: „Ungarn sind die besten Sträflinge, mit ihnen gibt es keine Probleme, sie respektieren die Gesetze in Nürnberg, schlagen sich nicht und akzeptieren, was sie bekommen. Wir Gefängniswärter beten immer bei einer neuen Aufnahme, dass es bloß ein Ungar sein soll."

LG: „Das eine hätte ich von meinen Landsleuten nicht gedacht. Gibt es auch Deutsche?"

KK: „Selten, der Deutsche bekommt es mit der Muttermilch, was er machen darf und nicht machen darf, damit er unsere Einrichtung meidet."

LG: Während der vielen Lobgesänge auf Ungarn traue ich mich auch Fragen zu stellen: „Wieso wird er eingesperrt?" Sträfling: „Weil ich Marihuana angebaut und geraucht habe. Ich habe einen Lebenswandel mit meiner Familie gelebt wie die oberen 10.000, aber irgendwer hat mich verpfiffen. In der Klinik haben sie mir teilweise das Kiffen abgewöhnt."

LG: „Wie hat die Droge Ihren Charakter verändert?"

Sträfling: „Nur ins Positive. Ich wurde dadurch frei, munter und fröhlich, sie hat bei mir keine Gewalt ausgelöst."

Wir sind am Gefängnistor angekommen. Das erste Tor öffnet und schließt sich. Das zweite Tor öffnet und schließt sich.

Sie steigen aus. Die Rechnung beträgt 23,10 Euro. Der neben mir Sitzende sagt, ich solle 28 Euro schreiben und warten, weil er Geld bringt. Am liebsten würde er 35 Euro geben, weil wir so nett geplaudert haben, aber die Chefs wissen, dass die Südklinik nicht so weit weg liegt.

Ich habe das Geld bekommen, mich bedankt und die Tore sind in der umgekehrten Reihenfolge wieder aufgegangen.

Diesmal wollte mich eine junge Dame mit Demenz wirklich erwürgen. Ich konnte nur durch meine Geistesgegenwart verhindern, dass sie es nicht getan hat. Die sind so krank, dass sie alles vergessen und aggressiv werden. Es gibt in der Wallenstein Straße ein Heim für solche Leute. Es gibt welche, die dort wohnen, und welche, die nur zum Mittagessen dorthin gehen. Ich musste so eine junge, schöne Dame mit langen, lockigen blonden Haaren von dort abholen. LG: Ich fragte die Pflegerin, die sie nach draußen begleitete, wohin ich sie bringen solle. Pflegerin: „Sie weiß, wo sie wohnt." Wir fuhren ein paar hundert Meter und ich fragte sie mehrmals, in welche Richtung ich fahren soll, denn es kam eine Kreuzung. Sie antwortete nicht und ich sah im Rückspiegel, dass sie unterschiedliche hässliche Grimassen schnitt. LG: „Wenn du mir nicht verrätst, wo du wohnst, lass ich dich aussteigen."

Daraufhin hat sie das Kabel meines Navigationssystems genommen – das ich am Vortag für 168 Euro gekauft habe und kaputt gemacht – und sofort um meinen Hals gewickelt. Zum Glück konnte ich zwischen Kabel und Hals meine Hand legen und mich befreien. Meine Kollegen beim Taxiplatz an der Wallenstein Straße halfen mir die Dame aus meinem Taxi zu entfernen. Mich interessierte gar nicht, wie sie nach Hause gefunden hat.

Nach den vielen Geschichten sage ich noch immer, dass Taxifahren ein Traumberuf ist. Die Unabhängigkeit vom Chef kann man nicht bezahlen. Auch die Freiheit nicht, dass ich mich an den Taxiplatz stelle, an den ich will. Ich fange an, wann ich will und höre auf, wann ich will. Ich habe frei, wann ich will. Meinen Chef sehe ich so oft wie die Mitte meines Rückens, also nie. Ich bin Angestellte, aber ich zahle meinen Chef. Die Einnahmen, wie sie gerade gelingen. Man kann keine Tagesvorgaben stellen. Man kann gar nicht wissen, wohin die Fahrten gehen werden.

Ich würde nur in Nürnberg fahren. Ich würde nie in Budapest, in den deutschen Großstädten Berlin, Hamburg, München, Köln oder Frankfurt Taxi fahren. Auch nicht in Paris.

Wo gibt es denn noch so einen Arbeitsplatz auf der Welt?

8 Die Träume sind wahr geworden

In diesem Kapitel möchte ich teilweise solche Menschen vorstellen, die etwas so sehr wollten und es in filmreifer Manier sogar erreicht haben. Andere haben etwas erträumt und auch geschäftlich realisiert, haben Großes geleistet und sind Milliardäre geworden. Viele sind bis heute im Alltag der Menschen präsent. Mich interessieren die Geschichten von Leuten, die von null angefangen haben. Ich liebe die Tellerwäscher-Karrieren, diese Bücher verschlinge ich förmlich.

Kleopatra die VII, ägyptische Pharaonin. Sie herrschte vor Christus, also von 51–30 vor unserer Zeitrechnung. Nach dem Tod ihres Vaters, Pharao Ptolemaios dem XII. kam sie mit 18 Jahren gemeinsam mit ihrem Bruder Ptolemaios XIII. auf den Thron. Sie wollte ihre Macht ausbauen, die Grenzen nach außen verschieben und mit dem benachbarten Herrscher Cäsar ein Bündnis eingehen, es beibehalten, damit aus den zwei Reichen ein großes Reich wird. Dieses Ziel aber konnte sie nur schwer erreichen und nur für eine kurze Zeit halten. Ihr Bruder hat alles unternommen, damit sie nicht in die Nähe von Cäsar kam, weil die Römer nach der Weltherrschaft strebten. Julius Cäsar, Kaiser von Rom, kam nach Alexandrien in Ägypten. Kleopatra suchte nach einer Lösung, die für das ägyptische Volk auch gut wäre. Ihr Bruder hat sie nach Syrien verbannt, aber ihr Wille war so groß, dass sie nach Ägypten zurückkam. Sie hat ein Team zusammengestellt, das sie in einen Teppich gerollt und in der Nacht zum Kaiser geschleust hat. Die Schönheit dieser jungen Pharaonin und das überraschende Treffen gefielen Cäsar. Bis er umgebracht wurde, war er ihr Geliebter. Sie bekamen sogar einen Sohn, Cäsarchen. Nach dem Tod von Cäsar wurde Marcus Antonius, ihr Mann, Kaiser von Rom.

Sie bekamen drei Kinder. Danach griffen die Truppen von Octavius Ägypten an. Kleopatra hat eine giftige Schlange auf ihren Körper gelegt, die hat sie umgebracht, und Antonius hat auch Selbstmord begonnen.

Sir Richard Branson ist ein englischer Autor, der Gründer der Virgin Airlines, Inseleigentümer, Hoteleigentümer, Milliardär und noch vieles mehr. Dass er so viel erreicht hat, hat er seiner Mutter zu verdanken. Als der II. Weltkrieg ausbrach, wollte sie Pilotin werden. Sie suchte einen Job am Heston Flughafen in der Nähe von London. Sie hat die Piloten gefragt, wie ihre Chancen stehen, dass sie auch mal ein Flugzeug steuern darf? Gleich null, war ihre Antwort, weil die damaligen Gesetze besagten, dass nur Männer Piloten werden können. Sie ließ sich nicht zurückschrecken. Sie hat sich mit einem Fluglehrer angefreundet und sich als Mann verkleidet. Es war schwer sich zu tarnen, weil sie vorher Tänzerin war. Sie besorgte sich eine Lederjacke, ihre blonden Haare versteckte sie unter der Pilotenmütze und sie versuchte ihre Aussprache männlicher zu machen. Ihre Entschlossenheit und der Reichtum ihrer Denkweise waren alles, was sie gebraucht hat. Sie lernte fliegen, später hat sie die englischen Soldaten an den Kampfflugzeugen ausgebildet. Nach dem Krieg wollte sie Stewardess werden, weil man nicht viele Piloten gebraucht hat und damit sie mehr von der Welt sehen kann. Aber damals musste eine Stewardess – nach den damaligen Gesetzen – eine Ausbildung als Pflegerin haben und Spanisch sprechen. Erneut hatte sie eine Idee. Bei einer Fluggesellschaft bat sie den Portier, dass er ihren Namen ebenfalls auf die Liste der Stewardessen schreiben soll, und schon flog sie als Stewardess. Sie war noch immer keine Pflegerin und konnte kein Spanisch, aber mit Willen und ein wenig List hat sie ihre Ziele erreicht und bereiste die ganze Welt.

Über Ljuba, dem Freund meiner Schwester Icuka, hätte niemand gedacht – als wir gemeinsam bei den Fest- und Familienessen saßen –, dass in ihm eine Neigung zum Geschäftemachen schlummert. Wir waren noch bei der Suppe nach der Vorspeise, als Ljuba bereits das Dessert aß. Was wir mit Messer und Gabel aßen, hat er mit dem Löffel gegessen. Nicht weil er gierig oder dumm war, sondern weil er als LKW-Fahrer gewohnt war, dass er das Essen schnell essen muss, weil er in das zweite, dritte, vierte oder fünfte Land schnell weiterfahren musste. Bis zum Ausbruch des Bosnienkrieges – 1991 – war er eine graue Maus und arbeitete als LKW-Fahrer für andere. Der Krieg brach aus und auf ganz Jugoslawien wurde ein Öl- und Benzin-Embargo verhängt. Was bedeutete, dass die damaligen Mineralölfirmen Bankrott gingen und zusperrten. Die damaligen Eigentümer von Tankwagen haben sie für Kleingeld verkauft. Ljuba hat 15 gekauft. Er erkannte, was man nicht erkennen durfte, da ist Geld drin. Er dachte sich, dass die Jugos auch während des Krieges mit dem Auto fahren wollen. Er hat seinen LKW-Fuhrpark in Ungarn, in der Nähe der serbischen Grenze aufgebaut. Er hat russisches, ukrainisches Benzin und Diesel gekauft. Er hat jeden an der Grenze bestochen und seine LKWs sind bis zur albanischen und griechischen Grenze gefahren und immer heil zurückgekommen. Die Menschen haben nicht gefragt, was ein Liter kostet, sondern ob es was gibt oder nicht. Zehn westdeutsche Mark hat ein Liter gekostet. Er wurde reich. Nach dem Ende des Bosnienkrieges verkaufte er seine 15 Tankwagen und kaufte 5 St. Mercedes, M. A. N. Und Scania LKWs. Das war die Erfolgsgeschichte von Ljuba.

Über die Brauereien weiß jeder, dass sie mehrere hundert, sogar tausend Jahre alt sind. Eine Ausnahme bildet hier nur die Brauerei meines roten Lieblingsbieres.

In Nürnberg finden die Messe und die Ausstellung der internationalen Brauereien statt. Ich muss in die Adam Klein Straße 27. Ein Restaurant namens Schanzenbräu. Eine sehr gepflegte, ca. 50 Jahre alte Dame steigt ein. Sie sagt, dass ich sie ins Hotel bringen solle. Wir sind beinahe beim Hotel, als sie merkt, dass sie ihr Handy nicht bei sich hat. Wir fahren zurück zum Restaurant und sie holt ihr Handy. Ich frage Kunden meistens nicht, aber diesmal war ich sehr neugierig, wieso sie in so einem versteckten Ort zu Abend gegessen hat? KU: „Weil der Eigentümer des Restaurants und der Brauerei das Bierbrauen bei uns in Berlin gelernt hat." Stefan Stretz ist diplomierter

Bierbrauer, hat 2004 das erste Mal in der Bärenschanz Straße 75 Bier gebraut. Er hat in der Waschküche seiner Großmutter gebraut und die großen Kessel dienten ihm bei seinen Experimenten als Hilfsmittel. Mit Erfolg. Wie gut, dass die Großmutter diese Kessel nicht weggeschmissen hat, in der Zeit der immer moderneren Waschmaschinen. Früher wuschen die Frauen so, dass sie die ganz schmutzigen Sachen zunächst auskochten, danach mit der Wurzelbürste am Rande des Kessels den Schmutz rausgerieben haben. Stefan hat diese kleine Brauerei ausgewachsen. Er hat 2007 eine alte Metzgerei gekauft.

Heute ist sogar die zu klein geworden und seit 2016 befindet sich eine riesige Brauerei, die modernste der Welt mit Handysteuerung, in der Proeslerstraße 3–9 in Nürnberg. An Wochenenden können die Räumlichkeiten der Brauerei auch für Partys und Hochzeiten gemietet werden.

Über das rote Bier nur so viel, dass es 4,9 % Alkohol hat. Ich habe bei der Hochzeit von Timea Gerber und Chris Van de Kuilen am ganzen Abend sechs Flaschen von dem roten Bier getrunken und am nächsten Tag hatte ich keine Kopfschmerzen. Ich bekomme öfter Fahrten aus der Brauerei. Einmal ist ein Ehepaar in mein Taxi gestiegen. Ich weiß es nicht, aber ich vermute, es waren der Braumeister und seine Frau, weil Stefan sie nicht nur bis zum Taxi begleitet hat, sondern zwischen dem offenen Firmentor und meinem Taxi sich niedergekniet, seine rechte Hand auf sein Herz gelegt, seinen Kopf geneigt und sich so von meinen Fahrgästen verabschiedet hat. Er kennt die Herausforderungen des Brauens sicher genau und der Chef schätzt es wert.

So viel zur Erfolgsgeschichte von Stefan.

Schöllereis

Nur wenige denken beim Essen eines Schöllereises daran, wo man mit der Herstellung begann. Ich weiß es auch nur, seitdem ich in Nürnberg lebe.

Theo Schöller, der Eiskönig. – Nürnberg 18. Juni 1917–Nürnberg 23. Juni 2004 – hat 1935gemeinsam mit seinem Bruder eine Firma für „Kinowerbung" gegründet. Sie fuhren nach Berlin, um Kunden zu besorgen. In einer Varietéveranstaltung sahen sie, dass ihnen Eis auf einem Stiel gereicht wurde. Die Idee zur Firma ist geboren. Seit 1936 kann die Welt Schöllereis essen. Von den vier Schöller Kindern wollte niemand Eis machen und keiner trat in die Fußstapfen des Vaters. Die Firma wurde zu einer Aktiengesellschaft.

GfK – Gesellschaft für Konsumforschung

Wurde von den Hochschullehrern Wilhelm Vershofen – Bonn 1878–Tiefenbach 1960 – und Kanzler Ludwig Erhard gegründet. Am Anfang, noch vor dem Radio oder dem Fernsehen, war ihre Aufgabe, Marktdaten regelmäßig zu sammeln und aufzuarbeiten. Welche Firma lohnt es sich wo zu gründen.

Seit 1990 ist ihre Aufgabe deutschlandweit zu kontrollieren, welcher TV-Sender wie lange geschaut wird und wie lange die Menschen ihre Fernseher eingeschaltet haben. Nach diesen Daten verdienen die TV-Gesellschaften ihr Geld von uns Beitragszahlern. Mit den Messgeräten in unseren Fernsehern wird die Betriebszeit gemessen. Eine globale Firma mit ihrer Zentrale in Nürnberg. Zwischen 2005 und 2016 haben sie 23 große Kommunikationsunternehmen mit 13 Tausend Mitarbeitern geschluckt.

M. A. N.

Maschinenbau Aktiengesellschaft Nürnberg

Sie treffen sicher auch häufig auf M. A. N. LKWs. Züge vielleicht nicht, aber sie reisen damit.

Drei Maschinenbauingenieure haben diese Firma in Nürnberg gegründet.

Baron Theodor von Cramer-Klett – Nürnberg 1817–Aschau im Chiemgau 1884.

Joseph von Baader – München 1763–München 1835.

Joseph Anton von Maffei – München 1790–München 1870.

Der Firmensitz des Konzerns befindet sich heute in München.

Conrad Nicholson Hilton,

San Antonio 1887–Santa Monica; 1979 – amerikanischer Hotelkönig. Sein Vater, ein Norweger namens Augustus Halvorsen ist 1870 nach Amerika ausgewandert und nahm gleichzeitig den Namen Hilton an. Seine Mutter, Mary Genevive Laufersweiler, ist deutscher Abstammung. Conrad N. hatte viel Glück, dass er in Amerika geboren wurde. Die neue Welt, aus der Abneigung der vererbbaren Aristokratie und ihrer politischen Praxis gegründet, hat die Geldaristokratie erschaffen. Anstelle der vererbten Titel – Kaiser, König, Fürst, Prinz, Graf, Baron – trat das Vermögen. In Amerika, vielleicht ein wenig mehr als anderswo auf der Welt, misst man den Wert des Menschen in Geld. Vielleicht sind die Bürger bei den Wahlen gleichgestellt, wo nicht viel entschieden wird, aber sie sind bei weitem nicht vor den Geldschaltern der Banken gleichgestellt, wo sich sehr viel entscheidet.

Conrad N. Hilton hat sein erstes Motel mit 32 Jahren, 1919 in Cisco – The Mobley, Texas – eröffnet. Sein erstes Hotel, das er selber planen und bauen ließ, hat er 1925 in Dallas eröffnet. 1946 hat er sein erstes Hotel in Europa, in Istanbul gebaut, 1955 in Berlin. 1977 in Budapest. Conrad Hilton ist mit 91 Jahren verstorben, aber er hätte 119 Jahre leben müssen, um in jedem Zimmer seiner Hotels einmal zu übernachten, die er zwischen 1919 und 1957 gekauft hat. 1957 ist seine Biographie erschienen. Der Titel lautete „Die ganze Welt ist zu Gast bei mir". 2017 waren 5781 Hotels in Betrieb, mit mehr als einer Million Zimmern in 104 Ländern. Solange er gelebt hat, eröffnete er jedes Hotel persönlich. Aktuell werden die Hotels von der Hilton Worldwide Aktiengesellschaft betrieben, das bedeutet, die Hotels sind nicht Eigentum der Hilton Familie. Ich kenne die Details nicht, aber wahrscheinlich wird die Familie für Namensrechte Anteile halten und am Umsatz beteiligt sein. Die Annahme ist falsch, dass wir direkt Paris Hilton zahlen, wenn wir auf Sizilien im Giardini-Naxos Hilton Hotel ein Zimmer buchen.

Puma, Adidas, Sportschuhe, Sportbekleidung. Herzogenaurach. Seitdem ich das Buch „Drei Streifen gegen Puma" gelesen habe, trage ich ausschließlich Puma Schuhe. Die zwei Brüder – Rudolf Dassler, Puma, Adolf Dassler, Adidas – haben 1948 das letzte Mal miteinander gesprochen. Beide haben Firmen von Weltniveau erschaffen, aber blieben Feinde bis ans Ende ihres Lebens. Seit den 1950er Jahren wurde Herzogenaurach in zwei Gruppen geteilt. Die Puma Schuhe trugen, arbeiteten bei Puma. Die Adidas Schuhe trugen, arbeiteten bei Adidas. Bereits auf der Straße sahen sie, ob sie den anderen grüßen müssen oder nicht. Bei einer Ausstellung von Sportartikeln in New York fuhren sie in einem Wolkenkratzer gemeinsam mit einem Lift, aber keiner sagte etwas zu dem anderen.

Scheffler. Herzogenaurach. Liefert Teile für die Automobilindustrie, der Maschinenbauindustrie und den Flugzeugbauern. Das Interessante an der Firma ist, dass der heutige Eigentümer als Kind einen Heizstrahler in das Badewasser des älteren Bruders warf, der einen Stromschlag erlitt und daran starb. Ansonsten würde heute nicht er auf dem Thron sitzen.

Ich habe die Bücher von Donald Trump damals gelesen, als er noch keinen Plan hatte Präsident der Vereinigten Staaten von Amerika zu werden. Als er noch 92 Millionen Dollar Schulden hatte. Als fünf Banken ihn anriefen, damit sie ihm einen Kredit geben. Er ist zu Fuß mit seiner Frau zu diesem Treffen gegangen. Unterwegs sah er einen Bettler auf der Straße. Er fragte seine Frau, ob sie glaubt, dass dieser Bettler mehr Geld habe als sie. Weil sie bankrott waren. Aber mit dem anschließend erhaltenen Kredit hat er so gewirtschaftet, dass er Milliardär wurde.

9 Redewendungen

- Wer viel Geld hat – kann spekulieren. Wer wenig Geld hat – der darf nicht spekulieren. Wer kein Geld hat – muss spekulieren. – André Kosztolányy 1906–1999.
- Der Tag besteht aus 24 Stunden. Wenn die Zeit noch immer nicht für deine Arbeit gereicht hat, dann ist da noch die Nacht. T. Harv Eker.
- Bleib nicht lange im Bett, außer du verdienst dein Geld im Bett.
- Wenn du mit den Adlern fliegen willst, schwimme nicht mit den Enten.
- Die Größe des Reichtums eines Menschen kann man darin sehen, wie viel Dinge er nicht selbst erledigen muss – Henry David Thoreau.
- Das Sparen besteht nicht nur daraus, wenig Geld auszugeben, sondern es gut auszugeben. – Thomas Henry Huxley 1825–1895.
- Die Menschen geben viel Geld aus, das nicht sie verdient haben, kaufen Dinge, die sie nicht nutzen, machen Menschen neidisch – ohne ihr Wissen –, die sie nicht hassen. – Will Rogers 1879–1935.
- Der Mensch ist eine Rasse, die nicht ertragen kann, wenn es anderen besser geht, sei es der Nachbar oder der Freund. Dann ist er neidisch oder unzufrieden. – Ludwig Erhard.
- Grüße die Menschen auf dem Weg nach oben, weil du sie auf dem Weg nach unten wieder treffen wirst.
- Gott hat allem Grenzen gegeben, nur der Dummheit nicht. Konrad Adenauer.
- Glück ist das Einzige auf der Welt, das, wenn man es teilt, größer wird. Albert Schweitzer
- Solange du weißt oder vermutest, dass du Neider hast, hast du etwas sehr gut gemacht. Ich weiß nicht, wer es gesagt hat. Ich habe es zuerst von unserem Nachbarn in Mezőberény

Palkó Vrbovszki gehört. Aktuell lebt er in England, in der Küstenstadt Bournemouth. Die Stadt ist dafür bekannt, dass die letzte Überlebende der Titanic dort gelebt hat. Barbara Joyce Dainton West 1911–2007.

- Männer, kauft den Frauen nur dann Röcke, wenn ihr sie auch aufstülpen dürft.
- Es ist immer einfacher das letzte Wort zu sagen, als den ersten Schritt zu gehen.
- Es ist immer schwer, bevor es leichter wird.
- Sei du selbst, von den anderen gibt es ja genug.
- Die Nachwelt hat den Fortschritt den Unzufriedenen zu verdanken. Aldous Huxley – 1894–1963 – englischer Schriftsteller.
- Der Weg zu dich selbst ist der längste, obwohl du nicht groß gewachsen bist.
- Höre nie mit dem Guten auf, höre nie damit auf das Gute neu anzufangen.
- Wenn du im Leben vor zwei Wegen stehst und nicht weißt, ob du auf dem linken oder rechten gehen sollst, wähle den Weg, den du fürchtest. Das ist der wahre Weg.
- Die echte Weisheit besteht darin, den Alltag als wunderschön zu sehen. Pearl S. Buck – 1892–1973 – amerikanische Schriftstellerin.
- Alles, was gegen die Natur gerichtet ist, hält nicht lange. Charles Darwin – 1809–1882.
- Nur was du zu Ende gedacht hast, bringt auch ein Ergebnis. Bonaparte Napoleon – 1769–1821 – Kaiser von Frankreich.
- Bevor du durstig wirst, grabe einen Brunnen.
- Die besten Freunde urteilen nicht übereinander, sondern gemeinsam über andere.
- Das Urteil ist wie eine Brieftaube, sie kommt immer zurück zum Absender. Dale Carnegi.
- Urteile nicht, damit nicht über dich geurteilt wird. Abraham Lincoln.
- Habe nicht von deinen Feinden Angst, die dich angreifen. Sondern von den Freunden, die sich einschmeicheln. General Obergon.

- Das Denken bewirkt, dass es das Gute und das Böse auf der Welt gibt. Shakespeare englischer Schriftsteller.
- Wenn man nicht lächeln kann, sollte man kein Geschäft eröffnen. Altes chinesisches Sprichwort.
- Sei schlauer als andere, wenn es geht, aber sag es ihnen nicht! Lord Chesterfield.
- Sei einfühlsam und geschickt, und du kannst alles erreichen. Ein ägyptischer Pharao.
- Selbst ein Verrückter kann eine Million verdienen, aber behalten können sie nur Weise. J. P. Morgan.
- Wer auf seinem eigenen Weg geht, den kann keiner überholen. Marlon Brando.
- Ein Anwalt mit seiner Aktentasche kann mehr stehlen als hundert Männer mit Maschinenpistolen. Marlon Brando
- Die wahre Macht bekommt niemand geschenkt, sie wird genommen. Aus dem Film „Der Pate".
- Erzähle niemandem, wie viel du verdienst. 50 Prozent werden neidisch sein, dass du so viel verdienst, und die anderen 50 Prozent werden fragen, nur so viel.
- Manchmal muss man einfach gehen und es gibt Situationen, in denen der nach oben führende Weg der einzige Weg nach draußen ist.
- Die Menschen können jede Farbe für ihr Auto wählen, so lange sie schwarz ist. – Henry Ford.
- Wenn du den wahren Charakter eines Menschen kennenlernen willst, dann gib ihm Macht.
- Das menschliche Gehirn ist ein sehr empfindliches Organ. Aus diesem Grund benutzten es die meisten Menschen nur selten.
- Ich bin die beste Haushälterin der Welt; wenn mich meine Männer verließen, habe ich die Häuser behalten. Gábor Zsa Zsa.
- Ein Mann ist dann erfolgreich, wenn er mehr verdient, als seine Frau ausgeben kann. Eine Frau ist dann erfolgreich, wenn sie so einen Mann gefunden hat. – Mario Adorf.
- Ein Unternehmen muss danach streben Marktführer zu sein.
- Aus unseren Fehlern kann man genauso viel lernen wie aus unseren Erfolgen.

- Es ist besser Geld zu besitzen, als darüber zu reden. Leonille Gottschick.
- Hüte dich davor deine Feinde zu hassen, weil es deine Intelligenz widerspiegelt.
- Man darf den Menschen, die nicht zur Familie gehören, nicht mitteilen, was du denkst.
- Halte deine Freunde nahe bei dir, aber deine Feinde noch näher.
- Der reichste Mensch ist derjenige, der die einflussreichsten Freunde hat.
- Das „Leben" ist für manche Sein, für manche Schein und sehr viel Glück.
- Es ist unverständlich, wieso die Frauen die Idee hatten, Handschellen durch Ringe zu ersetzen.
- Vergiss nie zu lieben, liebe nie zu vergessen.
- Wer für dich nicht über seinen Schatten geht, der wird auch nicht seine Hand ins Feuer für dich legen.
- Die „Gewohnheit" ist ein Armleuchter, der Dumme hält sich dran fest, der Kluge leuchtet damit seinen Weg. – Georg Bernard Shaw 1856–1950.
- Hindernisse machen dich darauf aufmerksam, dass du nicht auf dem richtigen Weg gehst, dass du im Sinne deiner Entwicklung eine Veränderung brauchst. Es hilft dir dabei von den unnötigen Gewohnheiten wegzukommen.
- Es gibt Sachen, die machst du oder nicht. Es gibt keinen Versuch.
- Mal ehrlich: Wenn es eine Gebrauchsanweisung für das „Leben" gäbe, würden Sie sie lesen?
- Dein Weg entsteht erst dann, wenn du ihn gehst.
- „Perfekt" besteht aus neun Buchstaben, genau wie „ich selbst".
- Eltern sagen ihren Kindern: „Du bist acht Jahre alt, ab ins Bett." Und mit 15: „Komm endlich aus deinem Zimmer raus."
- Humor ist das beste Kleidungsstück, das man in einer Gesellschaft tragen kann. – W. Shakespeare
- Es gibt eine einzige Sache auf der Welt, die teurer ist als das Lernen, wenn man nicht lernt.– John F. Kennedy 1917–1963.

- Wenn ein Mensch träumt, ist es ein Traum. Wenn mehrere das Gleiche träumen, dann bleibt es kein Traum, sondern wird zur Wirklichkeit.
- Aus schlechten Entscheidungen werden die besten Geschichten.
- Gibt dem Hungernden keinen Fisch, sondern eine Angel, damit er ein Leben lang seinen eigenen Fisch fangen kann.
- Die Menschen haben fünf Lebensabschnitte: 1. Das Babyalter, 2. Die Kindheit, 3. Die Jugend, 4. Das Erwachsenenalter, 5. Und das „Du-siehst-für-dein-alter-gut-aus-Alter".
- Motivation ist, wenn deine Träume in Arbeitskleidung schlüpfen. – Benjamin Franklin.

Hast Du was, bist Du Was.
Hast Du Nichts, bist Du Nichts.
Hast Du was und bist Du Nichts,
Dann bist Du blöd.
Bist Du blöd und hast Du was,
Bist Du auch Was.
Hast Du nichts und bist Du Was,
Sag mal, wie hast Du das gemacht?

10 Nachwort

Mit der Vergangenheit kann man vieles machen, aber eines nicht: neu leben. Man kann sie faszinieren, sich daran erinnern, durchleben, über sie schreiben, erzählen, wenn sich wer dafür interessiert. Man kann darüber reden. Man kann darüber schwelgen, darauf zurückblicken. Die Geschichten erneut erleben. Nochmal vor unseren Augen abspielen. Mein Buch beinhaltet nicht zu 100 % die Sachen, die mit mir passiert sind, da ja Geld das Hauptthema ist und nicht meine Biographie. Die hier vorkommenden Personen sind keine erfundenen Figuren, sie lebten, leben wirklich. An manchen Stellen habe ich ihre Namen geändert. Wenn jemand sich selbst erkennt, kann ich nur gratulieren. Das würde bedeuten, dass ich die Wahrheit geschrieben habe. Über mehrere Personen konnte ich nicht schreiben, weil mir nur ihre negative Seite eingefallen sind. Das wollte ich dann nicht auf Papier verewigen, weil sie Kinder, Enkel haben und ich mit ihnen in Kontakt stehe. Ich möchte nicht, dass diese Personen beim Lesen erfahren, was sie gemacht haben und dass ich darüber Bescheid weiß. Diese Personen haben auch viele gute Taten vollbracht, aber darüber will ich nicht schreiben. Aber ich nehme nicht viel mit mir ins Grab. Ich erzähle es Verwandten, Freundinnen, Freunden, die es interessiert oder ich mit meinen Gedanken bevollmächtige. Ich glaube, das müssen sie wissen. Ob sie es bei einer guten Party mit Freunden weitergeben, darüber kann ich nicht bestimmen. Aber ich werde erwähnenswert sein.

Die mich kennen, wissen, dass das Schicksal es mit mir übel gemeint hat. Aber ich versuche, mein Leben fröhlich und nicht klagend zu bestreiten. Und ich fühle mich so wohl.

Ich als Autorin sehe ich mich nicht als Historikerin, Wissenschaftlerin, Forscherin, Psychologin oder Künstlerin der Kunstprosa.

Meine Arbeit bietet keinerlei kriminelle, abenteuerliche oder leidenschaftliche Spannung – ist aber trotzdem lehrreich. Was ist dann mein Werk nun? Das Geheimnis ist so einfach wie das Buch selbst. Genau dieses bereits geschriebene Wort, die EINFACHHEIT ist das, was an ihm so berührend ist. Aus meinen Zeilen strahlen die Überzeugung, der eifrige Glaube, die Begeisterung, das Fröhliche und die Hoffnung in die Zukunft. Als ob sie alle irgendwo bereits gewusst hätten, was ich sage, aber sie waren sich nicht ganz sicher. Aus dem letzten Winkel Ihres trüben Bewusstseins hebe ich es mit meiner Erfahrung hervor und präsentiere es Ihnen, und die Erkenntnis, das „aha-", „genau-", „wirklich-"Erlebnis erhellt den Leser. „Das ist es!" Sie werden das Gefühl haben – ich wusste es, aber es ist mir nicht eingefallen. Und ich präsentiere es Ihnen zusammengefasst. Jetzt werden die Augen des Lesers von der Sehnsucht beschlagen, weil er noch auf so vieles aus der Leonille-Schule Antworten haben möchte.

Was wäre, wenn Sie sich ab dem heutigen Tage so benehmen würden, wie ich es empfohlen habe? Darüber nachdenkend und meine Ratschläge weiterdenkend hoffen Sie, dass Sie Leute treffen werden, die sehr gerne die Gesellschaft anderer aufsuchen, mit denen Sie über dieses Buch reden können.

Ich habe gelernt für mein besseres Leben Geld zu verdienen und erfolgreich zu sein. Jetzt bin ich an der Reihe, Ihnen dasselbe beizubringen. Meine Mission: Die Menschen darin zu ermutigen, ihr höheres Ich zu leben und das stütze ich auf den Mut, die Sinnhaftigkeit, auf die Freude daran, was man macht und erschafft, im Gegensatz zur Angst, zu der Notwendigkeit und dem Zwang.

Ich kann mich eher als wohlhabend als reich bezeichnen. Natürlich ist das auch eine Frage der Relation. Unter den ersten hundert Milliardären bin ich noch nicht gelistet. Heutzutage haben die Leute Häuser, die Millionen und Autos, die ein Vermögen wert sind. Trotzdem werden sie nicht Millionäre genannt, wenn sie nicht die tägliche „Ich kann so viel ausgeben, wie ich möchte, für was auch immer ich will" Geldmenge besitzen.

Wenn sie nur daran denken, dass unsere Bäckerei seit 28 Jahren erfolgreich läuft, dann wird der Leser so viel Vorstellungskraft haben, dass von den verkauften Produkten auch ein bisschen was übriggeblieben ist.

Aber wenn Sie mein Buch lesen, können Sie diesen Weg gehen. Der Titel eines Buches verrät viel. Die Leute sind viel empfänglicher für Bücher, deren Titel bereits erwähnt, dass es um Geld geht. Ich habe den Gedanken verworfen, dass der Titel des Buches „Ich wachse weiter, auch wenn ich träume" lauten soll. Wenn man den Titel und den Untertitel des Buches liest, ist bei jedem der erste Gedanke Geld, das wir jeden Tag brauchen. Das wollte ich erreichen.

Sie können mir glauben, es ist besser ein Leben zu leben, wenn sie genug Geld haben, als so schlafen zu gehen und aufzuwachen, dass sie nicht wissen, wie sie die Wasserrechnung bezahlen sollen. Dieses Gefühl hat mich bisher gemieden, aber ich habe auf meinem Weg nicht nur eine Person getroffen, die es kennt.

Lesen Sie mein Buch nicht nur, sondern lernen Sie auch die goldenen Regeln und wenden Sie sie auch an. Sie werden Ihr Leben drastisch ändern. „Ein gefundenes Fressen", würde der Deutsche sagen – glauben Sie mir. Freuen Sie sich, dass Sie in einer Zeit leben, in der Leonille die Einfachheit des Lebens für Sie zusammengetragen hat. Sie kannten diese Dinge, nur wussten Sie nicht, wo Sie sie finden. Genau hier in Ihren Händen.

Viele haben mich zum Schreiben dieses Buches ermutigt – aber niemand hat mich gezwungen. Es ist eher unterhaltsam als wissenschaftlich. Ich habe viel Zeit damit verbracht, meine Gedanken zu sammeln. Ich habe jahrelang Notizen gemacht. Jetzt weiß ich erst, was es bedeutet, ein Buch zu schreiben. Bisher stand ich immer auf der anderen Seite, als Leser.

Jetzt hat sich das Blatt gewendet. Wenn ich eine Geschichte oder eine Story beginne, kommen die Gedanken und die „Muse" über das Thema automatisch.

Wenn ich arbeite während der Fahrt, wenn ich mich zu einer Adresse beeile, oder wenn die Fahrgäste nicht mit mir reden wollen, denke ich oft an mein Buch. Ich schreibe es in meiner Freizeit, es erfordert viel Konzentration. Es steckt viel Arbeit dahinter, aber ich habe auch sehr viel Freude daran es auf Papier zu bringen.

Ich hoffe, dass ich alles niedergeschrieben habe, was ich in der Einleitung versprochen habe. Jeder auf der Welt arbeitet für Geld. Wenn bei einer Person die Denkweise 100 % in Ordnung ist, kann er nicht behaupten, dass er es für etwas anderes macht. Ich traf auch Personen, die behauptet haben, dass sie ihren Beruf mit 10–12 Stunden täglich nicht für Geld machen, obwohl sie eine große Familie haben. Sie haben aber dann nicht verraten, für was sie genau arbeiten. Aber Leonille hat ihre Aussagen nicht geglaubt. Ich habe sie eher als dumm, schnöde, billig und unfähig zu denken gehalten.

Ich habe bereits erwähnt, dass ich schon viel von der Welt gesehen habe. Aber ich nehme an, dass dieses Buch auch dann entstanden wäre, wenn ich nur in Ungarn und Deutschland gewesen wäre, weil den Hauptteil des Buches nicht meine Flugreisen ins Ausland ausmachen.

„Selbst im Traum werde ich reicher"; ich habe bereits am Anfang des Buches geschrieben, dass ich nachts arbeite, morgens ins Bett komme, dann beginnen unsere Mitarbeiter in der Bäckerei die Arbeit. Wenn ich träume, arbeiten sie für mich, ich werde vermögender. Ich träume nicht jeden Tag, aber es kommt vor, dass ich mich daran erinnern kann, mit was ich mich in meinem Traum beschäftigt habe und wo ich war, aber von sieben Tagen arbeitet das Geld für mich an fünf.

„Das Geld ist ein schrecklich großer Gebieter." Damit wir unser Leben überhaupt finanzieren können, „erlauben" wir dem Geld, dass es über uns herrscht. Wir fallen in die Lage, dass wir das Geld als „fürchterlichen Sklaventreiber" bezeichnen. Sie haben in ihrer Erinnerung sicher auch Personen, die so hoch oben waren, dass es weiter gar nicht mehr geht, aber noch tiefer gefallen sind als der Keller.

Hier möchte ich zwei Damen und ein Ehepaar erwähnen, ich werde nicht ihre echten Namen nennen, aber ich kenne sie alle schon lange.

Die eine Dame heißt Zsolina: Sie hat schon auf Hawaii Urlaub gemacht, als ich noch nachts in der Konditorei gearbeitet und tagsüber im Gewächshaus geharkt, Tomaten und Paprika gepflückt habe. Sie sind öfter am Sonntagnachmittag zu uns zum Nachtisch rübergekommen. Meistens gab es Palatschinken, den ich sehr gut zubereiten kann. Ich kann mehrere Kuchen professionell zubereiten. Entweder konnte Zsolina keine Palatschinken machen oder sie war zu faul. Daran kann ich mich nicht mehr erinnern. Sie wusste aber, dass es bei uns immer Nachtisch gab. Sie ist schon lange eine Verkäuferin in einem unserer Bäckereien. Am Anfang fiel mir nicht auf, dass sie für uns arbeitet, weil sie selbstständig kommen und gehen konnte. Ich habe gedacht, dass der echte Verkäufer Mittagspause macht und sie für ihn einspringt. Danach habe ich mich gefragt: „Macht der echte Verkäufer immer dann Mittagspause, wenn ich komme?“ Und sie bediente so, als ob sie mir gar nichts geben wollte. Die Begeisterung hat sie nicht in ihrem Körper. Ist ja auch wahr: Soll sie sich jetzt begeistern, weil sie mich bedienen darf? Bisher haben mich die Angestellten nicht gemieden, von mir hatten sie keine Angst. Danach wurde mir klar, dass sie richtig da arbeitet, sie ist draufgekommen, dass sie einmal eine Rente braucht. Schlussendlich ist sie nicht mehr an der Spitze. Stellen Sie sich so eine Zsolina vor, die mir den Cappuccino und den Birnenkuchen mit einer „Raupe“ bringt – Raupe ist eine umgefallene Pogatsche – der Birnenkuchen ist mein Liebling – oder was auch immer ich will, gratis, weil ja das Geschäft auch mir gehört. Ich vermute, dass ihre Seele so eine Szene schwer verarbeiten kann. Aber selber schuld.

Die andere Dame heißt Bazsetta. Sie war auch sehr weit oben an der Spitze, aber sie hat die Welt nicht bereist. Sie wollte es nicht oder hat niemanden dafür gehabt? Alleine traute sie sich nicht, wie ich, die Welt zu erkunden. Wenn jemand keine Fremdsprache außer Ungarisch beherrscht, ist es schwer in der großen weiten Welt zurechtzukommen. Bazsetta ist geschieden und ihre Kinder sind verheiratet. Sie putzt seit einer Weile in unserer Nähe. Sie müsste es nicht machen, weil ihre Kinder mehrere hundert Millionen schwer sind. Wo ihre Kinder ihre Geschäfte haben, besitzen sie die Hälfte der Immobilien der langen Straße.

Ich freue mich nicht, dass der Lebensstandard von Zsolina und Bazsetta gesunken ist, aber ich bin dankbar dafür, dass sie für uns arbeiten. Sie stehen ihren Mann ordentlich.

Das Ehepaar: Wir haben mehrere Experten – unter ihnen Ottmar – mit der Renovierung unseres Hauses in Mezőberény beauftragt. Wir haben 1978 damit begonnen es zu bauen, sie können sich denken, dass es renovierungsbedürftig ist. Es war ein kommunistisches Gebäude: statt Qualität eher Quantität. Wir haben Ottmar beauftragt, weil wir ihn als ehrlichen Menschen kennengelernt haben. Wir sagen dazu in Mezőberény so: „Man kann ihm nicht nur die Schlüssel der leeren Speisekammer anvertrauen." Wir haben Ottmar das Geld für das Baumaterial und den Arbeitslohn immer dann gegeben, wenn wir in Mezőberény waren. Wenn er dringend Geld gebraucht hat und wir in absehbarer Zeit nicht hinfuhren – weil wir beide noch arbeiteten –, haben wir in der Bäckerei Bescheid gesagt, dass Ottmar so und so viel Geld benötigt. Er musste nur in die Bäckerei gehen und sich das Geld „unter den Nagel reißen". „Unter den Nagel reißen" sagen wir in Mezőberény, wenn es sich um eine größere Summe handelt.

Es ging eine Weile so, bis wir auf einmal hörten, dass Ottmar 1. Auf den Teufelsinseln, in Französisch-Guyana in Südamerika taucht. 2. Auf den Seychellen – Indischer Ozean gegen die Springflut kämpft. 3. Seinen Bauch auf den Philippinen bräunt. 4. Es ihm im Roten Meer genauso ergangen ist wie allen anderen, die dort baden gingen: Er ist nass geworden. 5. Dass er in Perth – Australien – Englisch lernt.

Mein Mann und ich haben auch die Welt bereist, aber verteilt auf unser bisheriges Leben, nicht in zwei Jahren wie Ottmar. Unser Haus wurde nicht fertig, obwohl wir ästhetisch es schon notwendig gehabt hätten. Denn solange die Bäckerei an unserer Pforte war, haben die großen Lastwägen unseren Garten aufgebrochen. Er hat das Geld auch nicht zurückgegeben und sogar einen Haufen Schulden auf unseren Namen gemacht. Sein eigenes Haus hat er in einem Jahr für 60 Millionen Forint aufgebaut und im nächsten Jahr für die Hälfte, 30 Millionen, verkauft. Einmal haben wir Honigmelonen gegessen, einmal hat er gegrillt und einmal bekamen wir Pörkölt in ihrem Garten. So habe ich mir es gemerkt, dass er Leokádia deshalb heiratete, weil sie gut Pörkölt kochen kann. Da hat er mein Pörkölt noch nicht gekostet. Aus der 10 Meter breiten Küche von Leokádia – unten und oben Schränke – ist die Waschmaschine ausgeblieben. Ich kann mich nicht mehr erinnern, ob Leokádia einfach nicht wusste, dass es solche Maschinen gibt oder was der Grund dafür war. Aber als ich sie fragte, wieso sie nach einer Party mit 30 Personen mit der Hand abwäscht, glauben Sie, dass Sie geantwortet hat? Sie hat wegen des plötzlichen Hochmuts nicht geantwortet, sie dachte, dass sie immer dort oben bleiben wird, wo sie hingeschwebt ist. Damals wusste sie noch nicht, dass ihre Preierei in ihrem eigenen Haus eine Eintagsfliege sein wird. Die Insolvenz, Insolvenz, Insolvenz ist ohne Ende gekommen. Sie sind so tief abgestürzt, dass sie wortwörtlich weder Geld noch etwas zu Essen hatten. Sie wohnten zur Miete. Sie haben die Hühner der Nachbarin gefangen und gekocht, gebraten. Die Nachbardame hätte die Dienste von Kommissar Derrick benötigt, damit er herausfindet, wohin ihr Geflügel aus dem Hof verschwindet. Ottmar und Leokádia leben mit ihren drei Kinder seit einer Weile in Deutschland als Hartz 4-Empfänger. Aber sie sind sehr stolz darauf, weil sie sich von ihrem Urlaub zurück nach Deutschland beeilen mussten, da das JOB-Center auf sie wartet. Seitdem können sie weiter erfahren, welch fürchterlicher Sklaventreiber das Geld ist.

Ich möchte meine Freude darüber ausdrücken, dass Sie Ihre kostbare Zeit mit dem Lesen meines Buches verbracht haben.

Aus den Echos schöpfe ich die Vorstellung, dass Sie geschmunzelt, gelacht, gelächelt und geweint haben. Ich wünsche Ihnen das größte Glück, echten Wohlstand und finanzielle Freiheit. Sie werden sehen, welche Ruhe in Ihre Seele einkehrt, wenn Sie Ihr Geld nicht streng einteilen müssen. Sie können tagsüber auch so schlafen wie ein Baby. Und ich freue mich bereits jetzt, wenn ich Sie persönlich treffen kann. Wenn Sie noch Fragen haben, auf etwas neugierig sind oder Sie etwas interessiert, antworte ich gerne. Vielleicht kann ich den lieben Lesern Nürnbergs bestes Pörkölt oder Gulasch einmal kochen oder die Kuchen meiner Bäckerei anbieten. Wenn wir essen, dann müssen wir auch trinken. Mein Mann gibt sicher ein paar Flaschen von dem Tropfen aus dem „Winkel unseres Gartens in Mezőberény“ her.

11 Danksagung!

Ich möchte allen Danke sagen, die mich ermutigt haben und die auf das Erscheinen meines Buches warteten, treue und hilfsbereite Freunde waren und noch immer sind oder es sich einfach verdient haben, unbedingt in diesem Buch erwähnt zu werden. Sie können Folgendes sagen: „Mit uns ist nichts im Leben passiert, außer dass Leonille Gottschick uns in ihrem Buch erwähnt hat.“

Die Italienerin Izabella Milánó. Die ich versehentlich kennengelernt habe, ist eine immer lachende, fröhliche junge Frau. Sie verdient es an erster Stelle erwähnt zu werden, weil sie als Erste auf das Manuskript meines Buches geantwortet hat, als ich es ausgeschickt habe. Vincenzo hat sie schon verlobt. Wir hoffen, dass es auch eine Hochzeit sizilianischer Art gibt.

Batki – Szilvia Bakó, Melbourne, hat, bevor sie in Australien heiratete, in unserer Bäckerei gearbeitet und hat zu meinem Reicherwerden im Traum beigetragen. Sie war auch unter den Ersten, die reagiert haben, bei ihnen ist es 10 Stunden später als bei uns in Mitteleuropa.

Kati Somogyiné, Mezőberény. Ich habe sie bei einem Ausflug nach Wien Anfang der 80er Jahre kennengelernt. Seitdem sind wir befreundet.

Benyó Péter Schnaittach. Der Mann meines Patenkindes Annamária, der uns bei vielen Sachen hilft.

Zsuzsika Kárpáti, Mezöberény. Ihr habe ich einen Babysitter-Job bei einer deutsch-griechischen Familie in Rhodos – Griechenland – besorgt. Danach einen Job in Nürnberg in einer Pension.

Högyéné Marika Balogh, Mezőberény, Károlyiné Lenke Gottschick, Mezöberény, meine Cousinen in der 2. Generation.

Judit Nagy Sárosi, Budaörs. Ich kenne sie schon seit 1992. Ihr haben wir Laura zu verdanken, weil sie sie samt ihrer Mutter aus Zagyvarékas zu uns geschickt hat. Weder in Worten noch in Geld kann ich ausdrücken, wie dankbar ich ihr bin.

Géza Kátay, Békéscsaba, Jugendfreund meines Mannes. Er ist der geschäftsführende Manager in der Bäckerei. Er verfügt über sämtliche gute Eigenschaften eines Geschäftsmannes und er wendet sie auch an. Er ist ein erfolgreicher Geschäftsmann und bei Gerichtsfällen kennt er sich auch gut aus. Die MÁV hat ein Grundstück gekauft, das sich im Eigentum unserer Bäckerei befand, wo jetzt eine Eisenbahnüberführung in der Nähe unserer Bäckerei in Mezőberény steht. Die Brücke war längst fertig, die Autos sind schon gefahren, als die MÁV endlich bereit war uns den Preis für das Grundstück zu bezahlen. Wir haben es Géza zu verdanken, dass wir das Geld bekommen haben.

Géza verfügt auch über die verschönernde Wirkung des Geldes oder besser gesagt über die verjüngende Wirkung des Geldes.

Er hat auch schlechte Eigenschaften, aber mir fällt gerade keine ein.

Jani Szikora, Mezőberény, Geschäftspartner, seine Frau Kati – sie drei – Kati, Géza und Jani wachen über die Bäckerei. Sie wachen darüber wie über einen Schatz.

Laura Kátay-Hajdú, Békéscsaba, die Frau meines Geschäftspartners, sie ist auch hilfsbereit. Sie hat eine moderne und positive Einstellung. Ein Satz genügt, um in die Zukunft zu schauen; Sie verfügt über eine Auffassungsgabe aus dem 22. im 21. Jahrhundert. Wir schreiben ja das Jahr 2018.

Die folgenden drei Damen haben großen Anteil an meinem Reichtum in Geld gemessen.

Prorokné Ildikó Vas, Gyál. Sie hat Jahre lang in unserer Bäckerei gearbeitet. Wir wurden Freundinnen.

Ildikó Szücs, Mezöberény, sie war unserer Sekretärin.

Széllné Mari Sinka, Mezöberény. Sie kenne ich aus Kereki, sie wohnte nicht weit von uns in der Fási dűlő, sie hat für uns gearbeitet.

Ich möchte jedem einzelnen Angestellten unserer Firma Német Finompékáru danken. Ich kenne nicht alle beim Namen – persönlich auch nicht –, das werde ich nachholen –, aber fühlen Sie sich geehrt. Sie arbeiten 5 x 8 Stunden, oft mit Überstunden – sie schuften und rackern. Sie stellen die leckeren Kuchen her. Sie müssten woanders genauso arbeiten, aber niemand würde ihnen dafür danke sagen.

Unser Nachbar Feri Nagy und seine Frau gebührt deshalb Dank, weil sie auf unser Haus aufpassen, wenn wir tausende Kilometer oder noch weiter entfernt sind. Feri hat meinem Mann beigebracht, wie man Obst und Trauben anbaut und Wein macht, was er seitdem wie ein Profi ausübt.

Frici Kormányos und seine Frau Marika, Mezöberény. Frici und mein Mann sind seit der Kindheit befreundet. Ich habe mal vor ca. 20 Jahren zu Frici gesagt, dass er in der Welt herumjetten wird, weil seine vier Töchter auf vier verschiedenen Kontinenten leben und Männer mit vier unterschiedlichen Nationalitäten haben werden. Mit vier habe ich recht gehabt, aber nicht Kontinente, sondern Länder, sie leben hier in Europa. Mariann in Sizilien ... Andrea in München, Anett in Mezöberény und Viktória in England. Außer mit dem Mann von Anett – er ist Alpár – und Ungar aus Siebenbürgen – kann er mit keinem seiner Schwiegersöhne reden, dazu müsste er drei Fremdsprachen lernen – Italienisch, Deutsch und Englisch –, aber sie können sich verständigen.

Misi Janovics und seine Frau Zsóka. Einer der Söhne von Misi hat einer schönen Dame in ihrem Freundeskreis den Hof gemacht. Ich kannte sie vorher nicht, ich wusste nicht einmal, dass es sie gibt. Ein Bund kam zwar nicht zustande, beide wählten einen anderen Partner, aber von unseren Partys durften Misi und seine Frau nicht fehlen.

Laci Kruzsics, Arad. Er war mir eine große Hilfe bei der Suche nach den Rákóczy-Burgen in Siebenbürgen.

Bei meinen Eltern kann ich mich nicht mehr bedanken. Das Wirtschaften mit dem Geld haben sie mir leider weder mit der Muttermilch noch später mitgegeben. Obwohl sie sehr gut wirtschaften konnten. „Es soll immer genug da sein“, sagten sie.

12 Gelesene Bücher, zitierte Literatur

Ich habe einige hundert Bücher mehr gelesen, aber ein paar möchte ich hier erwähnen. Ich lese nur über Geld, Wirtschaft, Geschichte und Biographien. Aus diesen Büchern zitiere ich auch ein paar Seiten. Welche Geschichte ich von wo und von welchem Autor gelesen habe, daran kann ich mich nicht mehr genau erinnern.

Marton Kati. Neun Ungarn, die in die Welt hinausgingen.
Wolfgang Kessler. Geld regiert die Welt. Wer regiert das Geld?
T. Harv Erker. So denken Millionäre.
Tamás Kolosi – Iván Szelényi. Wie werden wir zum Milliardär?
Conrad Hilton. Die ganze Welt ist mein Gast.
Asta Scheib. Die Geschichte von Ottilie von Faber Castell.
Robert T. Kiyosaki. Reicher Vater, armer Vater.
Károly Horváth. Vom Portier zum Hundert-Millionen-Unternehmen.
Gerald Hörhan; Investment Punk. Warum ihr schuftet und wir reich werden.
Napoleon Hill. Denke und werde reich.
Richard Templar. Die Regeln der Wirtschaft.
Richard Templar; Die Regeln des Managements.
Richard Templar: Die Regeln des Lebens.
Richard Templar: Die Regeln der Arbeit.
Larry Winget. Halt den Mund, beschwere dich nicht, lebe endlich.
Larry Winget. Auf Wiedersehen Pleite, hallo Luxus.
Robert Betz. Willst du normal werden oder reich?
Richard Branson. Geht nicht, gibt es nicht.
Joe Vitale. Anziehungsfaktor.
Ludwig Erhard. Wohlstand für alle.
David R. L. Litchfield. Die Thyssen-Dynastie. Die Wahrheit hinter dem Mythos.

Ramge: Die Flicks. Geschichte einer deutschen Familie über Geld, Macht und Politik. – Den Sarg samt Leiche von Flicks Sohn haben Ungarn gestohlen, aber er wurde gefunden.
David Rockefeller: Erinnerungen eines Weltbänkers.
Mick Ukleja – Robert Lorber. Wer bist du und was willst du?
György Szegö. Zwei Gebete zu einem Gott.
Gregor Schöllgen. Gustav Schickedanz – Quelle.
László Mészáros. Ich bin zum Erfolg geboren – Anrufbeantworter.
Angela Elis. Mein Traum ist länger als die Nacht – Mercedes.
Evi Kurz. Die Kissinger Saga – War amerikanischer Außenminister und ist in Fürth geboren.
Sebastian Haffner: Winston Churchill
Joachim Käppner. Berthold Beitz – Krupp.
Andreas Straub. Einfach billig – ALDI.
Niall Ferguson. Der Aufstieg des Geldes.
Gregor Schöllgen. Der Eiskönig. – Schöller.
Jerry Oppenheimer. Die Hiltons – Hotels.
Andrew Carnegie. Die Geschichte meines Lebens – Eisenbahnmogul in Amerika.
Andrew Carnegie. Die Wahrheit über Reichtum und Geld.
Andrew Carnegie. Das Evangelium des Reichtums.
Benjamin Franklin. Autobiographie.
André Kostolany. Die Kunst über Geld nachzudenken.
Barbara Smit. Die Dasslers – Adidas, Puma.
Thomas Schuler. Die Mohns – Bertelsmann Verlag.
Walter Isaacson. Steve Jobs – Apple.
Jack Welch. Was zählt. – Amerikanischer Siemens.
Frederic Morton. Die Rothschilds.
Rüdiger Jungbluth. Die Quandts – BMW.
Rüdiger Jungbluth. Die Oetkers – Backpulver.
Alexander Jung – Dietmar Pieper – Rainer Traub: Geld schreibt Geschichte.
Gábor Somogyi. Von der Kutsche zum Bentley.
Dale Carnegi. Erfolgsleitfaden.
Karen Duve. Taxi – Deutsche Taxifahrer

Szabolcs Kordos. Taxiwelt Hungary – Ungarische Taxifahrer.
Victoria Thérame. Die Taxifahrerin – Pariser Taxifahrer.
Michael Klepper – Robert Gunther – 100 reiche Menschen in Amerika.
Ulrich Viehöver. Die Einflussreichen. Henkel, Otto und Co – Wer in Deutschland Geld und Macht hat.
C. Bernd Sucher. Hummer, Handkuss, Höflichkeit.
Donald J. Trump und Tony Schwartz. Die Kunst des Erfolges.
Michael D'Antonio. Donald Trump. Es ist nie genug. Kampf um den Erfolg.
Donald John Trump. Wie man reich wird.
Donald John Trump. Nicht kleckern, klotzen.
Carsten Maschmeyer. Selfmade. Erfolgreich leben.
Michael Leister. Die Erfolgsgarantie.

Meine E-Mail-Adresse: leonille.gottschick@googlemail.com

Leonille Gottschick
Nürnberg 27. November 2019.

13 Echos, Rückmeldungen

Izabella Olasz. Mailand, Italien. Montag, der 4. Dezember 2017
„Liebe Leonille! Du bist mir Eine! Es war wirklich klasse zu lesen. Die ‚Taxigeschichten' sind sehr amüsant. Es ist sehr berührend, wie du über deine Kindheit und deine Mutter schreibst. Mit der sogenannten Anziehung des Geldes bin ich einer Meinung!!! Du bist ein echtes lebendes Geschichtsbuch. Viele Neunmalkluge, die eine Universität besucht haben, wären neidisch auf dein Wissen!

Ich danke dir, dass du mich auch erwähnt hast!"

Szilvia Batki, Melbourne, Australien, Montag, der 4. Dezember 2017.
„Leonille, Hut ab! Es hat mich an den Stuhl gefesselt und ich bin sehr neugierig und würde das Buch gerne weiterlesen. Ich würde gerne der erste Käufer deines Buches sein. Ich kann die Fortsetzung kaum erwarten. Glaub mir, beeile dich und veröffentliche es bitte schnell. Pass nur auf dich auf, damit du das Buch beenden kannst, weil es ein großer Erfolg wird. Fantastisch."

Kati Somogyiné, Mezőberény. Dienstag, der 16. Januar 2018.
„Also liebe Leonille. Ich bin auch an den Sessel gefesselt worden. Das ist ein sehr gutes Buch. Wenn du hier wärst, würde ich sehr viele Fragen haben. Es ist sehr gut. Ich bin gerade zu Tränen gerührt, weil ich die Stelle mit den 80 Rosen für deine Mutter gelesen habe. Noch mehr, noch mehr, ich will noch mehr von deinem Manuskript. Es ist sehr gut. Über Laura hättest du vielleicht noch mehr schreiben können, ich kann mich erinnern, als du sie mir vorgestellt hast, das kleine blonde Mädchen mit den langen Haaren und an deine ersten Gedanken über sie. Die Tanya in Kereki hast du so schön beschrieben, dass ich mir gedacht habe, ich bin dort, ich habe sogar den Duft vom Gras gerochen. Obwohl ich noch nie dort war, aber irgendetwas hat mich daran verzaubert, ich habe es gespürt

und das ist das Wichtigste bei einem Buch. Ich kann es kaum erwarten, das ganze Buch zu lesen. Ich danke dir dafür, dass du mich erwähnst. Die Taxi-Storys sind sehr gut, ich denke, über die Geschichten könntest du ein eigenes Buch schreiben. Titel: ‚Die Taxi-Storys'. Über das Geld hast du auch sehr ehrlich geschrieben. Viele Menschen könnten von dir lernen. Du weckst das Interesse in vielen Leuten mit deinem Buch. Ich freue mich sehr, dass du dich bei einigen Leuten, die auf dich herabgesehen haben, revanchiert hast. Ich habe so darauf gewartet, als du erzählt hast, wie die Kette von deinem Fahrrad abgefallen ist und du mit schmutzigen Händen in das Gymnasium gekommen bist. Damals haben einige auch blöde Bemerkungen gemacht, du hättest ihre Namen niederschreiben sollen. Kann sein, dass sie jetzt dahindarben. Mit einem Wort, es wird ein sehr gutes Buch. Ein gutes Buch ist es dann, wenn du es nicht weglegen kannst. Dein Buch ist so. Denk über die Taxi-Storys nach liebe AUTORIN. Kuss. Deine Freundin Kati."

Högyéné Marika, Mezőberény, Dienstag, der 23. Januar 2018.
„Hi Leonille.

Ich habe mich hingesetzt und bin gar nicht mehr aufgestanden, bis ich das Manuskript zu Ende gelesen habe.

Ich danke dir, dass du mir die Kindheitserinnerungen aus Kereki zurückgebracht hast, weil ich sehr viel Zeit mit meiner Tante in Kereki verbracht habe, die damals noch in Kereki gelebt hat. Die langen Feldwege mit den Tanyas, das Schulgebäude, die große Weide mit dem Schaduff, wo die Tiere tranken, die Tanya meiner Großmutter, wo meine Mutter mit ihren sechs Geschwistern aufgewachsen ist, sind wieder lebendig geworden. Ich durfte das alles noch sehen. Leider wurde das schöne Kereki heute dem Erdboden gleichgemacht, aber nichtsdestotrotz bleiben die Erinnerungen immer bei mir.

Ich gratuliere dir zu deinem Buch, dass DU DICH GETRAUT HAST GROSSES ZU TRÄUMEN UND DIE TRÄUME VERWIRKLICHT HAST! Ich wünsche dir, dass du die FRÜCHTE DEINER TRÄUME noch lange genießen kannst.

Högyéné Marika."

LG: Ich habe auch eine Rückmeldung bekommen, die so lautet: „Du Leonille. Dein Buch ist zum In-die-Hose-Machen. Ich habe überlegt, mit was ich mich dort ankleben soll. Ich habe Kleister gewählt. Das bereue ich, weil Sekundenkleber besser gewesen wäre. Weil ich es nochmal angeklebt lesen würde, aber aus Zeitmangel werde ich es später tun."

Lg. Es gab auch welche, die ohne Kleber beim Buch hängen blieben.

LG: Es gab auch welche, die gefragt haben, was ich da alles zusammengetragen habe.

Meine Damen und Herren, ich bin mir sicher, dass das Gelesene ihr Gehirn nicht beschädigt und Sie nicht ärmer gemacht hat. Ich bin mir sogar sichern, dass der Neid diesen Ausdruck „zusammengetragen" hervorgerufen hat. Aber irgendwas hat doch Ihren Verstand neugierig gemacht, als Sie den Titel gelesen haben, weil Sie die Kopie des Manuskripts haben wollten.

Judit Nagy Sárosi Budaörs, Mittwoch, der 21. Februar 2018.
„Liebe Leonille!

Es ist mir eine Ehre, dass ich unter den Ersten dein Buch lesen und eine Bewertung schreiben durfte.

Während unserer 26-jährigen Freundschaft bin ich jetzt draufgekommen, wie viel ich über dich noch nicht weiß.

Beim Lesen deiner Zeilen kann man sehen, wohin man mit der richtigen Entschlossenheit und dem richtigen Willen kommen kann.

Ich habe die Schauplätze deiner Kindheit auf der Tanya vor mir gesehen; wie du die Ereignisse beschrieben hast, sah ich die Bilder wie im Film vor meinen Augen.

Neben deiner Biographie kann der Leser zahlreiche historische Kenntnisse erlangen.

Ich gratuliere dir und bin auf das ganze Buch gespannt.

Ich möchte mich für die Erlebnisse und Kenntnisse, die ich durch das Lesen des Buches bekommen habe, mit einem Zitat bei dir bedanken.

‚Die echte Bildung gibt dem wirtschaftlichen Leben einen Aufschwung und erschafft Reichtum. Dagegen gehen reiche Menschen und Gesellschaften ohne echte Bildung zu Grunde.' Graf Thumburgi Klebersberg Kuno."

Zsuzsi Kárpáti. Mittwoch, der 28. Februar 2018.
„Hallo Leonille!

Ich habe es vorgestern bekommen und schon habe ich es fertiggelesen! Mir hat es sehr gut gefallen. Ich lese bereits seit einer Weile Bücher, die positive Gedanken weitergeben, und ich versuche positiv zu denken. Ich kann sagen, dass deine Intervention mich auf meinen neuen Weg gebracht hat.

Als ich nach Rhodos in Nürnberg gearbeitet habe und danach mit meinem Sohn Dávid nach Hause gekommen bin, habe ich zwei Deutschkurse gemacht, mittlerweile die Sprachprüfung abgelegt, das Abitur gemacht und weitergelernt. Ich mag nicht angeben, aber ich bin sehr stolz, dass ich sogar mein Diplom der Betriebswirtschaft übernehmen durfte.

Und das Ganze begann damit Deutsch zu lernen, was sicher kein Zufall war, weil ich zu ¾-Anteilen ungarndeutscher Abstammung bin. Väterlicherseits zu 100 %, mütterlicherseits zu 50 %. Leider sind die heimischen Sprachkurse sehr schwach, nur Theorie, sprechen trauen wir uns nicht, jetzt habe ich damit zu kämpfen.

Nur noch so viel, dass ich mich aktuell als Lehrerin für die deutsche Nationalität ausbilden lasse.

Zusammengefasst begann alles dort, dass ich mit deiner Hilfe ins Ausland gegangen bin, um zu arbeiten.

Ich gratuliere dir zu deinem Buch, es war sicher nicht leicht zu schreiben, wie du es auch im Buch erwähnt hast!!!

Ich danke dir, dass ich auch unter den ersten Leserinnen sein durfte."

Dr. Ágnes Schäfer. Nürnberg, Donnerstag, der 15. März 2018.
„Hi, endlich habe ich die Kopie deines Buches von meiner Schwester Andrea zurückbekommen und gelesen. Es war schwer das Buch wegzulegen und ich hätte noch gerne weitergelesen. Viele

Absätze erscheinen mir so, als ob ich meine eigenen Gedanken zitiert hätte. Aber am besten hat mir folgender Satz gefallen und berührt: ‚Den größten Erfolg haben wir dann erreicht, wenn wir von dort ein Schritt weitergekommen sind, wo wir die Niederlage erlitten haben.'

Ich hätte noch sehr gerne über deine Jugend gelesen, in welcher Umgebung ihr aufgewachsen seid – zum Beispiel ein detailliertes Landschaftsbild – Puszta hin und her, aber trotzdem ist es ein wunderschöner Anblick, beziehungsweise hätte ich gerne noch mehr über die Zeit gelesen, als du nach Deutschland gekommen bist und wie du dorthin gekommen bist, wie ihr jetzt lebt. Viele denken, dass ‚hier ja sogar der Zaun aus Würsten gemacht ist' und ‚aus den Hintern der Leute Goldketten raushängen'. Das habe ich übrigens von dir. Ich werde nie vergessen, dass ihr – Ádám und du – nach Berény gekommen seid und uns – Mutter, Andi und mich – nach Békés in das Bagoly Restaurant zum Abendessen mitgenommen habt. Ich war ca. 16–17. Wir waren vor Békés, als du erzählt hast, wie neidisch im Durchschnitt die Menschen auf den Erfolg anderer sind. Obwohl der dorthin führende Weg beschwerlich ist – aber für jeden gangbar wäre – und andere nur den Erfolg sehen, aber sie gar nicht fragen und es interessiert sie auch nicht, welche Opfer man dafür bringt und auf was man verzichten muss. Und du könntest dir auch erlauben mit deinem Geld zu protzen, aber stattdessen ist es dir wichtiger, dass es sich auf deinem Konto vermehrt.

Die Taxigeschichten sind sehr witzig, ich hoffe, du schreibst davon noch mehr. Die Storys mit dem Übergeben sind meine Lieblingsgeschichten. Der türkische Analphabet, der die einen Hunderter gegeben hat und als du ihn komisch angesehen hast, noch einen Fünfziger draufgelegt hat, dass es jetzt wohl sicher genug ist, obwohl die Fahrt nur 70 Euro gekostet hat. – Wenn ich mich richtig erinnere? –

Wenn ich seitdem Taxi fahre und der Taxifahrer nett ist, verabschiede ich mich mit dem Satz: ‚Ich wünsche Ihnen viele Analphabeten als Fahrgäste.' Dann schauen sie mich immer komisch an, als ob ich zwei Köpfe hätte – ich gehe davon aus, dass sie noch nicht das Glück hatten, so einen Fahrgast zu haben.

Die einzige Stelle, wo ich dich ausbessern würde, ist – wahrscheinlich habe ich es nicht eindeutig erzählt, dass mein Kollege nicht ohne Führerschein Auto gefahren ist, sondern nie ein Ticket für die öffentlichen Verkehrsmittel gekauft hat. Sie haben ihn so oft erwischt, dass der Fall schon vor Gericht landete. Er hat sich mit dem Richter auf eine Ratenzahlung geeinigt, die er ebenfalls nicht gezahlt hat. Deshalb haben ihn die Polizisten, in DHL-Uniform, mit Handschellen abgeführt. – DHL = Adrian Dalsey, Larry Hillblom und Robert Lynn, aus den Familiennamen dieser drei Amerikaner aus San Francisco ist die weltumspannende Post entstanden. In Deutschland arbeitet DHL mit der Deutschen Post zusammen – Und wie gerne ich es gesehen hätte.

Der Künstlername Leonille ist sehr treffend, wie ich finde – mir fällt immer ein Löwe dazu ein. Natürlich im positiven Sinne."

Mária Best-Galló, Frankfurt, Samstag, der 17. März 2018.
LG: Marcsi ist von Mezőberény nach Nürnberg gekommen, um die deutsche Sprache zu perfektionieren. Ich habe ihr einen Ferienjob besorgt.

„Hallo. Dein Buch hat mich gefesselt! Ich konnte es leider erst heute Abend lesen. Ich habe damit angefangen und konnte es nicht weglegen ... Der Teil über Mezőberény hat mir sehr gefallen, du könntest noch mehr darüber schreiben, wie es in Kereki so war. Die Kapitel ‚Mein Nürnberg' und ‚Der Glaube' haben mich sehr berührt. Die ‚Taxi-Storys' könntest du auch getrost ausweiten, weil sie sehr unterhaltsam sind.

Ich freue mich, dass du mir dein Manuskript geschickt hast. Es ist unglaublich gut."

Kati Vértes, Mezőberény, Montag, der 9. April 2018.
„Hi Leonille. Ich habe dein Buch gelesen. Ich wollte bereits früher schreiben: Dévényi ist vor kurzem gestorben. Soll ich sagen, arm und kläglich? Zu seinem Glück hatte er eine deutlich jüngere Frau. Ich war beim Begräbnis, weil wir in Blanka zusammengearbeitet haben und seine Söhne Jugendfreunde sind. Er

wurde schön verabschiedet. Es gab Sachen, die sie ausgelassen haben, weil es nicht so schön gewesen wäre. Ich komme vom Friedhof, vor mir eine ältere Frau mit zwei anderen Frauen in meinem Alter. Ich habe zu spät aufgepasst: Die Frau nörgelt: ‚Davon ist gar nichts wahr, die ganze Verabschiedung war eine Lüge. Die Enkel hat er kaum gesehen, er hat sie nicht geliebt.' So viel zur alten kommunistischen Welt.

Wie du schreibst, ist sehr gut! Ich hoffe, dass es langsam fertig wird."

Gabriella Kovács, Debrecen, Dienstag, der 10. April 2018.
LG: Ich habe ihr einen Babysitter-Job in Neukirchen am Brand besorgt. Sie ist aus Görbeháza – Komitat Hajdú – nach Bayern gekommen.

„Mir gefällt das Manuskript zu deinem Buch sehr gut. Du hattest eine schöne Kindheit. Deine Mutter war eine sehr gute Mutter. Ihr konntet viel von ihr lernen. Ich wusste nicht, dass du so viele Geschwister hast. Es ist schwer das Buch wegzulegen, nur Baby Zétény unterbricht mich manchmal. Du bist sehr geschickt, mir gefallen dein Einblick und deine Einstellung zu den Dingen. Ich schreibe noch mehr, wenn ich es fertiggelesen habe."

Dóri Szikora. Budapest, Samstag, der 14. April 2018.
„Ich habe begonnen, dein Buch zu lesen. Es ist genial. Ich werde noch mehr schreiben, wenn ich damit fertig bin."

Mittwoch, der 9. Mai 2018.
„Liebe Leonille.

Ich habe dein Manuskript bereits gelesen. Es gefiel mir sehr gut.

Als Einleitung hättest du kein besseres Thema finden können als Leonilles Kindheit. Ich muss erwähnen, wie wunderbar du über deine Mutter und den Ort, wo du aufgewachsen bist, Kereki, schreibst. Wenn wer aus Kereki stammt, dann darum, wenn wer viel von den Eltern, Großeltern – wie ich – darüber gehört hat, dann darum, und wer noch nie darüber etwas gehört hat, dann muss man es lesen, weil es einfach ein zauberhafter Ort gewesen sein muss, wo wir uns beim Lesen hinsehnen, vor allem in der heutigen hektischen Welt.

Die Taxi-Storys sind meine Lieblingsstellen. Andere Taxifahrer erleben auch interessante Dinge, aber ich bin mir sicher, dass diese einzigartigen Geschichten für jeden unterhaltsam sind.

Das Wunderbarste am Buch sind Leonilles Liebe und Respekt zu Nürnberg. Unglaublich, was sie alles über die Stadt und ihre Geschichte weiß. Ich denke, dass nach dem Lesen dieses Buches jeder nach Nürnberg möchte, wenn man schon da war, dann nochmal und nochmal.

Ich denke, wenn jemand nicht reich werden will, muss er das Buch auch lesen, weil die Ratschläge in jedem Bereich des Lebens nützlich sein können.

Ich warte bereits sehnsüchtig auf das fertige Werk, damit ich unter den Ersten sein kann, die die fertige Version lesen können.

Ich wünsche dir, dass das Buch ein noch größerer Erfolg wird, als es sich Leonille erträumt hat."

Dóri Szikora

Tóthné Kata Vadászi. Sajószentpéter, der 7. Mai 2018.
LG: Ich kenne sie aus Illmenau – Thüringen. Wir haben gemeinsam mit ihrer Schwester Ica in der Porzellanfabrik in Henneberg zusammengearbeitet.

„Hallöchen Leonille. Mir hat dein Manuskript sehr gut gefallen. Ich habe sehr, sehr viel über dich erfahren, worüber wir damals nicht wirklich gesprochen haben. Wie die Kindheit!! Ich denke aber, dass es sich lohnen würde, die ‚Taxi-Storys' in einem Extra-Buch herauszugeben.

Kuss!!!"

Mária Szabó-Litvai, Wien, der 11. Juni 2018.
LG: Sie war in Mezőberény meine Klassenkameradin in der Hauptschule und im Gymnasium. Sie schrieb per E-Mail.

Betreff: „In der Weite ein weißes Segel".

„Liebe Annuschka, liebe Leonille!

Wie ich dir bereits bei unserem letzten Telefonat sagte, dein Manuskript hat mich an den Sessel gefesselt.

Ich fühlte mich so, als ob du neben mir sitzen und erzählen würdest. Du schreibst so realistisch, dass die Buchstaben förmlich zum Leben erweckt werden und der Leser findet sich in Kereki, Nürnberg, bei Laura, im Taxi oder was er gerade liest wieder.

Ich freue mich darüber, dass du die schöne alte Kindheit wieder wachgerufen hast, als im Winter noch so viel Schnee lag, dass auf den Straßen keine Autos, sondern Schlitten mit Glocken ‚rasten' und wir uns fröhlich mitnehmen ließen, damit wir zu Fuß nach Hause durften.

Man konnte aus dem Schaduff trinken, wenn wir im Laposi Garten durstig wurden, weil es nicht verseucht oder abgestanden war, sondern voll mit leckerem, gesundem und frischem Wasser war.

Bei gutem Wetter durften wir draußen auf der Straße spielen oder auf dem Rasen. Unsere Eltern mussten keine Angst davor haben, dass wir mit Süßigkeiten geködert und von bösen Menschen entführt werden.

Zurück zu deinem Buch. Ich habe mich überhaupt nicht gewundert, als du gesagt hast, dass du ein Buch schreibst. Ich habe dich als eine außerordentlich fröhliches – ich sehe dich immer noch vor mir mit deinem roten, sukkulenten Gesicht und dein liebes Lachen hallt noch immer in meinen Ohren –, geschicktes, offenes und schlagfertiges Mädchen kennengelernt, bei der es durchaus vorkommen kann, dass sie ein Buch schreibt. Und nicht irgendein Buch! Ein Buch, über das man nicht nur nachdenken, sondern auch sehr viel lachen kann.

Das bist du liebe Annuschka, liebe Leonille!

Ich wünsche dir viel Erfolg zum Fertigstellen deines Buches und ich kann es kaum erwarten, dass wir gemeinsam unter der Laube in Mezőberény sitzen, und dein weltberühmtes Pörkölt und die Kuchen deiner Bäckerei essen sowie den leckeren Wein deines Mannes ‚Aus der Ecke seines Gartens' trinken.

Millionen Küsse aus Wien."

Széllné Mari Sinka. Mezőberény, Dienstag, der 12. Juni 2018.
„Hallo. Sehr gut, gratuliere! Dein Buch hat viele Erinnerungen aus meiner Kindheit wachgerufen, da wir ja dort Nachbarn waren. Interessante Geschichten beim Taxifahren. Lexikalisches Wissen über die Vergangenheit! Also, du hast es sehr gut gemacht. Liebe Grüße."

Nagy Istvánné, Irén Szöke. Mezötúr, Sonntag, der 27. Mai 2018.
Sie schrieb über Messenger.

„Du hast Recht gehabt, ich konnte das Manuskript deines Buches nicht weglegen. Ich schreibe dir noch ausführlicher in einem Brief."

18. Juni 2018. Heute habe ich den Brief von Irénke aus dem Postkasten genommen.
„Liebe Anna, Leonille!

Ich habe mir vorgenommen, solange du Urlaub hast, meine Gedanken niederzuschreiben. Das ist mir auch gelungen, nur das Senden nicht." – LG: Während der Pfingstferien von Laura haben wir Urlaub auf Sizilien gemacht. –

„Dein Buch ist ein Wunder, das Lesen war ein Erlebnis. Im Gymnasium hätte ich nicht gedacht, dass du mal schreiben und so eine erfolgreiche Unternehmerin wirst.

Ich versuche mich daran zu erinnern, wie du damals warst. Du warst klug, das ist sicher, und du hattest eine große Klappe – die für ihr Recht kämpft. Ein Mädchen, das oft geträumt hat und mit ihren Gedanken beschäftigt war. Vielleicht hast du damals auch schon die Sehnsucht nach mehr als einem durchschnittlichen Leben gehabt.

In deinem Buch gefiel mir die Stelle über deine Kindheit sehr gut. Ich habe das Bild vor mir, wie das kleine blonde Mädchen mit ihren Geschwistern in die Schule läuft, ihre Arbeit erledigt, vielleicht ohne darum gebeten zu werden und ohne sich dagegen aufzulehnen. Meine Kindheit war ähnlich – wir lebten auch auf einer Tanya – vielleicht habe ich mich deshalb mit deiner Beschreibung so gut identifizieren können. Wie die Eltern gekämpft haben und versuchten alles aufzubringen – wir haben bereits dort gelernt, wie man auf den Beinen bleibt, man muss hart arbeiten.

Der wirtschaftliche, finanzielle Teil ist auch sehr interessant. Nach dem Abitur hast du dies und das ausprobiert, aber du warst nicht zufrieden, du wolltest ein anderes Leben, Freiheit und Geld, damit du deinen Traum verwirklichen kannst. Wie du schreibst, bildest du dich diesbezüglich auch weiter. Man muss an das Reichwerden glauben und es wollen – schreibst du. Das ist sicher so, diese drei Faktoren sind sehr wichtig. Erfolg ist dann möglich, wenn 1. Ein minimales Kapital vorhanden ist, 2. Man eine Persönlichkeit wie du hat – Wegen dem Leben auf der Tanya, fleißig und kämpferisch –, 3. Man zur richtigen Zeit am richtigen Ort ist.

Deutschland war eine gute Wahl, was kein Wunder ist, denn deine Wurzeln reichen dorthin – und es ist ein wirtschaftlich entwickeltes Land. Als die Bäckerei – Wölfel –, wo du gearbeitet hast, pleiteging, hast du gewusst, dass die Gelegenheit da ist, um die Maschinen zu kaufen. Ich denke, du hattest schon so viel gespart, dass du gewusst hast, in Ungarn kannst du ein erfolgreiches Geschäft starten. Natürlich gab es genug Risiko dabei. Verlässliche Mitarbeiter, Geschäftspartner finden, da oft die ganze Sache hier schon scheitert. Marktforschung, die Backwaren vertreiben, das war sicher nicht leicht.

Es gibt eine ‚sehr wahre' Stelle in deinem Manuskript: wie ein Reicher, ein Armer und einer aus der Mittelschicht sich z. B. in einem Unternehmen oder bei einer Investition verhalten. Der Reiche entscheidet schnell, weil wenn es nicht gelingt, hat er ja noch immer genug Kapital – er wird weiter reicher.

Der Arme überlegt fünfzig Mal, was passiert, wenn ... Bis dahin ist das Geschäft gelaufen. Die Armut bleibt. Vielleicht, wenn er sehr fleißig ist und aus diesem Kreis ausbrechen kann.

Die Mittelschicht? Zögert auch, das Wissen über Finanzen ist gering, investiert vorsichtig und so wird man nicht reich, man kann nur etwas besser leben.

Wenn man Reichtum erreicht hat wie du, dann kann man den Hobbys nachgehen, die Welt bereisen, fotografieren und mit schönen Autos fahren.

Mir gefallen die Taxigeschichten auch, du triffst viele interessante Menschen und du kannst sie studieren. Mir gefällt, dass du dich jetzt auch freuen kannst, wenn du an einigen Nächten mehr einnimmst als erwartet. Ich denke, du machst diese Arbeit vor allem in der Nacht, weil du sie liebst. Ich denke, dass du das Geld nicht mit beiden Händen aus dem Fenster schmeißt – denn für die Weltreisen trifft es nicht zu: Dort kann man lernen, beobachten und Erlebnisse sammeln – und damit reicher werden.

Mir gefällt, wie du deine Lieblingsstadt vorstellst, auch ihre Geschichte – wo du es liebst zu leben und du glücklich bist.

Du hast auch Ungarn nicht vergessen, da dich hierhin viele Erlebnisse und die Arbeit binden – und natürlich Menschen, Verwandten, Freunde und Bekannte.

Ich wünsche dir, dass du mit der Beendigung deines Buches – das sicher ein Erfolg wird – deine weiteren geplanten Bücher schreiben kannst. Dazu wünsche ich dir viel Kraft, Gesundheit und ein glückliches Leben mit deinem Mann und Laura!

Leonille: Du sollst nur träumen und das Geld soll arbeiten!

Vielen Dank für die Möglichkeit, dass ich dein Buch lesen konnte.

Liebe Grüße. Irén."

Ferenc Nagy und seine Frau Zsuzsika. Mezőberény. Freitag, der 2. November 2018.

„Zuerst einmal Gratulation!

Ich lese das Buch zum zweiten Mal, aber ich glaube, nicht zum letzten Mal.

Wegen meinem Alter kann ich nicht so viele Dinge anwenden, aber ich bin mir sicher, dass, wenn ich dieses Manuskript mit 30 Jahren gelesen hätte, sich unser Leben ganz anders entwickelt hätte.

Es sind sehr viele gute Ratschläge und zu Herzen nehmende Empfehlungen dabei, die auf Fakten beruhen und keine Fantasie einer Autorin sind.

Du musstest eine sehr aufwendige Recherche betreiben, um so viele Daten, Jahreszahlen und Personen aufzählen zu können. Mir gefällt sehr gut, dass unter dem etwas trockeneren Thema auch leichtere Themen vorkommen wie das Leben in Kereki oder die Taxigeschichten.

Die Geschichten aus der Kindheit haben mich auch deshalb bewegt, weil ich meine eigene Kindheit wieder durchleben durfte, aber darüber schreibe ich nicht, weil das ja deine Geschichte ist.

Nürnberg: Es bedarf unglaublich viel Mut, um in ein fremdes Land zu reisen und zu wissen, dass man fast alles wieder von null beginnen muss. Wer mit so einer Liebe, Anerkennung und so viel Ortskenntnissen über die Stadt schreiben kann, hat es mehr als verdient, dort zu leben.

Wenn das Leben nicht so vorbeigerannt wäre, würde ich sehr gerne einige Brücken, Burgen und Sehenswürdigkeiten anschauen.

Das werde ich so nachholen, dass ich die Kapitel erneut lesen werde, die so ergreifend die Schönheit, historische Vergangenheit und die Gegenwart der Stadt zeigen.

Wir danken dir, dass du auch an uns gedacht und deine Gedanken mit uns geteilt hast.

Wir wünschen dir weiterhin viel Erfolg, Ferenc Nagy und seine Frau Zsuzsika."

Mezeiné, Valéria Bátori, Mezöberény, 13. Januar 2019.
„Liebe Leonille. Persönlich kennen wir uns nicht. Aber ich freue mich, dass ich dich durch das Buch kennenlernen durfte. Was du aus reinem Herzen machst, wird leben. Das fällt mir häufig ein. Während ich das Buch gelesen habe, ist es mir auch eingefallen ... Ich schicke dir zunächst mal meine Gedanken dazu per Mail. Ich möchte dein Buch auch auf meiner Facebook-Seite ‚Könyvkuckó' posten und empfehlen, wenn du nichts dagegen hast. Ich würde dich sogar zur Gruppe hinzufügen. Ich bin Bibliothekarin, aber jetzt arbeite ich nicht als Bibliothekarin. Aber das weißt du ja, das ist ein anderes Gespräch. Ich bin nach 6,5 Jahren von Deutschland wieder nach Hause gekommen und ging zurück zu meiner Stelle als Bibliothekarin. Aber diese Welt ist nicht meine Welt, was dort ist,

nicht mehr … Manchmal weint meine Seele der Bibliothekarin nach, aber ich bin freiwillig aufgestanden und habe einen anderen Weg gewählt.

Ich habe dein Buch gelesen und nicht nur gelesen, sondern darüber nachgedacht, viel nachgedacht.

Ich habe das Buch mit einer ganz anderen Einstellung und Neugier angefangen zu lesen. Mir haben zum Beispiel die Bücher von Magdi Szabó und ihre Gedanken den Weg gezeigt, wie die Wunder des Lebens ohne Geld … Natürlich mag ich auch nicht darüber nachdenken, wie ich jeden Monat meine Wasserrechnung bezahlen kann.

Über Bücher, über meine Lieblingserlebnisse beim Lesen reden. Wieso will jemand ein Buch über Kastanien schreiben? Ich habe 6,5 Jahre in Deutschland auf der Insel Just in der Nordsee, über die Weinberge von Kröv – Frankfurt am Main, Jena – Osten – gearbeitet und sämtliche Sehenswürdigkeiten dort gesehen. Ich liebte und liebe Deutschland, ich mag das Land so, wie es ist!

Der Fall der Berliner Mauer und das Drama von Dresden haben mich sehr berührt, und ich habe viel darüber mit den dortigen Bekannten geredet.

Ich habe Hitlers ‚Mein Kampf', das Buch von Helmut Kohl gelesen und letztens 40 wunderbare Bücher, welche die DDR bis zum Fall der Mauer vorstellen.

Ich habe den Film ‚Ich denke oft an Piroschka' nicht gesehen, aber die alten Damen haben ihn sogar beim Warten auf die Straßenbahn oft erwähnt, wenn sich herausgestellt hat, dass ich Ungarin bin. Ich werde ihn anschauen.

Mein deutsches Fußball-WM-Erlebnis war genau das von vor vier Jahren. Es war ein Wunder miterleben zu dürfen, wie stolz die Deutschen nach jedem Sieg, aber auch während der Spiele waren. Über Fußball und deutsches Bier … Ja!!!

Wie gut wäre es über das Lesen, über Geld und Deutschland zu reden … Wir werden noch die Gelegenheit haben – kamen mir jetzt die Gedanken.

Kereki an der Körös ist heute eine unbekannte Welt geworden und sie lebt nur mehr in den Erinnerungen. Herr Jani

Zolnai hat viel über seine Kindheit, seine Jugendzeit und über die dortige Welt erzählt ... Ich mochte es sehr ihm zuzuhören, genauso wie darüber in diesem Buch zu lesen ... Die Erinnerungen und die Bilder der Tanya-Höfe kommen wieder zurück. Dort gab es nur Nachbarn und Freunde – ich höre, sehe Herr Janis und Leonilles glitzernde, erzählende Augen und zum Beispiel das Brot mit Wurst.

Kereki, Körös, Dr. Mihály Bak sind gemeinsame Themen ... Wieso hat man das Gefühl, wenn man am Ufer der Themse Kaffee trinkt – Ich habe acht Monate auch in England gearbeitet –, dass die Seele sich nach dem Körös-Ufer sehnt? Hattest du mal so ein Gefühl, so einen Gedanken?

Vom Geld fällt mir Robin Hood ein und du schreibst: ‚Für die Armen war Robin Hood ein Held. Ich denke, dass er ein Dieb war.' Huuuh, das wird interessant zu lesen sein, dachte ich ... Meiner Meinung nach ist es eine interessante Frage, durch welches Leid und Ausbeutung das Vermögen zu den Reichen gekommen ist, das er verteilt hat.

Im PSG – Petőfi Sándor Gymnasium – haben wir gemein, dass mich die Lehrerin Adamikné auch unterrichtet hat, ich mochte sie auch nicht, aber heutzutage haben wir gute Gespräche in der Bibliothek.

Wieso rauben die Liebe und das Geld den Menschen den Verstand? So tiefgehend habe ich mich damit noch nicht auseinandergesetzt ... Was glaubst du? Natürlich weiß ich es.

Die Taxigeschichten und das Kapitel über Nürnberg habe ich auch sehr interessant gefunden. Du führst uns in eine für uns unbekannte Welt. Es war gut zu lesen.

Laura soll die ‚weiße' Serena werden.

Ich schreibe es jetzt mit einem Lächeln, sie soll so viele Haarglätter haben, so viele sie mag.

Vielen Dank für das Buch und die Möglichkeit. Ich werde es weiterempfehlen."

LG: Ich hoffe, dass ich in Ihr Leben, Ihre Wohnung, Ihr Haus etwas Freude bringen konnte und Sie das Buch Ihren Nachbarn, Freunden, Verwandten, Bekannten, mit einem Wort jedem weiterempfehlen. Wenn Sie in Mezőberény sind, werden Sie sicher Kereki suchen. Zwar werden Sie dort nichts sehen, die Puszta hat es sich wieder genommen, aber vor Ihren Augen, in Ihrer Vorstellung werden die Protagonisten meines Buches erscheinen.

Jetzt können Sie sich von Ihren angestaubten Plätzen lösen.

Nürnberg 2019.
Leonille Gottschick

Die Autorin

Leonille Gottschick wurde 1951 in Mezöberény in Ungarn geboren. Ihre Vorfahren sind aus Deutschland nach Siebenbürgen eingewandert, unter anderem um dort Verwaltungsaufgaben für die Habsburgermonarchie zu übernehmen. Später waren sie dann aber Besitzer von Landwirtschaft. Nach dem frühen Tode des Vaters im Anschluss an den Zweiten Weltkrieg musste die Mutter von Leonille den Hof alleine führen. Dabei mussten auch die Kinder helfen und lernten die schwere Arbeit kennen.

Leonille besuchte aber daneben das Gymnasium und schloss es mit dem Abitur ab. Danach arbeitete sie einige Jahre in diversen Büros, bis sie schließlich ihre eigentliche Berufung fand: nämlich den Beruf des Konditors.

Sie siedelte noch vor der Wende in den Westen über und es gelang ihr mit einer Bäckerei zu Wohlstand zu kommen.

Sie ist zwar noch Mitinhaber, mittlerweile arbeitet sie aber hauptsächlich als Taxifahrerin.

In ihrer Freizeit reist und fotografiert sie gerne.